AF561753

JACK D. SCHWAGER

DIE UNBEKANNTEN MAGIER DER MÄRKTE

Interviews mit den besten Tradern der Welt (von denen Sie noch nie gehört haben)

FBV

Bibliografische Information der Deutschen Nationalbibliothek
Die Deutsche Nationalbibliothek verzeichnet diese Publikation in der Deutschen Nationalbibliografie. Detaillierte bibliografische Daten sind im Internet über http://dnb.de abrufbar.

Für Fragen und Anregungen
info@m-vg.de

Wichtiger Hinweis
Ausschließlich zum Zweck der besseren Lesbarkeit wurde auf eine genderspezifische Schreibweise sowie eine Mehrfachbezeichnung verzichtet. Alle personenbezogenen Bezeichnungen sind somit geschlechtsneutral zu verstehen.

4. Auflage 2026

Türkenstraße 89
80799 München
Tel.: 089 651285-0

Originally published in the UK by Harriman House Ltd in 2020, *www.harriman-house.com*.
Die englische Originalausgabe erschien 2020 bei Harriman House unter dem Titel *Unknown Market Wizards*.

Übersetzung: Petra Pyka
Redaktion: Rainer Weber
Korrektorat: Silvia Kinkel
Umschlaggestaltung: Sonja Vallant auf Grundlage des Originaldesigns (© Harriman House Ltd.)
Umschlagabbildung: © Harriman House Ltd.
Satz: Carsten Klein, Torgau
Druck: CPI
Printed in the EU

ISBN 978-3-95972-435-7

Weitere Informationen zum Verlag finden Sie unter
www.finanzbuchverlag.de
Beachten Sie auch unsere weiteren Verlage unter www.m-vg.de

Für Aspen

… die nächste Generation

Auf dass du den Charme, das gute Aussehen
und den Humor beider Elternteile weiterträgst,
aber nicht deren Freude am Geldausgeben.

Es geht nicht darum, recht zu haben oder den Markt zu schlagen. Wer Gewinne macht, weiß dasselbe wie der Markt. Wer Geld verliert, hat es schlicht falsch verstanden. Anders kann man es nicht sehen.

Musawer Mansoor Ijaz

Jede Dekade hat ihre eigene Torheit, doch der Grund dafür ist immer derselbe: Die Leute glauben stur, dass alles so bleibt, wie es war – selbst dann noch, wenn schon der Boden unter ihren Füßen wankt.

George J. Church

Es gibt zwei Arten von Prognostikern: Solche, die nichts wissen, und solche, die nicht wissen, dass sie nichts wissen.

John Kenneth Galbraith

INHALT

VORWORT

Mit der Arbeit an *Die unbekannten Magier der Märkte* begann ich, weil ich vermutete, dass es vereinzelt Trader geben könnte, die im Stillen weit bessere Anlageergebnisse erzielen als die große Mehrheit der professionellen Vermögensverwalter. Solche Trader wollte ich aufspüren, um meine Theorie zu beweisen. Was ich dabei herausfand, verblüffte mich.

Ich hätte nie gedacht, dass ich auf Trader stoßen würde, deren Bilanzen mit denen der Börsenstars aus meinem ersten *Magier der Märkte*-Buch mithalten könnten. Ich war davon ausgegangen, die außergewöhnliche Performance, die manche dieser Leute verbuchten, zeuge zwar von ihrer herausragenden Trading-Kompetenz, sei aber ein Stück weit auch auf die einzigartige Marktsituation der inflationären 1970er-Jahre zurückzuführen. Außerdem war in den nachfolgenden Jahrzehnten eine gewaltige Zunahme des Einsatzes quantitativer Werkzeuge im Börsen- und Investmentgeschäft zu beobachten, und ein immer größerer Prozentsatz aller Transaktionen entfiel auf professionelle Manager. Diese Trends deuteten darauf hin, dass es für Einzelne weit schwieriger war, in den heutigen Märkten deutlich besser abzuschneiden.

Zu meiner großen Überraschung warten manche der Trader, die ich im Zuge der Arbeit an *Die unbekannten Magier der Märkte* ausfindig gemacht habe, womöglich mit den besten Performances auf, die ich je gesehen habe.

Den einleitenden Satz zum Vorwort des ersten *Magier der Märkte*-Buches, das ich vor über 30 Jahren geschrieben habe – »Dieses Buch dreht sich um ein paar höchst erstaunliche Geschichten« – könnte ich für das vorliegende Buch eins zu eins übernehmen. Hier die bemerkenswerten Trader, die Sie in *Die unbekannten Magier der Märkte* kennenlernen werden:

- Ein Collegeabsolvent, der mit 2500 Dollar auf dem Konto anfing und in den folgenden 17 Jahren an der Börse 50 Millionen US-Dollar verdiente.
- Ein Ex-Werbemanager, der in seiner 27-jährigen Karriere als Futures-Händler eine durchschnittliche Jahresrendite von 58 Prozent erzielte.
- Ein Aktienspekulant, der einen einzigartigen Handelsansatz entwickelte, für den er weder fundamentale noch technische Analyse heranzieht, und mit dem er aus ursprünglich 83 000 US-Dollar 21 Millionen machte.
- Ein Futures-Trader, der in 13 Jahren im Schnitt 337 Prozent pro Jahr erwirtschaftete und seit seinem ersten Börsenjahr nie mehr als 10 Prozent verloren hat.
- Ein Hotelpage aus Tschechien, dessen Day-Trading-Strategie für Aktien eine Risiko-Rendite-Performance brachte, die über 99 Prozent der Long-only-Fonds und Hedgefonds weit in den Schatten stellt.
- Ein Futures-Trader, der gleich zweimal über eine halbe Million Dollar gewonnen und verloren hat, bevor er eine Contrarian-Trading-Methode entwickelte, die ihm über 20 Jahre lang beständigen Börsenerfolg bescherte.
- Ein ehemaliger US-Marine, der selbst eine Software entwickelte, um damit automatisch auf Marktereignisse zu setzen, und der seit zehn Jahren eine herausragende Risiko-Rendite-Performance erzielt.
- Ein Futures-Trader, der durchschnittlich 280 Prozent Rendite im Jahr verbuchte und dabei in keinem Monat mehr als maximal 11 Prozent Wertverlust erlitt.
- Ein Musikstudent, der sich selbst das Programmieren beibrachte, um Aktienhandelssysteme zu entwickeln, die in den vergangenen 20 Jahren im Durchschnitt 20 Prozent Rendite abwarfen – deutlich mehr als das Dreifache dessen, was der S&P 500 im selben Zeitraum auswies.
- Ein früherer angehender Tennisprofi, der über knapp zehn Jahre als Futures-Trader eine beeindruckende durchschnittliche Jahresrendite von 298 Prozent einfuhr.
- Ein Aktienspekulant, der durch eine Kombination aus Long-Investment-Positionen und auf kurzfristigen Ereignissen beruhenden Transaktionen die Performance des S&P 500 unter Rendite- und Rendite-Risiko-Aspekten verdreifachen konnte.

Falls Sie jetzt eine Schritt-für-Schritt-Anleitung erwarten, wie Sie mit nur zwei Stunden Arbeit pro Woche an der Börse 100 Prozent Gewinn im Jahr erzielen, sollten Sie das Buch am besten schnell aus der Hand legen – dann ist es nämlich definitiv nicht das richtige für Sie!

Wenn Sie aber gern von manchen der erfolgreichsten Trader der Welt lernen möchten, wie sie die Märkte sehen, was sie über Börsengeschäfte wissen, wie sie sich verbessert haben, welche Fehler sie inzwischen tunlichst vermeiden und welchen Rat sie anderen Börsianern mit auf den Weg geben möchten – dann können Sie aus diesem Buch sicherlich viel mitnehmen.

DANK

Der erste Schritt für den Autor eines *Magier der Märkte*-Buchs besteht darin, herausragende Trader ausfindig zu machen. Dabei waren mir zwei Personen eine große Hilfe: Steve Goldstein, Geschäftsführer des Londoner Coaching-Unternehmens Alpha R Cubed, wies mich auf zwei der in diesem Buch interviewten Trader hin und noch auf mehrere weitere, die womöglich in einem Folgeband zu Wort kommen werden (falls es einen solchen geben sollte). Zwei andere empfahl mir Mark Ritchie, seines Zeichens ein Ausnahme-Trader. Kleine Ironie am Rande: Eigentlich hatte ich Mark Ritchie selbst für dieses Buch interviewen wollen, doch der Text hatte vor meiner geplanten Anreise bereits Buchlänge erreicht. Vielleicht kommt er daher ebenfalls in einem künftigen Band vor. Posthum geht mein Dank an Bill Dodge, der mich auf Jason Shapiro aufmerksam machte.

Die Namen dreier weiterer Trader, über die ich in diesem Buch schreibe, verdanke ich FundSeeder.com (einer Website, die von FundSeeder Technologies erstellt wurde – einem Unternehmen, an dem ich beteiligt bin). Ich verwendete auch Analyseinstrumente von FundSeeder.com, um die Wertentwicklungsstatistiken zu berechnen, auf die ich in diesem Buch Bezug nehme.

Sehr dankbar bin ich meiner Frau Jo Ann, die mir, wie bei allen früheren *Magier der Märkte*-Büchern auch, als unschätzbarer Resonanzboden zur Seite stand und konstruktive Kritik äußerte, wo dies geboten war. Ich richte mich grundsätzlich nach ihren Ratschlägen.

Natürlich gäbe es dieses Buch nicht, wenn die interviewten Trader nicht bereit gewesen wären, mitzumachen und offen über ihre Erfahrungen, Erkenntnisse und Einblicke zu sprechen. Sie lieferten mir großartiges Ausgangsmaterial.

Herzlichen Dank auch an Marc Niaufre, der sämtliche Kapitel Korrektur las und noch Tippfehler entdeckte, die mir auch nach mehrmaligem Lesen entgangen waren.

Abschließend möchte ich mich bei meinem Redakteur von Harriman House, Craig Pearce, bedanken, der den letzten Schritt – den Feinschliff meines Manuskripts – zum Vergnügen werden ließ statt zur Tortur. Er fand genau das richtige Maß zwischen Alternativvorschlägen, die eine echte Verbesserung darstellten, und der Vermeidung überflüssiger Änderungen.

FUTURES-TRADER

Hinweis: Wer sich mit dem Futures-Markt nicht auskennt, wird es möglicherweise hilfreich finden, zunächst die kurze Einführung in Anhang I durchzulesen.

PETER BRANDT

Überzeugt, aber nicht stur

Es ist erstaunlich, wie viele der Magier der Märkte, mit denen ich gesprochen habe, mit ihren ersten Trading-Versuchen Schiffbruch erlitten haben – manche gleich mehrfach. Das gilt auch für Peter Brandt. Er unterscheidet sich aber insofern von den meisten anderen, als er – nach ersten gescheiterten Anläufen – im Anschluss an über zehn spektakulär erfolgreiche Jahre seinen Biss verlor, der Börse von heute auf morgen elf Jahre lang den Rücken zukehrte und dann doch noch eine zweite lange Phase mit herausragender Performance nachlegte.
Brandt gehört definitiv zur alten Schule. Er stützt sich beim Trading auf klassische Chartanalyse, die auf Richard Schabackers Buch *Technical Analysis and Stock Market Profits* zurückgeht, das 1932 veröffentlicht wurde, und später durch Edwards and Magee in *Technical Analysis of Stock Trends* [dt.: *Technische Analyse von Aktientrends*] populär gemacht wurde, das 1948 erschien.

Seine Finanzkarriere begann er als Rohstoffmakler Anfang der 1970er-Jahre, als gerade die Inflation anzog und explodierende Rohstoffpreise diesen Markt von der vernachlässigten Nische zum Hotspot machten. Damals wurden die Futures-Märkte pauschal als *Rohstoffmärkte* bezeichnet, weil dort tatsächlich nur Rohstoffe gehandelt wurden. Das war noch kurz vor der Einführung von Finanz-Futures auf Währungen, Zinsen und Aktienindizes, die später die Futures-Märkte so dominierten, dass das Rohstoffetikett auf dieses Marksegment nicht mehr passte. Brandt begann seine Karriere als Trader im Präsenzhandel mit Rohstoffen – in der wunderlichen alten Zeit, als Futures-Geschäfte noch im Tollhaus durcheinander schreiender Makler ausgeführt wurden, in krassem Kontrast zur lautlosen Effizienz des modernen elektronischen Handels.

Brandts Trading-Karriere erstreckt sich über 27 Jahre – eine erste 14-jährige Zeitspanne und die laufende 13-jährige Phase, unterbrochen von 11 Jahren Pause. Wie es zu dieser langen Unterbrechung kam, erfahren Sie aus dem Interview. Brandt kann für die Zeit vor Ende 1981 keine Performance-Aufzeichnungen vorlegen. Über die gesamten 27 Jahre, die er seither an der Börse aktiv ist, erzielte er eine eindrucksvolle jährliche Durchschnittsrendite von 58 Prozent. Brandt beeilt sich jedoch zu versichern, dass diese Rendite zu hoch angesetzt sei, weil er äußerst aggressiv handeln würde – was seine ausgesprochen hohe Volatilität von aufs Jahr gerechnet 53 Prozent bestätigt.

Brandt ist das perfekte Beispiel für einen Trader, bei dem die gängige Sharpe Ratio die Qualität der Performance viel zu niedrig ansetzt. Eine maßgebliche, typische Schwachstelle der Sharpe Ratio ist, dass die Risikokomponente der Kennzahl (die Volatilität) nicht zwischen Aufwärts- und Abwärtsvolatilität unterscheidet. Für dieses Risikomaß sind hohe Gewinne ebenso schlecht wie hohe Verluste – ein Aspekt, der dem intuitiven Risikobegriff der meisten Menschen diametral entgegengesetzt ist. Ein Trader wie Brandt, der sporadisch hohe Gewinne einfährt, wird von der Sharpe Ratio abgestraft, wenngleich sich seine Verluste in engen Grenzen halten.

Die entsprechend angepasste Sortino Ratio ist eine alternative Risiko-Rendite-Kennzahl, die anstelle der Volatilität die Verluste als Risikomaß heranzieht und so verhindert, dass hohe Gewinne schädlich wirken. Die angepasste Sortino Ratio ist direkt mit der Sharpe Ratio vergleichbar (was für die konventionell berechnete Sortino Ratio nicht gilt).* Eine höhere angepasste Sortino Ratio impliziert (im Vergleich zur Sharpe Ratio), dass die Verteilung der Erträge *positiv verzerrt* ist (also eine größere Tendenz zu hohen Gewinnen statt zu hohen Verlusten besteht). Desgleichen bedeutet eine niedrigere angepasste Sortino Ratio, dass die Renditen *negativ verzerrt* sind (und demnach eine größere Neigung zu hohen Verlusten vorliegt statt zu hohen Gewinnen). Bei den meisten Tradern liegen die Sharpe Ratio und die angepasste Sortino Ratio nahe beieinander. Für Brandt gilt jedoch: Weil seine größten Gewinne deutlich höher sind als seine größten Verluste, beträgt seine angepasste Sortino Ratio (3,00) fast das Dreifache seiner Sharpe Ratio (1,11)! Wie stark Brandts Rendite-Risiko-Performance ist, geht auch aus seiner monatlichen Gain to Pain Ratio** hervor, die mit 2,81 sehr hoch ist – vor allem angesichts der Länge seiner Erfolgsbilanz ein ausgesprochen eindrucksvoller Wert.

Brandt ist der einzige in diesem Buch behandelte Trader, auf den das im Titel genannte Attribut »unbekannt« nicht so richtig passt. Er war zwar über

* Siehe Anhang 2, Wertentwicklungskennzahlen – darin werden die angepasste Sortino Ratio und ihre Unterschiede zur konventionell berechneten Sortino Ratio erklärt.

** Eine Erklärung dieser Wertentwicklungskennzahl ist Anhang 2 zu entnehmen.

die längste Zeit seiner Karriere tatsächlich unbekannt und ist in der breiteren Finanzwelt nach wie vor kein Begriff, fand jedoch in den letzten Jahren durch seinen Börsenbrief *Factor* und seine rasch wachsende Followergemeinde auf Twitter zunehmend Anerkennung und Beachtung bei einem bestimmten Teil der Trader-Community. So verwiesen mehrere der Trader, die ich für dieses Buch interviewte, auf Brandt als wichtigen Einflussfaktor. Doch meine Gründe für die Aufnahme Brandts in dieses Buch wogen für mich schwerer als das Anliegen, dem Titel hundertprozentig gerecht zu werden.

In gewisser Hinsicht war es Brandt, der mich veranlasste, dieses Projekt vom vagen Vorhaben zu konkreten ersten Schritten zu befördern. Ich wusste: Wenn ich noch ein *Magier der Märkte*-Buch schreiben würde, musste Brandt darin vorkommen. Brandt und ich sind befreundet. Seine Ansichten über Trading waren mir bekannt, und ich fand sie so treffend, dass ich es mein Leben lang bedauert hätte, wenn ich seine Sicht der Dinge nicht in einem Buch präsentiert hätte. Damals lebte Brandt in Colorado Springs und erwähnte, dass er in ein paar Monaten nach Arizona ziehen würde. Da ich nur 160 Kilometer von ihm entfernt in Boulder, Colorado, wohnte, wollte ich ihn sicherheitshalber noch vor seinem Umzug interviewen. Nebenbei hatte das den Vorteil, dass ich das Buch endlich konkret in Angriff nahm. Die Ironie dabei: Als ich endlich dazu kam, einen Interviewtermin zu vereinbaren, war Brandt bereits nach Tucson gezogen.

Als ich am Flughafen ankam, wartete Brandt an der Rolltreppe zum Ausgang auf mich. Ich freute mich, ihn wiederzusehen. Es war zwar erst etwas mehr als ein Jahr vergangen, seit wir uns zuletzt gesehen hatten, doch sein Gang hatte sich sichtlich verändert. Er lief leicht vornübergebeugt. Brandt hatte vor 35 Jahren einen schlimmen Unfall. Er war mitten in der Nacht aufgestanden, um zur Toilette zu gehen. Er weiß noch, wie er verärgert dachte: »Wer hat denn da mitten im Flur den Stuhl stehen lassen?« Brandt war Schlafwandler. Der »Stuhl« war in Wirklichkeit das Geländer des Obergeschosses. Er kletterte darüber. Das Nächste, woran er sich erinnert: Er lag flach auf dem Rücken und konnte sich nicht bewegen. Brandt war fast 6 Meter in die Tiefe gestürzt. Da erst merkte er, was passiert war – ebenso wie seine Frau Mona, die den Sturz gehört und gleich den Notruf gewählt hatte.

Brandt verbrachte über 40 Tage im Krankenhaus, eingegipst und zwischen zwei Matratzen platziert, die regelmäßig gedreht werden konnten, um ihn umzulagern. Seit dem Unfall ist Brandt ein halbes Dutzend Mal am Rücken operiert worden. Mit fortschreitendem Alter scheint ihm dieser offenbar mehr Probleme zu bereiten. Er hat ständig Schmerzen – was ich nur weiß, weil ich ihn danach gefragt habe. Er selbst ist eher stoisch und klagt nie. Er nimmt auch keine Schmerzmittel, weil ihm das nicht gut tut, wie er sagt.

Brandt fuhr mich zu seinem Haus in einer geschlossenen Wohnanlage am Rand von Tucson. Wir führten unser Gespräch in Brandts Garten auf der Terrasse mit Blick über die Sonora-Wüste, die überraschend grün ist und in der es mehr Pflanzenarten gibt als in jeder anderen Wüste der Erde. Manche davon, wie der kultige Saguaro-Kaktus, gedeihen nur dort. In der Ferne zeichnete sich ein Berg mit zwei Gipfeln am Horizont ab. Es war ein herrlicher Frühlingstag. Die stete Brise ließ ständig Windspiele erklingen. »Ist das ein Problem für dein Aufnahmegerät?«, fragte Brandt. »Nein, nein, das geht schon«, versicherte ich ihm – ohne zu bedenken, wie viele Stunden ich damit zubringen würde, die Aufnahmen immer wieder abzuspielen und jedes Mal diese verdammten Windspiele im Ohr zu haben.

....

Wusstest du schon als Junge, was du werden wolltest?
Ich wuchs in bitterer Armut auf. Meine Mutter war alleinerziehend. Ich musste mein Geld selbst verdienen. Und ich war schon damals sehr unternehmerisch. Als Zeitungsjunge übernahm ich zwei lange Touren. Ich stand sonntags um 5 Uhr auf, um mit meinem Wägelchen – oder meinem Schlitten, wenn es geschneit hatte – 150 Zeitungen auszufahren. Ich sammelte Flaschen. Ich stellte für den örtlichen Lebensmittelladen Rechnungen zu.

Wie alt warst du da?
Oh, ich war zehn, als ich anfing zu arbeiten.

Was war dein Hauptfach am College?
Werbung – und es hat mir wirklich Spaß gemacht.

Wie bist von der Werbung zum Trading gekommen?
Zwei Dinge brachten mich auf die Idee, an der Börse zu spekulieren. Ich hatte einen Bruder, der säckeweise Silbermünzen kaufte. Damals, Ende der 1960er-, Anfang der 1970er-Jahre, durften US-Bürger kein Gold besitzen, wohl aber Silbermünzen. Mein Bruder kaufte damals Säcke mit Silbermünzen mit 20 Pro-

zent Aufschlag auf ihren Nennwert. Das war das Paradebeispiel für ein asymmetrisches Risikogeschäft: Er konnte maximal 20 Prozent verlieren, doch wenn die Metallpreise stiegen, war das Gewinnpotenzial nach oben offen.

Hast du auch Silbermünzen gekauft?

Nein, konnte ich nicht. Ich hatte ja kein Geld. Aber ich fand es faszinierend. Ich kaufte mir das *Wall Street Journal*, um den Silberpreis zu verfolgen. Mein Bruder hatte die ersten Silbermünzen erworben, als der Silberpreis bei 1 Dollar 50 pro Unze lag. 1974 hatte sich der Silberpreis mehr als verdreifacht und war auf 4 Dollar 50 in die Höhe geschossen. Mein Bruder fuhr einen Mercedes.

Du sagtest, zwei Dinge hätten dich dazu bewogen, Börsengeschäfte zu machen. Was war das zweite?

Damals lebte ich in Chicago und lernte einen Typen kennen, der im Parketthandel mit Sojabohnen spekulierte. Unsere Söhne spielten zusammen Hockey, und bald kannte ich ihn ganz gut. Er sagte: »Peter, komm doch mal mit und schau dir an, wie ich arbeite. Ich lade dich auch zum Mittagessen ein.« Also traf ich meinen Freund an der Terminbörse in Chicago – dem Board of Trade – zum Mittagessen. Aus den Panoramafenstern des Restaurants konnte man in den Handelssaal schauen. Ich fand es absolut faszinierend, die Parketthändler zu beobachten. Der Funke war übergesprungen und entzündete in mir den Wunsch: »Das will ich machen.« Ich löcherte meinen Freund mit Fragen nach seiner Tätigkeit als Trader. Und ich nahm mir sämtliche Broschüren mit, die in der Börse auslagen.

Du hast damals in der Werbebranche gearbeitet?

Genau.

Warst du zufrieden mit deinem Job?

Ich war bei der fünftgrößten Werbeagentur der Welt auf der Überholspur unterwegs. Ich trug ziemlich viel Verantwortung, und zu meinen Kunden zählten Campbell und McDonald's.

Warst du persönlich an Werbespots beteiligt?

Ja, an dem Grab-a-Bucket-and-Mop-Spot. Der ist auf Youtube zu sehen. Und ich war auch dabei, als Ronald McDonald erfunden wurde.

Also hat dir deine Tätigkeit Spaß gemacht?
Ja, durchaus. Nur die politischen Spielchen in so einem Unternehmen, die mochte ich nicht. Außerdem faszinierte mich der Präsenzhandel an der Börse. Mir gefiel der Gedanke, dass man jeden Abend genau wusste, wo man stand. Und man musste nur von 9 Uhr 30 bis 13 Uhr 15 arbeiten! Als ich erfuhr, was diese Leute verdienten, war das natürlich auch ein Anreiz.

Sicher, weil dir nicht klar war, dass mehr als 95 Prozent all jener, die an der Börse ihr Glück versuchen, dabei pleitegehen. Dir lagen verzerrte Stichproben vor, wie das die Statistiker nennen.
Oh, das sollte ich bald genug herausfinden. Doch damals fiel mir nur auf, dass auf dem Parkplatz an der Börse lauter Mercedes und Porsches standen.

Übte die Möglichkeit, reich zu werden, auf dich einen besonderen Reiz aus, weil du in Armut aufgewachsen bist?
Ja. Das war für mich schon ein großes Thema.

Wie hast du es geschafft, deinen Wunschtraum vom Traden zu verwirklichen?
Ich entschloss mich, in dieses Geschäft einzusteigen. Schon damals kostete eine Zulassung zum Handel eine ganze Stange Geld. Das hätte ich mir nie leisten können. Da stellte mich mein Bruder dem Makler vor, den er mit dem Aufkauf von Silbermünzen betraute. Der war in Minneapolis ansässig und arbeitete für Continental Grain – neben Cargill damals der zweitprominenteste Name an der Chicagoer Terminbörse. Der Makler meines Bruders erzählte mir, dass Continental Grain Leute suchte.

Vor 1972 gab es wenig Publikumsspekulation an den Getreidemärkten. Das änderte sich mit dem kräftigen Bullenmarkt für Rohstoffe Anfang der 1970er-Jahre. Continental war das erste Kernunternehmen an der Terminbörse, das sich ernsthaft um Kunden bemühte, die spekulativ und mit Hedgegeschäften agieren wollten. Für das Maklergeschäft gründete es die Tochtergesellschaft Conti Commodities.

Hattest du keine Bedenken, einen Job als Börsenmakler anzunehmen – im weiteren Sinne also eine Vertriebstätigkeit?
Nein, denn das öffnete mir die Tür in diese Branche. Ich nahm am ersten Schulungsprogramm von Conti für Rohstoffmakler teil. In das Programm wurden acht Personen aufgenommen, und es dauerte drei Monate.

Bekamst du ein Gehalt oder hast du ausschließlich auf Provisionsbasis gearbeitet?
Wir bekamen sechs Monate lang Bezüge. Ich weiß nicht mehr genau, wie viel, aber es waren wohl so 1300 Dollar im Monat. Ich weiß noch, dass ich bei der Werbeagentur vor meinem Ausstieg 28 000 Dollar im Jahr verdiente. Ich hatte mich also eindeutig verschlechtert.

Nachdem du die Schulung absolviert hattest und als Makler anfingst – woher kamen deine Kunden?
Als Erstes fuhr ich nach New Jersey zurück, wo ich Campbell einen Besuch abstattete, und dann nach Oat Brook zu McDonald's.

Oh, weil du aus deiner Zeit in der Werbebranche Kontakte dorthin hattest?
Ja, die hatte ich – und zwar auf hoher Ebene. Diese Leute kannten mich gut, und zufällig hatten die großen Nahrungsmittelproduzenten während der kräftigen Hausse auf dem Rohstoffmarkt, die wir gerade erlebt hatten, keine Hedgegeschäfte getätigt.

Sie wurden kalt erwischt. Als sich all ihre Zutaten – Fleisch, Sojaöl, Zucker, Kakao et cetera – drastisch verteuerten und sie ohne Absicherung dastanden, war das für sie ein harter Schlag. Der IRS, also die Steuerbehörden, die wussten damals noch gar nicht, wie sie Gewinne und Verluste aus Hedgegeschäften behandeln sollten.

Das war Ende 1974, kurz nach den Bullenmärkten von 1973 und 1974. Ich stieg ein bis zwei Jahre nach dem Startschuss für die moderne Futures-Branche, wie wir sie heute kennen, in das Geschäft ein. Ich bot Campbell einen Deal an: Wenn sie einen ihrer Einkäufer für zwei Monate nach Chicago schickten, würde ich ihn mit dem Futures-Geschäft vertraut machen. Geschickt wurde jemand, der später zum Chefeinkäufer von Campbell avancierte. Damit hatte ich diesen Kunden im Sack. Ich konnte auch McDonald's gewinnen und noch ein paar andere Kunden, die Hedgegeschäfte vornehmen wollten. Für einen Nachwuchsmakler stellte ich mich gar nicht so schlecht an.

Durftest du auch für eigene Rechnung handeln?
Aber ja.

Wann hast du damit angefangen?
Ich begann etwa 1976, als ich ein bisschen Geld zusammengespart hatte. Ich wusste ja, in Wirklichkeit wollte ich handeln.

Erinnerst du dich noch an dein allererstes Geschäft?

[Er muss eine Weile nachdenken, doch dann fällt es ihm wieder ein.] Das war sogar noch ein bisschen früher – Ende 1975. Mein Maklergeschäft war inzwischen so gediehen, dass mir Conti einen Ausweis für den Handelssaal ausstellen ließ. Mein Freund John, der mein Interesse an Termingeschäften geweckt hatte, handelte mit Sojabohnen. Eines Tages traf ich ihn, und er sagte: »Peter, ich bin für den Sojabohnenmarkt total auf bullish eingestellt.« Also kaufte ich einen Kontrakt. Ich wusste eigentlich gar nicht, was ich tat. Der Markt legte 5 oder 6 Cent zu und rutschte dann wieder ab. Ich stand am Ende mit rund 12 Cent Verlust da [für eine Position über einen Kontrakt waren das 600 Dollar]. Ich weiß noch, dass mir John kurz darauf über den Weg lief und mich mit den Worten begrüßte: »Mann, war das ein fantastischer Lauf, was?« Erst später erfuhr ich, dass für John, der gegen den Orderfluss auf dem Parkett handelte, ein Gewinn von 1 oder 2 Cent schon ein gutes Geschäft war – und ein Plus von 6 Cent ein »fantastisches«. Ich lernte daraus vor allem, dass die Begriffe »bullish« und »bearish« nichts zu sagen hatten. Vielmehr kam es darauf an, wie der Zeithorizont eines Traders aussah, auf welche Kursbewegungen er setzte und bei welchem Kursniveau oder Ereignis er wusste, dass er falsch lag.

Wie hat sich deine Börsenkarriere dann weiterentwickelt?

In den nächsten drei Jahren setzte ich drei oder vier Depots in den Sand. Einem alten Witz zufolge ist es ein Hinweis auf Probleme, wenn man Hafer handelte. [Der Hafermarkt ist in aller Regel schwankungsarm, und die Kontraktgröße (nach Dollarwert) gering, sodass die Margen niedriger sind als auf den Märkten für andere Getreidesorten.]

Wie hast du deine Handelsentscheidungen getroffen?

Erst hörte ich auf die fundamentalen Analysten von Conti, die allmorgendlich über das Lautsprechersystem des Unternehmens ihre Ansage machten, bevor die Märkte öffneten. Sie sprachen über Dinge wie Getreidelieferungen, Fortschritte bei Pflanzungen und dergleichen. Sie gaben auch Handelsempfehlungen ab. Meinen ersten großen Fehlschlag verdankte ich ihren Tipps. Außerdem wurde auch jeden Morgen der Bericht eines technischen Analysten aus dem Conti-Büro in Memphis übertragen. Er setzte Point-and-Figure-Charts ein [Charts, die Kursbewegungen ohne Zeitachse abbilden]. Ihm gelang 1976 ein großer Coup auf dem Sojabohnenmarkt. Also kaufte ich mir ein Buch über Point-and-Figure-Charts und spielte mit diesem Ansatz herum. Das kostete mich das zweite Depot. Dann interessierte ich mich eine Zeit lang für saisonale Formationen. Danach versuchte ich mein Glück mit Spread-Trading [bei dem man auf den Preisunterschied zwischen zwei Futures-Kontrakten auf demselben Markt setzt, indem man einen Kontrakt kauft, der nach einem Monat verfällt, und einen Kontrakt verkauft, der nach einem weiteren Monat verfällt.]

Du hast also nach einer Methode gesucht, die für dich funktionierte.
Ich war auf der Suche, und allmählich packte mich der Frust. Gleichzeitig hatte ich großes Glück, wie ich finde, wenn ich mir anschaue, wie die Leute heute versuchen, mit Dingen wie Kryptowährungen zu handeln, ihre Studienkredite ausreizen und am Ende bei Mama in der Einliegerwohnung leben. Ich hatte immerhin ein Einkommen, das mich absicherte. Meine Verluste brachten mich nicht um. Ich wollte das Börsengeschäft erlernen und ein erfolgreicher Trader werden.

Dieser Zyklus – ein Depot eröffnen, eine neue Methode ausprobieren, mit der Zeit Geld verlieren, den Handel einstellen und dann wieder von vorn anfangen – wodurch wurde er schließlich unterbrochen?
Es waren wohl zwei Faktoren, die die Wende brachten. Erstens lernte ich, dass man Stops einsetzen muss, denn größere Verluste kann sich kein Mensch leisten. Zweitens kam eines Tages ein Kollege zu mir an den Schreibtisch, der Charttechniker war. Er sagte: »Komm mal mit.« Wir gingen die Treppe hinunter über die Straße in einen Buchladen. Dort kaufte er mir das Buch von Edwards und Magee [*Technical Analysis of Stock Trends*, dt.: *Technische Analyse von Aktientrends*]. Ich verschlang es förmlich. Ein anderer liest Edwards und Magee und nimmt daraus vielleicht nichts mit. Doch für mich war es die Quadratur des Kreises – und mehr. Es lieferte mir den Rahmen, um die Kurse zu verstehen. Ich bekam dadurch eine Vorstellung vom richtigen Einstiegszeitpunkt. Bevor ich Edwards und Magee las, hatte ich von Tuten und Blasen keine Ahnung. Wie steigt man ein? Ich wusste es nicht. Außerdem las ich heraus, wie ich mich bei einem Geschäft schützen und die künftige Marktentwicklung besser einschätzen konnte. Dieses Buch hat mich zur Charttechnik gebracht. Ich sah Licht am Ende des Tunnels. Ich sah eine Chance, mich zu einem Trader zu entwickeln, und das Depot, das ich eröffnete, um mich in der Charttechnik zu versuchen, verbuchte Gewinne.

Das war also der Demarkationspunkt zwischen Handelsverlusten und Börsenerfolg?
Genau. 1979 hatte ich ein Depot, das ziemlich gut lief. Im Rückblick hätte es längst nicht so viel Volatilität aufweisen sollen. Bei der richtigen Dimensionie-

rung meiner Positionen hatte ich den Bogen noch nicht raus, doch zum ersten Mal, seit ich Börsengeschäfte machte, ging mein Kontostand kontinuierlich nach oben.

War der Makler, der dir das Buch gekauft hat, selbst ein erfolgreicher Trader?
Nein, das hat er nie geschafft. Er ist ein guter Freund, doch als Trader brachte er es nicht weit.

Ironie des Schicksals: Da hatte er entscheidenden Anteil an deinem Börsenerfolg, doch selbst brachte ihn das nicht weiter. Ich nehme mal an, das Buch von ihm war für dich das schönste Geschenk, das du je bekommen hast.
Auf jeden Fall! Ich will dir mal was zeigen. [Er geht und kommt kurz darauf mit einem Buch in der Hand zurück.] Ich habe jahrelang nach einer Erstausgabe von Edwards und Magee gesucht und hatte Anfragen bei mehreren Antiquariaten laufen. Schließlich trieb ich ein Exemplar auf, das Magee persönlich signiert und in Boston einem Freund geschenkt hatte.

Ich nehme an, du hast damals zur Absicherung weiterhin deine geschäftlichen Depots verwaltet. Wann bist du denn vom Makler zum Vollzeit-Trader geworden?
Etwa ein Jahr später.

Hättest du nicht weiter als Makler für deine Kunden tätig sein und dein eigenes Depot nebenher führen können?
Sicher, aber das wollte ich nicht.

Warum nicht?
Ich wollte nur traden.

Aber hast du mit diesem Schritt nicht auf ein ordentliches Einkommen als Makler verzichtet?
So hätte es kommen können, doch ich habe die Konten verkauft.

Ich wusste gar nicht, dass das möglich war.
Das ging. Ich erhielt weiterhin einen Anteil der Provisionen für die Konten, die ich aus der Hand gab.

Dabei handelte es sich immerhin um hochkarätige Gewerbekunden. Wie hast du denn den Makler ausgesucht, dem du diese Kunden anvertrauen konntest?
Ich übertrug sie an meinen größten Mentor. Sein Name war Dan Markey, und er war wohl einer der besten Trader, die ich kenne.

Wie ging er vor?
Er sagte gern: »Ich betrachte die Märkte durch eine Linse aus dem historischen, dem wirtschaftlichen und dem psychologischen Einmaleins.« Bei Conti war er ein Wunderknabe. Er war ein echter Positionshändler, der große Getreidepositionen monatelang hielt. Er hatte ein großartiges Gespür dafür, wann ein maßgeblicher Marktumschwung bevorstand. Dann sagte er: »Mais bildet gerade einen Boden. Das ist der Tiefpunkt für die Saison.« Und er hatte recht.

War das reine Intuition?
Absolut. Er konnte das nicht begründen.

Demnach ging er in Stärke hinein short und in Schwäche hinein long.
Genau.

Also ging er ironischerweise genau anders vor als du.
Richtig, er tat genau das Gegenteil.

Aber du hast doch gesagt, er war dein Mentor. Was hast du denn von ihm gelernt?
Risikomanagement. Er kaufte zwar in Schwäche hinein, eröffnete und hielt aber nicht gleich die komplette Position. Er sondierte zunächst, ob wirklich ein Markttief vorlag. Stand eine Position am Ende der Woche im Minus, stieß er sie ab und versuchte es noch einmal – so lange, bis er seiner Ansicht nach den richtigen Zeitpunkt erwischt hatte. Er testete den Markt wieder und wieder an.

Das finde ich interessant, denn du hast einmal zu mir gesagt, dass du aussteigst, wenn eine Position am Ende der Woche Verluste verzeichnet. Ich nehme, das hast du dir vor 40 Jahren von Dan abgeschaut. Also hast du dich praktisch deine gesamte Traderlaufbahn hindurch an dieses Konzept gehalten.
So ist es. Dan pflegte zu sagen: »Jedes Geschäft hat zwei Faktoren: Richtung und Zeitpunkt. Liegst du bei einem falsch, taugt es nicht.«

Was hast du noch von Dan gelernt?
Zum Beispiel, dass er immer deutlich kleinere Positionen eröffnete, als es ihm eigentlich möglich gewesen wäre. Von Dan lernte ich: Wer sein Kapital zusammenhielt, hatte immer noch eine zweite Chance. Man musste dafür sorgen, dass man stets einen Stapel Chips in der Hinterhand hatte.

Aber du hast deinen Stapel Chips doch gleich mehrmals verspielt.
Stimmt genau.

Interessant, dass sich Dans Rat nur auf das Risikomanagement bezog, nicht auf den richtigen Einstieg, worauf sich die meisten Leute fokussieren möchten. Hattest du sonst noch einflussreiche Mentoren?
Dan war mit Abstand der wichtigste. Einen weiteren entscheidenden Rat erteilte mir ein Trader, der Charttechniker war. Er sagte: »Peter, wenn du Geld verdienen willst, musst du anderen eine Nasenlänge voraus sein. Und eine Chartformation liefert dir keinen Vorsprung.« Damals fand ich diese Äußerung frustrierend und begriff sie noch nicht richtig. Das kam erst fünf Jahre später.

Vermutlich wollte er damit sagen, dass jeder dieselben Chartformationen erkennen kann.
Ja – und dass auch Chartmuster keine Erfolgsgarantie sind. Soweit ich weiß, sind wir beide in dem Punkt einer Meinung, dass eine Chartformation, die versagt, ein zuverlässigeres Signal ist als die Chartformation als solche. [Dem pflichte ich nicht nur bei, ich habe sogar ein Kapitel in meinem Buch über die Analyse des Futures-Marktes genau diesem Konzept gewidmet: »Die wichtigste Regel in der Chartanalyse«.*] Außerdem verändern sich Chartformationen. Man glaubt, ein Chartmuster zu erkennen, und plötzlich verwandelt es sich in ein anderes. Ein solcher Chart ist nichts anderes als eine Reihe von Mustern, die versagen und sich nicht erwartungsgemäß verhalten.

Was ist passiert, nachdem du deine Kunden an Dan übergeben hast, um dich ganz dem Trading zu widmen?
1980 gründete ich Factor Research and Trading und mietete Büroräume an.

---

* Jack D. Schwager, *A Complete Guide to the Futures Market* (New Jersey, John Wiley and Sons, Inc., 2017), S. 205–231.

Warum hast du dich für den Namen *Factor* entschieden?
Das war mein persönlicher Insiderwitz. Von 1975 bis 1978 gelang es mir recht gut, Campbell mit fundamentalen Informationen zu versorgen und das Unternehmen bei seinen Hedging-Entscheidungen zu unterstützen. 1979 hatte ich aber bereits die Chartanalyse für mich entdeckt und erkannte erste aussagekräftige potenzielle Preisbewegungen auf den Getreidemärkten. Nun konnte ich schlecht zu Campbell gehen und sagen, sie sollten sich absichern, weil ich ein Kopf-Schulter-Tief kommen sah. Wenn Sojabohnen bei 6 Dollar standen, ging ich folglich zu Dan Markey oder einem anderen fundamentalen Analysten und sagte: »Ich glaube, Sojabohnen steigen auf 9 Dollar. Wie beurteilst du den Markt?« Dann erhielt ich eine fundamentale Begründung dafür, wie es zu einer solchen Bewegung kommen könnte.

Die Typen beim CBOT hörten, wie ich zu Campbell sagte: »Möglicherweise drohen vor der Küste Anchovisprobleme.« [Anchovis wurden zur Erzeugung von Fischmehl verwendet, das Sojamehl ersetzen kann.] Ich berief mich im Grunde auf meine Charts, formulierte meine Ansichten aber wie ein fundamentaler Analyst. Sie bezeichneten das bald als den »Brandt'schen Bullshit-Faktor«.

Was hattest du mit dem Unternehmen vor? Wolltest du Vermögensverwalter werden?
Nein, ich wollte nur für eigene Rechnung handeln.

Dazu hättest du doch kein Unternehmen gebraucht.
Ich weiß, aber ich fand es toll, meine eigene Trading-Firma zu haben.

Hat sich deine Methode verändert, seitdem du hauptberuflich Börsengeschäfte machst?
Ein paar wesentliche Unterschiede gibt es schon.

Welche denn?
Damals machte ich Popcorn-Geschäfte.

Popcorn-Geschäfte?
Du weißt schon: Ein Maiskorn poppt, springt oben gegen den Behälter und fällt dann zu Boden? Als Popcorn-Geschäft bezeichnete ich einen Trade, bei dem du Gewinn machst und dann zurückfällst bis auf dein Einstiegsniveau. Heute versuche ich, Popcorn-Geschäfte zu vermeiden.

Was hat sich sonst noch verändert?
Die Charts sind nicht mehr so verlässlich. In den 1970er- und 1980er-Jahren war es viel einfacher, auf Charts zu setzen. Die Formationen waren sauber und klar. Es gab weniger Schaukelmärkte. [Ein Schaukelmarkt liegt vor, wenn die Kurse immer auf und ab schwanken, sodass Trendfolger prompt falsch positioniert sind, wenn der Markt abrupt die Richtung ändert.] Erkannte man damals eine Chartformation, war das eine sichere Bank. Die Muster waren zuverlässiger.

Dazu habe ich meine eigene Theorie. Wie erklärst du dir das?
Ich glaube, durch den Hochfrequenzhandel entsteht Volatilität am Ausbruchspunkt. [Ein Ausbruch ist eine Kursbewegung über oder unter eine vorausgegangene Handelsspanne (eine Seitwärtsbewegung der Preise) oder eine Konsolidierungsformation (zum Beispiel ein Dreieck, eine Flagge et cetera). Dem liegt das Konzept zugrunde, dass es auf einen potenziellen Trend in Ausbruchsrichtung hinweist, wenn sich die Kurse aus einer bisherigen Handelsspanne oder Konsolidierungsformation herauslösen können.]

Aber das sind ja ganz kurzfristige Geschäfte. Wie sollten sich diese auf die Volatilität auswirken?
Weil sie *am* Ausbruchspunkt Volatilität auslösen. Diese ist zwar sehr kurzfristig, kann aber einen Trader wie mich aus einer Position herauskatapultieren. Außerdem glaube ich, dass die Märkte angesichts größerer Akteure inzwischen reifer geworden sind. Welche Gründe siehst du denn für die Veränderungen der Märkte?

Mein Eindruck ist: Sobald zu viele Leute dasselbe versuchen, kann diese Methode per definitionem nicht mehr so funktionieren wie zuvor.
Da hast du vermutlich recht. Damals haben noch nicht so viele Leute auf Charts geachtet.

Inwiefern hat sich dein Ansatz seit den Anfangstagen sonst noch verändert?
Früher habe ich auf 1- bis 4-wöchige Formationen gesetzt, heute arbeite ich mit 8- bis 26-wöchigen Mustern.

Weil sie zuverlässiger sind?
Genau.

Gibt es noch andere Veränderungen bei den Arten von Signalen, nach denen du dich richtest?
Früher habe ich jede Formation genutzt, die ich erkannte. Das waren 30 bis 35 im Monat. Heute bin ich deutlich wählerischer. Anders als früher setze ich inzwischen nicht mehr auf symmetrische Dreiecke und Trendlinien, sondern nur noch auf Formationen, bei denen ein Ausbruch eine horizontale Grenze durchbricht.

Aus welchem Grund?
Bei horizontalen Grenzen merkt man viel schneller, ob man richtig liegt oder nicht.

Gab es einen konkreten Auslöser für diese Umstellung?
Nein. Ich habe nur nach und nach gemerkt, dass ich meine besten Ergebnisse mit Rechtecken sowie auf- und absteigenden Dreiecken erzielte. Zeig mir ein 10-wöchiges Rechteck mit klar definierter Grenze, das mit einem ordentlichen Ausbruch aus diesem Muster im Tageschart endet, und wir sind im Geschäft.

Dann hast du aber immer noch das Problem, dass der Markt auch nach einem echten Ausbruch einen Rücksetzer hinlegen kann. Was machst du, wenn du auf einen Ausbruch gesetzt hast und der Markt stark genug reagiert, um deinen Stop auszulösen, dann aber hält – und das längerfristige Muster nach wie vor vielversprechend wirkt?
Dann gebe ich der Sache eine zweite Chance – aber nur eine. Und nie am selben Tag. Ich kenne Leute am Board of Trade, die sich beschwert haben, weil sie in einer 10-Cent-Spanne 30 Cent verloren haben. Das will ich nicht – und ich weiß, dass das passieren kann.

Heißt das, wenn du ein zweites Mal ausgebremst wirst, die Formation sich aber am Ende als Ausgangsbasis für einen langfristigen Trend erweist, dann verpasst du diesen komplett?
Nicht unbedingt. Zeigt der Markt eine trendbestätigende Formation [eine Konsolidierung im Trend], steige ich manchmal wieder ein. Das wäre für mich dann aber ein ganz neues Geschäft.

Wenn du zweimal bei 1,20 US-Dollar ausgebremst wirst, würde dich das also nicht davon abhalten, bei 1,50 US-Dollar long zu gehen?
Nein, das hat mich noch nie gestört. Ich glaube, wer so denkt, tappt in eine Falle. Ich setze auf Preisbewegungen – nicht auf Preisniveaus.

Hast du im Laufe der Jahre noch andere Änderungen vorgenommen?
Ja. Ich gehe heute mit einzelnen Trades viel geringere Risiken ein. Eröffne ich eine Position, begrenze ich mein Risiko auf etwa 1 oder 2 Prozent meines Kapitals ab dem Einstiegszeitpunkt. Meine Stops setze ich gern beim Breakeven oder besser, zwei oder drei Tage vom Einstieg entfernt. Mein Durchschnittsverlust lag im letzten Jahr bei 23 Basispunkten.

Ein fester Bestandteil deiner Handelsmethode ist der Schutz durch Stops. Ich bin neugierig: Lässt du Stops über Nacht stehen? [Durch den elektronischen Handel wird auf den Futures-Märkten über Nacht gehandelt. Das bringt folgendes Dilemma mit sich: Setzt man eine zum Schutz gedachte Stop Order über Nacht aus, so könnte eine heftige nächtliche Preisbewegung einen deutlich höheren Verlust mit sich bringen als den begrenzten Verlust durch einen ausgelösten Stop. Belässt man den Stop dagegen für die Nachtsitzung, besteht die Gefahr, dass er durch eine von niedrigen Umsätzen ausgelöste bedeutungslose Preisänderung ausgelöst wird.]
Das hängt ganz vom Markt ab. Für den mexikanischen Peso würde ich einen Stop nicht über Nacht stehen lassen, für den Euro aber schon, denn der ist sehr liquide. Ebenso würde ich bei Kupfer über Nacht keinen Stop einsetzen, bei Gold jedoch sehr wohl.

Was war dein erstes schlechtes Jahr als hauptberuflicher Trader?
1988.

Also hattest du neun gute Jahre und dann ein Verlustjahr. Was ist 1988 schiefgelaufen?
Ich wurde unvorsichtig. Ich stieg zu früh ein, wenn ich eine Formation erkannt hatte. Ich lief den Märkten hinterher. Ich hatte zum richtigen Zeitpunkt keine Orders platziert.

Warum bist du, um deine Worte zu benutzen, 1988 »unvorsichtig« geworden?
Ich glaube, weil 1987 so gut lief. 1987 hatte ich einen Gewinn von 600 Prozent. Das war mein bestes Jahr überhaupt. Da komme ich nie mehr ran. Ich glaube, das hat mich ein bisschen überheblich werden lassen.

Wie viel hast du 1988 verloren?
Oh, etwa 5 Prozent.

Wann warst du wieder in der Spur?
1989. Das eine Verlustjahr hat mir klargemacht, dass ich mich auf meine Grundlagen zurückbesinnen musste.

Was von dem, was du heute weißt, hättest du gern schon am Anfang deiner Karriere als Trader gewusst?
Ich glaube, die wichtigste Erkenntnis ist: Man muss sich Fehler verzeihen können. Das kann jedem passieren.

Und sonst?
Ich habe gelernt, dass man zwar manchmal glaubt, zu wissen, wohin sich der Markt bewegt, aber in Wirklichkeit keine Ahnung hat. Ich weiß inzwischen, dass ich selbst mein größter Feind bin und dass mich meine angeborenen Instinkte oft in die Irre führen. Ich bin ein impulsiver Mensch. Würde ich ohne bestimmten Prozess einfach auf meinen Bildschirm schauen und nach Gutdünken Orders platzieren, wäre das selbstzerstörerisch. Nur wenn ich meine Instinkte durch einen disziplinierten Orderprozess ausschalte, versetzt mich das in die Lage, an meiner Arbeit mit Charts zu verdienen. Ich muss ganz bewusst handeln. Meine Stärke liegt in meinem Prozess. Im Grunde bin ich ein guter Orders-Platzierer, kein Trader. Manche meiner Orders widersprechen meinem Bauchgefühl. Solche fallen mir am schwersten.

Warum?
Kupfer bewegt sich jetzt seit fast einem Jahr in einer 40-Cent-Spanne, und gerade heute habe ich Kupfer bei einem neuen letzten Hoch gekauft. Das fällt schwer. [Wie sich herausstellen sollte, war Brandt am höchsten Tag der Aufwärtsbewegung eingestiegen und wurde am nächsten Tag ausgebremst. Diese Transaktion war tatsächlich sehr typisch für Brandt. Die meisten seiner Trades bringen schnelle Verluste. Er hat trotzdem Erfolg, weil seine Gewinne im Durchschnitt deutlich größer ausfallen als seine Einbußen.]

Ich glaube, große Gewinne habe ich meistens mit Positionen gemacht, die meiner Intuition zuwiderliefen. Mein Bauchgefühl bei einem Trade ist kein guter Anhaltspunkt dafür, was am Ende dabei herauskommt. Hätte ich meine höchsten Einsätze bei den Transaktionen gebracht, die mir am meisten zusagten, hätte das meine Performance erheblich zurückgeworfen, wie ich meine. Ein aktuelles Beispiel ist, dass ich jetzt schon seit einem Jahr bei Getreide gern Bulle wäre.

Wieso?
Weil die Getreidepreise ausgesprochen niedrig sind. Sie kratzen am Boden. Ich glaube, Mais habe ich das erste Mal vor über 40 Jahren gehandelt, und zwar zu höheren Preisen als heute.

Berücksichtigt man also die Inflationsentwicklung, sind die Preise ungewöhnlich niedrig.
Genau. Ich habe dieses Jahr schon mehrfach versucht, Getreide zu kaufen, und damit per saldo Verluste gemacht. Mein bestes Getreidegeschäft in diesem Jahr war tatsächlich eine Short-Position in Kansas-City-Weizen. Das war sogar mein drittbestes Geschäft im ganzen Jahr. Und darauf habe ich mich nur eingelassen, weil ich dem Chart einfach nicht widerstehen konnte. Ich dachte, wenn ich bei *dieser* Formation Kansas-City-Weizen nicht leerverkaufen würde, bräuchte ich niemals wieder einen Blick auf einen Chart zu werfen. Ich musste gegen meinen Instinkt agieren, der mir sagte, dass Getreide einen maßgeblichen Boden bildete.

Welche Ironie – dein bestes Geschäft in diesem Sektor entsprach also gar nicht deinen Erwartungen. Das ist ja, als würde man gegen die eigene Mannschaft wetten.
Ganz genau.

Hat sich das denn im Laufe der Jahre mehrfach bewahrheitet – dass die besten Trades in der Regel die waren, von denen du dir am wenigsten versprochen hattest?
Ich glaube schon. Wenn überhaupt, dann besteht bei mir womöglich eine umgekehrte Wechselbeziehung zwischen meinem Bauchgefühl bei einem Geschäft und dessen Ergebnis.

Woher kommt das deiner Ansicht nach?
Weil es leichter ist, an einen Trade zu glauben, der der gängigen Meinung entspricht. Früher habe ich mich geärgert, wenn ich bei einem Geschäft falsch lag. Ich nahm das persönlich. Inzwischen bin ich stolz darauf, dass ich zehnmal hintereinander daneben liegen kann. Ich habe begriffen, dass meine besondere Stärke auf dem Umstand beruht, dass ich Verluste so gut verkraften kann.

Statt dich über einen Verlust aufzuregen, freust du dich also, dass du diese kleinen Verluste mitnehmen kannst, die verhindern, dass sich ein großer Verlust anhäuft. So be-

trachtet, ist es ja gar kein Zeichen für einen Fehler im System, wenn man eine Position mit Verlust glattstellt, sondern spricht eher für eine persönliche Stärke, die erklärt, warum du langfristig erfolgreich bist.

Ein Trader muss Verluste wegstecken können. Schließt eine Position mit Verlust, heißt das nicht, dass man etwas falsch gemacht hat. Das Schwierige am Trading ist, dass man manchmal alles richtig macht und trotzdem Geld verliert. Es gibt keine direkte Feedbackschleife, die dir sagt: »Gut gemacht.« Ich kann lediglich die Order kontrollieren, die ich platziere. Auf das Ergebnis der Transaktionen habe ich keinen Einfluss. Wenn ich eine Position eröffne, denke ich mir: »Wenn ich in einem Jahr auf den Chart schaue, werde ich daran dann den Tag und den Preis ersehen können, an und zu dem ich mich engagiert habe?« Kann ich das bejahen, ist es ein gutes Geschäft – ganz gleich, ob ich dabei gewinne oder verliere.

Was hättest du als Trader sonst noch gern von Anfang an gewusst?

Wäre ich in meinen Anfangsjahren schon so risikoscheu gewesen wie heute, hätte ich in den 1980er-Jahren wohl kaum eine so gewaltige Gewinnsträhne gehabt.

Wie hoch waren denn die Risiken, die du damals eingegangen bist?

Oh, bei manchen Transaktionen bis zu 10 Prozent. Nicht bei allen, natürlich, aber manchmal durchaus.

Also bis zum 20-Fachen dessen, was du heute pro Trade riskierst?

Richtig.

Das hört sich ironischerweise so an, als wäre es für dich ein Vorteil gewesen, dass du in jenen frühen Jahren ein falsches Bild von angemessenen Risiken hattest. Ich dachte immer, erfolgreiche Menschen können Erfolg haben, weil sie gewisse angeborene Fähigkeiten, Begabungen oder Motivationen mitbringen, dass aber gewöhnlich auch ein maßgebliches Quäntchen Glück beteiligt ist. Manche Menschen haben alles Potenzial der Welt, und trotzdem klappt es nicht. Deine Geschichte ist ein Beleg dafür. Du hast am Anfang viel falsch gemacht, weil du auf Risiko gefahren bist, doch es ist ausnehmend gut gelaufen für dich. Es hätte ja genauso gut sein können, dass du dein Kapital erneut in den Sand setzt.

Auf jeden Fall, Jack. Mir ist erst in den letzten zehn Jahren zu Bewusstsein gekommen, dass mein Erfolg als Trader in erster Linie dem zuzuschreiben ist, was ich »kosmische Souveränität« nenne. Dass ich zu einem bestimmten Zeitpunkt in das Geschäft eingestiegen bin. Dass ich zu bestimmten Zeiten bestimmte Mentoren hatte. Dass ich beim richtigen Unternehmen anfing. Dass ich aufgrund meiner vorausgegangenen Tätigkeit in der Werbebranche die richtigen Kunden hatte. Dass ich zu einem Zeitpunkt zu traden begann, als die Märkte genau auf meine Art der Charttechnik eingestimmt waren. Ich setzte 10 bis 15 Prozent meines Kapitals auf Long-Positionen im Schweizer Franken und in der D-Mark und ging damit nicht komplett unter, sondern fuhr gigantische Gewinne ein. Das alles kann ich mir nicht selbst auf die Fahne heften. Nichts davon verdanke ich meiner persönlichen Intelligenz oder meinen Fähigkeiten. Nichts davon beruht darauf, wer ich bin. Das ist kosmische Souveränität.

Wie bist du Kapitalverwalter für die Commodities Corporation geworden? [Die Commodities Corporation war ein Eigenhandelsunternehmen aus Princeton, New Jersey. Das Unternehmen wurde zur Legende, weil manche der Trader, denen es Kapital zur Verfügung stellte, später zu den besten der Welt zählten – allen voran wohl Michael Marcus und Bruce Kovner, die im ersten *Magier der Märkte*-Buch vorkamen.*]
Ich weiß gar nicht mehr, wie das angefangen hat, aber sie kamen auf mich zu. Ich glaube, vielleicht hat mich jemand vom Board of Trade empfohlen. Jedenfalls flog ich zum Vorstellungsgespräch nach Newark und wurde von einer Limousine abgeholt, die mich zum *Schloss* brachte. [Die Commodities Corporation war nicht wirklich in einem Schloss untergebracht, doch Brandt verwendet diese Bezeichnung, weil er betonen will, wie aufwendig die Büroräume des Unternehmens ausgestattet waren.]

Allerdings, die Büros waren wirklich ansprechend gestaltet – wie eine Galerie. [Ich habe als Research-Analyst für die Commodities Corporation gearbeitet.]
O ja, das war fantastisch!

Weißt du noch, wie das Bewerbungsverfahren genau ablief?
Die Trader waren allesamt ein bisschen verschroben. Typische Akademiker – ganz anders als die Händler, die ich vom Board of Trade kannte.

Welche Summen solltest du für sie verwalten?
Für den Anfang bekam ich 100 000 US-Dollar. Später hoben sie das auf 1 Million US-Dollar an und schließlich auf über 5 Millionen US-Dollar.

---

* Jack D. Schwager, *Magier der Märkte* (München, FBV, 2019), S. 31–109.

Wie war das so als Trader für die Commodities Corporation?
Mein größtes Problem war, dass ich noch nie besonders gut mit größeren Positionen umgehen konnte. Ich wurde nervös, wenn ich mehr als 100 Anleihen auf einmal handeln sollte. Ich erinnere mich noch, wie ich das erste Mal eine Order über 100 Kontrakte platzierte. Ich zitterte am ganzen Leib. Das machte mich fertig. Ich glaube, so ganz bin ich darüber nie hinweggekommen.

Wie viele Jahre hat es gedauert, bis du für die Commodities Corporation mit größeren Positionen gehandelt hast, die auch mal 100 Anleihen umfassen konnten?
Etwa drei Jahre.

Wirkte sich das gestiegene Volumen auf deine Performance aus?
Allerdings.

Wie?
Ich wurde vorsichtiger. Hält man eine Position über 100 Kontrakte und der Markt zieht einen um einen ganzen Punkt nach unten, dann sind das 100 000 US-Dollar. Ich begann, in Dollar zu denken. Ich handelte nicht mehr mit Blick auf den Markt, sondern mit Blick auf mein Kapital. Das wirkte sich eindeutig auf mein Ergebnis aus. Meine Performance verschlechterte sich ab ungefähr 1991 sichtlich. Heute sehe ich das ganz klar. Damals war mir das, glaube ich, nicht bewusst, doch wenn ich heute zurückschaue, verstehe ich, wie das gelaufen ist.

Wie endete deine Beziehung zur Commodities Corporation?
1992 lief es nicht mehr, und ich verfehlte ihre Benchmarks.

Aber insgesamt hast du der Commodities Corporation doch gute Dienste geleistet?
Sicher. Und es war auch nicht so, als hätte ich größere Verluste verursacht. Das Problem war meine Leistung, die so stark abfiel, dass sie um ein paar Prozent hin oder her auf den Schwellenwert zusteuerte. Außerdem hatte ich mein Handelsvolumen zurückgefahren und setzte einen Großteil des mir zugewiesenen Kapitals gar nicht ein. Also hieß es: »Wieso haben Sie 10 Millionen Dollar auf dem Konto und handeln nur 20-Lot-Positionen?«

Hat dir die Commodities Corporation gekündigt oder bis du aus freien Stücken gegangen?
Es war eine einvernehmliche Entscheidung. Ich hatte einfach nicht mehr denselben Biss wie in den Jahren zuvor.

Hast du für deine eigene Rechnung weitergemacht?
Ja, noch zwei Jahre lang.

Ging es dir besser, als du die Last losgeworden warst, das Depot der Commodities Corporation zu verwalten?
Nein, ich habe mich als Trader einfach nicht mehr wohl gefühlt. Ich hatte damals den Spaß an der Sache verloren. Trading war für mich zur Last geworden. Ich spürte die Diskrepanz zwischen meiner tatsächlichen Leistung und dem, was ich leisten könnte, wie ich wusste. Mit dieser Diskrepanz konnte ich emotional nur schwer umgehen.

Woher kam diese Diskrepanz?
Oh, ich glaube, ich hatte Angst vor der eigenen Courage. Ich war einfach nicht mehr in Form, und ich wusste nicht, wie ich das ändern sollte.

Aber war es nicht doch eine gewisse Erleichterung, dass du das Depot der Commodities Corporation abgegeben hattest?
Eine noch größere Erleichterung empfand ich, als ich auch nicht mehr für eigene Rechnung handeln musste.

Was hast du an dem Tag empfunden, als du dein eigenes Depot geschlossen hast – nur Erleichterung?
Ich hatte gemischte Gefühle. Ein Teil von mir sagte: »Gott sei Dank habe ich das hinter mir.« Ein anderer Teil sagte: »Das ist eine Bankrotterklärung.« Schließlich hatte ich aufgegeben. Was also unterschied mich von jedem anderen, der am Board of Trade die Segel strich?

Wann hast du wieder mit dem Trading angefangen?
Elf Jahre später, 2006. Ich weiß noch genau, wann und wo. Ich saß an meinem Schreibtisch, meine Frau Mona stand links neben mir, und plötzlich schoss mir der Gedanke durch den Kopf, dass ich es noch einmal versuchen könnte. Ich sagte zu Mona: »Was hältst du davon, wenn ich wieder Rohstoffgeschäfte mache?« Sie war nicht begeistert.

Ich nehme an, weil die letzten paar Jahre als Trader für dich so deprimierend waren.
Sie erinnerte sich natürlich an diese Zeit. Sie sagte: »Willst du das wirklich wieder tun?« Ich erwiderte: »Ich muss.« Und kurz darauf eröffnete ich ein neues Konto.

Du bist 1995 ausgestiegen und hast 2006 wieder angefangen. Hast du in all den Jahren dazwischen denn überhaupt verfolgt, was an der Börse los war?
Keine konkreten Positionen jedenfalls.

Und du hast auch keinen Blick auf Charts geworfen?
Ich hatte nicht einmal eine Charting-Software.

Du hast also elf Jahre lang keinen Chart angeschaut. Und dann plötzlich beschlossen, wieder anzutreten. Gab es einen Auslöser dafür?
Ich glaube, es hat mir einfach gefehlt. Und es lag wohl auch daran, dass meine Börsenkarriere so schlecht geendet hatte. Das wurmte mich. Ich dachte: »Peter, so kannst du das nicht stehen lassen.«

Was geschah nach deiner Rückkehr an die Börse?
Ich war so lange draußen gewesen – ich hatte gar nicht mitbekommen, dass die Welt auf elektronischen Handel umgestiegen war. Ich weiß noch, wie ich meinen Zeitstempel ausgemottet und einen Stapel Ordertickets gedruckt habe. [Er lacht über seine vorsintflutliche Technik.] Ich wusste nicht einmal, ob meine frühere Methode – die Chartanalyse – überhaupt noch funktionierte. Ein paar meiner ersten Trades liefen recht gut. Es schien, dass die Charts immer noch verlässlich waren. Das kam mir entgegen. Ich hatte zwei richtig gute Jahre.

Warst du denn psychisch wieder voll auf der Höhe?
Ja. Ich hatte richtig Spaß.

Deine zweite Karriere als Trader verlief ausgesprochen erfolgreich. Du hattest aber ein Verlustjahr, das in krassem Kontrast zu allen anderen Jahren steht, seit du wieder Börsengeschäfte machst. [2013 verbuchte Brandt 13 Prozent Verlust, während er in den übrigen Jahren von 2007 bis 2019 im Durchschnitt jedes Jahr 49 Prozent Rendite erzielte. In seinem zweitschwächsten Jahr in diesem Zeitraum machte er 16 Prozent Gewinn.] War 2013 irgendetwas anders?

Ja. Es waren zwei Faktoren, die einander verstärkten. Erstens ist es vermutlich kein Zufall, dass ich mich ausgerechnet 2013 entschied, wieder für Rechnung anderer zu handeln.

Nachdem du so viele Jahre lang nur für eigene Rechnung gehandelt hattest, was veranlasste dich dazu, auch wieder fremdes Kapital zu investieren?
Ich wurde immer wieder von Bekannten gebeten, mich doch um ihr Geld zu kümmern. Erst wollte ich nicht, doch nach einer Weile ließ ich mich durch die vielen Anfragen erweichen und dachte: »Also gut, dann versuche ich es eben.« Im Rückblick frage ich mich heute: »Warum in aller Welt habe ich das getan?« Es gab gar keinen Grund dafür.

Warum bescherte es dir dein einziges Verlustjahr und deine größte Verlustphase nach deinem Wiedereinstieg ins Börsengeschäft 2007, dass du fremdes Kapital verwaltet hast?
Die Verlustphase wäre so oder so eingetreten, aber ich glaube, sie wäre nicht so dramatisch ausgefallen und hätte nicht so lange angehalten. Heute sehe ich das so: Wenn ich für eigene Rechnung Geschäfte machte, war das, als würde ich mit Monopolygeld spekulieren. Mein Trading-Kapital war für mich etwas Abstraktes. Emotional war ich vollkommen distanziert.

Für die meisten Menschen ist das Geld auf ihrem Konto sehr real – alles andere als Monopolygeld. Wie lange konntest du das Geld auf deinem Konto so distanziert betrachten?
Oh, ich glaube, das habe ich mir in meinen ersten paar Börsenjahren angewöhnt – irgendwann in den 1980er-Jahren.

Und ich gehe davon aus, dass sich deine Einstellung zum Tradingkapital änderte, als es um das Geld anderer ging?
Absolut. Sobald ich für meine Freunde Geschäfte machte, ging es für mich plötzlich um echtes Geld. Das brachte mich aus dem Tritt.

Wie lange hast du denn fremdes Kapital verwaltet?
Die ersten Geschäfte mit einem Kundenkonto machte ich im Januar 2013, und im Juni 2014 hatte ich allen Investoren ihr Geld zurückgegeben.

Wie nahe lag der Juni 2014 am Tiefpunkt deiner Verlustphase?
Er *war* der *absolute* Tiefpunkt. Und das war sicher kein Zufall. Meiner Ansicht nach war das der Tiefpunkt, weil ich damals allen Anlegern ihr Geld zurückgegeben habe.

Willst du damit sagen, dass sich dein Konto im Anschluss nicht so stark erholt hätte, wenn du das Kapital nicht zurückgezahlt hättest?
Genau das will ich sagen, denn so war es meines Erachtens. Ich glaube, wenn ich den anderen Anlegern ihr Geld damals nicht zurückgegeben hätte, hätte ich mir ein noch tieferes Loch gegraben.

Was war für dich der Auslöser, den anderen ihr Geld zurückzugeben?
Ich habe das Glück, dass ich Trader-Kollegen habe, die ehrlich zu mir sind. Sie wussten, was ich durchmachte, und erkannten, dass es mich als Trader aus der Bahn warf, das Geld anderer Leute zu investieren. Sie rieten mir, damit aufzuhören und wie früher nur für eigene Rechnung Geschäfte zu machen.

Hast du denn damals nicht schon selbst gemerkt, dass es deine geistige Verfassung als Trader beeinträchtigt, wenn du das Kapital anderer verwaltest?
In gewisser Hinsicht wusste ich, was das Problem war, wollte es mir aber nicht eingestehen. Ich scheute mich davor, zu den Anlegern zu gehen, wenn ihre Portfolios am Boden waren, und ihnen zu sagen, dass ich ihnen ihr Kapital zurückgeben will, weil ich es nicht für sie mehren kann.

Wie hoch war der prozentuale Verlust, die die Depots deiner Anleger bei ihrer Auflösung verbuchten?
Ich glaube, im schlimmsten Fall waren es rund 10 Prozent.

Du selbst hast in diesem Zeitraum aber prozentual noch mehr verloren.
Das kam, weil ich mein Portfolio aggressiver gemanagt habe als die Portfolios anderer Anleger.

Du hast vorhin gesagt, dass 2013 zwei Faktoren anders waren. Der eine war, dass du das Geld anderer Anleger verwaltet hast. Und der andere?
Sobald ich eine Position eingegangen bin, halte ich mich gewöhnlich an Regeln. Die Entscheidung für den Einstieg treffe ich aber nach freiem Ermessen. Es gibt Phasen mit vielen falschen Ausbrüchen und Schaukelbewegungen, in denen sich

die Märkte nicht nach den Charts richten. Das war ein Beispiel dafür, dass sich mein Ansatz von den Märkten losgelöst hatte. Es kann aber auch vorkommen, dass ich mich von meinem Ansatz löse. Ich bin nicht diszipliniert. Ich bin nicht geduldig. Ich treffe an der Börse manchmal vorschnell Entscheidungen. Ich eröffne Positionen, bevor sie vom Markt bestätigt werden. Ich setze auf wenig aussagekräftige Formationen. Und dann kommt es natürlich auch vor, dass beides zusammentrifft: In solchen Fällen koppelt sich meine Methode von den Märkten ab und ich mich von meiner Methode. So war es 2013 bis Mitte 2014.

Damals stürzten alle CTAs ab. [Ein CTA ist ein Commodity Trading Advisor, die amtliche Bezeichnung für registrierte Manager an den Terminbörsen.*] Damals hieß es, das Marktverhalten habe sich verändert, und wer als Trader überleben wollte, müsste sich ebenfalls verändern. Ich nahm das für bare Münze und bastelte an meiner Strategie herum.

Inwiefern?
Ich nahm Indikatoren hinzu. Ich setzte auf die Rückkehr zum Mittelwert. [Bei solchen Geschäften verkauft man in Stärke und kauft in Schwäche hinein.]

Aber das entspricht doch ganz und gar nicht deiner Vorgehensweise?
Eben. [Er zieht das Wort vielsagend in die Länge.] Aus lauter Verzweiflung, weil nichts klappen wollte, probierte ich Verschiedenes aus. Es war ein Teufelskreis. Aus der üblichen, drei oder vier Monate andauernden Verlustphase, in der ich 5 Prozent eingebüßt hätte, wurde so ein 18-monatiger Einbruch um 17 Prozent. Ich machte viel länger Verluste als nötig, weil ich dem Herdentrieb erlag.

Hättest du deine Methode auch verändert, wenn du während dieser Phase nicht fremdes Geld verwaltet hättest?
Bestimmt nicht.

Wir haben schon darüber gesprochen, dass es mit deinem Portfolio wieder bergauf ging, nachdem du deinen Anlegern ihr Kapital zurückgegeben hattest. War noch etwas anderes für diese Trendwende bei der Performance verantwortlich?

---

* Diese Bezeichnung [deutsch wörtlich: Rohstoffhandelsberater] ist mindestens in zweierlei Hinsicht irreführend. Erstens werden an den Terminbörsen überwiegend Finanzinstrumente gehandelt (zum Beispiel Zinsmärkte, Währungen und Aktienindizes), nicht Rohstoffe. Und zweitens verwalten CTAs Vermögen und beraten nicht, wie es der Name vermuten lässt.

Ich war dem Irrtum erlegen, dass ich mich verändern müsste, weil die alten Methoden nicht mehr griffen. Doch dann merkte ich, dass ich mich wieder auf meine Grundlagen besinnen musste. Mein Gedankengang war ungefähr: »Ich springe von einem Ansatz zum nächsten. Ich greife nach jedem Strohhalm. Ich weiß ja gar nicht mehr, wo ich stehe. Wenn ich schon untergehe, dann mit der Methode, die ich gut beherrsche.«

Was passierte, nachdem du dich wieder auf deine Standardmethode umgestellt hattest?
Ich verbuchte ein großartiges Jahr, in dem aber auch die Märkte gut mitspielten.

Haben dir die Verlusterfahrungen aus den Jahren 2013/2014 noch etwas anderes gebracht außer der Erkenntnis, dass du grundsätzlich kein fremdes Kapital verwalten willst und der Überzeugung, dass du dich an deine Methode halten solltest?
Nach der Verluststrähne von 2013/2014 sah ich mein Kapital mit anderen Augen. Zuvor hatte ich das Gesamtkapital auf meinem Konto im Blick, offene Transaktionen eingeschlossen. Das ist die konventionelle Betrachtungsweise – und natürlich auch die des IRS. Heute interessieren mich meine offenen Transaktionen nicht mehr. Ich stelle mein Kapital ausschließlich auf der Grundlage geschlossener Positionen dar.

Welchen psychologischen Unterschied macht das für dich?
Die Gewinne aus offenen Trades gehören mir im Grunde nicht. Es ist nicht mein Geld. Deshalb kann es mir gleich sein, ob ich es verliere. Das macht es mir leichter, dem Markt zu ermöglichen, mir wieder etwas entgegenzukommen.

Auch wenn du deine Stops also zunächst sehr eng setzt, gibst du den Märkten mehr Spielraum, sobald du einen Vorsprung hast.
Deutlich mehr Spielraum. Außerdem gilt: Entsprechen die Gewinne aus der Transaktionen 1 Prozent meines Eigenkapitals, halbiere ich die Position. Der anderen Hälfte kann ich dann noch mehr Entwicklungsspielraum geben.

Hebst du den Stop-Kurs für die übrige Hälfte der Position trotzdem noch an?
Schon, aber nicht mehr so aggressiv. Sobald jedoch über 70 Prozent meines Zielwerts erreicht sind, verändere ich meine Stops nicht mehr. Dieser Teil meiner Handelsmethode geht auf meine Tage als Popcorn-Trader zurück. Wies eine Transaktion nicht realisierte Gewinne in Höhe von 1800 US-Dollar pro Kontrakt aus, wieso sollte ich dann riskieren, das alles wieder zu verlieren, um noch

200 US-Dollar dazuzugewinnen? Nähert sich die Position dem Zielwert, ziehe ich den Stop daher nach.

Wenn dir nur noch 30 Prozent oder weniger auf den Zielwert fehlen, wonach richtet sich dann, wie hoch du den Stop anhebst?
Wenn ich so weit bin, setze ich eine mechanische Drei-Tage-Stop-Regel ein.

Wie genau lautet diese?
Bei einer Long-Position ist der erste Tag der Tag, an dem die Bewegung ihr Hoch erreicht. Der zweite Tag ist der Tag, an dem der Markt unter dem Tief des höchsten Tages schließt. Der dritte Tag ist der Tag, an dem der Markt unter dem Tief des zweiten Tages schließt. Am Ende des dritten Tages steige ich aus.

Ich gehe davon aus, dass diese drei Tage nicht direkt aufeinanderfolgen müssen?
Genau. Der dritte Tag könnte zwei Wochen nach dem ersten Tag liegen. Ich habe die Drei-Tage-Stop-Regel nicht etwa entwickelt, weil ich sie für die beste Regel halte – ich bin sogar sicher, sie ist nicht die beste –, sondern, weil ich als diskretionärer Trader Unentschlossenheit überhaupt nicht mag. Ich will auch nichts im Nachhinein bereuen oder anzweifeln müssen. Deshalb wollte ich eine Regel festlegen, die automatisch greift und verhindert, dass ich den größten Teil meiner ausstehenden Gewinne wieder abgeben muss.

Dein ursprüngliches Risiko für die Transaktion liegt bei rund ½ Prozent deines Kapitals. Wie weit ist dein Zielwert davon entfernt?
Eine Punktentsprechung von rund 2 Prozent meines Kapitals.

Und wenn dieser Punkt erreicht ist, nimmst du die Gewinne für die gesamte Position mit?
Im Regelfall ja. Gelegentlich mache ich auch mal eine Ausnahme und setze einen sehr knappen Stop, vor allem bei Short-Positionen, weil der Markt viel schneller nachgeben kann, als er steigt.

Ab welchem Punkt kommt für dich ein Wiedereinstieg infrage, wenn du Gewinne mitgenommen hast?
Ich will gar nicht wiedereinsteigen. Das nächste Geschäft muss ein ganz neues sein.

Was, wenn der Markttrend aber einfach weiterläuft?
Solche Trends verpasse ich meist. Ich fühle mich wohler, wenn ich zwischen den 30-Yard-Linien spiele, als wenn ich von der 10-Yard-Linie bis zur Endzone laufe. Dabei muss ich notgedrungen auf manche kräftigen Bewegungen verzichten.

Tja, deine Methode verhindert also, dass du solche Trends auch nur ansatzweise in voller Länge mitnehmen kannst.
So ist es.

Gehst du bei Aktien genauso vor wie bei Futures?
Ganz genauso.

Glaubst du nicht, dass sich das Chartverhalten von Aktien und Futures unterscheidet?
Nein.

Das überrascht mich, denn nach meinem Eindruck zeigen Aktien ein weit launischeres Kursverhalten als Futures.
Vermutlich stimmt das, aber wenn Aktien einen Lauf haben, reagieren sie genauso.

Ich habe in einem deiner Börsenbriefe von einer »Eislinie« gelesen. Was genau ist darunter zu verstehen?
Als ich noch in Minnesota lebte, wohnten wir an einem See, der im Winter zufror. Das Eis trug, aber wenn man doch einbrach, würde es zumindest einen Widerstand bieten. Die Analogie zu Kurscharts: Die Eislinie entspricht dem Preisniveau, das schwer zu durchbrechen ist. Hat man es so weit geschafft, bietet es Unterstützung. Wenn ich einen Markt mit einem Kursausbruch sehe, dessen Tagesspanne mindestens zur Hälfte unterhalb der Eislinie liegt, kann das Tief als aussagekräftiger Risikopunkt herangezogen werden.

Was, wenn weniger als die Hälfte der täglichen Kursspanne unterhalb der Eislinie liegt – könntest du dann das Vortagestief heranziehen?
Genauso mache ich das.

Man könnte meinen, es sei nichts Besonderes, wenn das Tief auf dem Kurschart des Einstiegstags folgenlos aus dem langfristigen Chartbild herausfällt. Ich begreife voll-

kommen, dass es ein wesentlicher Bestandteil deines Erfolgs ist, die Risiken sehr gering zu halten, aber hast du jemals analysiert, ob dein Risiko nicht vielleicht zu niedrig ist? Vielleicht wäre es ja besser für dich, wenn du dich beim Risikomanagement nicht am Tief eines Balkens orientierst, sondern am Tief mehrerer Balken?
Ja, das habe ich analysiert. Und festgestellt, dass ich, wenn ich dem Markt gleich in den ersten Tagen, in denen ein Trade läuft, etwas mehr Spielraum gebe, längerfristig mehr Gewinn erziele. Wäre mein Ziel, meine Rendite zu maximieren, würde ich meine Stops nicht so eng setzen. Mein Ziel ist aber nicht die Renditemaximierung, sondern die Maximierung meines Gewinnfaktors. [Der Gewinnfaktor ist eine Risiko-Rendite-Kennzahl, die definiert ist als die Summe aller gewinnbringenden Trades dividiert durch die Summe aller verlustbringenden Trades.]

Arbeitest du auch mal mit Trailing Stops? [Ein Trailing Stop ist eine Order über den Verkauf einer Position, sobald sich der Markt um einen festgelegten Betrag unterhalb des Hochs eines Aufwärtsausschlags bewegt (beziehungsweise oberhalb des Tiefs eines Abwärtsausschlags).]
Nie. Wenn ich Leute sagen höre: »Ich setze einen 500-Dollar-Trailing-Stop«, dann denke ich: »Was soll das? Will der verkaufen, wenn er eigentlich zukaufen sollte?« Ich habe darin noch nie einen Sinn gesehen. Und ich verstehe auch nicht, dass manche ihre offenen Gewinne aus einer Transaktion nutzen, um weitere Kontrakte zu kaufen. Das ist für mich die idiotischste Trading-Idee überhaupt. Wer das tut, kann mit seiner Position richtig liegen und trotzdem Verluste machen. Bei meiner Methode werden die Positionen höchstens kleiner. Meine Positionen sind an dem Tag am größten, an dem ich sie eingehe.

Was hat es mit der Wochenendregel auf sich, auf die du dich beziehst?
Die Wochenendregel geht auf Richard Donchian und die 1970er-Jahre zurück und besagt im Grunde: Wenn der Markt an einem Freitag auf neuem Höchst- oder Tiefstniveau schließt, ist die Wahrscheinlichkeit groß, dass sich diese Bewegung am Montag und in den Dienstag hinein fortsetzt. Für mich bedeutet das: Wenn ein Markt an einem Freitag ausbricht, ist meine Formation komplett, und die Donchian-Regel arbeitet für die Position.

Hast du die Gültigkeit der Wochenendregel je überprüft?
Ich habe das nie statistisch analysiert, aber so viel kann ich dir sagen: Viele meiner lukrativsten Geschäfte beruhten auf Freitagsausbrüchen – vor allem vor einem langen Wochenende. Außerdem kann ich dir noch erzählen, dass die

Positionen, die ich gehalten habe, obwohl sie zu Börsenschluss am Freitag per saldo im Minus lagen, mich vermutlich mehr Geld gekostet haben als jeder andere Trade-Typ. Meiner Erfahrung nach ist es am besten, jede Position aufzulösen, die zu Börsenschluss am Freitag einen offenen Verlust ausweist.

Warum funktioniert diese Regel deiner Ansicht nach?
Der Schlusskurs vom Freitag ist der kritischste Preis der Woche, denn es ist der Preis, zu dem sich jemand bereit erklärt, das Risiko in Kauf zu nehmen, eine Position übers Wochenende zu halten.

Richtest du dich inzwischen ausnahmslos nach der Freitagsregel?
Manchmal verstoße ich dagegen, aber gewöhnlich klopft mir der Markt dann prompt auf die Finger. Wenn ich eine Sache bedauere, dann, dass ich nicht über die verschiedenen Arten von Transaktionsentscheidungen Buch geführt habe.

So wie du vorgehst – mit strikter Risikosteuerung ab dem Einstiegszeitpunkt – sollte man meinen, du hättest auf keinen Fall größere Verluste erlitten. Gab es in deiner Trading-Karriere dennoch besonders schmerzhafte Fehlschläge?
Aber ja. Im Januar 1991 war ich in Rohöl in Long-Position, als die USA im ersten Golfkrieg den Irak angriffen. Vor der Nachricht des Militärschlags hatte Rohöl in New York bei 29 US-Dollar geschlossen. Damals wurde noch nicht rund um die Uhr gehandelt, doch Rohölgeschäfte liefen im nachbörslichen Kerb-Handel in London, und die Preise tendierten an jenem Abend 2 bis 3 Dollar nach oben. Ich ging also mit dem Gedanken zu Bett: »Junge, morgen geht die Post ab.« Es kam aber ganz anders, als ich dachte. Am nächsten Tag eröffnete Rohöl um 7 US-Dollar unter dem New Yorker Schlusskurs – der Preis hatte über Nacht um 10 Dollar gedreht. Für mich war das das größte Verlustgeschäft in meiner Börsengeschichte. [Ein weiterer Bericht über eine Handelserfahrung mit demselben unglaublichen Marktumschwung kommt in meinem Interview mit Tom Basso in meinem Buch *The New Market Wizards* zur Sprache.*]

Als bei Markteröffnung eine solche Preislücke aufriss, bist du da trotzdem bei Eröffnung ausgestiegen oder hast du noch abgewartet, bevor du deine Position aufgelöst hast?
Ich sitze nicht da und spekuliere mit Verlusten. Ich habe früh gelernt: Wer mit einem Verlust darauf spekuliert, diesen zu verringern, steht am Schluss mit

---

* Jack D. Schwager, *The New Market Wizards* (New York, HarperBusiness, 1992), S. 286–288.

einem noch größeren Verlust da. [Ungeachtet des drastischen Einbruchs an jenem Tag gab der Rohölmarkt am Folgetag noch mehr ab und erreichte erst rund einen Monat später einen Tiefpunkt.] Dieselbe Trading-Disziplin greift bei einem Fehler. Ich habe nie mit einem Fehler spekuliert.

Wie viel hast du damals verloren?
Etwa 14 Prozent meines Kapitals.

Kannst du dich noch daran erinnern, wie du dich damals gefühlt hast?
Ich war geschockt – regelrecht betäubt.

Warum schreibst du einen wöchentlichen Börsenbrief? Das muss doch viel Arbeit machen.
Offen gestanden schreibe ich den *Factor* für einen einzigen Leser – für mich. Das ist meine Art, mir selbst die Dinge vor Augen zu halten, an die ich immer wieder erinnert werden muss.

Hast du keine Angst, dass zu viele Leute an denselben Preispunkten einsteigen, wenn du deine Trades veröffentlichst, und dir damit das Geschäft verderben?
Nee, ich glaube nicht, dass sich das in irgendeiner Form auswirkt.

Ich weiß, dass du deine Chartanalysen und deine Handelsentscheidungen für die nächste Woche in der Zeit ab Börsenschluss am Freitag bis zur Eröffnung am Sonntagabend erarbeitest. Triffst du unter der Woche gar keine neuen Trading-Entscheidungen?
Nach dem Wochenende steht meine Liste der Märkte, die ich für Trades im Auge habe. Ganz selten nehme ich unter der Woche noch einen Markt dazu. Das versuche ich nach Möglichkeit zu vermeiden. Passt ein Geschäft nicht in meine Wochenendliste der Märkte, die ich in der betreffenden Woche für potenzielle Trades im Visier habe, sagt es mir nicht zu. Das ist ein weiteres Beispiel für eine Kategorie von Transaktionen, über die ich rückblickend gern Buch geführt hätte. Ich wette, wenn man sämtliche meiner Geschäfte zusammenrechnen würde, die nicht auf meiner Wochenendliste potenzieller Trades standen, stünde unter dem Strich ein Verlust.

Machst du überhaupt Intraday-Geschäfte?
Wenn ich mich engagiert habe, achte ich in den ersten zwei oder drei Tagen auf eine Gelegenheit, meinen Stop nachzuziehen – auch innertägig. Abgesehen davon mache ich keine Intraday-Geschäfte. Wenn ich mich hinsetze und den

ganzen Tag auf den Bildschirm starre, schade ich mir nur selbst. Ich treffe dann unweigerlich Fehlentscheidungen. Ich steige aus gewinnbringenden Positionen aus, ich komme ins Grübeln über Orders, die ich platziert habe, als die Märkte noch nicht geöffnet waren – Entscheidungen, die sich strikt an den Charts orientierten, ohne dass mich dabei blinkende Kurse auf dem Bildschirm hypnotisiert hätten. Ich brauche einen disziplinierten Ansatz: eine Entscheidung treffen, die Order schreiben, die Order platzieren und damit leben.

Was du mir über während der Marktstunden getroffene Entscheidungen erzählst, die dir die Tour vermasseln, erinnert mich an ein Gespräch mit Ed Seykota, zu dem ich sagte: »Ich habe bemerkt, dass Sie keinen Kursmonitor auf Ihrem Schreibtisch haben.« Darauf antwortete er: »Ein Kursmonitor ist genau dasselbe wie ein Spielautomat auf dem Schreibtisch, am Ende füttert man ihn den ganzen Tag.«*

Wir setzten unser Gespräch am nächsten Morgen beim Frühstück fort – in einem Lokal namens »*Black Watch*«. (Dort kann man ausgezeichnet frühstücken – probieren Sie das ruhig aus, wenn Sie nach Tucson kommen.) Brandt schickte voraus, er habe zwar ganz gut abgeschnitten, spiele aber sicher nicht in derselben Liga wie manche der großen Trader aus den anderen *Magier der Märkte*-Büchern. Dann ratterte er verschiedene Namen herunter, wie um seiner Aussage Nachdruck zu verleihen. Schließlich sagte Brandt, sollte ich mich dagegen entscheiden, ihn in das Buch aufzunehmen, hätte er dafür volles Verständnis. Es würde ihm nichts ausmachen. Brandt ist eine ehrliche Haut. Er sagte das nicht etwa aus falscher Bescheidenheit – aber sicherlich aus einer Bescheidenheit heraus, die absolut fehl am Platze war. Ich entgegnete, er habe nicht nur eine langjährige Erfolgsbilanz mit herausragender Wertentwicklung, sondern verfüge über jede Menge wertvoller Erkenntnisse über das Trading, die ich meinen Lesern ungern vorenthalten wollte. Brandt hatte ein paar Charts mitgebracht, um bestimmte frühere Trades zu veranschaulichen. Dort nahmen wir den Faden wieder auf.

....

Das hier ist eine große Position, die ich 2008 hielt, als das Pfund in wenigen Monaten von 2,00 auf 1,40 US-Dollar abstürzte. Wieder gab es einen Aus-

* Jack D. Schwager, *Magier der Märkte* (München, FBV, 2019), S. 206.

bruch, und der Markt stieg und stieg. [Auf dem Chart, das er mir zeigt, führt der Ausbruch nach unten aus der Konsolidierung einer Kopf-Schulter-Formation, die sich auf dem Höchststand ausbildete, zu einem abrupten kräftigen Einbruch, der nur kurz durch eine schwache Erholung nach der ersten Abwärtsbewegung unterbrochen wurde. Über diese Erholung spricht er.] Ich habe Folgendes festgestellt: Kommt es zu einem massiven Ausschlag nach unten, ist auf die erste Rally nie Verlass. Wenn ich je das Bedürfnis habe, in Stärke hinein zu verkaufen, dann wäre das in der ersten Rally nach einem linearen Abwärtstrend. Die Rally hat oft nur für zwei Tage nach dem Umkehrtag Bestand. [Er zeigt mir weitere ähnliche Charts mit Ausbrüchen aus langfristigen Konsolidierungen, auf die kräftige Preisbewegungen folgten.]

Bei all diesen Beispielen kaufst beziehungsweise verkaufst du nach dem Ausbruch aus einer langfristigen Konsolidierung. Steigst du auch mal nach Ausbrüchen aus Wimpeln oder Flaggen ein? [Wimpel und Flaggen sind geringe, kurzfristige Konsolidierungen (die in aller Regel keine zwei Wochen anhalten), die sich nach Preisschwankungen ausbilden.]
Das kommt vor, wenn es sich um eine drastische Kursbewegung handelt, die auf der Grundlage der Vervollständigung einer Formation auf dem Wochenchart noch viel weiter laufen wird. Bei jedem anderen Chart wäre die Antwort Nein.

Ich weiß noch, wie ich einmal auf einen Retweet einer deiner Marktbeobachtungen ungefähr folgenden Kommentar erhielt: »Wieso sollte man auf jemanden wie Brandt hören, der 5.000 Punkte tiefer empfahl, den S&P 500 zu shorten?« Wie reagierst du auf solche Kommentare?
Meine Philosophie dazu: Ich mag von einer Meinung überzeugt sind, halte aber nie stur daran fest. Sobald mich eine Position Geld kostet, lasse ich sie fallen wie eine heiße Kartoffel. Ich klammere nicht. Und das kann auch mal innerhalb eines Tages passieren. Doch in der Twitter-Welt bleibt nur die überzeugt geäußerte Meinung im Gedächtnis. Ganz gleich, was man sagt – es ist fast so, als müsse man sich den Rest seines Lebens darauf festlegen lassen. An die Empfehlung erinnern sich die Leute, aber dass ich einen oder zwei Tage später mit 50 Basispunkten Verlust – oder vielleicht sogar mit 50 Basispunkten Gewinn – ausgestiegen bin, das wissen sie nicht mehr. In der Twitter-Welt gibt es oft negative Reaktionen, wenn jemand von Bulle auf Bär umschwenkt oder umgekehrt. Dabei halte ich die Flexibilität, die eigene Meinung zu ändern, in Wirklichkeit für eine absolut positive Eigenschaft eines Traders.

Die Märkte haben sich im Laufe deiner Trading-Karriere gewaltig verändert – von der Zeit, in der man noch einen riesigen Rechner brauchte, der ein ganzes Zimmer ausfüllte, um einfache Trading-Systeme zu entwickeln und zu testen, bis zu der enormen Rechenleistung und der jederzeit zugänglichen Trading-Software von heute. Erst gab es praktisch keinen computerisierten Handel, dann jede Menge. Außerdem haben wir erlebt, wie Börsengeschäfte auf der Grundlage künstlicher Intelligenz und Hochfrequenzhandel aufkamen. Wir sind von einer Zeit, als die Charttechnik noch eine obskure Nische der Marktanalyse war, in eine Zeit übergegangen, in der technisch gestützter Handel weit verbreitet ist – sowohl in Form der Chartanalyse, wie du sie betreibst, als auch in Form computerisierter technischer Systeme. Trotz all dieser Veränderungen verwendest du noch dieselben Methoden wie zu Beginn deiner Trading-Karriere, die auf Chartformationen beruhen, wie sie schon vor fast 90 Jahren ausführlich in Schabackers Buch beschrieben wurden. Meinst du, dass diese Methoden heute noch funktionieren – trotz aller Veränderungen?
Das tun sie nicht. Keinesfalls.

Wie ist es dir dann gelungen, mit solchen unzeitgemäßen Methoden weiterhin erfolgreich zu sein?
Über diese Frage habe ich viel nachgedacht. Würde ich an jedem Einstiegspunkt einer Chartformation einsteigen, den Schabacker als solchen ausgewiesen hat, wäre es sehr schwer, damit Geld zu verdienen, denn die Märkte richten sich nicht mehr nach allen Formationen. Früher einmal konnte man einfach auf die Chartformationen setzen und machte Gewinn. Ich glaube, das gilt heute nicht mehr.

Du meinst also, dass die klassische Chartanalyse allein nicht länger funktioniert?
Genau. Große langfristige Formationen bringen nichts mehr. Trendlinien bringen nichts mehr. Kanäle bringen nichts mehr. Symmetrische Dreiecke bringen nichts mehr.

Was funktioniert denn dann überhaupt noch?
Meiner Erfahrung nach nur Formationen, die in aller Regel kurzfristig sind – kürzer als ein Jahr und vorzugsweise auch kürzer als 26 Wochen – und eine horizontale Grenze haben. Zu solchen Formationen zählen Kopf-Schulter-Formationen, aufsteigende und absteigende Dreiecke und die Rechteck-Konsolidierungsformationen.

Kann es sein, dass die Formationen, die du genannt hast, nicht unbedingt Formationen sind, die noch funktionieren, sondern vielmehr Muster, die es dir ermöglichen, Einstiegspunkte mit klar definierten, einigermaßen naheliegenden, aussagekräftigen Punkten für Stops zur Risikobegrenzung zu finden?

Ja. Charts vermitteln dir eine Vorstellung vom Weg des geringsten Widerstands. Sie liefern keine Prognosen. Wenn jemand Charts unter prognostischen Aspekten betrachtet, dann wird es gefährlich. Charts eignen sich hervorragend, um bestimmte Punkte für asymmetrische Risiko-Rendite-Positionen ausfindig zu machen. Mehr nicht. Ich fokussiere mich auf die Wahrscheinlichkeit, an der Gewinnschwelle aus einer Position auszusteigen oder – noch besser – auf die Wahrscheinlichkeit, eine erwartete Preisbewegung mitzunehmen. So bin ich zum Beispiel im Moment auf dem Goldmarkt in Short-Position. Ich halte nach einem potenziellen Preisrutsch bei Gold um 60 bis 70 US-Dollar Ausschau. Würde man mich fragen, wie sicher ich mir bin, dass Gold um 60 bis 70 Dollar nachgibt, wäre das die falsche Frage. Die richtige Frage lautet: »Wie sicher bist du dir, dass du mit höchstens minimalen Verlusten den Ausstieg schaffst?«

Du verwendest eine Handelssignalmethode, die nach deinen eigenen Worten wenig Wettbewerbsvorteile bringt. Wie sicherst du dir also deinen Vorsprung?

Es sind nicht die Charts, die mir einen Vorteil verschaffen – es ist das Risikomanagement. Wenn ich besser bin, dann durch Disziplin, Geduld und Orderausführung. Ein Leser meines wöchentlichen Börsenbriefs *Factor* meinte: »Peter, du hast deshalb die Nase vorn, weil du bereit bist, den Markt vor einem Einstieg wochenlang zu beobachten und dann noch am selben Tag wieder auszusteigen, weil er nicht richtig reagiert.« Ich dachte nur: »Mein Gott, da hat mich jemand durchschaut.« Aus den Charts lese ich lediglich einen Punkt heraus, an dem ich bereit bin, einen Einsatz zu bringen. Sie liefern mir einen Punkt, an dem ich sagen kann: »Genau von diesem Punkt aus sollte der Markt einen Trend entwickeln.« Anders betrachtet: Kann ich auf dem Kurschart einen Balken finden, bei dem die Aussichten gut sind, dass das Tief nicht durchbrochen wird?

Es ist also nicht so, dass du den richtigen Einstiegspunkt findest, sondern du findest vielmehr heraus, wo du asymmetrische Trades mit einer Erfolgschance von beinahe fifty-fifty eingehen kannst.

Das trifft es ganz gut, finde ich. Meine Gewinne stammen allesamt aus 10 bis 15 Prozent meiner Transaktionen. Alle anderen Trades kann man vergessen. Dieses Muster scheint sich Jahr für Jahr fortzusetzen. Das Problem dabei ist natürlich, dass ich nie sagen kann, welche Positionen zu diesen 10 bis 15 Prozent gehören.

Ich weiß, dass deine Methode voll und ganz ins Lager der Charttechniker fällt. Glaubst du denn, dass die fundamentale Analyse auch eine gewisse Berechtigung hat, selbst wenn sie für dich nicht der richtige Ansatz ist?
Mein Mentor Dan Markey hatte eine interessante Philosophie zu den Fundamentaldaten. Er hielt die meisten fundamentalen Nachrichten für sinnlos. Dan hatte eine Theorie, die er »Dominant Fundamental Factor Theory« nannte. Demnach gab es über einen längeren Zeitraum von ein bis fünf Jahren einen grundlegenden fundamentalen Faktor als Markttreiber. Alle übrigen Nachrichten sorgten nur für Schwankungen um den Trend, der von dem dominanten fundamentalen Faktor angetrieben wurde. Und in den meisten Fällen hatte das breite Publikum keine Ahnung, welcher der jeweils relevante fundamentale Faktor war. Man konnte eine Woche lang CNBC verfolgen, und es war keine Rede von dem dominanten fundamentalen Faktor. Wenn überhaupt jemand den dominanten Faktor erkannt hatte, versuchte er diesen meist auszublenden. Ein Paradebeispiel für diese Tendenz war das Programm für quantitative Lockerungen, das nach der großen Rezession eingeführt wurde und maßgeblich für den anschließenden Bullenmarkt für Aktien verantwortlich war. Die Leute sagten: »Das können die Zentralbanken nicht lange machen. Das treibt die Verschuldung zu sehr in die Höhe. Man muss diesen Markt shorten.«

Berücksichtigst du Dans Konzept manchmal?
Nein, aber ich frage mich oft, was Dan, der 1998 verstarb, wohl auf einem bestimmten Markt als treibende Kraft erachtet hätte.

Welchen Rat würdest du jemandem geben, der eine Trading-Karriere einschlagen möchte?
Als Erstes würde ich fragen: »Wenn du dein gesamtes Einsatzkapital verlieren würdest, würde das deinen Lebensstil wesentlich verändern?« Wenn ja, vergiss es. Wenn du kein guter Problemlöser bist, hast du an der Börse ebenfalls nichts verloren. Und wenn du der Ansicht bist, dass Trading regelmäßige Gewinne abwerfen sollte, dann gilt dasselbe: Lass die Finger davon. Die Märkte zahlen keine Rente. Ich würde jedem angehenden Trader sagen, womit er rechnen muss: dass es mindestens drei Jahre dauert, bis er auch nur eine Ahnung davon hat, wie er vorgehen sollte, und fünf Jahre, bis man von einer gewissen Kompetenz

sprechen kann. Wer keine drei bis fünf Jahre hat, um sich die nötigen Kenntnisse und Erfahrungen anzueignen, der sollte wohl besser kein Trader werden. Die Leute unterschätzen total, wie lang es dauert, bis man als Trader Gewinne verbucht. Man sollte nicht Trader werden wollen, um Geld zu verdienen. Wer mir erzählt, er möchte von seinen Börsengeschäften leben, dessen Erfolgswahrscheinlichkeit liegt vermutlich gerade mal bei rund 1 Prozent.

Ist dir klar, was du gerade gemacht hast? Ich habe dich gefragt, welchen Rat du angehenden Tradern geben würdest, und du hast mir jede Menge Gründe dafür aufgezählt, besser kein Trader zu werden.
Ja, klar.

Wenn nun einer immer noch sagt: »Ich hab's kapiert, würde es aber trotzdem gern ausprobieren« – welchen Rat würdest du ihm mit auf den Weg geben?
Gewöhne dir an, Verluste nicht persönlich zu nehmen. Den Märkten ist gleich, wer du bist.

Und sonst noch?
Du musst deinen eigenen Weg finden. Wenn du glaubst, du kannst den Trading-Stil eines anderen kopieren, wird da nie etwas draus.

Das gehört zu den wichtigsten Punkten, die auch ich allen Tradern zu vermitteln suche. Erkläre mir mal mit deinen Worten, warum du davon so überzeugt bist.
Versucht ein Trader, einen anderen nachzuahmen, so besteht eine der größten Gefahren darin, dass er früher oder später eine längere Durststrecke durchläuft. Wenn mir das passiert, dann weiß ich, warum. Mache ich mit zehn Trades in Folge Verluste, dann weiß ich, dass ich nichts falsch gemacht habe, solange ich nach Plan vorgegangen bin. Wer versucht, meine Methode zu kopieren, hat diese Sicherheit nicht. Gerät der Ansatz – und das ist unvermeidlich – irgendwann in eine heikle Phase, würde der oder die Betreffende das nicht durchstehen. Deshalb muss jeder Trader genau wissen, warum er eine bestimmte Position eingeht. Nur so kann er schwierige Zeiten überstehen.

Stellt sich die Frage: Was machst du in solchen Phasen, wenn alles, was du anfängst, offensichtlich falsch ist, und du aus dem Marktrhythmus gekommen bist?
Ich fahre meine Positionsgrößen zurück. Früher hätte ich mich in solchen Phasen gefragt: »Was muss ich an meiner Strategie verändern?« Diese Reaktion

führte mich regelmäßig auf Abwege und nahm kein gutes Ende. Den eigenen Trading-Ansatz für die letzten paar Trades zu verändern, ist keine Lösung, sondern ein Irrweg. Ich versuche, mich stets an meine Methode zu halten. Nur so überwinde ich Verlustphasen und komme wieder in die richtige Spur.

Gibt es noch einen Rat, den du jemandem mitgeben würdest, der mit einer Trading-Karriere liebäugelt?

Wie beim Baseball muss man lernen, auf den richtigen Pitch zu warten. Was mir am Anfang am schwersten fiel, war die Antwort auf folgende Frage: Welcher Pitch ist der richtige für mich? Wann bin ich bereit, zu schlagen? Ich denke, diese Frage muss sicher jeder Trader für sich beantworten. Kannst du genau sagen, bei welchem Trade du einen Schlag wagen möchtest? Erst wenn ein Trader für sich die Antwort auf diese Frage gefunden hat, kann er sich mit weiteren entscheidenden Aspekten befassen wie Positionsgröße, Hebelwirkung, Skalierung und Transaktionsmanagement.

Vorhin hast du gesagt, Geld zu verdienen sei die falsche Motivation für einen angehenden Trader. Was ist denn die richtige?

Die interessanten intellektuellen Herausforderungen der Märkte. Man muss gerne Probleme lösen. Ich finde es sehr befriedigend, wenn man am Ende sagen kann: »Ich habe eine Lösung gefunden und bin mit dem Ergebnis zufrieden.«

Wie lautet dein Rat, wenn man mal eine Chance verpasst hat?

Finde dich damit ab. Ich sage dazu Könnte-würde-sollte-Geschäfte. In einem Jahr gibt es bei mir in der Regel etwa zwei größere derartige Trades. Das kommt vor – und das muss man akzeptieren.

Ist das schmerzhafter als ein Verlust?

Früher schon. Das trieb mich schier zum Wahnsinn. [Er sagt das mit besonders langem »a« in Wahnsinn.]

Wie bist du darüber hinweggekommen?

Ich sorgte dafür, dass es nicht so oft vorkommt, indem ich meine Orders schon plante und parat hatte und nicht erst auf einen Ausbruch wartete und mir dann überlegte, was zu tun war. Und die Erfahrung hat mich gelehrt: Die nächste Chance kommt bestimmt. Was mich immer wieder fasziniert: Wenn ich nur lange genug warte, ergibt sich stets die Gelegenheit zu einem anderen guten

Geschäft. Ich mache mir mehr Sorgen um mögliche Fehler als darum, dass ich Marktbewegungen verpassen könnte.

Was zeichnet die Gewinner unter den Tradern aus, was die Verlierer?
Meiner Ansicht nach weisen die Gewinner tatsächlich bestimmte Gemeinsamkeiten auf. Sie haben Respekt vor dem Risiko. Sie begrenzen ihre Risiken bei jeder Transaktion. Sie gehen nicht automatisch davon aus, dass sie mit einer Position richtigliegen. Wenn überhaupt, dann nehmen sie eher an, dass sie falschliegen könnten. Sie sind nicht himmelhochjauchzend, wenn sie gewinnen, und nicht zu Tode betrübt, wenn sie verlieren.

Und die Verlierer?
Die riskieren zu viel. Sie haben keine Methode. Sie jagen den Märkten hinterher. Sie haben Angst, etwas zu verpassen. Sie haben ihre Emotionen nicht im Griff. Gefühlsmäßig schwanken sie zwischen höchster Aufregung und Depression.

....

Es mutet ironisch an, dass die Methode zum Eingehen von Positionen, die die meisten für die wichtigste Voraussetzung halten, um an der Börse Erfolg zu haben, für Brandt tatsächlich zu den unwichtigsten Elementen zählt. Brandt räumt sogar ein, dass die klassische Chartanalyse inzwischen praktisch sämtliche Vorteile eingebüßt hat. Entscheidend ist für ihn das Risikomanagement. Die Methode – die Chartanalyse – ist lediglich ein Instrument, um die Zeitpunkte zu erkennen, die sich zur Ausführung von Brandts Risikomanagementansatz anbieten. Brandt platziert seine Stops so, dass er mit einer Transaktion nie größere Verluste einfährt – abgesehen von den seltenen Fällen, in denen sein Stop weit unter dem beabsichtigten Niveau ausgelöst wird, wie bei der Position, die er vor dem ersten Golfkrieg eröffnet hatte: der einzige solche Fall in seiner Karriere.

Brandts Strategie besteht im Kern darin, bei jeder einzelnen Transaktion nur wenig Risiko einzugehen und sich bei seinen Positionen auf solche zu beschränken, die seiner Ansicht nach das realistische Potenzial bieten, ein Ziel zu erreichen, das die drei- bis vierfache Größenordnung der eingegangenen Risiken aufweist. Im Wesentlichen zieht er Charts heran, um die Punkte zu ermitteln, an denen es möglich ist, sich mit einem eng gesetzten Stop abzusichern, der besonders relevant ist – Punkte, an denen eine relativ geringfügige Kursbewegung ausreicht, um ein aussagekräftiges Signal dafür auszulösen, dass die Position falsch ist.

Ein Beispiel für eine solche Transaktion wäre ein Long-Engagement an einem Tag, an dem der Markt nach einem größeren Ausbruch nach oben stark schließt und das jeweilige Tagestief deutlich unter der »Eislinie« liegt, wie es Brandt ausdrücken würde. Brandts Trading-Ansatz ist ein weiteres Beispiel für eine Gemeinsamkeit, die mir an großen Tradern aufgefallen ist: Ihre Methode basiert auf der Ermittlung asymmetrischer Handelschancen – Transaktionen, bei denen das vermeintliche Aufwärtspotenzial deutlich größer ist als das unvermeidliche Risiko.

Der eine oder andere Leser wundert sich vielleicht, dass Brandt sich für eine Strategie der Absicherung durch Stops entschieden hat, die nach seiner eigenen Aussage so eng gesetzt werden, dass es seine Gesamtrendite verringert. Wieso setzt er nicht einen Ansatz ein, der den Ertrag maximiert? Die Antwort: Ein Ansatz, der die Rendite steigert, dabei aber die Risiken *ungleich stärker* erhöht, ist suboptimal. Das liegt daran, dass man mit einer Methode mit einem höheren Risiko-Rendite-Verhältnis durch Steigerung der Positionsgröße mathematisch stets eine höhere Rendite bei gleichem Risikoniveau erzielen kann als mit einer Methode mit niedrigerem Risiko-Rendite-Verhältnis (selbst wenn die Rendite höher ist).

Ein erfolgreicher Trader muss seinen eigenen Trading-Stil entwickeln. Brandts wichtigster Mentor arbeitete wohlgemerkt mit Fundamentalanalyse und ging sehr langfristige Positionen ein, während Brandt eine Trading-Methode entwickelte, die sich strikt auf technische Analyse stützte – und auf viel kurzfristigere Transaktionen, vor allem, wenn sich Verluste abzeichneten. Brandt lernte von seinem Mentor, wie wichtig es ist, sein Kapital richtig zu verwalten. Seine Trading-Methode entwickelte er ganz allein.

Brandt hat sich im Laufe seiner Karriere recht diszipliniert an seine Methode gehalten – mit einer großen Ausnahme. 2013 hatte er mehrere Monate lang Nettoverluste verbucht und sein Trading-Ansatz schien sich von den Märkten losgelöst zu haben. Damals ließ sich Brandt von dem allgemeinen Gerede unter technischen Tradern beeinflussen, dass sich die Märkte verändert hätten. In einem Moment der Schwäche ging Brandt von dem Ansatz ab, der ihm so viele Jahre lang gute Dienste geleistet hatte, und begann, mit Trading-Methoden zu experimentieren, die nicht seine eigenen waren. Doch all diese Tändeleien mit verschiedenen Ansätzen verlängerten und verschlimmerten seine Verluststrähne nur. Dadurch verbuchte Brandt am Ende sein einziges Verlustjahr, seit er Ende 2006 sein Trading wieder aufgenommen hatte. Aus einer Phase mit 5 Prozent Verlust wurde, wie er freimütig eingesteht, eine mit 17 Prozent Verlust.

Handelt man nach seiner eigenen Methode, so ergibt sich daraus automatisch der Grundsatz: Richte dich nie nach den Empfehlungen anderer. Bei Brandts erstem Geschäft hatte er sich an die Handelsempfehlung des Börsenmaklers gehalten, der ihn dazu gebracht hatte, eine Trading-Karriere einzuschlagen. Der Makler machte damit ein gutes Geschäft, doch Brandt verlor, weil er nicht in Betracht gezogen hatte, dass der Makler mit einem viel kürzeren Zeithorizont arbeitete als er selbst. Es ist direkt unheimlich, wie oft es danebengeht, wenn man sich am Rat oder an der Empfehlung anderer orientiert. Man kann sich von anderen erfolgreichen Tradern solide Grundsätze abschauen, doch sich auf die Empfehlung eines anderen hin zu engagieren, statt sich an die eigene Methode zu halten, ist gewöhnlich keine gute Idee. Denken Sie daran, wenn Sie das nächste Mal mit einem Tipp Geld in den Sand setzen: Ich habe es Ihnen gesagt.

Auf die Frage, was er gern gewusst hätte, als er ins Börsengeschäft einstieg, antwortete Brandt: »Mein größter Feind bin ich selbst.« Damit ist er in guter Gesellschaft. Menschliche Regungen und Impulse bringen Trader oft dazu, falsche Entscheidungen zu treffen. Brandt erklärte, er sei ein impulsiver Mensch. Würde er einfach den Bildschirm verfolgen und instinktiv Positionen eröffnen, würde er sich zugrunde richten. Brandt ist überzeugt, dass sein Erfolg nur möglich wurde, weil er bei der Platzierung von Transaktionen einen klar definierten Prozess verwendet, der emotionale Reaktionen ausschließt. In Brandts Worten: »Richte dich nach einem Prozess: eine Entscheidung treffen, die Order schreiben, die Order platzieren und damit leben.« Brandt vermeidet es nach Möglichkeit, den Bildschirm zu verfolgen, und beschränkt sich bei neuen Trading-Positionen weitgehend auf diejenigen, die er anhand seiner erschöpfenden Chartanalysen ausfindig gemacht hat, und plant seine Transaktionen für jede Woche zwischen Börsenschluss am Freitag und der Eröffnung am Sonntagabend – also in einer Zeitspanne, in der die Märkte geschlossen sind.

Brandts Kommentare zu den negativen Effekten menschlicher Gefühle auf den Trading-Erfolg erinnerten mich an William Eckhardts Feststellung in *The New Market Wizards*: »Wem es um emotionale Befriedigung geht, der hat schon verloren, denn was sich gut anfühlt, ist oft genau das Falsche.«* Die besten Transaktionen sind manchmal diejenigen, die jeder Intuition zuwiderlaufen oder am schwierigsten einzugehen sind. 2019 war eines der besten Geschäfte Brandts eine Short-Position in Getreide. Dabei hätte er sich intuitiv lieber entgegengesetzt engagiert.

---

* Jack D. Schwager, *The New Market Wizards* (New York, HarperBusiness, 1992), S. 132.

Ein konkreter Prozess ist nicht nur unabdingbar, um emotionale Trading-Entscheidungen zu vermeiden, die gewöhnlich Verluste bringen, sondern auch eine Voraussetzung für den Handelserfolg. Jeder erfolgreiche Trader, den ich je interviewt habe, hatte eine bestimmte Methode. Gutes Trading ist die Antithese zum Ansatz des Aus-der-Hüfte-Schießens. Brandt wählt Positionen aus, die bestimmten Kriterien entsprechen, und geht nach einem klar definierten Zeitplan vor, bis hin zum Einstiegstag. Hat Brandt eine Position eröffnet, steht bereits fest, wann er wieder aussteigt, wenn Verluste entstehen, und wann und wie er Gewinne mitnimmt, wenn es gut läuft.

Viele, wenn nicht gar die meisten Trader, allen voran Neulinge, kennen den entscheidenden Unterschied zwischen einer schlechten und einer verlustbringenden Transaktion nicht – und den gibt es definitiv. Brandt sagt, wenn er ein Jahr später auf einen Chart schaut und immer noch sehen kann, an welchem Tag und zu welchem Kurs er eine Position einging, dann war sie gut – ganz gleich, ob sie Gewinne oder Verluste brachte. Im Grunde sagt Brandt: Ob ein Trade gut war, richtet sich danach, ob man sich an die eigene Methode gehalten hat – nicht danach, ob er Gewinn brachte. (Dem liegt natürlich die implizite Annahme zugrunde, dass man eine Methode einsetzt, die profitabel ist und längerfristig verkraftbare Risiken birgt.) Die Wahrheit ist: Ein bestimmter Prozentsatz aller Transaktionen wird bei jeder Methode Verluste bringen, ganz gleich, wie gut der Ansatz ist, – und es ist nicht möglich, vorherzusagen, welche Trades Gewinne abwerfen.

Viele Trader haben bei der Positionsgröße eine Komfortgrenze. Mit kleineren Positionen kommen sie möglicherweise gut zurecht, doch werden die Positionen größer, verschlechtert sich ihre Performance sichtlich, *selbst wenn die Märkte auch bei größeren Positionsdimensionen noch ausgesprochen liquide sind.* Das erlebte Brandt, als die Commodities Corporation seine Allokation bis zu dem Punkt erhöhte, an dem er 100-Lot-Orders in T-Bonds handelte statt wie zuvor mit einer Ordergröße von maximal 20 Kontrakten. Sein prozentuales Risiko pro Transaktion blieb zwar unverändert, doch plötzlich stellte er sich Verluste nicht mehr als prozentualen Kapitalanteil vor, sondern in Dollar. Es ist vielleicht nicht logisch, dass die Positionsgröße eine Rolle spielt, wenn das prozentuale Risiko pro Transaktion gleich bleibt und der Markt auch bei größeren Positionen noch voll und ganz liquide ist, doch menschliche Emotionen und ihre Auswirkungen auf das Börsengeschäft entziehen sich jeder Logik. Was man daraus lernen kann: Jeder Trader sollte sich grundsätzlich vor abrupten, starken Erhöhungen seines Handelsniveaus hüten. Stattdessen sollte das Kapital auf einem Konto nur allmählich angehoben werden, um sicherzugehen, dass der Trader mit der erhöhten Positionsgröße gut zurechtkommt.

Wer für eigene Rechnung erfolgreich Börsengeschäfte macht, kann nicht unbedingt auch gewinnbringend fremdes Kapital verwalten. Manche Trader haben kein Problem, mit eigenem Geld zu spekulieren, und erzielen damit ordentliche Erträge, doch sobald sie Kapital einsetzen, das ihnen nicht gehört, verpufft ihre Performance. Dazu kann es kommen, weil manche Trader Schuldgefühle haben, wenn sie das Geld anderer Leute verlieren, und diese beeinträchtigen unter Umständen ihren üblichen Entscheidungsprozess. Es ist kein Zufall, dass sich der Zeitraum, in dem Brandt für andere investierte, mit der schlimmsten Verlustphase deckt, die er nach Wiederaufnahme seiner Trading-Karriere Ende 2006 erlitt. Interessant ist dabei, dass der Monat, in dem Brandt allen Investoren ihr Geld zurückgab, den Tiefpunkt dieser Verlustphase markierte, und er im Anschluss 20 gewinnbringende Monate in Folge verbuchte. Trader, die von der Spekulation für eigene Rechnung auf die Kapitalverwaltung umsteigen, sollten genau darauf achten, ob sie sich bei Trading-Entscheidungen unwohl fühlen, wenn sie fremdes Vermögen einsetzen.

Brandt konnte seine Performance steigern, indem er auf Geschäfte verzichtete, die er als »Popcorn Trades« bezeichnete – Transaktionen, die ordentlich im Plus stehen, doch gehalten werden, bis der gesamte Gewinn aufgezehrt ist oder, schlimmer noch, per saldo ein Verlust entsteht. Die schmerzliche Erfahrung, die Brandt zu Anfang seiner Karriere mit solchen Geschäften machte, veranlasste ihn dazu, Regeln festzulegen, um derartige Folgen zu vermeiden:

1. Sobald Brandt mit einer Position einen Nettogewinn erzielt, der 1 Prozent seines gesamten Kapitals entspricht, sichert er sich einen Teil dieses Gewinns.
2. Ist eine Transaktion auf 30 Prozent an Brandts Gewinnziel herangekommen, schützt er sie mit deutlich enger gesetzten Stops.

Brandt befolgt noch eine weitere Trading-Regel: Weist eine offene Transaktion am Freitag bei Börsenschluss einen Nettoverlust aus, steigt er aus. Ein Grund dafür: Eine Position über das Wochenende zu halten, birgt höhere Risiken als sie unter der Woche über Nacht weiterzuführen. Wenn wir davon ausgehen, dass die Position am Freitag bei Börsenschluss per saldo Verluste verbucht, ist es für einen Trader wie Brandt mit niedriger Risikoschwelle umsichtiges Risikomanagement, diese Position unter diesen Umständen aufzulösen. Der Hauptgrund für den Ausstieg bei Börsenschluss am Freitag ist aber, dass dieser

Schlussstand für Brandt besondere Bedeutung genießt. Dieser Ansicht liegt die Annahme zugrunde, dass ein starker oder schwacher Schluss am Freitag höchstwahrscheinlich zu Beginn der anschließenden Woche weitere Kursbewegungen zur Folge hat. Sofern das zutrifft, sind die Chancen gut, dass sich – selbst wenn sich die Position letztlich als richtig erweist – in der Folgewoche Gelegenheit für einen Wiedereinstieg zu einem günstigeren Preis bietet.

Ein Dilemma, vor dem alle Trader stehen: Was ist zu tun, wenn die eigene Handelsmethode aus dem Markttakt geraten ist? Brandt würde in diesem Fall dringend davon abraten, von einer Methode abzugehen, die bisher gut funktioniert hat, und auf einen anderen Ansatz umzusteigen. Nun mag eine so radikale Veränderung manchmal angezeigt sein, doch erst, wenn fundiertes Research und gründliche Analysen das bestätigt haben. Auf einen anderen Stil sollte sich ein Trader nie leichtfertig umstellen, nur weil er gerade eine Verluststrähne erlebt. Wie also reagiert man richtig in Zeiten, in denen alles, was man anfängt, schiefzugehen scheint? Brandts Antwort darauf: Fahr deine Positionsgröße zurück – wenn nötig, auch drastisch –, bis du wieder in den Marktrhythmus zurückgefunden hast.

Zu beachten ist, dass sich Brandts erstes Verlustjahr als hauptberuflicher Trader unmittelbar an sein allererfolgreichstes Börsenjahr anschloss. Mich erinnert das an einen Kommentar von Marty Schwartz aus *Magier der Märkte*: »Meine größten Verluste hatte ich immer im Anschluss an meine größten Profite.«* Den schlimmsten Rückschlägen gehen oft Perioden voraus, in denen scheinbar alles rundläuft. Was ist der Grund dafür, dass die empfindlichsten Verluste so häufig auf die größten Erfolge folgen? Eine mögliche Erklärung: Gewinnsträhnen machen zu selbstsicher, und wer sich seiner Sache zu sicher ist, wird nachlässig. In Phasen mit hohen Gewinnen denkt ein Trader wohl am wenigsten darüber nach, was schiefgehen könnte – und schon gar nicht an Worst-Case-Szenarios. Eine weitere Erklärung ist, dass Zeiträume mit besonders starker Performance meist auch mit den höchsten Risiken einhergehen. Die Moral: Steuert Ihr Portfolio fast täglich neue Höchstwerte an und praktisch jedes Geschäft läuft gut, sollten Sie vorsichtig sein! Das sind die Phasen, in denen man sich vor Überheblichkeit in Acht nehmen und besonders wachsam sein muss.

Woher weiß man ungeachtet der eigenen Handelsmethode, welche Arten von Trades langfristig funktionieren und welche nicht? Und welche Umstände günstig sind und welche nicht? Systematische Trader können solche Fragen be-

* Jack D. Schwager, *Magier der Märkte* (München, FBV, 2019), S. 316.

antworten, indem sie alle Kategorien von Trades auf die Probe stellen. Willkürliche Trader dagegen können nicht mit verschiedenen Alternativen herumprobieren, weil sie per definitionem nicht algorithmisch definieren können, wie ihre Trades in der Vergangenheit ausgesehen hätten. Solche Trader können nur auf *eine* Weise feststellen, welche Arten von Transaktionen am besten und am schlechtesten funktionieren: nämlich, indem sie ihre Handelsergebnisse in Echtzeit klassifizieren und aufzeichnen. Mit der Zeit ergeben sich aus diesem manuellen Prozess die erforderlichen Daten und die resultierenden Trading-Erkenntnisse. Brandt bedauert heute, dass er darüber nicht Buch geführt hat. So glaubt er beispielsweise, dass Transaktionen, die nach seiner Wochenendanalyse nicht auf seiner Beobachtungsliste standen (also Geschäfte, die als Reaktion auf Preisbewegungen *unter der Woche* formuliert wurden) unterdurchschnittliche Ergebnisse brachten und per saldo womöglich sogar Verluste. Er ist von dieser Hypothese überzeugt, weiß aber nicht, ob sie stimmt. Er wünschte, er hätte nach Kategorien abgegrenzte Aufzeichnungen erstellt, damit er solche Fragen beantworten könnte. Zu lernen ist daraus, dass Trader mit diskretionärem Handelsansatz ihre Transaktionen kategorisieren und die Handelsergebnisse für die einzelnen Kategorien aufzeichnen sollten, damit ihnen belastbare Daten vorliegen, die aussagen, was funktioniert und was nicht.

Geduld ist ein Charakterzug, den viele erfolgreiche Trader teilen, der ihnen jedoch nicht unbedingt angeboren ist. Brandt ist von Haus aus eher ein ungeduldiger Mensch, verfügt jedoch über die nötige Selbstdisziplin, sich zur Geduld zu erziehen. Für Brandt ist Geduld eine wesentliche Komponente beim Einstieg in eine Position – er nennt das »auf den richtigen Pitch warten«. Er erliegt nicht der Versuchung, jede Handelsidee aufzugreifen, sondern wartet stattdessen auf den wirklich überzeugenden Trade – mit einem Aufwärtspotenzial, das dem Drei- bis Vierfachen des einzugehenden Risikos entspricht, wobei die vermeintliche Wahrscheinlichkeit mehr oder minder gleich groß ist. In meinem Interview mit Joel Greenblatt, dem Gründer von Gotham Capital, äußerte sich dieser ähnlich. Zu Warren Buffetts Kommentar »An der Wall Street gibt es keine Called Strikes« sagte Greenblatt: »Man kann folgenlos so viele Pitches an sich vorbeiziehen lassen, wie man will, und erst dann schlagen, wenn alle Rahmenbedingungen stimmen.«*

Seinen mit Abstand größten Verlust verdankte Brandt seiner Long-Position in Rohöl bei Ausbruch des Ersten Golfkriegs. Damals brachen die Rohölpreise

* Jack D. Schwager, *Hedge Fund Market Wizards* (New Jersey, John Wiley & Sons, Inc., 2012), S. 476.

über Nacht um rund 25 Prozent ein. Brandt löste seine Position bei Eröffnung zu Preisen auf, die weit unter seinem vorgesehenen Stop lagen. Abzuwarten, ob vielleicht eine Erholung einsetzen würde, die einen besseren Ausstiegspunkt bot, kam für ihn nicht infrage. Auf diese Weise auf geringere Verluste zu spekulieren, hätte alles nur schlimmer gemacht, denn die Rohölpreise setzten ihre Talfahrt in den folgenden Wochen fort. Wenngleich ein Einzelfall keine Erhebungsgrundlage darstellt, ist die implizite Lektion, dass man »in Verlustposition nicht spekulieren sollte«, ein vernünftiger Rat. Ähnliches gilt für Trading-Fehler. In beiden Fällen sollte der Trader die Position einfach aufgeben, statt mit dem Verlust auf sein Glück zu hoffen.

Wie Brandt von seinen Börsengeschäften zu leben, mag vielen als erstrebenswerter Lebensmodus erscheinen, doch dieses Ziel ist viel schwerer zu erreichen, als den meisten Menschen klar ist. Angehende Trader verfügen in der Regel über zu wenig Kapital und unterschätzen den Zeitaufwand für die Entwicklung einer profitablen Methode (nach Brandts Schätzung drei bis fünf Jahre). Brandt rät vom Trading ganz ab, wenn der Verlust des Einsatzkapitals den Lebensstil spürbar verändern würde. Auch ist es praktisch unmöglich, an der Börse erfolgreich zu agieren, wenn man auf die Gewinne angewiesen ist, um seinen Lebensunterhalt zu bestreiten. Wie Brandt anmerkt: »Die Märkte zahlen keine Rente.« Nach vernünftigem Ermessen ist nicht davon auszugehen, dass Trading ein stetiges Einkommen liefert.

Brandts Motto: »Überzeugt, aber nicht stur.« Sie sollten gute Gründe dafür haben, eine Position einzugehen, doch auch wenn sie bereits besteht, schnell wieder aussteigen, wenn sie sich anders entwickelt als erwartet. Es ist nichts dabei, wenn man eine Marktbewegung vollkommen falsch einschätzt und dann mit leichten Verlusten aussteigt. Haben Sie keine Angst davor, dumm dazustehen, wenn Sie Ihre Meinung ändern. So ein Meinungsumschwung in Bezug auf einen Markt spricht für Flexibilität, und die ist für einen Trader eine positive Eigenschaft – keine Schwäche.

Eines der wesentlichen Merkmale eines erfolgreichen Traders ist seine Liebe zum Trading. Das traf auf Brandt in den ersten zehn Jahren seiner Börsenkarriere und darüber hinaus zu, wie man aus seinen Schilderungen über diese Frühzeit heraushören kann, als er geradezu zwanghaft tradete. Doch Anfang bis Mitte der 1990er-Jahre bereiteten Brandt seine Börsengeschäfte keine Freude mehr. Trading war ihm, in seinen Worten, zur »Last« geworden. Diese radikale Veränderung, die aus seiner Liebe zum Trading Abscheu werden ließ, bedeutete, dass Brandt die vielleicht wichtigste Voraussetzung für den Börsenerfolg verloren hatte und seine Performance aus dem Ruder lief. Mehr als zehn Jahre später erwachte Brandts Lust aufs Trading wieder, und er feierte erneut große Erfolge.

Die Moral: Prüfen Sie, ob Sie gern Trader sind. Und verwechseln Sie dabei nicht den Wunsch nach dem schnellen Geld mit der Freude am Börsengeschäft. Macht Ihnen das Trading keinen Spaß, haben Sie schlechte Aussichten auf Erfolg.

JASON SHAPIRO

Der Nonkonformist

Die folgenden Namen von Personen in diesem Kapitel sind Pseudonyme: David Reed, Walter Garrison, James Vandell und Adam Wang. Die folgenden Firmennamen sind Pseudonyme: Cranmore Capital, Walter Garrison and Associates, The Henton Group und Bryson Securities.

Jason Shapiro verbuchte beständigen Börsenerfolg, indem er lernte, im Grunde genau das Gegenteil von dem zu tun, was er instinktiv in seinen ersten zehn Trading-Jahren tat. Shapiros Karriere als Trader erstreckt sich über 30 Jahre und die gesamte Bandbreite, vom Handel für eigene Rechnung über die Betreuung von Portfolios für verschiedene Vermögensverwaltungsgesellschaften bis zur Verwaltung von Depots über mehrere Iterationen seiner eigenen CTA-Firma. Shapiro hat bisher Vermögen in Größenordnungen verwaltet, die von ein paar bis zu 600 Millionen US-Dollar reichen. Derzeit leitet er recht glücklich seine aktuelle eigene CTA-Firma als Einmannbetrieb und hat nicht vor zu expandieren.

Shapiros Erfolgsbilanz reicht zurück bis 2001 und umfasst Gelder, die er im Auftrag mehrerer verschiedener Unternehmen verwaltete. Seine Erträge im betreffenden Zeitraum waren von dem Volatilitätsniveau abhängig, das ihm bei der Allokation vorgegeben wurde und unterschiedlich ausfiel. Um eine einheitliche Erfolgsbilanz aufzustellen, passte ich seine Erträge so an, dass für den gesamten Zeitraum eine durchgängige Zielvolatilität vorlag. Bei einer Zielvolatilität von 20 Prozent beträgt seine durchschnittliche jährliche Gesamtrendite 34,0 Prozent. Sein maximaler Drawdown liegt mit 16,1 Prozent bei weniger als der Hälfte des durchschnittlichen Jahresertrags. Weil Shapiros Volatilität durch die zahlreichen hohen Monatsgewinne aufgebläht ist, setzt sein Volatilitätsniveau die implizierten Risiken zu hoch an, wie der selbst bei einem Volatilitätsniveau von 20 Prozent vergleichsweise begrenzte größte maximale Wertverlust (Maximum Drawdown) belegt. Shapiros Rendite-Risiko-Werte sind extrem solide, mit einer risikobereinigten Sortino Ratio von 2,83 und einer monatlichen Gain to Pain Ratio von 2,45 (Definitionen und Erklärungen zu diesen Kennzahlen finden Sie in Anhang 2). Seit er nach einer Unterbrechung (über die wir im Interview sprechen) 2016 sein Trading wiederaufnahm, überschreiten seine sämtlichen Performance-Statistiken die entsprechenden Zahlen seiner vollständigen Erfolgsbilanz. Ein ungewöhnliches Merkmal dieser Erfolgsbilanz ist, dass Shapiros Renditen mit Aktien-, Hedgefonds- und CTA-Indizes negativ korrelieren.

Auf Shapiro wurde ich durch folgende E-Mail aufmerksam: »Du musst unbedingt mit Jason Shapiro sprechen. Seine Erfolgsbilanz ist absolut beeindruckend, und sein Marktansatz vollkommen einzigartig und inspirierend.« Diese Nachricht fand ich so spannend, dass ich ihr nachging und Shapiro anmailte: »Ich arbeite an einem neuen *Magier der Märkte*-Buch, und Bill Dodge meinte, Sie wären der ideale Kandidat dafür. Bitte lassen Sie mich wissen, ob Sie interessiert sind.«

Shapiro schrieb zurück: »Ich lasse mich nur ungern in Büchern verewigen, muss aber sagen, dass die ersten beiden *Magier der Märkte*-Bücher meinen Lebensweg nachhaltig beeinflusst haben. Ich bin daher gerne bereit, mit Ihnen zu sprechen. Dann können wir weitersehen, wenn das für Sie in Ordnung ist.«

Daraufhin bat ich Shapiro um seine Renditedaten, um mich zu vergewissern, dass er auch gut in das Buch passte. Erst dann wollte ich mich auf den Weg machen, ihn zu interviewen. Ich erwähnte, dass ich in Boulder wohne, aber möglicherweise demnächst in New York sei und das mit einem Abstecher nach Rhode Island verbinden könnte, wo er lebte. Shapiro erwiderte, er sei in der darauffolgenden Woche auf einer Hochzeit in Boulder, und schlug ein gemeinsames Mittagessen vor. »Das passt hervorragend«, entgegnete ich.

Im anschließenden E-Mail-Austausch, um uns zu verabreden, erhielt ich folgende Nachricht von Shapiro: »Um Ihre Zeit nicht zu verschwenden, möchte ich Ihnen mitteilen, dass ich übers Wochenende reiflich nachgedacht habe und in dieser Phase meines Lebens lieber doch nicht in ein Buch einfließen möchte. Ich habe große Hochachtung vor Ihrer Arbeit, die einen enorm positiven Effekt auf mein Leben hatte, deshalb würde ich mich trotzdem sehr gern mit Ihnen treffen und über die Börse und das Leben sprechen – allerdings unter vorstehenden Voraussetzungen.«

Ich war zwar enttäuscht, aber da ich keinen Anreiseaufwand hatte, war ich bereit, Shapiro bei mir zu Hause im Arbeitszimmer zu empfangen. Ich hatte daran gedacht, Shapiro zu fragen, ob ich das Aufnahmegerät bei unserem Gespräch mitlaufen lassen dürfte, falls er es sich doch anders überlegte. Er hatte aber so nachdrücklich abgelehnt, in einem Buch vorzukommen – selbst in meinem –, dass ich davon absah. Zwei Stunden lang erzählte mir Shapiro seine Geschichte. Diese war an sich schon faszinierend, doch er hatte darüber hinaus auch eine einzigartige Sichtweise auf das Trading zu bieten – und extrem zitierfähige Erkenntnisse und Ratschläge.

Nach unserem Treffen bereute ich, dass ich nicht doch gefragt hatte, ob ich unser Gespräch aufzeichnen dürfte. Ich schickte Shapiro folgende Mail: »Ich freue mich sehr, dass wir uns getroffen haben, als Sie in Boulder waren. Ich habe noch viel Interviewmaterial, das mich bis ins Frühjahr hinein beschäftigen wird. Vielleicht überlegen Sie sich mit etwas Bedenkzeit noch einmal, ob Sie nicht doch mitmachen wollen. Ich garantiere Ihnen auch, dass Sie das von mir verfasste Kapitel vorher einsehen und genehmigen dürfen. Sie haben da eine tolle Geschichte zu erzählen, und ich würde sie sehr gerne für die Nachwelt erhalten. Ich komme im Frühjahr noch einmal auf Sie zu, um nachzufragen, wie Sie dazu stehen.«

Vier Monate später schrieb ich Shapiro: »Ich hoffe, es geht Ihnen gut in dieser verrückten Zeit. Wie schon erwähnt, glaube ich, dass Ihre Geschichte eine große Bereicherung wäre für das *Magier der Märkte*-Buch, an dem ich gerade arbeite – viel interessanter Stoff und lehrreiche Erkenntnisse. Wie gesagt, lasse ich meine Gesprächspartner die Endfassung des Kapitels grundsätzlich lesen, korrigieren und (einvernehmliche) Änderungen vorschlagen, bevor etwas veröffentlicht wird. Das läuft darauf hinaus, dass Sie das Endprodukt absegnen müssten, bevor ich es verwende. Ihre Mitwirkung wäre für Sie also ohne Risiko. Eigentlich hätte ich eine Reise nach Rhode Island einplanen müssen, um mit Ihnen zu sprechen. Das Virus hat die Dinge für mich vereinfacht. Die wenigen ausstehenden Gespräche für das Buch werden über Zoom geführt. Wären Sie zu einem Versuch bereit?«

Shapiro antwortete, wir könnten das Gespräch gern führen, solange er die Veröffentlichung im Buch untersagen dürfe. Ich befürchtete zwar, mir eine Menge Arbeit aufzuhalsen, ohne dass am Ende etwas dabei herauskam, entgegnete jedoch: »Ja, so ist es abgesprochen. Berücksichtigen Sie aber bitte, dass 98 Prozent der Arbeit darauf entfallen, das Interview zu einem Kapitel zusammenzuschreiben (und nur 2 Prozent auf das Gespräch). Wenn Sie daher sicher sind, dass Sie sich aller Wahrscheinlichkeit nach gegen die Veröffentlichung entscheiden, ganz gleich, ob Ihnen das Kapitel zusagt, das ich über Sie schreibe, wäre ich Ihnen dankbar, wenn Sie mir das mitteilen. Richtet sich Ihre Zustimmung allerdings danach, ob Ihnen das fertige Produkt gefällt oder nicht, bin ich beruhigt.«

Eine Stunde später schrieb Shapiro zurück: »Ich bin mir ziemlich sicher, dass ich im Endprodukt nicht vorkommen möchte, Jack. Das ist einfach so eine Macke von mir. Ehrlich gesagt befürchte ich, dass Sie Ihre Zeit mit mir verschwenden, und das möchte ich nicht.« Eine Minute später kam folgende E-Mail hinterher: »Ach, was soll's – wir machen es.«

....

Hatten Sie als Teenager einen bestimmten Berufswunsch?
Nein. Ich war der Schrecken aller Eltern und Lehrer. Ich schwänzte die Schule, und wenn ich hinging, passte ich nicht auf. Ich flog aus drei Highschools.

Warum sind Sie von der Schule geflogen?
Ich beteiligte mich nicht am Unterricht, weil ich mich für nichts interessierte. Und wenn es Probleme gab, hörte ich auf niemanden.

Gab es einen bestimmten Grund für Ihre Aufmüpfigkeit?
Weiß ich nicht. Ich dachte, als Junge muss man die Schule hassen. Also hasste ich sie. Ich dachte, Jungen müssen gegen ihre Lehrer rebellieren. Also rebellierte ich.

Was haben Ihre Eltern dazu gesagt, dass Sie mehrfach von der Schule verwiesen wurden?
Mein Vater konnte damit nicht umgehen, deshalb zog er sich zurück, als ich 15 oder 16 war. Meine Mutter war ausgerechnet Kinderpsychologin und hatte eine Laissez-faire-Einstellung – wofür ich ihr bis heute dankbar bin. Sie meinte, irgendwann würde ich schon erwachsen werden und zu mir selbst finden.

Da Sie so wenig Interesse an der Schule und vermutlich entsprechend schlechte Noten hatten, haben Sie sich dann überhaupt für einen Collegeplatz beworben?
Ich wuchs in einem Vorort der oberen Mittelschicht auf. Ich glaube, ich kannte niemanden, der nicht aufs College ging. Mein Notendurchschnitt beim Highschool-Abschluss war gerade so ausreichend.

Was für ein College hat Sie denn mit solchen Noten aufgenommen?
Ich ging an die University of South Florida. Die USF ist nicht Harvard. Ihre Zulassungskriterien sahen vor: Wenn man mit dem SAT, also dem Aufnahmetest, und zwei Leistungstest genügend Punkte erzielte, bekam man automatisch

einen Studienplatz, ungeachtet der Highschool-Noten. Bei Tests schnitt ich immer gut ab. Meine Ergebnisse reichten für die Aufnahme. Als ihnen schließlich meine Abschlussnoten von der Highschool vorlagen, drückten sie mir eine Probezeit aufs Auge.

Was haben Sie im Hauptfach studiert?
Finanzwesen.

Hatten Sie zum College eine andere Einstellung als zur Highschool?
Im ersten Jahr nicht. Im ersten Semester war ich mit einem Freund unterwegs, und wir schafften es, wegen Trunkenheit in Kombination mit völlig blödsinnigen Verhaltensweisen verhaftet zu werden. Wir verbrachten die Nacht in einer Ausnüchterungszelle in Tampa. Nach dieser Erfahrung dachte ich: »So will ich nicht leben.« Von da an schrieb ich nur noch Bestnoten.

Was passierte nach Ihrem Studienabschluss?
Auf dem College entdeckte ich mein Interesse an wirtschaftlichen Zusammenhängen, die ich intuitiv erfasste. In den beiden letzten Jahren am College las ich praktisch alle paar Tage ein neues Buch über Volks- oder Betriebswirtschaft. In meinem letzten Jahr arbeitete ich außerdem nahezu Vollzeit in der Immobilienbranche. Mir war es ernst: Ich dachte, ich könnte die Zulassung zu einem der Elite-MBA-Studiengänge schaffen. Ich nahm am entsprechenden Zulassungstest teil, dem GMAT, und bestand ihn beinahe fehlerlos. Nur bei einer Frage lag ich falsch. Ich glaubte, damit könnte ich nach Harvard, Chicago oder Wharton gehen. Aber ich wurde natürlich abgelehnt. Dort verlangte man mehrjährige Berufserfahrung.

Mir war klar: Mit einem Abschluss von der USF brauchte ich mich bei Goldman Sachs gar nicht erst bewerben. Ich hing ein bisschen in der Luft. Ich hatte mein Studium 1988 beendet, als in Japan die Post abging. Auf dem College hatte ich Japanisch gelernt, und jemand erzählte mir, dass in Japan Englischlehrer gesucht würden. Also ging ich mit meiner Freundin nach Japan und unterrichtete dort etwa ein Jahr lang Englisch. In Japan bewarb ich mich bei der HSBC. Ich flog nach Hongkong zu einem Vorstellungsgespräch für ihr Entwicklungsprogramm für Führungsnachwuchs und wurde genommen. Das Programm lief über fünf Jahre, und ich sollte durch verschiedene Abteilungen geschleust werden.

Ich erklärte der HSBC, ich wolle gern ins Treasury Department, weil ich herausgefunden hatte, dass dort das Trading stattfand. Das war jedoch nicht im

Sinne des Programms. Aus dieser Ausbildung sollten Bankgeneralisten hervorgehen, die irgendwann leitende Funktionen im Unternehmen bekleiden konnten. Ich machte das ungefähr ein Jahr lang mit, dann wurde ich entlassen. Ich hatte von Anfang an einen schlechten Stand. Ich war ein vorlauter besserwisserischer Jude aus New Jersey, der für ein Institut mit schottischen Wurzeln arbeitete, das seit 125 Jahren nichts an seiner Arbeitsweise geändert hatte und das auch künftig nicht beabsichtigte. Wir passten wirklich nicht zusammen.

Warum hat man Sie entlassen?
Aus dem gleichen Grund, aus dem ich schon von der Schule geflogen war: wegen absoluter Insubordination.

Wie sind Sie dann zum Trading gekommen?
Als ich noch bei der HSBC in Hongkong arbeitete, fing ich an, mit Hang-Seng-Futures zu handeln. Ich spielte damals in einer amerikanischen Softball-Mannschaft. Ein Teamkollege war Makler und führte mich ins Futures-Geschäft ein. Total unbedarft kaufte ich einen Hang-Seng-Futures-Kontrakt. Seit meiner Collegezeit hatte ich immer viel gelesen, also war mein erster Gedanke: »Am besten gehe ich los und kaufe mir ein Buch, um mich genauer darüber zu informieren, was ich da eigentlich tue.« Ich weiß noch, wie ich in der Mittagspause aus dem Büro in die Buchhandlung auf der anderen Straßenseite spaziert bin und nach einem Buch über Trading gesucht habe. Da fiel mir ein Buch mit einem Zauberer auf dem Umschlag in die Hände, das Interviews mit Tradern enthielt. Ich fand, das klang gut.

Ihr erstes Buch über Trading war also von mir?
Ich hatte viel über Finanzwesen und Wirtschaft gelesen, aber das war mein erstes Börsenbuch. Ich kaufte es mir mittags, fing noch im Büro an zu lesen und hatte es vor dem Schlafengehen durch. Am nächsten Morgen wachte ich auf und dachte: »Jetzt weiß ich, was ich mit meinem Leben anfangen will. Das ist genau mein Ding.«

Was war denn genau Ihr Ding?
Diese Leute arbeiteten, wann und wie sie wollten. Sie sprengten alle Konventionen. Ihnen war gleich, was andere dachten. Sie mussten nicht diplomatisch sein. Ich wusste: »Das will ich machen.«

Fühlten Sie sich von bestimmten der interviewten Trader besonders angesprochen?
Bis heute beeinflussen mich die Trader von der Commodities Corporation, allen voran Jones, Kovner und Marcus.

Wie ging es für Sie an der Börse weiter, nachdem Sie auf den Hang-Seng-Index gesetzt hatten?
Ich glaube, der Hang-Seng-Index stand bei etwa 4.000, als ich einstieg, und kletterte innerhalb von sechs Monaten auf 7.000. Für einen jungen, unwissenden, dummen Trader gibt es nichts Besseres als einen rauschenden Bullenmarkt. Das war, als hätte ein 22-Jähriger 1999 NASDAQ-Aktien gekauft – da hätte man nur verlieren können, wenn man short ging.

Was haben Sie angefangen, nachdem Sie die HSBC vor die Tür gesetzt hatte?
Ich blieb in Hongkong und arbeitete dort für verschiedene Maklerhäuser. Ich schlug mir die Nächte um die Ohren, rief Kunden in den USA an und versuchte, sie zu überreden, mich ihre Trades abwickeln zu lassen. Ich zog ein paar Aufträge an Land, aber in Wirklichkeit handelte ich die ganze Zeit für eigene Rechnung.

Ich saß neben einer hochintelligenten Frau chinesisch-malaysischer Abstammung namens Jacqui Chan, die für eigene Rechnung handelte und zuvor für Morgan Stanley gearbeitet hatte. Sie stattete mein Futures-Konto mit 100 000 US-Dollar aus. Der Bullenmarkt lief noch, und sobald ich einen ordentlichen Gewinn erzielt hatte, zog Jacqui ihre 100 000 US-Dollar ab. Irgendwann betrug mein Kontostand 700 000 US-Dollar. Da kaufte ich mir einen Porsche und plante mein Leben als Milliardär.

Dann endete die Hausse. Nach sechs Monaten herrschte Ebbe auf meinem Konto. Ich hatte nur noch den Porsche. Ich suchte mir einen anderen Job und wechselte in ein anderes Maklerhaus. Irgendwann fing ich wieder an, für eigene Rechnung zu handeln. Ich verdiente richtig gut, als Nick Leeson aufflog.
[Nick Leeson war Trader bei der Barings Bank, und es gelang ihm, eine wachsende Verluststrähne erfolgreich zu verschleiern. Als seine Machenschaften aufgedeckt wurden, hatte er 1,4 Milliarden US-Dollar verloren, was die Barings Bank in den Ruin trieb.]

Und wie haben Sie daran verdient?
Leeson hielt eine gewaltige Short-Position in Optionen auf Nikkei-Aktienindex-Futures, als man ihm auf die Schliche kam. Die Regierung von Singapur gab

bekannt, die gesamte Position werde noch am selben Tag glattgestellt. Nikkei-Futures notierten den ganzen Tag mit 15 bis 20 Prozent Abschlag. Ich engagierte mich long in Futures und short in Cash. Als sich am nächsten Tag beides wieder annäherte, konnte ich mit meiner Transaktion fast 20 Prozent Gewinn an einem einzigen Tag verbuchen.

Damals fühlte ich mich in Hongkong nicht mehr wohl. Ich nahm an einer Werbeveranstaltung für den Masterstudiengang der London Business School in Finanzwesen teil. Es klang interessant, ich bewarb mich und wurde genommen. Bis zum Studienbeginn hatte ich noch ein halbes Jahr. Ich kündigte und reiste fünf Monate lang durch Asien. Unter anderem besuchte ich Singapur, Malaysia, Thailand, Burma, China und Indien.

Dann ging ich für neun Monate nach London – so lange dauerte der Masterstudiengang. Dort verbrachte ich 10 Prozent meiner Zeit mit dem Studium und 90 Prozent mit dem Handel mit Hang-Seng- und S&P-Futures. In dieser Phase meiner Börsenkarriere gewann ich eine wertvolle Erkenntnis. Das Internet gab es schon, es steckte aber noch in den Kinderschuhen. Wissen Sie noch? Es dauerte damals manchmal fünf Minuten, bis eine Seite geladen war. Also ließ ich mir von meinem Makler jeden Tag Charts faxen. Ich stieg ein und aus und verdiente ganz gut damit.

Einmal beurteilte ich den Hang Seng total zuversichtlich und hielt eine große Position. Eigentlich hatte ich für die Weihnachtsferien einen Afrikaurlaub mit einem Freund geplant. Ich wollte einen Monat lang unterwegs sein und würde keine Börsennachrichten abrufen können. Ich wollte die Position im Hang Seng ungern auflösen, hätte sie aber nicht im Auge behalten können. Also wies ich meinen Makler an, die eine Hälfte meiner Position abzustoßen, wenn sie auf einen bestimmten Kurs fiel, und die andere Hälfte, wenn ein bestimmter noch niedrigerer Kurs erreicht war.

Ich brach nach Afrika auf. Drei Wochen später rief ich meinen Makler an und erfuhr, dass der Hang Seng 15 Prozent gestiegen war. Ich hatte im Urlaub 300 000 US-Dollar verdient. Da machte ich mir die Mühe, ließ mir täglich Charts faxen und stieg jeden Tag ein und aus, und dann verdiente ich weit mehr Geld, weil ich in Afrika saß und nichts mitbekam. Diese Erfahrung hatte große Wirkung auf mich. Ganz wie Jesse Livermore gesagt hatte: »Geld verdient man mit Beharrlichkeit.«

[Shapiro bezog sich auf ein Zitat aus dem Buch *Jesse Livermore: Das Spiel der Spiele* von Edwin Lefevre, dessen nicht namentlich genannter Protagonist Jesse Livermore nachempfunden ist, wie gemeinhin angenommen wird. Das konkrete Zitat lautet: »Nachdem ich viele Jahre an der Wall Street verbracht und Millionen verdient und wieder verloren hatte, möchte ich Folgendes betonen: Die großen Gewinne habe ich nicht mit Denken verdient. Es war meine Beharrlichkeit. Ich habe mich einfach nicht irre machen lassen!«]*

Haben Sie denn aus dem Masterstudiengang in Finanzwesen an der London Business School auch etwas gelernt?

Es vermittelte mir solide finanztheoretische Grundlagen. Dort erfuhr ich erstmals von den Konzepten und Berechnungen hinter dem Value at Risk und anderen Risikokennzahlen. Und weil ich dort studierte, hatte ich noch ein anderes denkwürdiges Erlebnis, das mich prägte. Eine Professorin meiner Business School war mit dem Chef der globalen Rentenabteilung von Salomon Brothers verheiratet. Auf meine Bitte war sie so nett, mich mit ihm bekanntzumachen. Er war ein ausgesprochen angenehmer, sympathischer Mensch. Er fragte mich nach meinem Marktansatz. Ich erklärte ihm: »Ich versuche, herauszufinden, was alle anderen tun, und dann mache ich genau das Gegenteil, denn wenn alle auf dasselbe setzen, verlieren sie.«

Er lächelte über meine vermeintliche Naivität und meinte: »Tja, es gibt aber Zeiten, in denen alle gut verdienen können. Nehmen Sie die aktuelle Spekulation auf Zinskonvergenz in Europa. Jeder setzt darauf, und solange der Euro kommt, wird auch jeder Gewinne erzielen.«

Seine Logik war bestechend einfach: Wenn der Euro kam, was sehr wahrscheinlich war, mussten sich die Zinsen in Europa angleichen. Das war eine mathematische Gewissheit. Daraus ergab sich, dass man die Anleihen von Ländern mit hohen Zinsen wie Italien kaufen und die Anleihen von Ländern mit niedrigen Zinsen wie Deutschland verkaufen musste. Diese Spekulation auf Konvergenz schien so eine sichere Sache, dass all die klugen Köpfe an der Wall Street – auch Long-Term Capital Management (LTCM) und Salomon Brothers – so hoch eingestiegen sind wie irgend möglich.

Außerdem hielten LTCM und andere Hedgefonds damals größere Long-Positionen in russischen Anleihen, weil diese extrem hohe Zinsen abwarfen. Dann geriet Russland im August 1998 in Verzug. Um die Nachschussforderungen für diese total schiefgelaufenen Transaktionen zu erfüllen, mussten die Inhaber solcher Anleihen andere Positionen aus ihrem Bestand veräußern, die überwiegend auf Zinskonvergenz-Wetten in Europa entfielen. Als alle gleichzeitig versuchten,

---

* Jesse Livermore: *Das Spiel der Spiele*, (Rosenheim, TM Börsenverlag, 1995), S. 112.

aus diesem Engagement auszusteigen, mussten sie feststellen, dass es keine Käufer gab, denn jeder, der Interesse an einer solchen Position hatte, hielt sie bereits. Dieses Geschäft besiegelte das Schicksal von LTCM und Salomon Brothers.

Das Faszinierende an dieser Episode: Das Konvergenzgeschäft zahlte sich letztlich aus. Der Euro kam, und die Zinsen in Europa liefen zusammen. Doch weil so viele darauf gesetzt hatten, verloren die meisten Marktakteure mit diesen Positionen Geld – manche so viel, dass es ihre Firmen in den Ruin trieb.

Wie ging es nach Ihrem Studium an der London Business School weiter?
Ich bestand alle Prüfungen, reichte aber nie die Abschlussarbeit ein, weil ich dazu einfach keine Lust hatte. Ich hatte über 500 000 Dollar verdient und hielt mich für unschlagbar. Ich war 27 Jahre alt, hatte jede Menge Geld und dachte, ich könnte alles tun, wonach mir der Sinn stand. Ich wusste, dass ich mir keinen neuen Job suchen wollte. Ich hatte eine Freundin in Thailand, also zog ich dorthin. Ich mietete mir in Phuket ein Haus am Strand, brachte eine Satellitenschüssel an und fing an, mich zu ruinieren. Es dauerte etwa acht Monate, dann war mein ganzes Geld weg.

Wie kam das?
Die Antwort auf diese Frage bringt eine weitere wichtige Lektion ins Spiel, die mir erteilt wurde – mit bleibender Wirkung. Ich sehe heute, dass die Leute immer wieder denselben Fehler machen, und erkenne mich darin wieder. Damals war der US-Aktienmarkt in einer Tour gestiegen, weshalb ich mich bearish engagierte, damit ich der große Held sein konnte. Ich ging immer wieder short und wurde ausgebremst. Wieder und wieder, bis zum Schluss. Ich weiß noch, wie ein Ausverkauf einsetzte, nachdem Greenspan von »irrationalem Überschwang« gesprochen hatte, und ich dachte: »Was bin ich doch für ein kluges Kerlchen! Greenspan und ich sind die Einzigen, die wissen, was Sache ist.« Am selben Tag erholte sich der S&P und schloss im Plus. Ich schaute meine Freundin an und sagte. »Ich bin am Ende.«

Ihnen war also klar, was es bedeutete, als auf pessimistische Nachrichten zunächst eine Verkaufswelle einsetzte, doch der Markt höher schloss?
Schon, aber ich war ja die ganze Zeit über in Short-Position gewesen, und ich tappte in die psychologische Falle und dachte: »Was, *jetzt* soll ich long gehen, nachdem ich so lange in Short-Position war und so viel Geld verloren habe?« Ich hatte Angst, die Abwärtsbewegung zu verpassen, wenn sie endlich einsetzte.

Das passiert mir nicht noch einmal, aber ich sehe immer wieder, wie andere in dieselbe Falle tappen.

Nachdem ich mein ganzes Geld verloren hatte, dachte ich immer noch: »Ich schaffe das schon.« Ich setzte mich hin und schrieb auf vielen Seiten auf, was funktionierte, und was nicht.

Und die Quintessenz Ihrer Aufzeichnungen?
Man darf keine Meinung haben. In Hongkong haben wir gesagt: »Wenn der Kurs hätte steigen sollen, aber er fällt, dann geh short. Sollte er eigentlich fallen, aber er steigt, dann geh long.« Diese Handelsphilosophie wurde zur Grundlage für mein weiteres Vorgehen: Teilt dir der Ticker etwas mit, dann wehr dich nicht dagegen, sondern halte dich daran.

Was passierte, nachdem Sie Ihr Konto pulverisiert hatten?
Ich ging nach Hawaii und wurde Partner in einer jungen CTA-Firma. Inzwischen hatte ich meine Freundin geheiratet, und sie war nicht scharf darauf, in die USA zu ziehen.

Damals hatten sie gut verdient, alles verloren, erneut hohe Gewinne gemacht und diese wieder verspekuliert. Woher nahmen Sie das Selbstvertrauen, das Geld anderer Leute zu verwalten?
Das war keine Frage des Selbstvertrauens. Ich würde das schaffen. Kein Zweifel. Ich würde herausfinden, wie das ging. Mit dem Kapital des anderen Partners eröffneten wir ein Futures-Konto, und ich übernahm das Trading. Es lief ganz gut, und mit unserer Erfolgsbilanz im Rücken konnten wir rund eine halbe Million US-Dollar einwerben. Ich managte dieses Depot rund 18 Monate lang. Obwohl ich das gar nicht schlecht machte, vor allem im Hinblick auf das Risiko-Rendite-Verhältnis, fiel dieser Zeitraum mit dem Bullenmarkt für NASDAQ-Aktien von 1998 bis 1999 zusammen. Ich erklärte potenziellen Anlegern: »Wir haben dieses Jahr 12 Prozent erwirtschaftet.« Sie reagierten sichtlich unbeeindruckt und sagten: »Na und? Ich habe in *dieser* Woche 12 Prozent erzielt.« Ich besuchte ein paar CTA-Konferenzen, um Kapital einzuwerben, und dort schauten mich die Leute an, als sei ich verrückt geworden. »Was, wir sollen Ihnen Geld geben, damit Sie wieder nach Hawaii gehen können? Machen Sie, dass Sie weiterkommen.« Wir kamen mit unserer Firma nicht richtig vom Fleck, und es war klar, dass uns das auch künftig nicht gelingen würde. Anfang 2000 zog ich nach Chicago und nahm eine Stelle als Eigenhändler bei der Gelber Group an. Dort arbeitete ich etwa ein Jahr lang.

Warum sind Sie nach einem Jahr gegangen?

Ich hatte ein Jobangebot von einem Hedgefonds aus New York. Doch bevor wir darüber sprechen, möchte ich noch einmal auf die CTA-Firma zurückkommen, denn ich habe eine entscheidende Wendung ausgelassen. Während dieser Zeit entdeckte ich den COT-Bericht (Commitment of Traders). Ich engagierte mich gegen den Trend und versuchte, in der zweiten Hälfte des Jahres 1999 short zu gehen, weil ich alle typischen Anzeichen für Blasenbildung auf dem Markt erkannte – die sprichwörtliche Euphorie, in der jeder Schuhputzer Aktientipps auf Lager hat. Ich wusste, dass shorten angezeigt war, doch die NASDAQ legte von August bis Januar noch 50 Prozent zu. Mein Risikomanagement funktionierte, denn trotz meines Short-Engagements in Aktien-Futures verlor ich kein Geld, weil ich mit anderen Transaktionen Gewinne machte und meine Verluste schnell realisierte. Als der Markt neue Höchststände erklomm, blieb ich nicht in Short-Position. Zumindest so viel hatte ich gelernt. Später, bei Gelber, erwischte ich den Höhepunkt und machte im Abwärtstrend Gewinn. Als ich mir die COT-Berichte ansah, fiel mir auf, dass die Daten erst im Januar 2000 ein Verkaufssignal gaben. Ich dachte: »Diese Daten sind wirklich aussagekräftig.«

[Der »Commitment of Traders« ist ein Wochenbericht der Commodity Futures Trading Commission (CFTC), der die von Spekulanten und gewerblichen Tradern (Branchenteilnehmern) gehaltenen Futures-Positionen aufschlüsselt. Der Bericht liefert detailliertere Aufgliederungen. So weist beispielsweise der Disaggregated COT Report für physische Rohstoff-Futures vier Kategorien aus: Erzeuger/Händler/Verarbeiter/Verbraucher, Swap-Händler, Kapitalverwaltung und Sonstige. Da es bei jedem Futures-Kontrakt per definitionem stets eine gleiche Anzahl von Long- und Short-Positionen gibt, verhalten sich die Positionen von gewerblichen Händlern und Spekulanten invers zueinander. Die grundlegende Prämisse von Tradern wie Jason Shapiro, die den Bericht als Marktindikator heranziehen, ist, dass die gewerblichen Akteure in aller Regel richtigliegen (weil sie besser informiert sind) und die Spekulanten daher logischerweise falsch. Es herrscht kein Konsens darüber, welche bestimmten Werte (Niveaus, Veränderungen oder Dauer) ein Hausse- oder Baissesignal darstellen. Doch tendenziell würde eine relativ hohe gewerbliche Long-Position (gegebenenfalls im Vergleich zu früheren Niveaus oder saisonalen Trends) beziehungsweise entsprechend eine vergleichsweise hohe Short-Position bei den Spekulanten als bullish gelten, die umgekehrte Konstellation als bearish.]

Nun könnte man meinen, dass bestimmte Leute in Long-Position sind, aber trifft das auch zu? Kleine Fische mögen Ende 1999 Aktien gekauft und Geld verdient haben, doch große Trader wussten, dass das eine Blase war, und gingen short. Der Bullenmarkt endete erst, als sie aus ihren Short-Positionen verdrängt wurden. Als es so weit war, bildete der Markt einen Gipfel, weil keine Käufer mehr da waren. Diese Information erfasste der COT-Bericht. Aus diesem Grund behalte ich die COT-Berichte seither genau im Auge.

Dann hat sich Ihr Ansatz dahingehend verändert, dass Sie erst nach einem Markthoch Ausschau halten, wenn die COT-Daten bestätigen, dass die Rahmenbedingungen dafür vorliegen – insbesondere, dass die gewerblichen Akteure stark short engagiert sind?
Genau. Seither ziehe ich diese Daten heran.

Kommt es nicht vor, dass die gewerblichen Händler sehr lange in Short-Positionen bleiben und der Markt noch weiter steigt – oder umgekehrt?
Sicher, aber ich verlasse mich ja nicht nur auf die COT-Zahlen. Vor allem anderen will ich mich durch die Kursbewegungen bestätigt sehen, und außerdem arbeite ich mit eng gesetzten Stops. So bin ich beispielsweise vor einem oder zwei Monaten in Heizöl long gegangen. Folglich waren die gewerblichen Akteure extrem long, die Spekulanten extrem short. Ich wurde ausgebremst. Ich stieg wieder ein und wurde ein zweites Mal ausgebremst. Dann änderte sich die Positionierung plötzlich komplett – die gewerblichen Händler waren nicht mehr in Long-Position. Damit war der Markt für mich kein Kaufkandidat mehr. Und ab da ging es bergab. Es ist schon richtig, dass der COT vor ein paar Monaten dafür sprach, auf diesem Markt long zu gehen. Doch innerhalb weniger Wochen wirkte er wieder neutral, und da begannen die Preise zu purzeln.

Achten Sie in den COT-Berichten nur auf die Positionsniveaus oder auch auf die wöchentliche Veränderung der Positionen?
Nur auf die Positionsniveaus.

Auf manchen Märkten, wie bei Gold oder Rohöl, sind die gewerblichen Akteure fast immer auf der Short-Seite zu finden. Ich nehme daher an, dass Sie bestimmt auf das *relative* Niveau achten, nicht auf das absolute. Könnte man sagen, dass es auf solchen Märkten ein COT-Kaufsignal wäre, wenn die gewerblichen Händler short sind, ihre Short-Position aber im historischen Vergleich eher klein ist?
Richtig. Ich achte auf das relative Niveau.

Was passierte mit dem New Yorker Hedgefonds, für den Sie gearbeitet haben?
Es stellte sich heraus, dass das eigentlich kein Hedgefonds war, sondern eher eine Bande von Kriminellen beziehungsweise eine Gruppe unfähiger Trader. Damals begann ich, die COT-Zahlen zu verwenden, aber nicht systematisch. Ich schaute nur in den Bericht hinein. Doch darauf kam es gar nicht an. Die anderen in der Firma waren solche Amateure, dass ich mir nur anhören musste, was sie vorhatten, und dann genau das Gegenteil tun. In meinem Jahr bei diesem Hedgefonds erzielte ich ganz gute Renditen, während alle anderen Verluste erlitten. Am Jahresende setzten sie mir den Stuhl vor die Tür.

Aber wieso denn, wenn Sie der Einzige waren, der Geld verdiente?
Sie konnten mich nicht ausstehen. Ich stach sie aus, weil ich Gewinn erzielte, während sie Geld verloren.

Wer entließ Sie?
Ein Typ namens Leno. Er leitete das Unternehmen.

Und wie begründete er das?
Er erklärte mir, sie wollten künftig nicht mehr mit Futures handeln.

Warum bezeichnen Sie sie als kriminell?
Ein paar Jahre nach meinem Weggang nahm das FBI Leno wegen Insiderhandels fest.

Was taten Sie, nachdem Sie den Hedgefonds verlassen hatten?
Ich hatte keinen Job, aber eine Frau, die mir erzählte, ich sei ein Versager. Sie hatte nichts mehr für mich übrig und wollte die Scheidung. Damals lebte ich in Princeton. Ich ging zu einem Anwalt, der mich fragte, was ich beruflich mache. Als ich ihm erklärte, ich sei Trader, fragte er mich, ob ich schon von Helmut Weymar gehört habe. Ich kannte ihn aus *Magier der Märkte*, und das sagte ich ihm. [Helmut Weymar war Mitgründer der Commodities Corporation, des Unternehmens, das manche der erfolgreichen Trader aus *Magier der Märkte* beschäftigte, unter anderem auch Peter Brandt (siehe erstes Kapitel).] Der Anwalt erzählte mir, seine Frau sei die beste Freundin von Helmuts Frau. Da setzte ich ihm die Pistole auf die Brust: Wenn er mein Scheidungsanwalt werden wollte, musste er seine Frau erst dazu bringen, mich mit Helmut bekanntzumachen.

Zwei Tage später saß ich Helmut in seinem großen Büro mit dem offenen Kamin gegenüber. Obwohl er das Unternehmen gerade an Goldman Sachs verkauft hatte, hatte er noch sein Büro im Gebäude der Commodities Corporation. Ich erklärte Helmut, dass ich ein Contrarian Trader war, also »nonkonformistisch«, und mich bei der Marktpositionierung an den COT-Berichten orientierte. Helmut fand mich überzeugend und überließ mir 2 Millionen US-Dollar, die ich für ihn verwalten sollte. Er stellte mich auch der neuen Leitung der Commodities Corporation vor, die mir weitere 2 Millionen US-Dollar anvertraute. Mit den 4 Millionen US-Dollar gründete ich ein kleines CTA-Unternehmen. Ich enttäuschte sie nicht und erwirtschaftete im ersten Jahr 22 Prozent für sie. Ich hatte gedacht, sie würden mir daraufhin mehr Geld überlassen, doch dazu kam es nie. Meiner Meinung nach war das eine politische Entscheidung. Die neuen Leute von Goldman Sachs wollten sich von Helmut nichts sagen lassen, denn der sollte die Firma ja verlassen.

Damals machte mir David Reed ein Jobangebot. Er leitete Cranmore Capital Management und ich sollte ein Depot für das Unternehmen managen. Weil ich David inzwischen besser kenne als damals, weiß ich heute, dass er mich nur aus einem Grund einstellte: Wenn mich Helmut haben wollte, wollte er mich auch haben. Er lockte mich mit einer Einstiegsprämie. Also löste ich mein CTA auf und zog nach Connecticut, um für Reed zu arbeiten.

Welche Summen sollten Sie für ihn managen?

Für den Anfang 5 Millionen US-Dollar, also mehr, als ich für Helmut und die Commodities Corporation verwaltete. Und ich wusste, sie hatten das nötige Kleingeld, das Konto noch ordentlich aufzustocken, wenn ich gute Leistungen brachte.

Was wurde daraus?

Ein Albtraum. So sehr mir Reed auch versichert hatte, er hätte begriffen, was ich sagte, als er mich einstellte, so wenig begriff er, als ich erst dort arbeitete. In den sechs Monaten, die ich dort war, erlebte die Trendfolge einen Boom.

Gerade wollte ich danach fragen. Ich weiß, dass Reeds Firma – zumindest seinerzeit – ganz auf Trendfolgestrategien ausgerichtet war. Ihr Contrarian-Ansatz war dem ja praktisch diametral entgegengesetzt.

Eigentlich hätte sich das ja gut ergänzen sollen, weil mein Ansatz mit ihren Trendfolgestrategien negativ korrelierte. Doch nach einem halben Jahr zitierte mich Reed in sein Büro. Ich war damals vielleicht 1 oder 2 Prozent im Minus, doch zur gleichen Zeit hatte die Trendfolge einen guten Lauf. Er meinte: »Ich verstehe nicht, wie Ihre Strategien funktionieren sollen. Ich verdiene in 70 Prozent aller Fälle. Das heißt, dass Sie in 70 Prozent aller Fälle verlieren.«

Ich erwiderte: »Darüber haben wir doch einen ganzen Monat lang gesprochen, bevor Sie mich eingestellt haben. Ich habe Ihnen erklärt, warum das nicht der Fall ist, und Sie haben mir beigepflichtet.« So oder ähnlich verliefen unsere Gespräche etwa einen Monat lang, was mich zunehmend nervte. Damals bezog das Unternehmen gerade neue Büros, und Reed hielt der Belegschaft einen Vortrag darüber, dass es im Leben darauf ankam, nie zufrieden zu sein. Das war der abwegigste Rat, den ich je gehört hatte. Auf meiner Reise durch Burma hatte ich einen Monat im Kloster verbracht. Meine Einstellung ist, dass man stets zufrieden sein sollte. Ich dachte: »Ganz gleich wie, ich muss hier raus.« Am nächsten Tag marschierte ich in Reeds Büro, zahlte ihm meine Einstellungsprämie zurück und ging.

Was haben Sie in dem burmesischen Kloster erlebt?

Ich fuhr aus Neugier nach Burma [das heute auch als Myanmar bekannt ist]. Damals öffnete sich das Land gerade für Ausländer. Das Kloster befindet sich mitten im Inlesee, dem größten See Burmas. Man gelangt nur mit dem Langboot dorthin, das von einem Bootsmann im Stehen mit dem Fuß gerudert wird. Ich weiß noch, wie ich im Kloster auf dem Boden saß und Erdnüsse aus einer Schüssel aß, die dort stand. Da kam ein Mönch zu mir, setzte sich neben mich und sprach mich in fehlerlosem Englisch an. Wir unterhielten uns eine Weile und er lud mich ein zu bleiben. Ich verlängerte meinen Aufenthalt um einen Monat.

Ich rasierte mir den Kopf und saß meditierend in einem Zimmer, ohne mit jemandem zu sprechen. Am meisten beeindruckte mich aber, jeden Morgen mit den Mönchen um Almosen betteln zu gehen. Weder arbeiten die Mönche noch kochen sie. Sie sind darauf angewiesen, dass ihnen die Menschen Nahrung spenden. Wir mussten jeden Morgen mit unseren Almosenschalen durch die Dörfer ziehen, und die Menschen füllten sie uns mit Reis und Fisch. Davon lebten wir. Diese Erfahrung hatte eine gewaltige Wirkung auf mich. Ich war ein Kind der oberen Mittelschicht, hatte immer alles bekommen, was ich brauchte, und das weidlich ausgenützt. Und nun war ich in Burma unterwegs, und diese Menschen, die keine zwei Dollar besaßen, gaben mir Nahrung, damit ich jeden Tag zu essen hatte. Das macht demütig.

Haben Sie Ihre Erfahrungen im Kloster verändert? Glauben Sie, Sie sind dadurch ein anderer Mensch geworden?
Ganz bestimmt. Sitzt man einen Monat lang herum und hat nichts zu tun, als nachzudenken, und isst nur, was einem andere als Almosen überlassen, verändert das die eigenen Wertvorstellungen. Bis dahin war mir beruflicher Erfolg wichtig gewesen – und ein großes Haus. Danach war mir das egal. Ich löste mich von der Idee, das Geld das Allerwichtigste im Leben ist – denn das ist es nicht.

Und was ist dann wichtig?
Dass man glücklich ist – dass man den Tag über das tut, was man gerne tut. Wenn ich meine Arbeit gut mache, verdiene ich Geld, und das ist toll. Aber darum geht es nicht. Eigentlich geht es um die Zufriedenheit, die ich daraus ziehe, dass ich etwas gut kann. Die Leute sagen mir: »Du hast leicht reden, denn du hast ja Geld.« Stimmt, aber ich war schon mehrmals im Leben pleite. Als ich anfing, als Kapitalverwalter für Helmut zu arbeiten, hatte ich zwei Kinder, und wir lebten in einer Dreizimmerwohnung. Mein Büro hatte ich im Schlafzimmer. Einen Schreibtisch konnte ich mir nicht leisten: Stattdessen arbeitete ich an einem Fernsehtisch von IKEA. Meine Kinder waren damals noch klein. Ich weiß noch, wie ich in den Laden gegangen bin, um einen Camcorder zu kaufen. Er kostete 700 Dollar, und so viel hatte ich nicht.

Natürlich belastet es, kein Geld zu haben, doch in Wirklichkeit war ich damals genauso glücklich wie heute. Ich konnte es nicht fassen: Helmut Weymar, der manche der größten Trader aller Zeiten beschäftigte, gab mir Geld, und ich lebte vom Börsengeschäft. Glücklich sein ist die Überzeugung, dass die Zukunft besser wird als die Vergangenheit.

Selbst heute: Ich habe mir gerade ein Haus gekauft. Das ist toll, und es gefällt mir, aber es ist kein herrschaftliches Anwesen am Strand. Ich fahre einen Toyota 4Runner, Baujahr 1998. Mir ist das gleich. Es ist nur ein Transportmittel. Ich muss nicht im Land Rover herumkutschieren. Und das alles führe ich auf meine Zeit in dem burmesischen Kloster zurück.

Was kam für Sie nach dem Weggang von Cranmore Capital?
Ich ging zu Helmut zurück, der mir wieder Kapital anvertraute, um es für ihn anzulegen. Ich warb auch von anderen Investoren Geld ein und betrieb wieder meine CTA-Firma mit rund 3 Millionen Dollar. So ging das fast zwei Jahre lang. Ich erwirtschaftete rund 10 bis 15 Prozent pro Jahr. Verwaltet man nur 3 Millionen Dollar, ist es nicht so einfach, mehr Kapital einzuwerben. Dafür braucht

man Infrastruktur, die ich mir nicht leisten konnte. Das ist ein richtiges Dilemma. Außerdem kann ich mich nicht so gut verkaufen.

Dann avancierte ein Bekannter von mir zum CIO bei Walter Garrison and Associates, einem großen Hedgefonds mit mehreren Strategien. Er bot mir einen Job als Trader in dem Unternehmen an. Ich sollte 250 000 Dollar verdienen und mit einem Depot von 50 Millionen US-Dollar anfangen, unterstützt von einem quantitativen Analysten in Vollzeit und mit einem großen Büro mit Blick auf die Park Avenue. Also schloss ich mein CTA-Unternehmen wieder und begann bei Walter Garrison.

Weil mir ein quantitativer Analyst zur Verfügung stand, konnte ich meinen Ansatz quantitativ analysieren. Meist handelten wir strikt systematisch, doch manchmal setzte ich mich über das System hinweg und verzichtete auf die eine oder andere Transaktion oder führte sie durch, obwohl das System sie nicht vorschlug.

Waren diese unsystematischen Geschäfte nützlich oder schädlich?
Sie brachten Geld. Mein Trader stritt dann immer mit mir und sagte: »Warum tun wir das?« Ich entgegnete: »Weil es Geld bringt.« Wir verfolgten, was passierte, wenn ich das System aushebelte. Hätte es uns Verluste gebracht, hätte ich es gelassen.

Was für Geschäfte waren das, die Sie gegen das System durchsetzten?
Hauptsächlich Wetten auf Aktienindizes. Ich sprach regelmäßig mit James Vandell, einem früheren Kollegen. James war ein ewiger Bär. War James besonders pessimistisch, ging ich long. Wurde er zuversichtlich, was nicht oft vorkam, ging ich short. Gewinner sind nicht so leicht zu erkennen – Verlierer schon. Ich dachte mir: »Das kommt mir bekannt vor.« Was James sagte und tat, entsprach eins zu eins dem, was ich gedacht und getan hatte, als ich in Thailand den Bach runtergegangen bin. Ich wusste das, weil ich es erlebt hatte. Ich sage nicht, dass ich klüger war als er. Ich sage nur, dass er genauso vorging ich seinerzeit, und ich wusste, wie das enden würde, denn ich ging damit pleite. Also ging ich jetzt ganz anders vor als damals in Thailand und verdiente damit Geld, statt zu verlieren. Gab der COT-Bericht kein Signal, und James hatte eine klare Meinung, war er mein konträrer Indikator.

Statt die COT-Zahlen als Grundlage für ein Geschäft heranzuziehen, bedienten Sie sich also eines menschlichen COT.
Genau. Die Leute fragen mich immer: »Was würdest du machen, wenn keine COT-Zahlen mehr veröffentlicht würden?« Ich sage, dann würde ich mich eben

nach CNBC richten. Schaut man den ganzen Tag CNBC oder Bloomberg, kommen bestimmt zehn Leute und behaupten das Gleiche.

Haben Sie das tatsächlich schon gemacht – Trades platziert, weil Sie die auf CNBC geäußerten Meinungen nicht überzeugen konnten?

Das mache ich die ganze Zeit. Meist deckt sich der COT-Bericht ohnehin mit den im Fernsehen geäußerten Ansichten. Wenn jeder sagt, dass du unbedingt Gold kaufen sollst, ist es kein Zufall, dass die COT-Zahlen lauter Long-Positionen ausweisen.

Allerdings gehe ich dabei nicht nach Lust und Laune vor. Die Leute reden viel, wenn der Tag lang ist, doch ich lasse mir das immer vom Markt bestätigen. Sind alle total pessimistisch und der Dow verliert tausend Zähler und schließt auf dem Tiefpunkt, dann kaufe ich nicht. Sind aber alle superpessimistisch und es hat an dem betreffenden Tag ganz schlechte Nachrichten gegeben, aber der Markt schließt höher, dann kaufe ich. Ich habe meine Lektion gelernt. Agiere nie gegen den Ticker. Hab Geduld, der Markt sagt dir schon, wann du zugreifen solltest.

Mein Stop ist das Tief am Tag der Trendwende. Da fackel ich nicht lange. Wenn ich long bin und der Markt auf das Tief dieses Tages zurückfällt, bin ich draußen. Da bin ich ganz diszipliniert. Ich setze nicht nur für jede Position einen Stop, sondern auch einen, der auf einer aussagekräftigen Marktbewegung fußt. Die Meldung kam, der Markt sackte ab und schloss dann im Plus. Dann ist das Tief mein unumstößlicher Stop. Wird es erreicht, bin ich weg.

Ihre auf gegenläufiger Ansicht beruhenden Indikatoren verraten Ihnen aber nur, in welche Richtung Sie sich mit Ihrem Engagement auf einem bestimmten Markt orientieren sollten. Doch für den Einstieg brauchen Sie doch ein Signal, das auf dem Marktgeschehen basiert. Und wenn sich der Markt im Anschluss in die andere Richtung entwickelt, sind die Voraussetzungen für Ihr Engagement nicht mehr gegeben, und Sie steigen aus.

Ganz genau. Man braucht beides: Marktpositionierung und Marktentwicklung. Was wichtiger ist, kann ich nicht sagen, doch auf jeden Fall sind beide Faktoren entscheidend.

Das erklärt, wie Sie sich gegen den Marktrend stellen können, ohne unbegrenzte Risiken einzugehen.

Wer auf die Positionierung und auf das Marktgeschehen achtet, der kommt nicht unter die Räder.

Wenn der Markt auf das Tief oder Hoch des Tages fällt, den Sie für den Wendepunkt halten, wird Ihr Stop ausgelöst, und Sie lösen Ihre Position auf, so viel habe ich begriffen. Doch wann steigen Sie aus, wenn Ihr Stop nicht berührt wird?
Wenn die Marktpositionierung, auf die ich gesetzt habe, auf neutrales Niveau zurückfällt, nehme ich meinen Gewinn mit.

Was ist für Sie ein neutraler Wert?
Ich verwende dafür einen selbst entwickelten stimmungsgestützten Oszillator. Geht der gegen null, greife ich zu. Erreicht er dann wieder 50, steige ich aus.

Basiert Ihr Oszillator nur auf den COT-Berichten? Oder berücksichtigt er noch andere Parameter?
Die Antwort auf diese Frage möchte ich lieber nicht im Buch stehen haben.

Sie haben zuvor erwähnt, dass man CNBC als konträren Indikator heranziehen kann. Gibt es eine bestimmte Sendung, auf die Sie besonders achten?
Fast Money sehe ich jeden Tag pünktlich um 17 Uhr EST. Ich kann Ihnen gar nicht sagen, wie viel Geld ich schon mit dieser Sendung verdient habe. Es ist die größte Konsens-Show aller Zeiten. Dort geben vier Personen ihre Ansichten von sich. Ich muss mir nur die ersten fünf Minuten anschauen, in denen sie darlegen, warum sie der Meinung sind, dass sich der Markt so verhalten hat, wie er sich verhielt, und dann noch die letzten zwei Minuten, den sogenannten *Final Trade*. Dann geben sie alle ihre Handelsideen für den nächsten Tag zum Besten. In der Sendung tritt ein Typ namens Brian Kelly auf, den ich nun schon seit Jahren verfolge. Der liegt so viel öfter daneben, als statistisch wahrscheinlich wäre, dass es kaum zu glauben ist. Ich setze grundsätzlich nie auf das, was er empfiehlt.

Schalten Sie CNBC während des Handelstags ein?
Das läuft bei mir den ganzen Tag im Hintergrund. Wird ein Thema angesprochen, das mich interessiert, stelle ich laut. Ich weiß immer schon, was sie sagen wollen, denn sie sagen alle dasselbe. Ist der Markt gefallen, gehen Sie von einer Baisse aus. Als sich der Markt im letzten März von seinem Tief erholte [das Tief vom März 2020, das auf die heftige Verkaufswelle folgte, die von den Ereignissen im Zusammenhang mit der COVID-19-Pandemie ausgelöst wurde] hörte man immer wieder: »Das Marktverhalten ergibt keinen Sinn.« »Das Tief ist noch nicht überstanden.« »Der Markt ist zu schnell zu hoch gestiegen.« Währenddessen kletterte der Markt ungerührt weiter. All diese Leute

glauben, sie sind klüger als der Markt. Kommt mir bekannt vor. Doch sie sind es nicht. Das ist keiner.

Das wichtigste Wort auf den Märkten ist »obwohl«. Hören Sie Aussagen wie »Obwohl die Ölbestände viel größer sind als erwartet, schlossen die Ölpreise stärker«, dann spricht der Ticker und erzählt Ihnen, was passiert. Dass die Lagerbestände unerwartet hoch waren, hat jeder gesehen. Warum schließt der Markt im Plus? Weil der Ticker mehr weiß als alle anderen.

Waren Sie in der Erholung von dem Märztief in Long-Position?

Ja. Auf dem Tiefpunkt bewegten sich die COT-Daten für Dow-Futures in der Bullenzone. Der Trend drehte an einem Tag nach oben, als nur negative Nachrichten kamen. Komischerweise nahm ich am Vorabend an einer Chatgruppe teil, die ein Exkollege eingerichtet hat. Einer der Teilnehmer, Adam Wang, gehört zu den größten Blendern, die ich kenne. Er ist einer dieser promovierten Besserwisser und arbeitet als Risikomanager. Er selbst tradet nicht, sonst wäre er längst pleite.

Damals war der S&P gerade wieder stark eingeknickt und hatte ein neues Tief verzeichnet. Adam meldete sich im Chat zu Wort: »Ich sehe bislang keine Panik. Dieser Markt hat noch einen langen Weg vor sich. Bisher gibt es keine Kapitulation, also keinen Ausverkauf.« Dasselbe hörte man in jener Woche auch dauernd im Fernsehen. Dabei hatte der Typ zuvor kein Wort über den Abwärtstrend verloren. Plötzlich, als der Markt innerhalb von drei Wochen 30 Prozent eingebüßt hat, erklärt er, dass sei noch kein Boden, weil es keine »Kapitulation« gebe.

Als Adam den Mund aufmachte, war mir klar: Der Markt geht durch die Decke. An jenem Abend gab der Markt noch etwas nach und erreichte einen neuen Tiefstand. Ich eröffnete damals eine Teilposition auf der Long-Seite. Diese komplettierte ich am Folgetag, als der Markt von den Tiefs aus kräftig anzog und trotz überwiegend pessimistischer Nachrichten mit Gewinn schloss.

War es Zufall, dass dieser Chat genau an dem Tag stattfand, als der Markt ein maßgebliches relatives Tief markierte?

Es gibt keine Zufälle. Das ist ja der Punkt. Adam stand stellvertretend für alle anderen. Unser Gespräch als solches war ein Signal, dass der Markt einen Kapitulationspunkt erreicht hatte. Wenn alle Chat-Teilnehmer davon sprachen, wie pessimistisch der Markt war, dann sprach davon einfach jeder.

Nun sind wir aber ganz von der Geschichte Ihrer Karriere abgekommen. Was wurde aus Ihrer Anstellung bei Garrison?
Innerhalb von zwei Jahren schwoll das von mir verwaltete Vermögen von 50 auf 600 Millionen US-Dollar an. Ich habe fünf Jahre dort gearbeitet und gar nicht schlecht abgeschnitten. Ich habe jedes Jahr Gewinn gemacht, sogar 2008. Die Performance von 2008 war für mich der Glanzpunkt, denn in jenem Jahr lief es für Trendfolger richtig gut, und ich engagierte mich ja gegen den Trend. Es war alles wunderbar. Ich hatte ein paar Millionen auf der Bank und lebte in einem großen Haus in Westport, Connecticut.

Wenn es so gut lief, warum haben Sie sich dann von Garrison getrennt?
Ich ging, weil sich die politische Struktur in der Firma so veränderte, dass ich Probleme befürchtete. Ich arbeitete damals von zu Hause aus. Ins Büro ging ich nur einmal im Monat, um an einer Sitzung der Portfoliomanager teilzunehmen. Ich wollte nicht Partner oder Chef werden. Ich wollte nur meine Ruhe haben und Kapital verwalten.

Ich fing gerade an, mir Gedanken über die Zukunft zu machen, als sich der ehemalige Marketingleiter von Garrison bei mir meldete, der zur Henton Group gewechselt war. Er wollte, dass ich bei ihnen als Kapitalverwalter einstieg. Ich ging zu Walter und bat ihn, ein eigenes CTA-Unternehmen für mich einzurichten, das ich verwalten würde. Doch er wollte keinen Präzedenzfall schaffen, denn dann würden die anderen Portfoliomanager ebenfalls eigene Fonds einfordern. Ich konnte seinen Standpunkt gut nachvollziehen: Mit Ausnahmeregelungen kann man kein Unternehmen führen. Also schied ich aus.

Als Sie Garrison verließen, verwalteten Sie demzufolge knapp 600 Millionen US-Dollar?
Nein, das Vermögen von Garrison schmolz nach 2008 stark ab. Als ich ging, verwaltete ich nur rund 150 Millionen US-Dollar.

Wie lange blieben Sie nach Ihrem Weggang von Garrison bei Henton?
Ich war ja gar nicht bei Henton. Ich verwaltete nur ein Depot für sie – über ein CTA, das ich eingerichtet hatte.

In welcher Höhe?
Für Henton managte ich 150 Millionen US-Dollar, weitere 60 Millionen US-Dollar warb ich von anderen Investoren ein. Diese Depots verwaltete ich drei Jahre lang, bis ich mein CTA auflöste.

Was waren die Gründe dafür?
Das Leben. Ich wurde geschieden – es kam die Scheidung, die in Princeton ausgeblieben war.

Die Scheidung war der Auslöser, nehme ich an. Aber gab es noch andere Gründe, aus denen Sie das CTA aufgaben?
Mir machte die Arbeit überhaupt keinen Spaß. Ich trade gern, doch dazu kam ich gar nicht. Aus Marketinggründen betrieb ich mein Handelsprogramm durch und durch systematisch. Die Anleger wollten wissen: »Arbeiten Sie zu 100 Prozent nach System?« Und ich konnte sagen: »Ja.« Anfangs schien das eine gute Idee zu sein. Ich hatte ein leichtes Leben. Ich musste nicht einmal nachdenken. Ich konnte einen Trader einstellen, dessen einzige Aufgabe darin bestand, die Order auszuführen, die das System auswarf. Die Renditen waren zwar nach wie vor gut, aber schlechter als die Ergebnisse, die ich früher erzielt hatte. Ich konnte aber nicht wieder auf ein diskretionäres Overlay zurückgehen, weil wir das Programm als voll systematisch vermarktet hatten. Die Investoren hatten uns in ihre voll systematischen Fondsprodukte eingeordnet.

Dass die Renditen bröckelten, missfiel mir. Mein CTA verbuchte zwar Gewinne, tat sich aber nicht besonders hervor. Das Verhältnis zwischen Jahresrendite und Maximum Drawdown hatte bei mir immer bei 3 bis 4 gelegen und bewegte sich inzwischen bei 2. Ich hatte so viele Jahre Geschäfte an der Börse gemacht, war so viele Male abgeschmiert und hatte so viel gelernt, dass ich dachte, ich müsste eigentlich zu den besten Tradern der Welt gehören. Würde das nicht so kommen, hatte ich auch keine Lust mehr.

Ich hatte damals sechs Angestellte, und das gefiel mir gar nicht. Ich bin nicht gern Chef und für den Erfolg anderer verantwortlich. Meine Leute setzten auch voraus, dass ich mich um das Marketing kümmerte, und dass lag mir nicht.

Warum hatten Sie so viele Mitarbeiter?
Als ich das CTA auflegte, wollte ich eigentlich ein Vermögensverwaltungsunternehmen für institutionelle Kunden aufbauen. Ich wollte ein paar Milliarden US-Dollar einwerben. Deshalb brauchte ich einen Trader, einen Marketingmanager, einen quantitativen Analysten, und so weiter.

Wie hieß das CTA?
Perbak.

Perback?
P-E-R-B-A-K.

Wofür stand Perbak?
An dem Abend, als wir einen Namen für das CTA aussuchen mussten, las ich gerade ein Buch mit dem Titel *How Nature Works* von einem berühmten Physiker namens Per Bak. Mir gefiel, was er über die Natur des Menschen zu sagen hatte, und deshalb nannte ich die Firma nach ihm. Wenn uns Kunden aufsuchten, schenkten wir ihnen das Buch.

Stellten Sie das Börsengeschäft ganz ein, nachdem Sie das CTA abgewickelt hatten – auch für eigene Rechnung?
Ja. Ich kaufte mir eine Farm in Rhode Island.

Was hatten Sie vor?
Ich hatte keinen Plan. Ich fand nur, ich müsse mein Leben überdenken. Ich dachte, vielleicht sollte ich eine Zeitlang leben wie Thoreau. Es dauerte sechs Monate, bis ich mir beim Holzhacken den Rücken verrenkte.

Warum ausgerechnet Rhode Island?
Das war nah genug bei meinen Kindern und weit genug von meiner Exfrau entfernt, die in Connecticut lebte. Außerdem entschied ich mich wegen einer geschäftlichen Gelegenheit für Rhode Island. Dort war gerade Marihuana legalisiert worden, und ich witterte unglaubliche Möglichkeiten. Damit ließ sich gutes Geld verdienen, und die Einstiegsbarriere war beträchtlich.

Inwiefern?
Nun, viele scheuten sich vor dem Stigma des Drogengeschäfts. Mir war das egal.

Welche Chancen haben Sie denn konkret gesehen?
Viele hätten gern Marihuana angebaut, hatten aber kein Geld, um damit anzufangen. Wir sprechen hier nicht von Ärzten, Anwälten oder Hedgefondsmanagern, die Marihuana anbauen wollten, sondern von 24-Jährigen ohne Collegeausbildung aus der Arbeiterschicht. Die hatten nicht die 150 000 oder 200 000 US-Dollar, die es kostete, einen entsprechenden Betrieb aufzuziehen, der später 400 000 US-Dollar Umsatz im Jahr erwirtschaften konnte. Ich richtete solche Betriebe ein und verpachtete sie dann für 6000 US-Dollar im Monat.

Ich wusste ja, was die Betreiber verdienten, und dass sie sich die Pacht locker leisten konnten. Innerhalb von zwei Jahren hätte sich meine Investition amortisiert.

Ich nehme an, die Leute, die diese Betriebe führten, verdienten ebenfalls nicht schlecht.
200 000 US-Dollar oder mehr pro Jahr, und ich schloss Kaufleasing-Verträge über sechs Jahre mit ihnen ab, sodass ihnen das Unternehmen nach sechs Jahren gehörte. Eine Win-win-Situation, wie sie im Buche steht – und eine clevere Geschäftsidee obendrein.

Wie vielen Leuten gaben Sie Starthilfe in der Branche?
Um die 40.

Und wann kehrten Sie an die Börse zurück?
Etwa eineinhalb Jahre, nachdem ich mein CTA geschlossen hatte. Ich war damals wieder glücklich verheiratet und hatte genug Geld, litt aber unter einer unerklärlichen Depression. Ich spürte, dass mir etwas im Leben fehlte. Und alles, was mir dazu einfiel, war das Trading. Ich hatte 25 Jahre meines Lebens Börsengeschäfte gemacht und konnte das besser als alles sonst. Ich fand, ich hatte das Zeug zu einem der besten Trader der Welt. Was hielt mich also davon ab? Es hatte in meinem Leben viele Höhen und Tiefen gegeben, doch depressiv war ich nie gewesen.

Deprimierte es Sie nicht jedes Mal, wenn Sie viel Geld verloren hatten?
Das betrübte mich eine Zeit lang, aber deprimiert hat es mich nicht. Ich frage mich bloß: »Also gut, was muss ich jetzt unternehmen, damit das nie wieder vorkommt?«

Wie kamen Sie der Ursache für Ihre Depression auf die Spur?
Das war ziemlich offensichtlich: Ich liebte das Trading.

Gab es einen Auslöser für Sie, wieder ins Börsengeschäft einzusteigen?
Ich besuchte einen alten Freund und Nachbarn und erzählte ihm, wie es mir ging. Er kannte jemanden bei Bryson Securities und stellte einen Kontakt her. Dort vertraute man mir ein Trading-Konto an. Bryson verfährt nach dem Motto: »Hauptsache, du machst Gewinn – wie, ist uns gleich.« Wer Geld verliert, kann einpacken. Wer Gewinne erzielt, ist gut angeschrieben. Mich fragte nie jemand nach meinen Positionen oder meiner Methode. Wer 18 Monate draußen ist, bekommt einen klaren Kopf. Ich griff auf mein System zurück und ergänzte es

durch Ermessensentscheidungen und Risikomanagement. Ich konnte dort alles in die Waagschale werfen, was ich in 25 Jahren gelernt hatte. Es war großartig.

Abgesehen von den katastrophalen Verlusten zu Anfang Ihrer Börsenkarriere: Gab es Transaktionen, die für Sie besonders schmerzlich waren?

Nein. Ich bleibe nicht auf Positionen sitzen, die nicht gut laufen. Ich werde ausgestoppt. Mag sein, dass ich manchmal Chancen verpasse, weil ich so stur bin. Doch meine Stops sind mir heilig. Deshalb komme ich nicht mehr in so brenzlige Situationen.

Offensichtlich ist es eine entscheidende Komponente Ihres Risikomanagements, bei jeder Position an dem Punkt einen Stop zu setzen, an dem Ihre Hypothese von einem Gipfel oder Boden widerlegt wird. Hat Ihre Risikomanagementstrategie noch weitere Elemente?

Wenn mich Anleger auf mein Risikomanagement ansprechen, fragen sie immer nach dem Value-at-Risk. Dann erkläre ich Ihnen jedes Mal, dass ich diese Kennzahl nicht beachte, weil ich sie für unsinnig halte. Der Value-at-Risk beruht auf bisherigen Korrelationen, ob über 30, 60 oder 90 Tage oder noch längere Zeiträume. Auf Märkten, wie wir sie unlängst erlebt haben [das Interview wurde im April 2020 geführt], können sich Korrelationen innerhalb von 48 Stunden verflüchtigen. Dann sagt der Value-at-Risk absolut gar nichts über das aktuelle Risiko aus. Weist die Kennzahl eine abrupte Veränderung der Korrelationen aus, ist es schon zu spät.

Ich bin mein eigener Risikomanager. Ich habe den Markt den ganzen Tag über ständig im Blick. Ich achte auf die bestehenden Korrelationen – vor allem auf die Korrelationen der Positionen, die ich gerade halte. Merke ich, dass sich mein Engagement auf Positionen konzentriert, die sich im Gleichschritt bewegen, verkleinere ich meine Position entweder, oder ich gehe eine Position ein, die sich entgegengesetzt verhält. Deshalb hat sich meine Volatilität auch nicht erhöht, obwohl die Marktvolatilität in den letzten Monaten so explodiert ist. Ich sah, was los war und wie ich positioniert war, und fuhr mein Engagement zurück. Ob ich daran verdient habe? Ja. Aber noch besser ist, dass meine Volatilität kein Jota zugenommen hat. Wer meine Tageserträge anschaute, hätte nie Rückschlüsse auf das tatsächliche Marktgeschehen ziehen können.

Kam das, weil Sie Positionen abbauten oder weil Sie nicht korrelierende Positionen aufbauten?

Hauptsächlich, weil ich meine Positionen verringerte. Doch wenn die Korrelationen plötzlich zunehmen, wie in letzter Zeit, bin ich eher geneigt, eine invers korrelierende Position einzugehen – eventuell auch ohne offizielles Signal. So ging ich nach dem Hoch vom Februar 2020 eine Short-Position im Aktienindex ein, obwohl das kein Signal war, nachdem ich mich üblicherweise richte. Doch das Short-Engagement im Index verringerte mein Risiko durch die Long-Positionen auf anderen Märkten.

Das Aktienmarkthoch vom Februar war ungewöhnlich. Normalerweise steigt der Markt, und steigt und steigt, und die Spekulanten mehren sich und engagieren sich verstärkt auf Long-Seite. In diesem Fall waren die Spekulanten aber auf dem Höchststand nicht so long-lastig. Doch dann gab der Markt 5 Prozent ab, und alle gingen long. Dasselbe konnte ich im Fernsehen verfolgen. Dort rieten alle, in den Rücksetzer hineinzukaufen. Als dann der COT-Bericht kam, belegte er, dass wirklich alle diesen Rat befolgt hatten. Das war die größte Long-Spekulanten-Position seit Jahren. Damals wurde mir klar, dass der Markt förmlich nach Short-Engagement schrie. Welche Folgen das Virus auch immer haben würde, es würde auf jeden Fall noch viel schlimmer werden.

Ich vermute, dass das kein typischer Trade war, denn Sie hatten zwar einen extremen COT-Wert, konnten aber kein Signal durch einen Umkehrtag gesehen haben, da der Markt auf das Hoch bereits 5 Prozent eingebüßt hatte. Was war der Auslöser für Ihr Short-Engagement? Nur die COT-Daten?
Der eigentliche Auslöser war, dass ich querbeet long engagiert war. Ich habe da ein System für Aktienindexgeschäfte, das ich nicht sehr oft einsetze, doch bei Bedarf verwende, um Risiken zu mindern. Dem liegt folgendes Konzept zugrunde: Wenn der NASDAQ, ein Index mit höherem Beta, hinter dem Dow (mit seinem niedrigeren Beta) zurückbleibt, obwohl der Markt anzieht – eine Kursentwicklung, die nicht den Erwartungen entspricht –, während ich in Positionen, die mit Aktien korrelieren, long bin, shorte ich den NASDAQ. Als der COT-Bericht herauskam, hatten wir gerade ein oder zwei Tage hinter uns, an denen der NASDAQ hinter dem Dow herhinkte. Das reichte, um mich zum Shorten zu veranlassen, da ich ohnehin ein Gegengewicht zu meinem Long-Engagement brauchte.

Gehen Sie manchmal auch Positionen ein, die nicht auf den COT-Zahlen beruhen?
Das kommt vor. Der COT ist kein unfehlbarer Indikator. Einen solchen hat es nie gegeben und wird es nie geben. Doch weil ich schon so viel Geld auf dem Markt gelassen und so verheerende Entscheidungen getroffen habe, bringe ich es physisch einfach nicht fertig, mich »nichtkonträr« zu engagieren.

An manchen Tagen sitze ich da und höre im Fernsehen alle sagen: »Mit dem Markt geht es abwärts.« Dann ruft mich einer an, von dem ich weiß, dass er grundsätzlich falsch liegt, und erklärt mir, dass der Markt einbricht. Und dann lese ich auf LinkedIn dasselbe noch einmal – von einem anderen Kerl, der immer Unrecht hat. Solche Tage gibt es ein paar Mal im Jahr. Während noch alle ständig erzählen, was für ein Bärenmarkt ansteht, legt der Markt in Wirklichkeit zu, und keiner kann es sich erklären. Darauf setze ich dann, weil ich es schon so oft erlebt habe. Ich mache ja nichts anderes, deshalb habe ich einen Instinkt für solche Konstellationen entwickelt. In meinen Augen ist Intuition nichts anderes als Erfahrung.

Glauben Sie, Sie verdanken Ihren Erfolg dem Umstand, dass Sie im tiefsten Inneren ein Nonkonformist sind?
Auf jeden Fall. Das bin ich instinktiv. Das war ich schon als Kind. Es liegt in meinen Genen. Zu meinem Glück ist das für einen Trader eine nützliche Eigenschaft. Ich versuche, zu erkennen, wann alle dasselbe tun, und gehe dann den anderen Weg. Per definitionem kann nicht jeder den ganz großen Gewinn erzielen. Wenn also alle das Gleiche tun, sind große Gewinne nur für den drin, der sich gegenläufig engagiert. Und das Tolle an der Börse: Ich kann auf die Bestätigung warten, bevor ich in Gegenposition gehe.

Wirken sich die Lektionen, die Ihnen die Märkte erteilt haben, auch sonst auf Ihr Leben aus?
In jeder Beziehung. Das ist ja das Problem. [Er lacht.] Auf den Märkten funktioniert Nonkonformismus – in sozialen Situationen nicht so gut. Menschen brauchen Zuneigung. Sie wollen dazugehören. Wer immer anderer Meinung ist, macht sich keine Freunde. Da wird man schnell einsam. Meine Frau bezeichnet mich als pathologischen Nonkonformisten. Ich behaupte nicht, dass das gesund ist. Und ich würde es auch nicht unbedingt zur Nachahmung empfehlen.

Wie muss ich mir das vorstellen, wenn Sie sich außerhalb der Börse »nonkonformistisch« verhalten?
Ich bin oft anderer Meinung als Freunde, die Demokraten sind. Deshalb glauben sie, ich bin ein konservativer Republikaner. Ich streite aber auch mit Freunden, die Republikaner sind und mich für einen eingefleischten Liberalen halten. Ich vertrete automatisch immer den anderen Standpunkt. Die Leute sind in ihren Ansichten so einseitig, dass sie gar nicht mehr logisch denken. Wenn

Sie mich persönlich fragen, ob ich Donald Trump für ein Arschloch halte, dann sage ich ja. Aber muss man deshalb jedes Wort kritisieren, das er von sich gibt – jedes Mal? Das ist nicht nachvollziehbar.

Also gut, da beiße ich an. Geben Sie mir ein Beispiel dafür, dass Trump für eine Äußerung kritisiert wurde, mit der er in Wirklichkeit recht hatte.
Er hat gesagt, er würde die Wahl gewinnen, was keiner ernst nahm. Doch jetzt ist er Präsident.

Wenn Sie jemandem widersprechen, ob einem Liberalen oder einem Konservativen, dann doch sicher, weil Sie in der betreffenden Frage anderer Meinung sind – nicht nur, um zu widersprechen?
Manchmal rede ich auch aus Prinzip dagegen, weil ich es wichtig finde, dass Menschen eine andere Meinung zu hören bekommen.

Auf einer Party, auf der überwiegend Liberale anwesend sind, würden Sie also den konservativen Standpunkt vertreten. Und unter lauter Konservativen liberal argumentieren.
Ganz genau. Ich weiß schon gar nicht mehr, wie oft ich das bereits so gemacht habe.

Abgesehen von Ihrem Nonkonformismus – was war noch entscheidend für Ihren Erfolg?
Ich war erfolgreich, weil ich so oft scheiterte, meine Fehlschläge objektiv analysierte und daraus lernte. Ich versagte, weil ich es vermasselte, nicht, weil der Markt falsch lag oder weil mich jemand aufs Kreuz gelegt hatte, wie man oft als Ausrede hört.

Menschen haben Misserfolge und geben auf. Sie kriegen Angst. Aus irgendeinem Grund habe ich einen Risikoinstinkt. Ich scheitere ungern, aber es macht mir nichts aus, ein Risiko einzugehen und eine Schlappe zu kassieren. Ein guter Freund von mir ist ein ganz toller Mensch, aber absolut risikoscheu. Er ist Anwalt, verdient ganz gut, hat aber überhaupt keinen Spaß an seiner Arbeit. Er ruft mich an und beschwert sich: »Ich weiß, dass der Kerl schuldig ist, und ein Rassist ist er obendrein. Und ich muss ihn verteidigen.« Ich sage dann: »Warum steigst du nicht aus? Nimm dein Geld und mach was anderes.« Aber das kann er sich nicht vorstellen. Ich dagegen kann nicht begreifen, wie er es nicht tun kann. Wieso sollte er das Risiko nicht eingehen? Irgendeinen Tod muss schließlich jeder sterben.

Ist Ihr Ansatz heute noch so effektiv wie vor 20 Jahren, als Sie damit angefangen haben, oder haben sich die vielen strukturellen Veränderungen auf dem Markt, die es seither gegeben hat, irgendwie ausgewirkt?

Ich glaube nicht, dass das heute viel anders ist als früher. Alle gehen short. Der Markt gibt auf eine schlechte Nachricht nicht nach. Der Markt tendiert aufwärts. So sieht ein Boden aus. Bei guten Nachrichten bildet der Markt keinen Boden. Nur bei schlechten. Und es gibt auch einen guten fundamentalen Grund dafür, warum der COT ein aussagekräftiger Indikator ist und bleiben sollte.

Meine Tochter hat gerade bei einem auf physische Rohstoffe spezialisierten Unternehmen angefangen. Sie kennt sich mit diesem Thema nicht aus. Sie hat nicht Finanzwesen studiert, ihr Hauptfach waren internationale Beziehungen. Vor Kurzem habe ich mich mit ihr unterhalten.

»Darf ich dich etwas fragen, Dad? Ich mache mich gerade mit Hedgegeschäften vertraut. Wenn sie [ihr Arbeitgeber] Minenwerte halten, dann wissen sie doch, wie das Angebot aussieht, oder?«

»Ja«, erwiderte ich.

»Und wenn sie ständig Kontakt zu den Kunden haben, dann wissen sie doch auch, wie es um die Nachfrage bestellt ist?«

Auch das bejahte ich.

»Heißt das dann nicht, dass sie für ihre Hedgegeschäfte über Insiderinformationen verfügen?«

Darauf ich: »Et voilà! [Dabei klatscht er in die Hände.] Nichts anderes mache ich auch. Sie sind die Fachleute, und ich positioniere mich auf ihrer Seite.«

»Aber ich dachte immer, du machst dein eigenes Ding«, meinte sie.

»Das ist *mein eigenes Ding.* Ich höre auf die Leute, die die meiste Ahnung haben. Nur darauf kommt es an.«

Sie wollten dieses Interview eigentlich gar nicht führen. Sie haben mir sogar mindestens zweimal abgesagt. Was hat Sie umgestimmt?

Meine Frau liegt mir dauernd in den Ohren, dass ich ein Buch über meine Konzepte schreiben sollte, damit andere daraus lernen können. Ich weiß aber, dass ich nie ein Buch schreiben werde. Daher gefiel mir die Vorstellung, dass ein anderer ein paar dieser Konzepte niederschreibt. Meine Geschichte ist dabei nebensächlich. Viel wichtiger ist zu verstehen, wie die Märkte wirklich funktionieren. Ich will nicht großspurig behaupten, ich sei der Einzige, der weiß, wie die Märkte ticken. Das wissen auch andere, wenn auch nicht sehr viele – was vermutlich mein Glück ist. Hätten alle dieselben Sichtweisen, wäre das Spiel vorbei.

Wenn ich eine Botschaft für die Welt habe – und nur aus diesem Grund habe ich mich zu diesem Gespräch bereit erklärt –, dann die, wie wichtig Beteiligung ist. Jeder weiß, dass der Markt ein Diskontierungsmechanismus ist. Was aber viele nicht kapieren: Der Diskontierungsmechanismus steckt nicht etwa im Kurs, sondern in der Beteiligung. Es ist nicht so, dass der Kurs von 50 auf 100 steigt und die bullishen Fundamentaldaten daher eingepreist sind. Es ist vielmehr so, dass alle in Long-Position sind, und deshalb sind die bullishen Fundamentaldaten eingepreist. Ein großartiges Beispiel für diesen Grundsatz lieferte die Amazon-Aktie. Als sie das Niveau von 700 bis 800 US-Dollar erreichte, fanden alle diesen Kurs lächerlich. Überall hieß es, Amazon sei in Blasenterritorium. Dabei stand fest, dass die Allermeisten die Aktie gar nicht hielten – sonst hätten sie nämlich nicht von einer Blase gesprochen. Inzwischen steht der Kurs über 2300 US-Dollar.

Die entscheidende Funktion der Beteiligung ist ein Konzept, das längst nicht nur fürs Trading gilt. Ein Beispiel aus einem anderen Bereich, das ich gern heranziehe, sind Football-Wetten. Tritt die beste Mannschaft aus der NFL gegen das schwächste NFL-Team an, weiß jeder, wer vermutlich gewinnen wird. Doch darauf setzt man nicht. Man geht eine sogenannte Spread-Wette ein. Und ich sehe nicht, wie Ihnen dabei irgendeine Art von Analyse sagen könnte, ob bei einem solchen Point Spread eine Über- oder eine Unterbewertung vorliegt. Für mich liegt die Lösung in der Beteiligung. Setzen alle auf ein Ergebnis, muss sich der Spread bewegen – und vermutlich bewegt er sich zu weit. Ich habe tatsächlich ein System für Football-Wetten, das 30 Leute berücksichtigt, die auf ein bestimmtes Ergebnis setzen. Wählen 25 oder mehr dasselbe Team, was nur etwa sechsmal im Jahr vorkommt, gewinnt in 80 Prozent der Fälle die andere Mannschaft. Liegt das nun daran, dass ich besondere Fähigkeiten für Spread-Wetten habe [er lacht]? Nein. Aber wenn mehr als 80 Prozent der Leute aus meiner Stichprobe für dieselbe Mannschaft sind, dann sind das auch sicherlich alle anderen – und damit ist der Spread vermutlich zu weit.

Das Konzept, dass der Diskontierungsmechanismus des Marktes auf der Beteiligung der Spekulanten beruht, nicht auf dem Kurs, ist meine allerwichtigste Erkenntnis.

....

Angesichts der Entwicklungen in den letzten Jahrzehnten – algorithmischer Handel, Hochfrequenzhandel, künstliche Intelligenz, die Verbreitung von Hedgefonds: Kann ein einzelner Trader trotzdem noch den Markt schlagen? Jason Shapiro veranschaulicht mustergültig, warum ich meine, dass diese Frage mit »Ja« zu beantworten ist.

Im Kern fußt Shapiros Trading-Erfolg darauf, dass er den Fehler ausnutzt, der vielen emotionsbasierten Handelsentscheidungen anderer Marktteilnehmer innewohnt. Shapiro setzt auf Short-Engagement, wenn um ihn herum die Bullen in Euphorie verfallen, und geht long, wenn sich pessimistische Stimmung durchsetzt. Dabei ist zu beachten, dass Shapiros Ansatz in den zwanzig Jahren, die er ihn schon einsetzt, noch immer greift – trotz all der maßgeblichen Veränderungen, die es in diesem Zeitraum gegeben hat. Die Struktur der Märkte, die Natur der Marktteilnehmer und die verfügbaren Trading-Werkzeuge haben sich mit der Zeit drastisch gewandelt. Was sich nicht verändert hat, sind die menschlichen Emotionen. Und es ist die Unveränderbarkeit dieser Emotionen, die dafür sorgt, dass sich auch künftig Handelschancen ergeben werden – ungeachtet der genannten Veränderungen.

Wer traden will wie Shapiro, muss gegen seine eigenen menschlichen Instinkte handeln. Er muss in der Lage sein, Positionen abzustoßen, wenn er instinktiv eher Angst hat, er könnte einen galoppierenden Bullenmarkt verpassen, und zu kaufen, wenn sich noch niemand vorstellen kann, dass ein gnadenloser Bärenmarkt wieder zu Ende geht. Dass Short-Engagement in einem rasanten Bullenmarkt beziehungsweise Long-Engagement in einer unverminderten Baisse der Weg in den finanziellen Ruin sein kann, versteht sich von selbst. Wie heißt es noch in dem berühmten Ausspruch unbestimmter Herkunft (der John Maynard Keynes zugeschrieben wird, was aber zweifelhaft ist): »Die Märkte können länger irrational bleiben als Sie liquide.«

Wenn ein gegenläufiger Trading-Ansatz funktionieren soll, ist absolut entscheidend, wie der Zeitpunkt für den Markteinstieg bestimmt wird. Shapiros Ansatz hat zwei wesentliche Komponenten:

1. Sich konträr zu den Extremen der Marktpositionierung von Spekulanten zu engagieren.
2. Den Einstieg in solche Positionen aufgrund des Marktverhaltens zu timen.

Shapiro stützt sich in erster Linie auf den wöchentlichen Commitment-of-Traders-Bericht (COT), um extreme Marktstimmungen zu ermitteln. Er engagiert sich nach Möglichkeit entgegengesetzt zu einer extremen Positionierung der Spekulanten oder auf der Seite der professionellen Akteure, was das Gleiche ist. Als zusätzlichen Parameter zieht er Finanzmagazine im Fernsehen heran. Finanzsendungen können fürs Trading also durchaus nützlich sein – *als konträrer Indikator nämlich.*

Um den Zeitpunkt für seine Contrarian-Trading-Positionen zu bestimmen, achtet Shapiro auf Trendwenden, die auftreten, obwohl die überwiegende Zahl der Meldungen in die Gegenrichtung weist. Märkte bilden Böden aus, wenn die Meldungen pessimistisch sind, und Gipfel, wenn die Nachrichten positiv sind. Warum das so ist? Vor meinem Gespräch mit Shapiro hätte ich darauf geantwortet, dass die Fundamentaldaten nur im Verhältnis zum Kurs bearish oder bullish sind, und bei einem bestimmten Kurs sind die Nachrichten vollständig eingepreist. Diese Antwort gilt zwar nach wie vor, doch Shapiro hat, wie dargelegt, noch eine bessere Erklärung: die Beteiligung. Märkte bilden Böden, weil die Spekulanten bereits alle in Short-Position sind – ein natürlicher Zustand, wenn pessimistische Meldungen vorherrschen. Für Marktgipfel gilt das umgekehrt.

Shapiro ging früh in seiner Börsenkarriere gleich zweimal pleite: einmal, weil er annahm, ein Bullenmarkt würde ewig weiterlaufen, und einmal, weil er sich gegen einen Bullenmarkt stellte. Der gemeinsame Nenner unter diesen so unterschiedlichen Umständen war fehlendes Risikomanagement, um existenzielle Verluste durch falsche Vorstellungen zu verhindern.

Wenn es ein absolutes Muss in Shapiros Trading-Methode gibt, dann, dass jede Position mit einem Stop-Loss zu versehen ist. Diese Regel verhindert größere Verluste, wenn nicht eintrifft, was der COT-Bericht vermuten lässt. Shapiro wählt einen Stop, der seiner Hypothese widerspricht, dass der Markt bereits einen Boden oder einen Gipfel gebildet hat.

Risikomanagement ist aber nicht nur für einzelne Trades von grundlegender Bedeutung, es muss auch auf Portfolioebene eingesetzt werden. Insbesondere müssen Trader merken, wenn die Märkte stark korrelieren. In solchen Situationen kann das Risiko für ein bestimmtes Portfolio weit größer sein als sonst, weil die Wahrscheinlichkeit höher ist, dass sich gleich mehrere Positionen zur selben Zeit ungünstig entwickeln. Shapiro managt das erhöhte Risiko stärker korrelierender Märkte, indem er seine Positionsgröße insgesamt zurückfährt und das Portfolio um invers korrelierende Transaktionen aufstockt.

Eine der lukrativsten Phasen in Shapiros früher Trading-Karriere fiel mit einem dreiwöchigen Afrikaurlaub zusammen – eine Reise, auf der er seine

Marktposition unmöglich im Auge behalten konnte. Vor seinem Aufbruch hinterließ Shapiro seinem Broker die Anweisung, seine Position aufzulösen, wenn sich die Kurse nachteilig entwickelten. Bei seiner Rückkehr stellte Shapiro überrascht fest, dass seine Position einen satten Gewinn eingefahren hatte, während er unterwegs war. Weil er seine Position nicht verfolgen konnte, kam Shapiro nicht in Versuchung, Gewinne mitzunehmen, was ihm sehr zum Vorteil gereichte. Er merkte: Dass er auf dieser Position »gesessen« hatte, war viel rentabler gewesen als täglicher Handel. Diese Lektion vergaß er nie mehr, und sie schlug sich in der Trading-Methode nieder, die Shapiro letztlich entwickelte. Wird er nicht ausgebremst, hält er an seiner Position fest, bis sein COT-gestützter Oszillator neutrales Niveau erreicht – ein Ansatz, der ihn oft zwingt, eine Position monatelang zu halten, durch verschiedene Marktentwicklungen hindurch.

Ich fordere Trader immer wieder auf, nicht auf andere zu hören. Hier ein repräsentatives Zitat: »Wenn man auf die Meinung von jemand anderem hört, egal wie geschickt oder klug er auch sein mag, dann garantiere ich, dass das schlimm endet.«* Nach meinem Interview mit Shapiro hatte ich das Gefühl, ich sollte diesen Rat relativieren. Wenn Sie nämlich wissen oder herausfinden können, welche Trader oder Kommentatoren zuverlässig falsch liegen – was viel leichter ist, als jemanden zu finden, der verlässlich richtig liegt –, dann sind deren Ansichten unter Umständen durchaus nützlich: *im konträren Sinne nämlich.*

* Jack D. Schwager, *Das kleine Buch der Market Wizards: Lektionen von den größten Tradern aller Zeiten* (Kulmbach, Börsenbuchverlag, 2021), S. 92.

RICHARD BARGH

Auf die richtige Einstellung kommt es an

Die Ironie an dieser Geschichte: Richard Bargh war als Trader eigentlich von Anfang an durchgehend erfolgreich, geriet aber dennoch mehrmals gefährlich nah an den Rand des Ruins. Die Gründe dafür kommen im Interview ausführlich zur Sprache. Zu Beginn seiner Karriere handelte Bargh für eigene Rechnung. Offiziell belief sich das Startkapital auf seinem Konto auf null. Durch monatliche Entnahmen von durchschnittlich 3000 Pfund bewegte sich der Kontostand in den ersten 14 Monaten in einer Bandbreite von plus/minus 15 000 Pfund, sodass es unmöglich war, für diesen Zeitraum eine Rendite zu berechnen. Dann brachte eine gigantische gewinnbringende Position sein Kapitalkonto auf Dauer deutlich ins Plus.

Barghs Jahresrendite für die sechs und mehr Jahre nach diesem Wendepunkt (die letzten viereinhalb Jahre, die er für eigene Rechnung spekulierte) lag bei unglaublichen 280 Prozent. Barghs Durchschnittsrendite fiel durch den Umstand höher aus, dass er sein Futures-Depot mit einer hohen Margin-to-Equity Ratio verwaltete und sehr viel weniger Liquidität über die für Einschussforderungen erforderliche Liquidität hinaus hielt, als es bei Futures-Tradern üblich ist. Doch durch Barghs extrem hohe Margin-to-Equity Ratio (die angibt, wie hoch der Börseneinschuss in Prozent des Kapitals ist) erhöhten sich natürlich auch seine Risikokennzahlen entsprechend. Es ist daher bemerkenswert, dass Bargh eine Durchschnittsrendite von 280 Prozent mit einem Maximum Drawdown am Monatsende von nur 11 Prozent erzielte (anhand der Tagesdaten waren es 19 Prozent). Wie sich aus diesen beiden statistischen Daten ableiten lässt, sind Barghs Risiko-Rendite-Kennzahlen außergewöhnlich: eine angepasste Sortino Ratio von 25,1, eine tägliche Gain to Pain Ratio von 2,3 und eine monatliche

Gain to Pain Ratio von 18,3.* Seine angepasste Sortino Ratio beträgt mehr als das Siebenfache seiner Sharpe Ratio (zwei Kennzahlen, die bei den meisten Tradern einigermaßen eng beieinander liegen), was für eine stark *linksgipfelige* Ertragsverteilung spricht (die größten Gewinne sind demnach ungleich höher als die größten Verluste).

Bargh führt eine Liste mit Spalten für verschiedene Attribute, die er in einer Art Selbstwahrnehmungsritual täglich überwacht. Darin enthalten sind unter anderem Fokus, Energie, Risikomanagement, Prozess, gegenläufige Positionen (also eine Engagement gegen die Kursbewegung, was er als negativ erachtet), Ego, Angst, etwas zu verpassen und Glückswert (wobei beide Extreme, Depression ebenso wie Euphorie, schlechte Voraussetzungen für Börsengeschäfte sind). Manche Einträge bedürfen einer genaueren Erläuterung – zum Beispiel die »Sugar Trades«. Ein *Sugar Trade* ist laut Bargh eine Position, die man einnimmt, ohne wirklich zu wissen, warum. Gelangt Bargh zu dem Schluss, dass er auf einem Gebiet Schwäche gezeigt hat, dann trägt er das für den betreffenden Tag in die entsprechende Spalte ein, Am Ende der Woche prüft er die Tabelle und verwendet die Spalten mit Einträgen als Hinweise auf Bereiche, in denen er noch an sich arbeiten muss.

Bargh führt auch Tagebuch, um aufzuzeichnen, was er denkt und wie er sich fühlt – ein Ritual, der er für wichtig hält, um Schwachstellen in seiner Einstellung ausfindig zu machen, die er dann in seinem unablässigen Streben nach Selbstoptimierung zu beheben sucht. Zur Bedeutung des Tagebuchführens sagt Bargh: »Man vergisst in aller Regel schnell, was letzten Monat, letzte Woche oder auch gestern war. Führt man Tagebuch, sieht man, was man sich zum jeweiligen Zeitpunkt gedacht hat, und kann nachvollziehen, wie sich die eigene Einstellung mit der Zeit verändert. Würde ich Ihnen meine Tagebucheinträge von 2015 zeigen und mit den aktuellen vergleichen, würden Sie sehen, dass Welten dazwischen liegen. 2015 schrieb ich jede Menge Kommentare wie: ›Ich bin ein lausiger Trader. Ich tauge zu gar nichts.‹ Damals habe ich mich ständig in Selbstmitleid gesuhlt. Heute lesen sich meine Einträge ganz anders.«

Bargh zufolge hatte der von Ed Seykota (den ich für *Magier der Märkte* interviewt habe) entwickelte Trading Tribe Process (TTP) einen maßgeblichen Einfluss auf ihn und half ihm, emotional an der Börse und auch sonst im Leben ins Gleichgewicht zu finden. Stark vereinfacht dargestellt, versucht der TTP, Harmonie zwischen dem Unterbewusstsein und dem Bewusstsein herzustellen. Er

* Eine Erklärung dieser Wertentwicklungskennzahlen ist Anhang 2 zu entnehmen.

fokussiert sich auf die Gefühle und meidet gezielt Fragen und Ratschläge. Für den TTP braucht man eine Gruppe, den sogenannten *Stamm* (englisch: Tribe). Weltweit praktizieren verschiedene Stämme den TTP. Bargh leitet die Londoner Ortsgruppe. Eine ausführliche Beschreibung des TTP finden interessierte Leserinnen und Leser auf www.seykota.com.

Mein Gespräch mit Bargh war das erste in einer ganzen Woche mit Interviews, die ich in London führte. In der Nacht vor meinem Abflug schlief ich nur drei Stunden, in der ersten Nacht in London keine zwei Stunden, da ich so stark unter Jetlag litt wie noch nie. Zum Glück sorgten Barghs Ehrlichkeit und Offenheit dafür, dass ich mich trotz des Schlafmangels auf dieses interessante Gespräch konzentrieren konnte. Ich sprach mit ihm an einem Samstag, in einem Konferenzraum gleich neben der Handelsabteilung, in der er arbeitet. Das Interview nahm den ganzen Tag in Anspruch. Am Abend war er immer noch erstaunlich wach. Ich nahm Barghs Einladung zum Abendessen an, und wir gingen in ein hervorragendes peruanisches Restaurant (»Coya«) gleich um die Ecke von seinem Büro. Dank der Kombination aus dem Degustationsmenü des Küchenchefs, mehreren Bieren und der zwanglosen Unterhaltung wurde es ein ausgesprochen netter Abend. Danach fiel ich in einen erholsamen Tiefschlaf.

Sind Sie in London aufgewachsen?
Nein, in Yorkshire, auf einem Milchbauernhof.

Wie alt waren Sie, als Sie wussten, dass Sie etwas ganz anderes machen wollten?
Ich war vielleicht vier oder fünf Jahre alt, als ich zu meinem Vater sagte: »Du hast ja gar keinen richtigen Beruf. Ich will mal einen richtigen Beruf haben.« Schon komisch, denn ein richtiger Beruf ist das, was ich heute mache, sicher nicht.

Sie wussten also schon als Kind, dass Sie etwas anderes werden wollten. Wie hat Ihr Vater reagiert?
Oh, ihm war das recht. Er sagte immer: »Werde bloß kein Bauer.«

Hatten Sie denn als Heranwachsender schon Vorstellungen davon, was Sie gern beruflich machen würden?
Ich wusste nur, dass ich reich werden wollte. Wir lebten auf dem Dorf. Dort gab es eine wohlhabende Familie, und als ich sechs oder sieben war, ging meine Mutter mit mir dorthin zu Besuch. Wir hatten nicht viel Geld, und auf mich

machte dieses Haus einen unglaublichen Eindruck. Sie hatten dort sogar einen Außenpool, was in Nordengland ziemlich lächerlich ist, denn dort erreicht die Temperatur im Sommer selten mehr als 20 Grad Celsius. Ich weiß noch, wie ich auf dem Heimweg zu meiner Mutter sagte: »Eines Tages kaufe ich dieses Haus.« Dieses Erlebnis weckte meinen Ehrgeiz. Ich hatte keine Ahnung, wie – aber ich wusste, dass ich reich werden wollte.

Und noch etwas ließ mein Interesse an der Börse erwachen: Der Film über Nick Leeson [*Das schnelle Geld – Die Nick-Leeson-Story*], der die Barings Bank ruinierte. Dass er so ein windiger Charakter war, war natürlich nicht so toll. Aber ich weiß noch, wie ich ihn auf dem Parkett herumschreien sah und es total cool fand.

Wie alt waren Sie da?
Vielleicht 15.

Sie sind der erste Trader, den ich kenne, der von diesem Film zum Trading animiert wurde.
Ja, ich weiß. Nicht gut, oder? [Er lacht.] Ich fragte meine Eltern, wie man mit Devisen Geld verdienen konnte, und sie sagten: »Das verstehst du noch nicht.« Damit war die Sache für mich erledigt.

Wo lag Ihr Schwerpunkt im Studium?
Ich habe einen Masterabschluss in Mathe vom Imperial College in London.

Sie sind mathematisch begabt?
Ja. Dafür konnte ich nicht so gut schreiben – und hatte auch keinen Spaß daran.

Hatten Sie bestimmte Vorstellungen, was Sie mit Ihrem Matheabschluss anfangen wollten?
Nein.

Hatten Sie ein Karriereziel?
Ich interessierte mich immer noch für die Börse und bewarb mich um Praktika bei Banken. Ich merkte aber schnell, dass ich einen großen Nachteil hatte: Ich trat gegen Leute an, die schon auf dem College alle möglichen Praktika gemacht hatten. Meine Bemühungen liefen ins Leere, und irgendwann gab ich auf. Das war nach der Finanzkrise, als im Bankensektor viel Personal eingespart wurde. Im Jahr vor meinem Abschluss ging ich als Praktikant in die versicherungsmathematische Abteilung einer Rentenversicherungsgesellschaft.

Ein folgerichtiger Schritt für einen Mathematiker, oder nicht?
Ich dachte, dafür würde ich mich eignen, doch es hat mir keinen Spaß gemacht. Ich hasste das Umfeld in dem Unternehmen. Ich durfte noch nicht einmal Witze reißen, weil dort alles so furchtbar politisch korrekt war. Vermutlich bin ich manchen Leuten auf die Füße getreten und nicht sehr gut angekommen. Außerdem habe ich mich bei den mir übertragenen Aufgaben auch nicht wirklich ins Zeug gelegt.

Warum nicht?
Ich fand die Arbeit als Versicherungsmathematiker langweilig. Statistik liegt mir nicht.

Welches mathematische Fachgebiet haben Sie denn im Studium vertieft oder gemocht?
Angewandte Mathematik.

Und wie ging es nach dem Praktikum weiter?
Ich bekam kein Stellenangebot.

Wissen Sie noch, wie Sie das aufgenommen haben?
Gar nicht gut. Ich war ziemlich arrogant. Ich dachte, die Firma würde mir nach dem Praktikum einen Job anbieten, weil ich an einer der besten Universitäten der Welt studiert hatte und clever war. Ich dachte: »Wie in aller Welt können die mich nicht haben wollen?«

Ist es schwer, einen Platz am Imperial College zu bekommen?
Ja. Damals belegte es weltweit den vierten Platz.

Wurde Ihnen mitgeteilt, warum Sie nicht übernommen wurden?
Ja. Es hieß: »Wir hatten nicht den Eindruck, als würde Sie die Aufgabe interessieren.«

Tja, damit hatten sie ja nicht ganz unrecht.
Sie hatten sogar absolut recht. Ich glaube, sie waren ziemlich geschockt, dass mich die Absage so schwer getroffen hat. Aber ich bin nun mal ein wettbewerbsorientierter Mensch und hatte damit gerechnet, den Job zu kriegen. Ich verliere nicht gern und kann nicht gut mit Ablehnung umgehen.

Was haben Sie dann gemacht?
Das hört sich jetzt sehr klischeehaft an, aber ich dachte, wenn ich schon versage, dann zumindest bei einer Sache, die mir Spaß macht. Ich beschloss, der Börse noch eine Chance zu geben.

Und Sie wollten vor allem deshalb Trader werden, weil Sie den Wunsch hatten, schnell viel Geld zu verdienen?
Genau.

Komisch. Ich kann mich aus keinem *Magier der Märkte*-Buch an einen anderen Trader erinnern, der als primäres Motiv für Trading Geld genannt hätte. Und in diesem Buch sind Sie schon der zweite unter meinen bisherigen Interviewpartnern, der mir gesteht, ihn habe vor allem der Wunsch motiviert, reich zu werden.
Wenn mir jemand erzählt, ihn habe etwas anderes dazu motiviert, Trader zu werden, dann bin ich sehr skeptisch.

Die meisten der Trader, die ich für frühere Bücher interviewt habe, nannten ihre Liebe zum Börsengeschäft als Triebfeder. Für sie war das wie ein Spiel, und sie wurden von dem Wunsch geleitet, das Spiel zu gewinnen.
So war das für mich nie. Ich wollte nie jemanden schlagen. Für mich war das eine Möglichkeit, meine Lebensqualität zu steigern. Ich glaube nicht, dass es einen Markt gibt, den man schlagen kann. Je mehr ich trade, desto klarer wird mir: Man kann sich nur selbst schlagen.

Wie kamen Sie an Ihren ersten Börsenjob?
In meinem letzten Studienjahr arbeitete ich wie ein Verrückter. Ich bewarb mich erneut bei zahllosen Banken und kassierte eine Absage nach der anderen. Ich wollte schon aufgeben, als ich diese Stellenanzeige sah, die wie für mich gemacht schien, wie ich fand. Ich sollte vom ersten Tag an handeln. Ich sollte Kapital erhalten und einen Anteil vom Gewinn. Das klang großartig. Wäre ich zu einer Bank gegangen, hätte ich nicht vom ersten Tag an handeln können, und vermutlich erst recht nicht so, wie es mir vorschwebte. Stattdessen würde mir genau vorgeschrieben werden, was und wie ich handeln sollte. Ich bewarb mich online und wurde zum Vorstellungsgespräch eingeladen.

Wie lief das Gespräch?
Es wäre um ein Haar in die Hose gegangen. Ich wurde von einem der drei Gesellschafter des Unternehmens befragt, der herausfinden wollte, wie sehr ich mich für den Job interessierte und wie motiviert ich war. Ich war damals wie ein ausgehungerter Hund. Ich wollte den Job unbedingt. Daher erzählte ich ihm, ich sei ein Mensch, der nie aufgibt.

Das hört sich doch ganz gut an. Wieso wäre es fast in die Hose gegangen?
Nach dem Gespräch führte er mich in die Handelsabteilung, um die anderen beiden Gesellschafter des Unternehmens kennenzulernen. Ich kann mich nicht daran erinnern, aber angeblich soll ich, während einer der anderen Partner mit mir sprach, meine Krawatte in den Mund gesteckt haben. Das mag eine schlechte Angewohnheit aus der Schulzeit gewesen sein. Wenn ich mich sehr konzentrierte, kaute ich auf meiner Krawatte herum. Als ich draußen war, sagte der Partner, der am Schreibtisch saß: »Den können wir unmöglich einstellen.« Doch der Gesellschafter, der das Vorstellungsgespräch mit mir geführt hatte, überredete seine Partner, mir eine Chance zu geben. Also wurde ich zu einem zweiten Vorstellungsgespräch gebeten, und diesmal gelang es mir glücklicherweise, sie davon zu überzeugen, dass ich kein totaler Idiot war.

Die Unsitte mit der Krawatte war wohl eine komplett unbewusste Handlung.
Ja, mir war das überhaupt nicht bewusst. Ich erfuhr übrigens erst Jahre später davon, als einer der Partner es scherzhaft erwähnte.

Wussten Sie denn bei dem Vorstellungsgespräch schon irgendetwas über Trading oder die Märkte?
Ich hatte keinen blassen Schimmer. Ich hatte nie für eigene Rechnung gehandelt, weil ich befürchtete, mir schlechte Angewohnheiten anzueignen. Und ich bin heilfroh, dass das so war. Ich dachte, ich bräuchte jemanden, der mir zeigte, wie es ging.

Hat es Ihren künftigen Arbeitgeber denn gar nicht gestört, dass Sie überhaupt keine Vorkenntnisse oder Erfahrungen mitbrachten?
Sie waren im Grunde auf der Suche nach Leuten, die heiß aufs Geldverdienen waren. Erfahrung war ihnen nicht so wichtig. Meine Ausbildung verriet ihnen, dass ich die nötige Intelligenz hatte, mir alles anzueignen, was für die Börse wichtig war. Ich glaube, sie hielten die Persönlichkeit bei einem Trader für eine wichtigere Eigenschaft als seine Marktkenntnisse.

Wie erlernten Sie denn das Börsengeschäft, als Sie dort angefangen hatten?
Die Firma stellte gewöhnlich jedes Jahr zwei Trading-Trainees ein. Die ersten zwei Wochen waren ein Intensivkurs, der um 6 Uhr morgens begann und um 16 Uhr endete. Sie brachten uns bei, mit der Trading-Software zu arbeiten. Sie vermittelten uns auch bestimmte Grundlagen – wie die entscheidende Rolle der Zentralbanken für Marktentwicklungen. Ihr Geschäftsmodell setzte auf Ereignisrisiken. Sie erarbeiteten für jedes mögliche Ereignis – wie eine Mitteilung der US-Notenbank, der Fed – eine Wahrscheinlichkeit aus, und wenn die Fed unerwartet reagierte, setzten sie darauf und versuchten, auf diese Weise Gewinne zu erzielen. Als ich eingestellt wurde, war das Unternehmen aber gerade dabei, von diesem einen Ansatz abzugehen und sich breiter aufzustellen, damit nicht alle Trader im Grunde genau dasselbe machten. Sie hatten zuvor schon ein paar Trader beschäftigt, die herausragende Ergebnisse erzielten, indem sie sich an technischen Intraday-Analysen orientierten. Rückblickend denke ich, sie hofften wohl, ich könnte einen ganz guten Day-Trader abgeben, der auf Formationen setzt.

Haben Sie Ihnen denn beigebracht, wie man technische Analyse an der Börse einsetzt?
Einer der Partner verfolgte diese Strategie. Er zeigte uns, wie man anhand von Fibonacci-Retracements, Trendlinien und anderen Indikatoren Unterstützungs- und Widerstandszonen ermittelte. Das Konzept bestand im Grunde darin, auf einem technischen Unterstützungsniveau einzusteigen und fünf oder sechs Ticks darunter einen Stop zu setzen in der Hoffnung, einen Sprung um 20 Ticks mitzunehmen. Die Firma wies uns an: »Konzentriert auch auf die technischen Daten, die Fundamentaldaten sind banal.« Noch grün hinter den Ohren, glaubte ich das. Ich dachte: »O ja, ich werde mein Geld als technischer Trader verdienen. Pfeif auf die Fundamentalanalyse. Die ist Pipifax.«

Welche Märkte bearbeiteten Sie damals?
Die Firma war auf den Futures-Märkten aktiv – vor allem für Währungen, Anleihen und Aktienindizes.

Wann machten Sie die ersten Geschäfte?
Gewöhnlich beschränkten sich die Trainees die ersten sechs Monate lang auf Simulationen. Die Firma überwachte unsere Gewinne und Verluste. Sie wollten sichergehen, dass wir solide Leistungen zeigten, bevor sie uns echtes Geld in die Hand gaben. Sie sorgten dafür, dass sich zwischen den Trainees ein

Konkurrenzkampf entwickelte. Der Typ, der mit mir angefangen hatte, durfte schon nach zwei Monaten die ersten echten Geschäfte machen. Ich musste die ganzen sechs Monate am Simulator verbringen. Das war ein harter Schlag für mich. Während ich am Simulator saß, gab es diverse gute Chancen auf den Märkten, und der andere Neuling setzte echtes Geld. In dieser Zeit führte die Schweizerische Nationalbank eine Wechselkursbindung für den Franken ein – eine Riesensache –, und außerdem gab es koordinierte Zinssenkungen der Zentralbanken.

Ich nehme an, Sie haben im Simulationszeitraum Gewinne verbucht, denn sonst hätte man Sie kaum mit echtem Geld betraut?
Die ersten sechs Monate fand ich sehr schwierig, weil ich unter extremer Paranoia litt. Die anderen rissen Witze darüber, dass ich jederzeit gefeuert werden könnte. Sie wollten mich provozieren, und ich nahm mir das zu Herzen.

Wie lief es denn mit dem Simulator?
Ich machte schon Gewinn, wusste aber nicht, ob das reichen würde.

Haben Sie denn auf fundamentale Ereignisse und Charttechnik gesetzt?
Meine Gewinne stammten fast ausschließlich aus technischen Positionen.

Welche Art technischer Analyse setzten Sie damals ein?
Wir erfuhren von einer Formation namens »Open Drive«. Sie bildet sich, wenn der Markt eine Lücke aufweist und dann weiter in dieselbe Richtung tendiert. Der Theorie zufolge wird er diesen Kurs dann fortsetzen.

Funktioniert diese Formation auch heute noch, oder war das nur damals so?
Ich glaube, ich hatte Glück, dass ich diese Methode damals einsetzte, denn so konnte ich am Simulator Gewinne erwirtschaften. An der Börse habe ich mit charttechnischem Intraday-Handel nie einen Penny verdient. Ich habe es vier Jahre lang versucht. Das war dumm. Aber ich war furchtbar stur.

Aber Sie haben doch in diesen Jahren Gewinne eingefahren?
Mein Schwerpunkt lag zwar auf der technischen Analyse, aber ich engagierte mich auch auf fundamentaler Grundlage, und auf diese Positionen entfiel fast mein gesamter Gewinn.

Fühlten Sie sich von der Charttechnik eher angezogen als von der Fundamentalanalyse?
Am Anfang schon.

Wieso?
Ich dachte, mein Arbeitgeber wollte, dass wir uns darauf konzentrieren, gute Charttechniker zu werden.

Weil er nicht daran interessiert war, dass zu viele Leute dieselben Positionen einnahmen?
Ja. Sie wollten ihre Trader breiter aufstellen.

Ihr ursprünglicher Schwerpunkt auf der technischen Analyse war also dem Umstand geschuldet, dass Sie es Ihren Chefs recht machen wollten?
Ich glaube schon. Außerdem war ich damals so naiv zu glauben, wenn mein Chef so vorgehen konnte, dann könnte ich das auch. Doch er hatte ein besonderes Händchen für technische Intraday-Geschäfte, ich nicht.

Wurde Ihnen als Einsatzkapital ein bestimmter Betrag zugewiesen?
Ein fester Betrag wurde nicht vereinbart. Im Arbeitsvertrag stand, dass bei 10 000 Pfund Schluss war. Wer also 10 000 Pfund verlor, der konnte seinen Hut nehmen.

Wie wurden Sie bezahlt?
Wir bekamen 50 Prozent des Trading-Gewinns, mussten aber etwa 2500 Pfund pro Monat »Schreibtischmiete« bezahlen. Damit waren Dienste wie Reuters und die Trading-Software abgedeckt. Die ersten drei Monate erließen sie uns.
Etwas Wichtiges habe ich bisher noch nicht erwähnt: Ich litt immer wieder an Depressionen. Angefangen hatte das schon in der Schule [im Alter von 12 bis 16]. Während der Simulationsphase wurde mir klar: Ich konnte nur ein erfolgreicher Trader werden, wenn ich glücklich war. Ich merkte früh, wie belastend Börsengeschäfte für die Psyche sein konnten, und ich dachte mir, wenn es mir psychisch nicht gut ging, hatte ich keine Chance auf Trading-Erfolg. Von da an verbrachte ich viel Zeit damit, möglichst glücklich zu werden.

Wie macht man das?
Ich habe ein ausgezeichnetes Buch gelesen, dass ich jedem nur empfehlen kann, der unglücklich ist und darunter leidet: *Depressive Illness: The Curse of the Strong* von Tim Cantopher. Auf mich hatte dieses Buch eine ausgesprochen heilsame

Wirkung. Ich fand mich darin wieder und konnte mich dadurch zu einem glücklicheren Menschen entwickeln. In dem Buch beschreibt der Autor, wie man den Weg aus der Depression grafisch darstellen kann. In der Grafik ist Zeit auf der x-Achse und Glück auf der y-Achse angesiedelt. Und die Entwicklung verläuft ungefähr so. [Mit der Hand zeichnet Bargh eine Reihe aufsteigender Jakobsmuscheln in die Luft.] Im Grunde erklärt Ihnen der Autor, dass man nicht erwarten kann, linear von null auf glücklich zu kommen. Das dauert. Am Anfang ist man sehr unglücklich, dann ein bisschen glücklicher, später fällt man wieder zurück, aber auf ein etwas höheres Niveau als zuvor. Was mir besonders zu denken gegeben hat: Der Autor beschrieb viele Menschen, die Depressionen entwickeln, als ruhig, ehrgeizig und fleißig. Diese Beschreibung entspricht genau meiner Persönlichkeit.

Wissen Sie noch, was Ihnen aus diesem Buch dazu verholfen hat, Ihre unglückliche Verfassung zu überwinden?
Was mich ansprach, war das Gefühl, nicht allein zu sein. Das Buch machte mir klar, dass es anderen genauso geht und dass es eine Strategie gibt, sich daraus zu befreien.

Wie befreit man sich aus dieser psychischen Verfassung?
Mir gelang das durch intensive Selbstgespräche. Ich weiß noch, wie ich auf dem Weg von der Arbeit nach Hause im Bus saß und dachte: »Du musst glücklich sein! Du musst glücklich sein!« Ich zog mich durch Autosuggestion aus dem Sumpf. Ich merkte, sonst würde ich wieder in ein Loch fallen, und aus so einem Loch herauszukommen, ist sehr schwer.

War es also in gewisser Hinsicht Ihre Trading-Aktivität, die Sie gerettet hat – insofern, als Sie sich zunächst in die richtige psychische Verfassung bringen mussten, um Erfolg zu haben? Vermittelte Ihnen das eine Motivation, die Sie zuvor nicht spürten?
Motiviert hat es mich auf jeden Fall.

Hatte Ihnen Ihre Börsenkarriere den Anstoß gegeben, sich dieses Buch zu kaufen?
Ja. Ich habe viele Jahr gebraucht, bis ich mich gar nicht mehr unglücklich gefühlt habe. Jetzt habe ich schon seit drei Jahren keine depressive Phase mehr gehabt. Ganz wird man das aber nie los. Und man vergisst es auch nicht.

In welcher psychischen Verfassung waren Sie, als Sie erstmals mit richtigem Geld spekulierten?
Das hat mich psychisch ganz schön durcheinandergebracht – vor allem, weil ich ja kein Gehalt bekam und entsprechend unter Druck stand. Dann denkt man natürlich, dass man an der Börse unbedingt Gewinn erzielen muss.

Wie sah Ihr Trading-Ergebnis im ersten Jahr aus?
2012 verdiente ich rund 20 000 Pfund, lag aber im Minus, wenn man alle Kosten einkalkuliert.

Sie verdienten 20 000 Pfund bei einer Risikolinie von 10 000 Pfund? Nicht schlecht für das erste Handelsjahr.
Vermutlich nicht, aber ich habe das nie so gesehen. Ich dachte mir: »Besonders gut bin ich gerade nicht.«

Aber Sie lagen doch nur wegen der Kosten im Minus?
Das war für mich ein Antrieb. Ich dachte immer, da ich ja Gewinne erzielte, musste ich nur noch über die Kosten kommen. Ich wusste, da war etwas – und dass ich gewisse Fähigkeiten hatte.

2012 erwirtschafteten Sie Gewinne, arbeiteten aber nicht kostendeckend. Und 2013?
Anfang des Jahres stellten meine Chefs mein Konto auf null, sodass es keinen Fehlbetrag mehr auswies. Im ersten Halbjahr 2013 handelte ich mit Gewinn, doch der reichte nicht, um die monatlichen Kosten vollständig zu decken.

Wenn Sie an der Börse nicht genug verdienten, um auch nur Ihre monatlichen Büroaufwendungen zu decken, von einer Gewinnbeteiligung ganz zu schweigen – wovon haben Sie dann eigentlich gelebt?
Vom Ersparten. Ich hatte seit Jahren das Geld zur Seite gelegt, das ich mit Sommerjobs verdient hatte. Da ich auf dem Land lebte, geriet ich nicht in Versuchung, viel auszugeben, also legte ich das meiste auf die hohe Kante.

Was waren das für Jobs?
Mit 16 arbeitete ich als Kellner, taugte aber nicht viel. Ich war sehr ungeschickt – ich ließ schmutziges Besteck auf die Gäste fallen und wurde gefeuert. Danach baute ich Zelte für Veranstaltungen wie Hochzeiten auf. Das konnte ich richtig gut, weil ich so groß bin [Bargh misst 2,03 Meter].

Reichten Ihre Ersparnisse aus Ihren Ferienjobs zum Leben aus?
Ich hatte während meines Praktikums Geld gespart. Und meine Eltern subventionierten meine Miete. Alles andere zahlte ich vom Ersparten.

Apropos – was hielten denn Ihre Eltern davon, dass Sie eine Arbeit hatten, mit der Sie nichts verdienten?
Sie waren nicht glücklich darüber.

Haben sie nicht versucht, es Ihnen auszureden?
Irgendwann schon. Mitte 2013 gingen meine Ersparnisse allmählich zur Neige. Ich erklärte meinen Eltern, dass ich gerade noch genug Geld hätte, um mich einen weiteren Monat über Wasser zu halten. Sie machten sich ernsthaft Sorgen. Sie wollten nicht etwas finanzieren, was sie für eine Art Spielsucht hielten. Sie sagten: »Wir werden dich nicht weiter unterstützen. Du musst allein klarkommen und dir einen richtigen Job suchen.«

Wie sah Ihre Wertentwicklung für das Jahr zu diesem Zeitpunkt aus?
Ende Juli belief sich mein Bruttogewinn auf 26 000 Pfund.

26 000 Pfund bei einer Risikolinie von 10 000 Pfund können sich durchaus sehen lassen.
Vielleicht, doch was die Ertragsstatistik nicht auswies, waren verpasste Chancen. Ich erzielte hauptsächlich Gewinne, indem ich auf Ereignisse setzte, und angesichts der laufenden europäischen Schuldenkrise gab es viele Gelegenheiten, mit ereignisorientierten Positionen Gewinne zu erzielen. Die Geldpolitik änderte sich damals ständig. Die geldpolitischen Vorgaben wurden eingeführt und ein neuerliches quantitatives Lockerungsprogramm aufgelegt. Es gab so viele Ereignisse, auf die man setzen konnte, und ich vermasselte es immer wieder. Ich war nicht richtig vorbereitet. Es war ein Teufelskreis: Ich verpasste eine Chance, fühlte mich deshalb schlecht und musste dann zusehen, wie sich alle anderen damit eine goldene Nase verdienten.

Fühlten Sie sich damals als Versager?
Auf der ganzen Linie.

Das entbehrt nicht einer gewissen Ironie: Objektiv erzielten Sie doch eine recht ansehnliche prozentuale Rendite, wenn man die Kosten herausrechnete, die Ihrem Konto belastet wurden.

Meiner Theorie zufolge ist für den Menschen alles relativ. Man vergleicht sich ständig mit allen anderen.

Sie kamen sich also vor wie ein Versager. Dachten Sie daran, aufzugeben und etwas anderes zu versuchen?
Selbst wenn ich mich als Versager fühlte und meine Geschäfte nicht gut liefen, konnte ich mir nichts vorstellen, was ich lieber getan hätte, als Trader zu sein. Mir machte das nach wie vor richtig Spaß, und ich wollte den Knoten zum Platzen bringen. Damals war ich in einer prekären Lage: Mir ging das Geld aus, und ich hatte das Gefühl, dass mich meine Eltern abschrieben. Mir einen Teilzeitjob zu suchen, kam für mich eigentlich nicht infrage, weil ich meine ganze Kraft ins Trading steckte. Ich befürchtete, wenn ich mir eine Halbtagsstelle suchen würde, würden meine Börsengeschäfte darunter leiden.

Was haben Sie dann gemacht?
Ich habe das Gespräch mit meinen Chefs gesucht und ihnen ehrlich gesagt, in welcher Lage ich mich befand. Ich erklärte: »Ich habe kein Geld mehr und weiß nicht, wie lange ich noch so weitermachen kann. Können Sie mir irgendwie helfen?« Und das taten sie! Es war unglaublich. Sie sagten: »Dann zahlen wir Ihnen eben ein Gehalt. Wie viel brauchen Sie?«

Wie viel bekamen Sie?
Mein Gehalt war so hoch, dass ich damit meine monatlichen Büroaufwendungen decken konnte. Später erfuhr ich, dass meine Chefs Amrit zum Essen einluden, um seine Meinung über mich zu hören. [Amrit Sall, der im vierten Kapitel interviewt wird, hatte ein paar Jahr zuvor bei der gleichen Firma angefangen.] Sie sagten ihm: »Offenbar hat er Probleme. Wir können ihn nicht richtig einschätzen. Was halten Sie von ihm?« Und Amrit sagte ihnen: »Ich glaube, er schafft es.« Seine Fürsprache überzeugte sie, mir ein Gehalt zu genehmigen. Als das gesichert war, gab ich mir bis Weihnachten, um mit meinem Trading mehr als nur meine monatlichen Kosten zu erwirtschaften. Und zum Glück gelang mir das auch.

[Am nächsten Tag interviewte ich Amrit Sall und fragte ihn nach dieser Episode und wieso er an Richard Barghs Erfolg geglaubt hatte. Er entgegnete: »Richard ist ein Arbeitstier. Er hat eine unglaubliche Arbeitsmoral. Wenn sich jemand so engagiert und auf diese eine Sache fokussiert bleibt, ist es nur eine Frage der Zeit, bis es funktioniert. Er ist so ein Typ. Er ackert. Und er geht proaktiv jedes Hindernis an, das ihm im Weg steht.«]

Wieso fragten Ihre Chefs Amrit Sall nach seiner Meinung?

Amrit war einer ihrer erfolgreichsten Trader, weshalb sie auf seine Meinung Wert legten, wie ich glaube. Ich kannte Amrit damals noch nicht näher. Ich saß in einem ganz anderen Teil des Büros. Ich hatte kaum ein paar Worte mit ihm gewechselt. Ein paar Jahre später wurde er jedoch mein Mentor. Er hat mir vermittelt, wie wichtig an der Börse die richtige Einstellung ist. Amrit half mir zu erkennen, dass ich mir selbst im Wege stand. Ich war der Typ, für den das Glas halb leer ist, und zerfleischte mich ständig wegen meiner Fehler. Amrit sagte mir dann immer: »So darfst du nicht denken, Mann. An der Börse hast du nur Erfolg mit der richtigen Einstellung.«

Hatten Sie weniger Angst um Ihre Trading-Position, sobald Sie ein Gehalt bezogen?

Nicht unmittelbar. Ich dachte, ich hätte mir ein bisschen Zeit erkauft und könnte bis Weihnachten so weit kommen, dass meine Börsengeschäfte mehr einbrachten als die monatlichen Fixkosten. Ende Oktober verbuchte ich für das Jahr 40 000 Pfund. Das hört sich nicht schlecht an, doch mir ging es gar nicht gut damit, denn per saldo bewegte ich mich immer noch im Minus, nachdem Bürokosten und Gehalt abgezogen waren. Ich befürchtete, mir könnte die Zeit knapp werden.

Ende Oktober 2013 rechneten Sie also nach wie vor damit, dass Ihre Börsenkarriere noch im selben Jahr enden könnte?

Ja, wenn kein Wunder geschah.

Und was kam dann?

Im November 2013 gingen die Märkte allgemein davon aus, dass Mario Draghi, der Präsident der Europäischen Zentralbank (EZB), im Dezember die Zinsen senken würde, im November aber noch nicht. Ich betete, dass er die Sätze im November herabsetzte.

Warum? Weil das eine Überraschung gewesen wäre?

Ja, weil das eine Überraschung werden würde, an der ich meiner Ansicht nach gut verdienen könnte. Ich weiß, das hört sich sehr klischeehaft an, doch nach meiner Erinnerung dachte ich: »Wenn es einen Gott gibt, dann bitte – das könnte meine letzte Chance sein.« Als Draghi nach der monatlichen EZB-Sitzung eine Zinssenkung ankündigte, kaufte ich unverzüglich mehrere Hundert kurzfristige europäische Zins-Futures-Kontrakte.

Wie konnten Sie angesichts Ihrer bescheidenen Risikolinie eine so große Position eingehen?
Die Positionslimit teilten meine Chefs auf der Grundlage des Vertrauens zu, das sie in den Trader setzten – und des Volumens, das sie dem Trader zutrauten. Sie hatten gemerkt, dass ich das ganze Jahr hindurch Gewinne erzielt hatte, und hoben mein Limit an. Es war eine einfache Sache: Ich kaufte aggressiv kurzfristige Zins-Futures und stellte die Position glatt, sobald die Zinssenkung eingepreist war. Damit verdiente ich fast 90 000 Pfund.

Einfach vielleicht, aber auch genial. Sie hatten geahnt, dass sich eine solche Chance ergeben könnte. Sie setzten die Methode ein, an die Sie glaubten – eine Wette auf ein Ereignis –, nicht technische Analysen. Sie waren bereit und gingen eine möglichst große Position ein. Damals haben Sie wirklich alles richtig gemacht. Das war die erste große Transaktion, die Gewinn brachte. Wie hat sich das angefühlt?
Fantastisch. Ich weiß noch, wie ich dachte: »Ich habe es geschafft. Jetzt kann ich davon leben.« Seltsamerweise – und das machte es ganz besonders erfreulich – besuchten mich just an diesem Abend meine Eltern. Ich lud sie zum Essen ein.

Bis dahin wussten sie noch gar nichts?
Nein.

Aber es war doch schon zuvor besser für Sie gelaufen. Das wussten Sie auch nicht?
Nein. Sie wussten nur, dass ich von der Firma unterstützt worden war.

Sie hatten also keine Ahnung und mussten wohl davon ausgehen, dass sich Ihre Börsenkarriere dem Ende näherte.
Genau.

Wie haben Sie ihnen reinen Wein eingeschenkt?
Ich erzählte einfach, dass ich am selben Tag 90 000 Pfund verdient hatte. Sie konnten es gar nicht glauben. Es war ein großartiger Moment.

Hat das die Ansicht Ihrer Eltern über das Börsengeschäft verändert?
Ich glaube schon, aber ich spreche darüber nicht mehr viel mit ihnen, weil sich meine Mutter ständig Sorgen macht.

Hatten Sie nach dieser Transaktion das Gefühl, fest im Sattel zu sitzen?
Schon, aber jedes Mal, wenn das passiert, werde ich wieder unsanft vom Pferd geholt.

Typisch Markt. Brachte Sie dieses Geschäft von der technischen Analyse ab oder versuchten Sie nach wie vor, mit technischen Daten Erfolg zu haben?
Ich versuchte mein Glück auch weiterhin mit technischen Formationen, doch damals richtete sich mein Fokus überwiegend auf Verbesserungen bei den Fundamentaldaten. Auf dem Papier ist die Methode ganz einfach. Man überlegt sich, was den Markt bewegt. Man ermittelt die richtige Position und führt sie aus. Das größte Hindernis eines Traders auf dem Weg zum Erfolg ist er selbst. Mein Problem war größtenteils psychologischer Natur. Ich hatte einen guten Tag, wurde selbstgefällig und ging dann unvorbereitet ins nächste Ereignis hinein, das sich als hervorragende Handelschance erwies. Ich agierte auf gut Glück.

Inzwischen kann ich das viel besser, doch es gibt heute auch weit weniger Chancen als noch 2013 oder 2014. Damals war vieles noch recht neu – quantitative Lockerungen etwa, oder die sogenannten »Forward Guidance«-Vorgaben der Zentralbanken. Was die Zentralbanken tun würden, und wie, war unsicherer geworden. Inzwischen haben die Märkte die Zentralbanken so im Schwitzkasten, dass es nicht mehr so ohne Weiteres möglich ist, an Zentralbankmaßnahmen zu verdienen wie früher. Heutzutage preisen die Märkte Ereignisse schon ein, bevor sie eintreten. Ich mache Gewinn, indem ich eine Überraschung einpreise – und je weniger Überraschungen, desto weniger Chancen. Natürlich kann man an solchen Ereignissen immer noch verdienen, doch man muss es anders angehen – mit einem intelligenteren Ansatz nämlich.

Bitte geben Sie mir ein Beispiel dafür.
Darauf möchte ich eigentlich nicht näher eingehen, das sind zum Teil geschützte Methoden.

Durchaus verständlich. Sie haben erwähnt, dass Amrit Sall später als Ihr Mentor fungierte. Hatten Sie noch andere Mentoren im Unternehmen?
Sie sprechen doch auch mit Daljit, oder? [Daljit Dhaliwal, mein Interviewpartner im fünften Kapitel, begann ein paar Jahre vor Bargh als Trader im selben Unternehmen.]

Ja.

Ich saß neben Daljit. In jenen frühen Jahren war er mein einziger Ansprechpartner.

Hat er Ihnen geholfen?
Sein Einfluss war positiv und negativ, aber unter dem Strich würde ich sagen, überwiegend positiv.

Was war gut und was schlecht?
Daljit war ungeheuer motiviert. Ich glaube, ich kenne keinen Menschen, der Daljit diesbezüglich das Wasser reichen könnte. Er durchschaute sehr genau, was die Märkte umtrieb. Hin und wieder gab er mir einen Tipp, der mir weiterhalf.

Können Sie dafür ein Beispiel geben?
Weil er intensive fundamentale Analysen betrieb, konnte er Marktereignisse ganz gut vorhersagen. Er sagte dann vielleicht: »Es steht eine koordinierte Zinssenkung an. Stell dich drauf ein.« Ich setzte damals eher auf technische Analyse, weil mir meine Chefs geraten hatten, mich von fundamentalen Methoden fernzuhalten. Doch wenn ich nicht mit Daljits Hilfe hier und da ein paar fundamentale Positionen eingegangen wäre, hätte ich nur einen Bruchteil der Gewinne erzielt, die ich letztlich verbuchte.

Das klingt doch sehr positiv. Welche negativen Seiten hatte Daljit als Mentor denn?
Ich möchte das nicht Daljit anlasten, doch als Gruppe wurden wir zu Aggressivität animiert. Um ein Depot aufzubauen, muss man aggressiv sein. Daljit drängte mich ständig, größere Transaktionen zu tätigen. Ich nahm seinen Rat zu wörtlich. Ich eröffnete eine 30-Lot-Position in deutschen Bundesanleihen und saß dann wie erstarrt da, denn wenn ich damit falsch gelegen hätte, wäre ich weg vom Fenster gewesen. Ich hätte lieber mit Fünf-Lot-Positionen anfangen sollen und nach und nach Vertrauen aufbauen.

Sie haben unter seinem Einfluss also größere Positionen eröffnet, als Ihnen eigentlich lieb war?
Im Grunde war genau das Gegenteil der Fall. Ich verzichtete lieber ganz, weil ich das Gefühl hatte, wenn überhaupt, dann gleich mit einer großen Position einsteigen zu müssen. Und so ließ ich Chancen ungenutzt verstreichen.

Weil Sie dachten, Sie hätten nur zwei Möglichkeiten: ganz oder gar nicht?
Genau. Und aus Angst vor Verlusten entschied ich mich dann für gar nicht. Ich mache das Daljit nicht zum Vorwurf, denn er hat mir schon gesagt, dass ich aktiver werden müsse. Er handelte viel und lernte viel. Dass ich nicht reger gehandelt habe, bedauere ich heute. Ich ließ mich auf Positionsgrößen ein, mit denen ich mich nicht mehr wohl fühlte und die mir Angst machten. Da handelte ich lieber gar nicht, und dadurch sammelte ich auch keine Erfahrung.

Interessanterweise kennen Sie, Amrit und Daljit sich untereinander, und ich interviewe Sie alle für dieses Buch. Das hatte ich, glaube ich, bisher nur einmal: Bei Marcus und Kovner im ersten *Magier der Märkte*-Buch.
Und bei Seykota.

Ganz recht. Seykota war Marcus' Mentor, und der stellte später Kovner ein. Auch damals kamen drei Trader, die miteinander zu tun hatten, in ein und demselben Buch vor.
Ich habe mir das Interview mit Marcus erst kürzlich noch einmal durchgelesen, weil ich mir einen Eindruck davon verschaffen wollte, wie Sie schreiben. Schon interessant, was einem so alles Neues auffällt, wenn man solche Interviews nach Jahren wieder liest. Offenbar sieht man das eine oder andere mit mehr Erfahrung in einem anderen Licht. Eine der Transaktionen, über die Marcus damals sprach, war eine Long-Position in Sojabohnen, die er zu früh glattstellte. Ed Seykota blieb am Ball, und Sojabohnen stiegen danach jeden Tag weiter und weiter.

Ja, ich erinnere mich. Das Interessante daran: Marcus hat zwar in seinen ersten Börsenjahren immer wieder Geld verloren, doch ich hatte das Gefühl, seine schmerzhafteste Erfahrung war nicht, wenn er Verluste machte, sondern, dass er diese Chance verpasst hatte.
Wie weh das tut, wenn einem solche Chancen durch die Lappen gehen, weiß man erst, wenn man es selbst erlebt hat. Ich habe schon mal an einem Tag 12 Prozent eingebüßt, doch das hat mir nicht so viel ausgemacht. Eine Chance zu verpassen, ist ein ganz anderes Gefühl. Schlimm. Ich habe große Probleme damit.

Welches Erlebnis war Ihr schlimmstes?
Ich habe ja schon angesprochen, dass ich noch am Simulator saß, als die Schweizerische Nationalbank den Franken an den Euro koppelte. Die Ironie dabei: Als sie die Bindung im Januar 2015 wieder aufgab, verpasste ich das ebenfalls. Bis

zu diesem Punkt in meiner Karriere hatte ich jeden Tag pünktlich von 6:30 Uhr bis 16:30 Uhr gearbeitet. Untertags verließ ich damals kaum je das Büro. Ich brachte mir sogar mein Essen mit und aß am Schreibtisch. An jenem Abend sollte ich nach Amerika fliegen, um an einer Trading-Konferenz teilzunehmen. Als die Bank aufmachte, ging ich kurz aus dem Büro, um mir ein paar US-Dollar zu holen. Es gab ein Problem mit meiner Karte, und ich musste in der Bank etwa eine Stunde warten, bis es gelöst war. Als ich wieder ins Büro kam, saßen alle da wie vor den Kopf gestoßen. Ein Kollege, der in meiner Nähe saß, erzählte mir, was vorgefallen war. Das war eine der besten Risiko-Rendite-Chancen meiner Karriere – und ich hatte sie verpasst. Ich war am Boden zerstört.

Sie sagten, Daljit Dhaliwal war anfangs Ihr Mentor. Stand Ihnen denn keiner Ihrer drei Chefs beratend oder mit Feedback zur Seite?
Die hielten sich ziemlich zurück. Es gab aber monatliche Beurteilungen.

Was entnahmen Sie diesen?
Sie kamen aus dem LIFFE-Parketthandel, bevor Sie auf Trading am Bildschirm umstiegen. Diese Erfahrung hatte sie geprägt. Sie sagten Dinge wie: »Sie müssen beständiger werden. Sehen Sie zu, dass Sie jeden Tag 100 Pfund gewinnen.« Ich war von Anfang an der Ansicht, dass Trading so nicht funktionierte. Es ist vielmehr so, dass man eine Weile gar nichts verdient und dann einen Lauf hat.

So sah letztlich auch Ihre Bilanz aus. Sie hatten also ganz recht. Womit konnten Sie in den Anfangsjahren denn punkten?
Ich sahnte ein paar Mal kräftig ab, das erste Mal mit einer Short-Position in Rohöl. Die Ölpreise waren damals sehr hoch, und ich saß da und wartete auf eine potenzielle Freigabe strategischer Erdölreserven in den USA. Ich weiß gar nicht mehr, ob sie wirklich kam oder ob nur darüber geredet wurde, doch die Meldung ließ die Ölpreise um ein paar Dollar bröckeln. Ich verdiente mit meiner Position 7000 Pfund. Ich weiß noch, wie ich nach Hause kam und zu meiner Freundin sagte (mit der ich inzwischen verlobt bin): »Ich habe heute 7000 Pfund verdient!« Ich gewöhnte mir aber schnell ab, ihr abends von meinen Gewinnen und Verlusten zu erzählen. Ich wollte ihr nicht meine Sorgen aufhalsen. Kurz darauf machte ich noch einmal ordentlich Kasse. Verschiedene Konjunkturdaten aus Europa fielen schockierend schlecht aus. Also kaufte ich deutsche Bundesanleihen, was mir weitere 4000 Pfund einbrachte.

Schon seltsam: Das waren alles fundamentale Transaktionen.
Ich weiß, ich weiß. Ich bin wohl etwas begriffsstutzig. Es dauert bei mir manchmal ein bisschen, bis der Groschen fällt. Doch ist es erst so weit, dann laufe ich zu Höchstform auf. Zum Teil liegt das meiner Ansicht nach daran, dass ich sehr wissenschaftlich denke. Ich brauche jede Menge Belege. Im Idealfall hätte ich gern zehn Beispiele für die Freigabe strategischer US-Erdölreserven vorliegen.

Könnte das ein weiterer Faktor sein, der Sie davon abhielt, auf fundamentale Analysen zu setzen: weil Sie keine statistisch signifikante Zahl von Beobachtungen zusammenkriegten?
Genau. Das machte mir Probleme. Und außerdem bin ich zu arrogant. Das schadete mir ebenfalls.

Inwiefern?
Ich höre nicht gern auf andere.

Was haben Sie denn nicht hören wollen?
Mir wurde gesagt, ich sollte mehr auf die Fundamentaldaten achten.

Aber ich dachte, Ihre Chefs hätten Sie angewiesen, sich auf die technische Analyse zu konzentrieren?
Stimmt, aber meine Kollegen sagten mir genau das Gegenteil.

Sie erhielten also widersprüchliche Ratschläge. Und es lag in der Natur der Sache, dass Sie nur auf eine Seite hören konnten.
Ich weiß, aber ich war da unselbstständig. Ich hätte mich hinsetzen und alles gründlich durchdenken sollen. Das habe ich aber nie getan. Ich zerbrach mir lieber ständig den Kopf darüber, ob ich wohl gut genug war oder ob man mich vor die Türe setzen würde. Stattdessen hätte ich mich auf den Prozess konzentrieren sollen. Ich brauchte eine Weile, merkte am Ende aber, dass ich mich mehr auf die Fundamentaldaten fokussieren musste.

Orientieren Sie sich beim Trading heute ausschließlich an den Fundamentaldaten?
Nein, ironischerweise stütze ich mich nach all den Jahren wieder auf technische Analysen, allerdings mit einem längeren Zeithorizont – und auch nicht ausschließlich. Ich kombiniere sie mit meinem fundamentalen Wissen.

Was hat Sie dazu bewogen, wieder auf die technische Analyse zurückzugreifen?
Eine Eigenheit ereignisorientierter Strategien ist: Wenn es keine Ereignisse gibt, hat man nichts zu tun, und das ist todlangweilig. Man hat das Gefühl, sein Leben zu verschwenden.

Also gerieten Sie aus reiner Langeweile in die Versuchung, Trades vorzunehmen, obwohl es besser gewesen wäre, Sie hätten es bleiben lassen.
Genau. Ich habe festgestellt, dass ich erfolgreicher bin, wenn ich Nebenprojekte laufen habe. Setze ich nur auf Ereignisse, und diese bleiben aus, dann läuft mein Kopf Amok. Ich brauche etwas, worauf ich mich konzentrieren kann – sonst konzentriere ich mich prompt aufs Falsche.

Vor ein paar Jahren interessierte ich mich erstmals für Trendfolgesysteme und probierte verschiedene aus. Ich wollte selbst sehen, ob Trendfolge funktioniert. Ich führte Simulationen mit vielen verschiedenen Parametern für diverse Zeiträume durch. Dabei experimentierte ich mit verschiedenen Stop-Höhen und Zielniveaus, um zu sehen, wie sich solche Veränderungen auswirkten.

Wie haben Sie das getestet?
Ich schrieb Programme in Python.

Was waren das für Trendfolgesysteme, die Sie getestet haben?
Ich testete Systeme à la Donchian und solche auf der Grundlage von gleitenden Durchschnitten. [Richard Donchian war ein Pionier des Trendfolge-Tradings. Das von ihm entwickelte System beruhte auf der Grundregel, zu kaufen, wenn ein Markt auf einem neuen Vier-Wochen-Hoch schloss, und zu verkaufen, wenn er auf einem neuen Vier-Wochen-Tief schloss. Ein solches System wird auch als *Ausbruchssystem* bezeichnet. Einfache, auf gleitenden Durchschnitten basierende Systeme geben ein Kaufsignal, wenn der Marktkurs oder ein kurzfristiger gleitender Durchschnitt über einen längerfristigen gleitenden Durchschnitt steigt. Der umgekehrte Fall löst ein Verkaufssignal aus.]

Wie sah Ihr Ergebnis aus?
Ich stellte fest, dass Trendfolge funktioniert. Das Problem dabei ist nur, dass es zu gewaltigen Verlustphasen kommen kann.

In den 1970er- und 1980er-Jahren ging das noch besser.
Das deckt sich mit meinen Feststellungen. Damals waren die Ergebnisse viel, viel besser als heute.

So ist es. Die Trends gibt es zwar noch, doch die Märkte sind unruhiger geworden, was die Risiko-Ertrag-Performance einfacher Trendfolgesysteme auf grenzwertiges Niveau gedrückt hat. Was war Ihre Lösung für die natürlichen Grenzen von Trendfolgesystemen?
Ich setze sie nicht isoliert ein, sondern kombiniere sie mit dem, was ich über Ereignisse weiß. Bislang brachte das Ergebnisse, mit denen ich ganz zufrieden bin.

Als Sie Ihre Systemtests durchgeführt haben, haben Sie doch sicher gemerkt, dass kurzfristige Ausbruchssysteme wie Donchians Vier-Wochen-Regel zu Schaukelverlusten führen und nicht so gut funktionieren.
Stimmt.

Ich nehme an, Sie haben sich für ein längerfristiges Trendfolgesystem entschieden – oder für etwas noch Komplexeres?
Ich setzte kein rechnergestütztes System ein. Eines meiner Prinzipien zu Beginn dieses Research-Projekts war, dass ich nichts wollte, was ein Computer konnte. Ich dachte, wenn ich die einfachen Trendfolgesystem so problemlos duplizieren kann, dann kann das jeder.

Das ist ja genau das Problem mit einfachen Trendfolgesystemen – das kann jeder. In den 1970er- oder besser noch den 1960er-Jahren, als nur wenige Akteure Trendfolgesysteme einsetzten, funktionierten sie ausgesprochen gut. Ich denke da an Ed Seykota, der in den 1960er-Jahren Trendfolgesysteme auf einem IBM 360 laufen ließ. Er hatte nicht viel Konkurrenz. Doch als jeder einen PC besaß und sich Trendfolgesoftware kaufen konnte, verlor dieser Ansatz seine Wirkung. Wie also setzen Sie die Trendfolge gewinnbringend ein?
Trendfolge allein reicht nicht. Die entscheidenden Elemente sind, wie man Risiken managt und Gewinne aus bestehenden Positionen mitnimmt. Anfangs setzte ich bei der Trendfolge auf den Home Run. Ich stieg in einen Trend ein und verwendete einen Trailing Stop für den Ausstieg. Doch dann stellte ich fest: Wenn der Markt nach einem kräftigen Ausschlag nach oben auf meinen Trailing Stop zurückfiel, stank es mir gewaltig, dass mir so viel Gewinn durch die Lappen ging. Und als Trader muss man Methoden wählen, die zur eigenen Persönlichkeit passen. Man muss mit seinen Strategien im Reinen sein. Steigt man aus einer Position aus, ob mit Gewinn oder mit Verlust, muss man sie so schnell [er

schnippt mit den Fingern] vergessen. Hat man ein ungutes Gefühl, dann muss man diesem auf den Grund gehen, denn gewöhnlich gibt es einen. Man muss herausfinden, warum. Und so ein ungutes Gefühl war es, das mich dazu brachte, meine Methode zum Ausstieg aus Trendfolgepositionen zu entwickeln.

Sie haben also Systeme getestet. Ich nehme jedoch an, dass Sie die technische Analyse nicht als System, sondern eher als Input-Parameter verwenden.
Meine Trendfolgetests waren nur insofern bedeutsam, als sie mir das Vertrauen vermittelten, dass man an Charts verdienen kann. Ich richte mich aber nicht nach automatischen Signalen. Ich trade grundsätzlich nach meinem eigenen Ermessen. Ich würde meinen Trading-Ansatz als eine Kombination aus der Interpretation von Ereignissen, aus Erkenntnissen aus der Trendfolge und aus dem beschreiben, was ich daraus gelernt habe, wie Peter Brandt mit Risiken umgeht. [Peter Brandt wurde im ersten Kapitel interviewt.]

Peter Brandt habe ich für dieses Buch interviewt. Was genau haben Sie von ihm gelernt?
Ich lernte, dass es entscheidend für den Kapitalerhalt ist, die Verluste so gering wie möglich zu halten. Das Allerwichtigste beim Trading ist das psychische Kapital. Man muss in der richtigen Verfassung für die nächste Transaktion sein. Ich merke immer wieder: Wenn ich in eine heftige Verlustphase gerate, bringe ich psychisch nicht die richtigen Voraussetzungen mit. Dann versuche ich vielleicht, Positionen zu forcieren, um mein Geld zurückzuholen. Oder ich gehe übervorsichtig ans nächste Geschäft heran.

Peter Brandts Risikomanagement ist unglaublich. Ich bin sehr froh, dass ich von ihm lernen konnte. [Bargh zeigte mir eine dicke Mappe, in der er annotierte Aufzeichnungen über Peter Brandts Trades aufbewahrt.] Steigt Brandt in eine Position ein, geht er davon aus, dass sie sich umgehend wunschgemäß entwickelt, wenn er richtig liegt. Die besten Geschäfte laufen von allein. Beim ersten Anzeichen dafür, dass der Markt nicht mitspielt, zieht er seinen Stop für den Ausstieg nach. Das entspricht der Art und Weise, wie ich auf Fundamentalanalyse setze. Bei einer größeren Position gehe ich davon aus, dass sie auf Anhieb gut läuft. Ist das nicht der Fall, steige ich aus, so schnell es geht.

Wenn Sie von einer Position richtig überzeugt sind und sich mit einer größeren Summe engagieren, wie viel Zeit geben Sie ihr dann?
Je länger ich mit einer Position Geld verliere, desto unruhiger werde ich, und desto energischer ziehe ich meine Stops nach.

Haben Sie schon beim Einstieg in eine Position feste Vorstellungen von den Risiken, die Sie damit eingehen?
Ich habe eine grobe Schätzung. Ich weiß, wie viel es mich kostet, wenn sich der Markt zehn Ticks gegen mich wendet.

Legen Sie die Zahl der Ticks vorher fest, die Sie einer Position zugestehen, bevor Sie aussteigen?
Das hängt vom jeweiligen Trade ab. Je sicherer ich mir bin, desto aggressiver gehe ich Risiken ein – und desto aggressiver setze ich meine Stops. Mit einem Brexit-Trade habe ich an einem Tag 100 Prozent gutgemacht. Solche Renditen sind nur möglich, wenn man den Trade ordentlich hebelt. Dabei darf nichts schiefgehen. Passiert das doch, ist das für mich ein absolutes Alarmsignal.

Wenn Sie eine große Position eingehen, erwarten Sie sich davon also unmittelbar Gewinne?
So sollte es sein. Manchmal liege ich vielleicht für den Bruchteil einer Sekunde zurück, doch wenn das passiert, ist es in den meisten Fällen keine sichere Sache.

Und dann steigen Sie sofort aus?
Genau.

Schon Minuten später?
Sekunden später. Ist die Position nicht ganz so groß, gebe ich ihr manchmal ein paar Minuten. Doch bei größeren Positionen, die nach 20 oder 30 Sekunden nicht spuren, bin ich draußen.

Manche haben Probleme, Verluste zu begrenzen, weil sie Angst haben, auszusteigen, bevor sich die Position dann doch wunschgemäß entwickelt. Das ist eine Sache des Egos. Ich habe jahrelang denselben Fehler gemacht. Ich eröffnete eine Position, setzte meinen Stop und schaute mir dann lange an, wie Verluste aufliefen, ohne dass mein Stop ausgelöst wurde. Ich wartete, bis der Stop erreicht war, obwohl mir in 90 Prozent der Fälle klar war, dass der Trade nicht läuft. Ich brachte es aber nicht über mich, auszusteigen, weil ich nicht ertragen konnte, wenn sich der Kurs dann doch noch entwickelte wie geplant. Und es kam durchaus vor, dass eine solche Position ihren Zielkurs noch erreichte, nachdem ich schon draußen war. Passiert das, lernt man daraus genau das Falsche – nämlich, am Ball zu bleiben. Das Problem dabei: Man erinnert sich immer nur an die Fälle, wenn die Position nach dem Ausstieg noch das

Ziel erreichte – und nicht an die vielen Male, bei denen einem der Ausstieg die Haut gerettet hat.

Was meinen Sie, warum das so ist?
Es liegt in der Natur des Menschen, dass er eher zum Negativen als zum Positiven tendiert. Trader scheitern, weil sie stur abwarten, bis ihr Stop ausgelöst wird, obwohl es nicht gut läuft. Die ganz schlechten Trader haben gar keinen Stop oder nehmen ihn heraus.

So etwas bezeichne ich als CIC Stop Order – für »cancel if close« (Stops, die im letzten Moment noch gestrichen werden). Sie sagen also, dass es nicht ausreicht, bei jeder Position einen Stop zu setzen?
Genau. Manche Trader lassen ein Verlustgeschäft bei einer Seitwärtsbewegung fünf Tage lang laufen und warten ab, bis der Markt ihren Stop auslöst. Für mich gilt: Je länger eine Position nicht funktioniert, desto wahrscheinlicher verliere ich damit Geld.

Sie haben ein Brexit-Geschäft erwähnt, an dem Sie 100 Prozent verdient haben. Erzählen Sie mehr.
Alle Trader im Büro, mich eingeschlossen, gingen davon aus, dass der Brexit bei der Abstimmung keine Mehrheit finden würde. Für den unwahrscheinlichen Fall, dass es anders kam, fanden wir uns aber gegen Mitternacht allesamt am Arbeitsplatz ein.

Ich nehme an, es hätte gar kein Geschäft gegeben, wenn der Brexit durchgefallen wäre?
Richtig. Das Ergebnis wurde Region für Region veröffentlicht. Im Laufe der Nacht wurde immer klarer, dass die Brexit-Anhänger gewinnen würden. Das hatte der Markt überhaupt nicht eingepreist. Also waren Gewinne drin. Es bot sich an, das britische Pfund zu verkaufen. Problematisch dabei war nur dessen ungeheure Volatilität. Ich befürchtete, wenn ich nicht genau den richtigen Zeitpunkt erwischte, könnte ich die Hälfte meines Kapitals verlieren.

Diese Sorge ist nachvollziehbar. Ich weiß noch, dass das britische Pfund in jener Nacht wilde Kapriolen machte. Es war nicht so, dass sich der Markt auf die Meldung hin in eine Richtung bewegt hätte.
Genau. Die Zahlen aus einer Region ließen vermuten, dass der Brexit kam, doch dann kamen aus der nächsten Region Ergebnisse, die dem zuwiderliefen.

Es hätte ohne Weiteres passieren können, dass ich mit heruntergelassener Hose erwischt worden wäre und eine Menge Geld verloren hätte.

Was haben Sie also getan?
US-Staatsanleihen gekauft. Ich dachte, der Schock, dass der Brexit durchging, würde auf dem Markt eine Umschichtung in risikoarme Positionen auslösen, und das wiederum eine Rally bei US-Staatspapieren. Der Unterschied: Lag ich damit falsch, würde ich auf meine Long-Position in T-Bonds vermutlich nur ein paar Ticks verlieren – statt mehrere Hundert auf eine Short-Position im britischen Pfund. Das war für mich entscheidend, denn schließlich war ich drauf und dran, eine stark gehebelte Position einzugehen.

Wie stark zogen die T-Bonds an?
Ich glaube, so etwa 60 bis 100 Ticks.

Bei solchen Zahlen bot die Long-Position in T-Bonds vermutlich noch ein besseres Risiko-Rendite-Profil als ein direkteres Engagement durch den Verkauf des britischen Pfunds.
Zumindest schien es deutlich einfacher, auf die T-Bonds zu spekulieren als auf das Pfund.

Können Sie mir ein Beispiel für einen Trade geben, bei dem Sie Ihre ereignisorientierte Strategie mit technischer Analyse kombiniert haben?
Zuvor im selben Jahr [2019] war mit Gold wenig los. Wenn Trump Entscheidungen traf – wie Zölle für China –, dann reagierte der Goldmarkt am behäbigsten. An einem Wochenende beschloss Trump dann, die Zölle auf chinesische Produkt zu erhöhen. Am folgenden Montagmorgen schlug Gold kräftig nach oben aus. Ich dachte nur: »Das ist mal was anderes.« Außerdem fiel die Preisbewegung mit dem Ausbruch zusammen, auf den ich gewartet hatte. Also ging ich long.

Und? Halten Sie die Position noch?
Nein, ich bin ausgestiegen.

Aus welchem Grund?
Ich richte mich nach festgelegten Regeln dafür, wann ich Gewinne mitnehme und wie ich auf Trends setze.

Sind das Regeln, die Ihnen signalisieren, Kasse zu machen, weil die Position ein bestimmtes Rentabilitätsniveau erreicht oder weil sich die Formation ändert?
Ein bisschen von beidem. Ich verfolge die Lage von Tag zu Tag. Ich versuche, einen Trend möglichst voll auszunutzen. Bei einem sprunghaften Anstieg nehme ich in aller Regel Gewinne mit, weil jeder einigermaßen sinnvolle Stop die Gefahr birgt, einen zu großen Teil des nicht realisierten Gewinns wieder abzugeben. Verzeichnet der Markt aber einen stetigen Trend, dann ziehe ich meinen Stop schrittweise nach. Jede Situation ist da anders.

Wie war das bei dem besagten Goldgeschäft?
Ich sicherte mir im Aufwärtstrend einen Teil des Gewinns und realisierte den Rest, als der erste Rücksetzer kam. Wenn ich aus einem laufenden Trend aussteige, versuche ich nach Möglichkeit, noch eine Teilposition zu behalten.

Vorhin haben Sie darüber gesprochen, wie wichtig die richtige Einstellung an der Börse ist. Können Sie noch etwas mehr zur Psychologie des Tradings sagen?
Mein Ziel als Trader ist es, stets in Einklang mit meinem Prozess zu sein. Ich höre bei meinen Börsengeschäften also auch auf mein Gefühl. Ich versuche, in Echtzeit festzustellen, wann meine Qualität als Trader zu wünschen übrig lässt. Ich analysiere frühere Verlustphasen. Dabei habe ich festgestellt, dass ich, wenn es schlecht lief, weitermachte, weil ich befürchtete, die nächste Chance zu verpassen. Inzwischen verfüge ich über eine klare Strategie für solche Situationen. Habe ich den Eindruck, dass etwas nicht so läuft, wie es soll, ziehe ich früher einen Schlussstrich oder nehme mir den nächsten Vormittag frei. Dann tue ich alles, um mich mental wieder ins Gleichgewicht zu bringen. Beim Trading möchte ich mich in einem Zustand der Gelassenheit und des inneren Friedens befinden, nicht im Konflikt mit mir selbst.

Sie haben also eine Art Schutzschalter für den Fall, dass Sie den Eindruck gewinnen, Sie seien aus dem Takt gekommen?
Richtig. Und das gelang mir früher nicht, weil ich Angst hatte, mir könnte ein Geschäft durch die Lappen gehen.

Welches war Ihr schlechtester Trade überhaupt?
Das Schlechte daran war gar nicht mal ein besonders großer Verlust, sondern wie ich damit umgegangen bin. Damals reagierte der Markt sehr stark auf die neuesten Daten zum Einkaufsmanagerindex (PMI) für die Eurozone. In einem

Monat übertraf ein PMI – der deutsche oder der französische, ich weiß es nicht mehr genau – haushoch die Markterwartungen. Ich rechnete damit, dass der Rentenmarkt stark nachgeben und Aktien kräftig zulegen würden. Also verkaufte ich 200 Bund-Futures und kaufte 200 Euro Stoxx. Damit geriet ich im Handumdrehen um 20 000 Pfund in die Miesen. Da sagte ich mir: »Diesen Verlust kann ich unmöglich mitnehmen«, und ließ die Position stehen. Glücklicherweise gab es eine Gegenbewegung, sodass ich mit nur 3000 oder 4000 Pfund Verlust davonkam. Kurz danach wendeten sich die Märkte vehement gegen meine ursprünglichen Positionen. Das war verheerend.

Also ist das Geschäft gar nicht so schlecht ausgegangen, aber wenn es diese kurze Korrektur nicht gegeben hätte ...
Dann wäre ich erledigt gewesen.

Eine Situation wie diese hat zwar keine schlimmen Folgen – in Wirklichkeit standen Sie ja deutlich besser da, als wenn Sie den Verlust sofort realisiert hätten –, hätte Ihnen ohne die kurze Korrektur aber zum Verhängnis werden können. Sie haben zwar eine Fehlentscheidung getroffen, doch der Fehler erwies sich als vorteilhaft. Doch wenn Sie das als Ihren »schlechtesten Trade« bezeichnen, dann ist Ihnen offensichtlich bewusst, dass Sie zwar Glück hatten, aber trotzdem falsch lagen.
Ja. Die Sache setzte mir zu, weil ich merkte, wozu ich fähig war. Ich bekam Angst, weil ich dachte, mir könnte das wieder passieren.

Sie haben die richtige Lehre aus diesem Erlebnis gezogen. Die meisten Menschen hätten vermutlich genau das Falsche daraus gelernt: »Mann, war das schlau von mir, dass ich auf die Korrektur gewartet habe und nicht in Panik abgesprungen bin.« Interessant ist, dass Ihnen Ihr nach eigenen Angaben schlechtester Trade nur einen kleinen Verlust eintrug und ironischerweise genau der Umstand, der diesen Trade zu einem schlechten Geschäft machte, diesen Verlust geringer ausfallen ließ, als er eigentlich gewesen wäre. Wie ich es sehe, ist die Fähigkeit, zwischen Handlung und Ergebnis zu unterscheiden, einer der Gründe für Ihren Erfolg als Trader.
Ich werde dieses Geschäft nie vergessen, weil es mich so fassungslos machte. Ich hätte mir so etwas nie zugetraut. Die Erkenntnis, dass ich in der Lage war, zu sagen »Diesen Verlust kann ich unmöglich mitnehmen«, jagte mir eine Höllenangst ein. Offenbar war die Angst groß genug, denn so ein Fehler ist mir kein zweites Mal passiert.

Ihr »schlechtester Trade« hat Sie also gar nicht viel Geld gekostet. Was war denn Ihr größter Verlust mit einer einzigen Position?

Im September 2017 hörte ich mir die EZB-Pressekonferenz an. Mario Draghi gab eine Erklärung ab, in der er gleich eingangs die Stärke des Euro ansprach. Ich fand diese Äußerung bedeutsam und folgerte, er würde den Euro abwerten. Darauf war ich vorbereitet. Also verkaufte ich unverzüglich 200 Euro-Kontrakte. Damit verbuchte ich sehr schnell einen Gewinn, und genau das verspreche ich mir von solchen Geschäften auch. Doch dann wurde ich gierig und kaufte 200 Bund-Futures. Das war aber nicht gerechtfertigt, denn Draghi hatte nur von einer Abwertung des Euro gesprochen, nicht von einer Zinssenkung.

Im Grunde haben Sie also versucht, die Position bei geringeren Risiken zu pyramidieren, indem Sie sie durch ein indirektes Engagement ergänzten?

Genau. Sobald ich die Bund-Futures gekauft hatte, erholte sich der Euro wieder – ein dunkelrotes Warnsignal für meine ursprüngliche Position. Gerade als ich aus der Europosition abspringen wollte, wendete sich der Bund abrupt gegen mich. Ich stieg sofort aus und verbuchte mit beiden Positionen Verlust, vor allem aber durch die impulsiv hinzugefügte Bund-Position.

Hätten Sie sich also einfach an die ursprünglich geplante Position gehalten …

… dann wäre der Verlust geringer ausgefallen. Das war die reine Gier. Am nächsten Tag ergab sich eine ereignisbedingte Chance, als die Bank of England die zinspolitischen Zügel anzog. Aber ich traute mich nicht, darauf zu setzen, weil ich am Tag zuvor gerade 12 Prozent Verlust erlitten hatte. Davon hatte ich mich psychisch noch nicht erholt, deshalb konnte ich nicht noch einen Verlust riskieren. Dabei ging auf dem Markt die Post ab, und alle anderen im Büro hatten einen guten Tag, während ich dasaß und mir noch die Wunden vom Vortag leckte. Doppeltes Pech. Und was es noch schlimmer machte: Am Wochenende flogen die Trader aus dem Büro nach Spanien, um Amrits Junggesellenabschied zu feiern. Für mich war eine Welt untergegangen, und ich war überhaupt nicht in Partylaune.

Ihre schwächste Zeit hatten Sie offenbar von Januar bis Juli 2018 – mit relativ neutraler Wertentwicklung. Das ist ja eigentlich nicht so schlimm, doch für Sie war das eine stark unterdurchschnittliche Leistung. Was war damals los?

2017 war für mich ausgesprochen gut gelaufen, und in das Jahr 2018 trat ich mit dem Gefühl ein, ich müsse noch eins draufsetzen. Ich ging zu hohe Risiken ein. Nach einer Trading-Pause beschloss ich dann, mich wieder zurückzunehmen. Meine Einstellung wandelte sich von »Ich muss draufsatteln« in »Ich sollte mich einfach darauf konzentrieren, mein Kapital zusammenzuhalten und keine größeren Verluste mehr einzufahren«.

Hat Ihnen die Arbeit mit Steve Goldstein weitergeholfen? [Goldstein ist ein Londoner Börsen-Coach, der mit mehreren Tradern aus diesem Buch gearbeitet und mich auf manche dieser Trader aufmerksam gemacht hat.]
Steve hat mir geholfen, Wesenszüge an mir zu entdecken, die mir noch nicht aufgefallen waren.

Zum Beispiel?
Ich habe mich immer gern mit anderen verglichen und meine Performance an ihnen gemessen. Hatte ich eine Riesenchance verpasst, und kein anderer aus dem Team hatte sie ergriffen, dann war mir das gleichgültig. Hatte sie aber ein anderer genutzt, dann ärgerte mich das gewaltig. Ich hatte dann das Gefühl, er habe mich geschlagen. Und durch solche Gefühle stellte ich mir selbst ein Bein. Ich glaubte, einen Rückstand aufholen zu müssen, und dimensionierte die nächsten Positionen prompt zu großzügig. Dieser Charakterfehler war ein wichtiger Grund dafür, weshalb ich im ersten Halbjahr 2018 so schlecht war. Steve machte mir bewusst, was da ablief.

Und vorher war Ihnen das nicht klar?
Irgendwie schon, aber doch nicht so richtig.

Was hat Ihnen Steve geraten?
Das Komische ist, dass er mir keine Lösungsvorschläge gemacht hat. Er wies mich aber darauf hin, was da in mir vorging, und das war für mich viel wertvoller. Er brachte Licht in die Situation und half mir zu erkennen, dass mein eigenes Verhalten ein Problem war.

Und weil Ihnen dadurch bewusst wurde, wie Sie reagierten, wenn jemand eine Chance nutzte, die Sie verpasst hatten, konnten Sie Ihre Reaktionen verändern?
Genau. Meine instinktive Reaktion, wenn ich einen Trade verpasst hatte und ein anderer besser abschnitt, war nur eine schlechte Angewohnheit, und schlechte Angewohnheiten lassen sich ändern. Sobald ich das Problem erkannt hatte, konnte ich an mir arbeiten. An dem Tag, an dem ich versäumte, auf die

Wechselkursbindung der Schweizerischen Nationalbank zu setzen, wovon wir bereits gesprochen haben, hatten andere Trader im Büro einen großartigen Tag, weil sie gut daran verdient hatten. Früher hätte ich ihnen ihr Glück bestimmt nicht gegönnt. Heute habe ich dazu eine ganz andere Einstellung: »Dumm gelaufen für mich, gut für sie.« Ich kann das wegstecken und zur Tagesordnung übergehen.

Hat sich Ihre Trading-Methode mit den Jahren geändert?
Ja, ich kann Gewinne jetzt besser laufen lassen. Ich habe zum Beispiel von jedem meiner Trades eine Momentaufnahme seiner Größe gemacht und dann rückblickend analysiert, wie ich anders aus den betreffenden Positionen hätte aussteigen können.

Und was haben Sie dabei festgestellt?
Eine ganze Zeit lang hatte ich keine Regeln für den Ausstieg. Das lief ungefähr so: »Oh, ich liege um soundso viel im Plus, ich sollte wohl besser Kasse machen.« Ich stellte fest, dass ich profitierte, wenn ich eine Teilposition weiterlaufen ließ.

Und wie lange halten Sie diese Extraposition noch?
Das kommt darauf an, wie stark der Trend ist. Manchmal einen ganzen Monat.

Wie groß ist die Restposition, die Sie behalten?
Sie bewegt sich in der Größenordnung von 5 bis 10 Prozent der ursprünglichen Position. Das Gros des Risikos nehme ich heraus, weil ich nichts mit der Volatilität zu tun haben möchte, die sich implizit ergibt, wenn man große Positionen über Nacht hält – von längeren Zeiträumen ganz zu schweigen.

Ich nehme an, dass selbst so ein kleiner Prozentsatz noch einen Unterschied macht?
Es ist ein gutes Gefühl, mit einer Transaktion noch ein paar Prozent mehr zu verdienen, ohne dass sich das Risiko dadurch wesentlich erhöht.

Was haben Sie an der Börse gelernt?

- Ein guter Trader muss sich selbst richtig wahrnehmen. Er muss seine Schwächen und Stärken kennen und mit beidem effektiv umgehen – seine Stärken nutzen und sich vor seinen Schwächen schützen.
- Es ist nicht schlimm, wenn ich eine Chance verpasse – die nächste kommt bestimmt.

- Das psychische Kapital ist der entscheidende Aspekt eines Börsengeschäfts. Es spielt eine große Rolle, wie Sie reagieren, wenn Sie einen Fehler machen, eine Chance verpassen oder einen herben Verlust erleiden. Reagieren Sie falsch, machen Sie noch mehr Fehler.
- Gehen Sie eine Position ein, die zu einem Verlust führt, obwohl Sie keinen Fehler gemacht haben, müssen Sie in der Lage sein, sich zu sagen: »Ich würde wieder genauso handeln.«
- Chancen sind mitunter rar gesät. Vielleicht bietet sich heute eine Gelegenheit und dann erst wieder in drei Monaten. Diese Realität ist schwer zu akzeptieren, weil man ja mit seinem Trading ein regelmäßiges Einkommen erzielen möchte. Doch so funktioniert das nicht. 2017 erwirtschaftete ich fast meinen gesamten Gewinn in zwei Wochen im Juni und an einem Tag im Dezember. Das war's. Der Rest des Jahres fiel nicht ins Gewicht.
- Orientieren Sie sich langfristig und versuchen Sie, Ihr Kapital nach und nach zu mehren – nicht auf einmal.
- Sie müssen sich Fehler verzeihen. Ich habe mich lange Zeit selbst zerfleischt, wenn ich einen Fehler beging. Dadurch wurde alles nur noch schlimmer. Jeder ist nur ein Mensch, und Menschen machen Fehler. Das muss man akzeptieren. Ich habe vier oder fünf Jahre gebraucht, um das zu begreifen. Warum das so lange gedauert hat, kann ich mir selbst nicht erklären.
- Wenn man den ganzen Tag lang auf den Bildschirm starrt, ist das wie im Kasino – eine Einladung zum Zocken. Hüten Sie sich vor der Versuchung, impulsiv zu agieren.
- Werfen mich schlechte Geschäfte oder verpasste Chancen aus der Bahn, richte ich mich nach bestimmten Regeln, um wieder in die Spur zu kommen: [ich] nehme mir frei, treibe Sport, gehe hinaus in die Natur und tue, was mir Spaß macht. Früher hatte ich die Angewohnheit, weniger Geld auszugeben, wenn ich auf den Märkten Verluste eingefahren hatte. Dann sagte ich meiner Freundin: »Ich will heute nicht ausgehen, weil ich Geld verloren habe.« Doch diese Haltung führt nur zu Verspannungen in Kopf und Körper, und dann laufen die Geschäfte nicht, weil man Angst hat, Risiken einzugehen. Amrit hat mir ein kontraintuitives Konzept vermittelt: nämlich ruhig mehr Geld auszugeben, wenn ich Verluste erlitten hatte. Nach einem Verlusttag sagte er zu mir: »Geh aus und gönn dir was.« Dahinter steht die Idee, sich zu stärken, indem man Spaß hat und Geld ausgibt. Es fiel mir schwer, diesen Rat zu befolgen. Lange Zeit habe ich ihn ignoriert.

Und heute?
Inzwischen bin ich so weit, dass sich meine Börsengeschäfte nicht mehr auf mein sonstiges Leben auswirken.

Noch ein abschließender Gedanke?
Meine Depressionen haben mir bewusst gemacht, wie wichtig es ist, glücklich zu sein. Ich möchte glücklich leben. Früher war mein Ziel, viel Geld zu verdienen. Heute geht es mir darum, ein glückliches Leben zu führen. Schon komisch – Geld verdiene ich trotzdem. Ich bin sehr davon überzeugt, dass man sich vor allem auf sein Glück konzentrieren sollte. Nur darauf kommt es an.

....

Was man aus vielen Gesprächen mit erfolgreichen Tradern heraushört: Jeder muss eine Methode finden, die zu ihm passt. In seinen Anfangsjahren versuchte Bargh sein Glück mit technischer Analyse, obwohl er von Haus aus eher zu fundamentalen Positionen tendierte. Bargh verbrachte zwar die meiste Zeit mit technischer Analyse, stellte aber fest, dass seine Gewinne fast ausschließlich auf fundamentale Transaktionen entfielen. Schließlich verlegte sich Bargh schwerpunktmäßig auf seine bevorzugte Methode – die fundamentale Analyse –, und prompt verbesserten sich seine Ergebnisse drastisch. Später fand er sogar einen Weg, die technische Analyse effektiv einfließen zu lassen – als Beiwerk zur fundamentalen Analyse.

Für Bargh ist die innere Einstellung eine entscheidende Voraussetzung für den Börsenerfolg. Er sagt: »Beim Trading möchte ich mich im Zustand der Gelassenheit und des inneren Friedens befinden, nicht im Konflikt mit mir selbst.« Merkt Bargh, dass das Geschäft nicht läuft und dass er nicht in der richtigen Verfassung ist, legt er eine Pause ein und zieht sich eine Zeit lang zurück. Verluste werden nur größer, wenn man weitermacht, obwohl man aus dem Gleichgewicht geraten ist, weil man zuletzt Verluste verbucht hatte. Ist man aus dem Markttakt geraten, ist der beste Rat manchmal, sich eine Pause zu gönnen und die Börsengeschäfte erst wieder aufzunehmen, wenn man dafür bereit ist.

In seinen ersten Jahren führte der Umstand, dass sich Barghs übliche Positionsgröße außerhalb seiner Komfortzone bewegte, zu einer Angst, sich bei bestimmten Trades zu engagieren, und in der Folge dazu, dass er viele aussichtsreiche Chancen verpasste. Hätte er eine Positionsgröße gewählt, mit der er sich wohler fühlte, hätte er diese Chancen mitnehmen und davon profitieren können. Die Lehre, die sich daraus ziehen lässt: Steigen Sie nie so hoch ein, dass Sie von der Angst beherrscht werden.

Bereiten Ihnen Ihre Börsengeschäfte Kopfschmerzen, sollten Sie versuchen herauszufinden, woran das liegt, und Ihre Methode entsprechen anpassen. Weil es Bargh nicht gefiel, dass er hohe ungesicherte Gewinne von Trendpositionen zurückgeben musste, wenn sich der Markt in die für ihn günstige Richtung drehte, veränderte er seine Methode, aus solchen Trades auszusteigen. Statt Stops nachzuziehen, eignete er sich einen kurssensibleren Ansatz an – eine Abwandlung, die seine Performance insgesamt verbesserte.

Bargh rät, sich vor der Versuchung in Acht zu nehmen, an der Börse impulsiv zu agieren. Impulsive Positionen werden häufig von Ungeduld ausgelöst – vom Drang, etwas zu tun, während man auf eine Chance wartet, die den eigenen Kriterien auch wirklich entspricht. Der Markt belohnt Geduld, und Transaktionen, die aus Ungeduld eingegangen werden, bringen gewöhnlich nur Schaden.

Es mag ein hehres Ziel sein, an der Börse ein stetiges Einkommen zu erzielen, doch realistisch ist das nicht. Marktchancen ergeben sich unregelmäßig. Manchmal bietet der Markt großartige Gelegenheiten, ein anderes Mal vergehen Monate ohne eine einzige interessante Chance. Bargh zufolge entfiel sein gesamter Gewinn in einem besonders erfolgreichen Jahr auf einen Zeitraum von zwei Wochen und einen weiteren Tag. Wer versucht, beständige Rentabilität zu erzwingen, neigt oft dazu, suboptimale Positionen einzugehen, die am Ende genau das Gegenteil bewirken.

Entwickelt sich ein Geschäft nicht wie erwartet, sollten Sie Ihre Verluste unverzüglich mitnehmen. Bargh steigt in Sekundenschnelle aus, wenn sich eine große Position nicht so verhält wie vermutet. Die wenigsten Trader verringern ihre Risiken so schnell, aber das Konzept, Risiken in Relation zur verwendeten Methode rasch zu reduzieren, ist dennoch ein wichtiger Rat. Eine Möglichkeit, Verluste im Griff zu behalten, sind Stops bei jeder Position. Weist ein Trade nach einer angemessenen Zeit (wobei von der im speziellen Falle eingesetzten Methode abhängt, wie sich »angemessen« definiert) keinen Gewinn aus, sieht Bargh keinen Grund abzuwarten, bis der Stop ausgelöst wird. Seiner Ansicht nach bringt es unter dem Strich mehr, die Verluste zu verringern, indem man nicht wartet, bis ein Stop berührt wird, als die Gewinne aus Transaktionen zu realisieren, die sich zunächst negativ entwickeln und sich dann wieder erholen, ohne dass der Stop erreicht wird.

Dabei muss man aus gewinnbringenden Positionen nicht komplett aussteigen. Selbst wenn ein Ziel erreicht ist, kann es sinnvoll sein, noch eine kleine Teilposition zu halten, um zusätzliche Gewinne zu verbuchen, wenn der Markt sich weiter in die Richtung der ursprünglichen Transaktion bewegt. Bargh hält gewöhnlich 5 bis 10 Prozent einer Position zurück, die er auflöst, weil sie ihr Kursziel erreicht. Seiner Erfahrung nach steigert das Weiterführen solcher kleinen Teilpositionen den Gesamtgewinn, ohne dabei das Risiko nennenswert zu erhöhen.

Verpasste Chancen können schmerzhafter sein und teurer zu stehen kommen als Trading-Verluste. So verpasste Bargh einmal eine maßgebliche Gelegenheit, weil er ganz atypisch das Büro verlassen hatte, um auf der Bank etwas zu erledigen. Langfristig hängt der Börsenerfolg nicht nur von den getätigten Transaktionen ab, sondern auch davon, dass man möglichst wenige Chancen verpasst.

Die offensichtliche Methode, eine Handelsidee auszuführen, ist nicht unbedingt der ideale Ansatz. Manchmal bietet ein verwandter Markt ein besseres Risiko-Rendite-Profil. Als zum Beispiel die eingehenden Abstimmungsergebnisse des Referendums auf ein überraschendes Votum für den Brexit hindeuteten, wäre die offensichtliche Maßnahme gewesen, das britische Pfund zu verkaufen. Das Problem war jedoch, dass die britische Währung unkontrolliert schwankte, als die Ergebnisse eingingen. Das bedeutete, eine Short-Position im britischen Pfund hätte leicht ausgestoppt werden können, selbst wenn sich das Engagement letztlich als richtig erwiesen hätte. Bargh vermutete, dass ein Marktumschwung zugunsten risikoarmer Positionen eine weitere Folge eines überraschenden Erfolgs der Brexit-Befürworter bei dem Referendum gewesen wäre. Statt also das britische Pfund zu verkaufen, kaufte Bargh US-Staatsanleihen, die deutlich weniger volatil waren und mit sinnvollen Stops gehandelt werden konnten, die mit erheblich geringeren Risiken verbunden waren. Tatsächlich boten Long-Positionen in T-Bonds (das indirekte Engagement also) ein weit besseres Risiko-Rendite-Verhältnis als ein direktes, offensichtliches Short-Engagement im britischen Pfund. Das lehrt uns: Wie man eine Handelsidee umsetzt, kann noch wichtiger sein als die Idee an sich.

Seinen größten Verlust erlitt Bargh, als er versuchte, sein Marktengagement zu verdoppeln, indem er eine große Position auf einem verwandten Markt zukaufte – der allerdings nicht dieselbe Rechtfertigung zugrunde lag, die für die ursprüngliche Position galt. Dieses Geschäft war, wie Bargh offen zugibt, von Gier motiviert. Die ungeplante Position verwandelte letztlich einen verkraftbaren kleinen Verlust in einen großen, der zum größten Teil auf die zusätzlich eingegangene Position entfiel, die von vornherein nicht die Umsetzungskriterien erfüllt hatte. Geschäfte aus Gier gehen gewöhnlich in die Hose.

Am Tag nach Barghs empfindlichstem Verlust, der eine direkte Folge eines Fehlers war, bot ein geldpolitischer Kurswechsel der Bank of England genau so eine ereignisabhängige Chance, wie sie Bargh eigentlich im Visier hat. Dieses Geschäft hätte sich auf ganzer Linie ausgezahlt – nur leider hat es sich Bargh durch die Lappen gehen lassen. Er war von dem kostspieligen Fehler des Vortags noch so destabilisiert, dass er sich nicht dazu aufraffen konnte, schon wieder neue Risiken einzugehen. Aus dieser Erfahrung lässt sich eine wertvolle Börsenlehre ziehen: Ein schlechtes Geschäft verursacht oft Schäden, die weit über den eigentlichen Verlust aus der Transaktion hinausgehen. Indem solche Trades das Selbstvertrauen des Traders erschüttern, führen sie dazu, dass er gewinnbringende Chancen verpasst, die er sonst genutzt hätte. Der dadurch entgangene Gewinn übersteigt oft den mit der ursprünglichen Position erlittenen Verlust.

An der Börse muss man sauber zwischen Handelsergebnissen und Handelsentscheidungen differenzieren. Manchmal kann eine gute Entscheidung zu einem schlechten Ergebnis führen, und eine schlechte Entscheidung kann gut ausgehen. Das Geschäft, das Bargh als sein »schlechtestes« bezeichnet, bestand darin, dass er es nicht über sich brachte, einen größeren Verlust zu realisieren, und die Position einfach weiter hielt. Als sie sich zwischendurch kurz erholte, stieg Bargh aus. Bald darauf schlug der Markt kräftig in die Gegenrichtung aus. Weil er gezögert hatte, statt seinen Verlust rasch mitzunehmen, hatte Bargh aus einem großen einen kleineren Verlust gemacht. Im Ergebnis wirkte sich diese Entscheidung zwar positiv aus, doch Bargh wusste genau, dass er nur Glück gehabt hatte. Wäre die kurze Erholung ausgeblieben, hätte sein ursprünglicher großer Verlust verheerende Ausmaße angenommen. Bargh war klar: Er hatte da einen gewaltigen Fehler gemacht, auch wenn sich dieser am Ende als vorteilhaft erwies.

Viele Trader beurteilen ihren Börsenerfolg nur nach dem Ergebnis. Eine sinnvolle Bewertung sollte sich aber darauf stützen, ob die Handelsentscheidungen auch der eigenen Methode und den Regeln zur Risikosteuerung entsprechen. Gewinnbringende Trades (oder solche, die kleinere Verluste verursachen, wie im geschilderten Beispiel) können schlechte Geschäfte sein, wenn sie gegen die Handels- und Risikomanagementregeln verstoßen, denen der Trader auf längere Sicht seinen Erfolg verdankt. Ebenso können verlustbringende Trades gute Geschäfte sein, wenn sich der Trader dabei an einen Prozess gehalten hat, der ihm nachweislich effektiv Gewinne einträgt – bei annehmbaren Risiken.

AMRIT SALL

Der Einhorn-Sniper

Eine Erfolgsbilanz wie die von Amrit Sall ist mir noch nie untergekommen. Über seine 13-jährige Karriere erzielte Sall im Durchschnitt eine jährliche Gesamtrendite von 337 Prozent (Sie haben richtig gelesen – im Jahr, nicht über den gesamten Zeitraum). Dabei ist die Rendite gar nicht der eindrucksvollste Aspekt seiner Leistung. Seine Risiko-Rendite-Zahlen sind geradezu unglaublich: eine angepasste Sortino Ratio von 17,6, eine monatliche Gain to Pain Ratio von 21,1 und eine tägliche Gain to Pain Ratio von 3,6. Diese Werte entsprechen dem Zehnfachen dessen, was als herausragend angesehen werden könnte (Definitionen und Kontext zu diesen Statistiken finden Sie in Anhang 2).

Sall ist auch ein Paradebeispiel für die Unzulänglichkeit der Sharpe Ratio. Seine Sharpe Ratio liegt bei 1,43 – ein hervorragender Wert, aber kein besonders außergewöhnlicher. Der größte Haken an der Sharpe Ratio ist, dass ihre Risikokomponente (die Standardabweichung) hohe Gewinne genauso abstraft wie hohe Verluste. Für einen Trader wie Sall, der viele spektakulär hohe Gewinne einfährt, ist das ganz schlecht. Salls *risikobereinigte** Sortino Ratio, eine Kennzahl, die lediglich die Abwärtsvolatilität ahndet, ist zwölf Mal so hoch wie seine Sharpe Ratio. Das extreme Missverhältnis zwischen diesen beiden Zahlen ist höchst ungewöhnlich. Bei den meisten Tradern liegen die angepasste Sortino Ratio und die Sharpe Ratio eher bei 1 zu 1. Selbst bei Tradern mit einem exzellenten Risiko-Rendite-Profil stehen die angepasste Sortino Ratio und die Sharpe Ratio eher im Verhältnis von 2 zu 1 oder 3 zu 1. Ein Verhältnis von 12 zu 1 weist darauf hin, dass Salls große Gewinne sehr viel größer und häufiger sind als seine großen Verluste. Salls Tagesrendite zeigt die krasse Asymmetrie zwischen Gewinnen und Verlusten auf: An 34 Tagen lag sein Ertrag über 15 Prozent (da-

* Die Bereinigung ermöglicht einen Vergleich zwischen der Sortino Ratio und der Sharpe Ratio (Erklärung siehe Anhang 2).

runter drei Tage mit Erträgen von mehr als 100 Prozent – kein Tippfehler!) und nur an einem einzigen Tag erlitt er einen zweistelligen Verlust. Selbst dieser eine zweistellige Verlust (auf den wir im Gespräch noch eingehen) war in erster Linie Umständen zu verdanken, auf die er keinen Einfluss hatte.

Sall ist leitendes Mitglied einer Gruppe von Tradern, die zwar unabhängig agieren, aber Informationen und Einschätzungen austauschen. Seine Kollegen haben große Hochachtung vor Sall. Richard Bargh (siehe drittes Kapitel) sagt dazu: »Amrit hat eine fantastische Mentalität. Er verfügt über große psychische Stärke und ist stets zuversichtlich. Er weiß genau, wo seine Grenzen sind und wann er sie austesten sollte und wann nicht. Dadurch hält er seine Verluste sehr gering. Ganz offensichtlich hat er als Trader keine Schwächen.« Ein anderer Kollege spricht in Bezug auf Salls Ausführung von »Ästhetik«.

Sall hat als Trader einen einzigartigen Stil, wie er mir noch bei keinem Trader, den ich für frühere *Magier der Märkte*-Bücher interviewt habe, begegnet ist. In diesem Buch kommt zwar ein Trader mit einem ähnlichen Stil vor (Richard Bargh), doch die Ähnlichkeit ist dadurch zu erklären, dass Sall in Barghs Anfangsjahren dessen Mentor war. Sall fokussiert sich auf marktbewegende Ereignisse. Er versucht, in kurzen Zeitintervallen hohe Gewinne mitzunehmen – gewöhnlich innerhalb von Minuten –, indem er Ereignisse ausfindig macht, die mit hoher Wahrscheinlichkeit beschleunigte Kursausschläge in die erwartete Richtung auslösen. Diese Kernstrategie setzt er mit großvolumigen Positionen um, da ihm die Vorbereitung auf diese Geschäfte viel Vertrauen auf die kurzfristige Marktrichtung vermittelt, die die verschiedenen Ereignisszenarien implizieren.

Sall führt akribisch Buch über alle seine Trades, und auch über größere Chancen, die er verpasst hat. Er gliedert seine Trading-Aufzeichnungen nach Kategorien und hat schon viele Ordner mit Positionsbeschreibungen gefüllt. Diese Aufzeichnungen liefern Analogmodelle, die Sall helfen zu bestimmen, ob es sich bei einer potenziellen Transaktion eher um eine wirklich große oder doch nur um eine unterdurchschnittliche Chance handelt. Aufgrund der Erkenntnisse, die ihm seine Übersichten über seine bisherigen Trades vermitteln, kann Sall einen Trading-Plan für die Ausführung und das Management einer voraussichtlichen Position aufstellen. Nach der Transaktion fasst Sall zusammen, wie er vorging und was dabei gut lief und was nicht. Am Ende eines jeden Monats sieht Sall die Trade-Übersichten für den vorausgegangenen Monat durch. Vor jedem größeren künftigen Geschäft liest er nach, was er früher zu ähnlichen Trades geschrieben hat – als Analogie dafür, wie sich der Markt vermutlich verhalten könnte.

Ist sein Research abgeschlossen, bereitet sich Sall mental auf eine Transaktion vor, damit er unverzüglich reagieren kann, wie auch immer ein erwartetes Ereignis im Detail aussieht. Er beschreibt das folgendermaßen: »Ich visualisiere und internalisiere in Ruhe, wie der Trade ablaufen könnte. Dieser mentale Probedurchlauf ermöglicht es mir, sofort zu reagieren. Dazu gehören aber nicht nur die Auslöser für einen Einstieg in eine Position, sondern auch ein Plan für deren Management. Darüber hinaus entwickle ich im Kopf verschiedene Szenarien, in denen das Geschäft total danebengehen oder fantastisch laufen könnte, und weiß dann, wie ich jeweils reagieren muss.«

Ich sprach an einem Sonntag mit Sall – am Tag, nachdem ich Richard Bargh interviewt hatte, und zwar im selben Besprechungszimmer gleich neben ihrer Handelsabteilung. Offenbar hatte Bargh Sall vorgewarnt, dass ich viel Sprudelwasser trinke. Er hatte gleich mehrere große Flaschen bereitgestellt. Das Interview zog sich über den ganzen Tag. Danach lud mich Sall zum Essen ein – in ein Restaurant, dessen Speisekarte man am besten mit indischer Fusionsküche beschreiben könnte. Da ich so ziemlich alles esse, überließ ich dem Inder Sall die Bestellung. Einmal zuckte ich – nämlich bei den gegrillten Chicken Wings, denn ich esse nicht gern süß. Doch ich hätte mir keine Gedanken machen müssen. Offenbar heißt gegrillt für Inder etwas anderes als für Amerikaner. Wir hatten uns ja schon den ganzen Tag lang unterhalten, doch es war sehr entspannend, auch mal über andere Dinge zu sprechen, die nichts mit der Börse zu tun hatten, und dabei ein exquisites Mahl zu genießen.

....

Hatten Sie als Kind oder als Heranwachsender schon bestimmte Berufswünsche?

Überhaupt nicht. Ich hatte gar keine konkrete Vorstellung. Ich wusste ja nicht einmal, was ich studieren wollte. An der wirtschaftswissenschaftlichen Fakultät landete ich eher zufällig. Im College hatte ich keine so tollen Noten gehabt. Das ist auch kein Wunder, denn ich schlug kaum je ein Lehrbuch auf. Die akademische Welt konnte mich damals nicht motivieren. Ich spielte lieber mit Freunden Fußball. Zunächst wollte ich mich auf Wirtschaftsinformatik fokussieren, weil ich Freunde hatte, die dieses Fach studierten. Die Studienplätze sind aber sehr gefragt, und mit meinen Noten wurde ich für den Studiengang nicht angenommen. Für Volkswirtschaft reichte es aber. Schon ironisch: Im Rückblick war das, was ich seinerzeit als Misserfolg wertete – nämlich, dass ich in der

Schule nicht besser abgeschnitten hatte – die richtige Voraussetzung dafür, dass ich später Trader werden konnte.

So ist das im Leben: Man weiß nie, was gut ist und was nicht. Manchmal erweist sich etwas Schlechtes später als Glücksfall und umgekehrt. Wie aber sind Sie mit einem Abschluss in Volkswirtschaft zum Trading gekommen?
Ich schrieb mich im Masterstudiengang für Investment Banking und internationale Wertpapiere an der University of Reading ein und legte mich richtig ins Zeug. Dort, im Simulationsraum für Börsengeschäfte, kam ich erstmals mit den Märkten und dem Trading in Berührung und fing Feuer. Während meiner Zeit in Reading hielten ein paar ehemalige Parketthändler der LIFFE von Refco einen Vortrag. Nach der Präsentation schob ich ihnen Stift und Papier zu und bat: »Sagt mir, was ich wissen muss. Welche Bücher und Artikel sollte ich lesen? Welche Blogs verfolgen? Ich will alles über die Trading-Praxis wissen.« Einer gab mir seine Karte und sagte: »Rufen Sie mich am Montag an.« Noch vor meinem Studienabschluss wurde ich ins Schulungsprogramm für Trader aufgenommen.

Erzählen Sie mir mehr darüber.
Am Anfang war das Vollzeit-Präsenzunterricht im Klassenzimmer. Die Firma brachte uns technische Analyse, fundamentale Analyse und Börsenpsychologie bei. Nach zwei Monaten Unterricht ließ man uns am Simulator traden.

Wie viele Personen nahmen an dem Schulungsprogramm teil?
Ungefähr 20.

Und wie viele waren am Ende noch übrig?
Zwei.

Das habe ich mir gedacht. Was lag Ihnen denn anfangs besser – die technische Analyse oder die fundamentale?
Weder noch. Im ersten Jahr fühlte ich mich nirgendwo zu Hause. Ich probierte alles aus, und so sollte es auch sein.

Mit welcher Methode stiegen Sie denn ins Börsengeschäft ein?
Ich setzte auf Ausbrüche aus Trendlinien und innertägige Konsolidierungen – ich war auf schnelle Gewinne aus.

Und? Hat das funktioniert?

Anfangs lohnte es sich, doch auf längere Sicht war das Ergebnis per saldo negativ. Dieser Ansatz verstärkt die natürliche Impulsivität. Man ist auf leicht verdientes Geld aus. Doch irgendwann merkt man, dass das so nicht geht.

Meiner Erfahrung nach gehören Ausbrüche aus Trendlinien zu den unzuverlässigsten Signalen. Schaut man sich den Chart an, sieht es so aus, als würden solche Ausbrüche funktionieren – und darauf fällt man herein. Dabei nimmt man das nur so wahr, weil man im Nachhinein genau weiß, wo man die Trendlinie ziehen muss. Was die meisten Menschen in Echtzeit aber nicht merken: Oft gibt es noch mehrere andere Trendlinien, die letztlich trügerische Ausbrüche verzeichnen, wodurch die Trendlinie im Grunde neu festgelegt wird. Worauf sind Sie umgestiegen, als Sie von Ausbrüchen aus Trendlinien Abstand nahmen?

Ich versuchte mein Glück mit mehreren anderen technischen Ansätzen, doch keiner sagte mir zu. Ich engagiere mich nicht gern in dem Gefühl, dass ich Glück brauche, damit meine Rechnung aufgeht – und so kamen mir meine auf technischer Analyse basierenden Trades vor.

Da Sie ja damals noch keine richtige Methode hatten – wie war das denn, als Sie das erste Mal mit richtigem Geld spekulierten?

Ich machte vom ersten Tag an Gewinn.

Aber woher kam dieser Gewinn, wenn sich Ihre Versuche mit verschiedenen technischen Signalen doch nicht wirklich auszahlten?

Ich setzte damals viel auf fundamentale Ereignisse. Ich nahm das Potenzial wahr, das die Volatilität bot, die sich im Umfeld dieser Ereignisse entwickelte, und ich hatte keine Scheu, mich zu engagieren. Wenn ich eine lohnende Chance sah, stürzte ich mich darauf, während die meisten Anfänger nach meiner Erfahrung eher zögern, wenn die Volatilität hoch ist. Sie bevorzugen weniger volatile Positionen wie etwa den Kauf oder Verkauf bei einem Ausbruch.

Sie fühlten sich also zur Volatilität hingezogen.

Richtig, und ich engagierte mich aggressiv.

Wenn es damals eine spektakuläre Schlagzeile gab – wie gingen Sie dann vor?

Handelte es sich um eine Überraschung, die der Markt nicht eingepreist hatte, stieg ich ein, so schnell und so hoch ich konnte, weil ich davon ausging, dass sich der Markt an die neuen Informationen anpassen müsste. Mit der Zeit gab es immer weniger Gelegenheiten für solche Geschäfte, und ich musste mich verstärkt auf Positionen umstellen, bei denen das voraussichtliche Ergebnis, also die Reaktion auf die eingehenden Nachrichten, nicht ganz so schwarz-weiß war.

Waren das erwartete Schlagzeilen wie turnusmäßige Konjunkturberichte oder -meldungen oder eher unerwartete Nachrichten?
Sowohl als auch.

Für Letztere mussten Sie doch sicher den ganzen Börsentag über den Newsfeed im Auge behalten. Außerdem mussten Sie bestimmt über die fundamentalen Faktoren im Bilde sein, die einen bestimmten Markt beeinflussen, um die Auswirkungen jeder einzelnen Meldung auf die Preise zeitnah zu bewerten?
Stimmt. Jedem Markt liegen aber zu einem beliebigen Zeitpunkt nur eine Handvoll Treiber zugrunde. Es geht darum, zu erkennen, was für einen Markt relevant ist und was bereits eingepreist. Gab ein führender Zentralbankvertreter etwas ganz anders von sich, als der Markt einkalkuliert hatte, dann war das ein maßgebliches Signal. Darauf hätte ich unverzüglich reagiert und mich aggressiv engagiert.

Wie lange hielten Sie solche Positionen?
Das konnten Minuten sein, aber auch Stunden.

Und wie viel Kapital wurde Ihnen damals anvertraut?
Mir wurde kein bestimmter Geldbetrag zur Verfügung gestellt, mit dem ich spekulieren konnte. Stattdessen gab es eine Risikolinie von 30 000 Pfund.

Wäre dieser Betrag weg gewesen, hätte man Sie vor die Tür gesetzt?
So wurde uns das zumindest mitgeteilt.

Sie haben erzählt, dass Sie von Anfang an Gewinn erzielten. Wie hoch fiel der fürs erste Jahr aus?
Zur Jahresmitte hatte ich etwa 150 000 Pfund verdient. An diesem Punkt zog ich 50 000 Pfund ab, und das Unternehmen noch einmal so viel. Wir hatten eine Fifty-fifty-Aufteilung vereinbart, und wenn man Gewinne realisierte, dann erhielt die Firma einen Betrag in gleicher Höhe.

Nach dieser Entnahme stand Ihr Konto also wieder bei 50 000 Pfund. Wie ging es dann in der zweiten Hälfte Ihres ersten Börsenjahrs weiter?
Ich brachte es fertig, die gesamten 50 000 Pfund zu verlieren und schloss mit einem Minus ab.

Gab es eine Veränderung, die erklären könnte, warum sich Ihre Performance im zweiten Halbjahr gegenüber dem ersten so drastisch verschlechterte?
Ich glaube, dass die Marktbedingungen in den ersten sechs Monaten einfach günstig waren. Ich wurde nicht sehr gefordert.

Wurden Sie übermütig, nachdem die ersten sechs Trading-Monate für Sie so gut gelaufen waren?
Ganz bestimmt. Ich war ja fast noch Student und dachte: »Fantastisch, wie leicht das geht.« Deshalb lehrte mich der Markt Demut. Für mich war das ein echter Weckruf.

Da Sie mit Verlusten dastanden und die Toleranzgrenze bei 30 000 Pfund lag – hatten Sie Angst, Sie könnten aus dem Spiel gekickt werden?
Diese Angst war mein ständiger Begleiter. Obwohl ich nicht aussteigen wollte, war mir klar, dass mir das drohte. Ich weiß noch, dass ich mich damals ziemlich elend fühlte. Das Börsengeschäft war meine Welt. Ich hatte keinen Plan B. Wie sagt man so schön? »Willst du die Insel erobern, dann verbrenne deine Schiffe.« Ich spielte mit vollem Einsatz – ohne Netz und doppelten Boden. Ich wollte nichts anders tun, als an der Börse spekulieren. Ich durfte nicht scheitern.

Sind Sie bei Ihren Geschäften vorsichtiger geworden, weil Sie so kurz vor dem Aus standen?
In gewisser Hinsicht muss man vorsichtig werden. Erreichen die Verluste ein bestimmtes Niveau, muss man Positionen kleiner dimensionieren. Abgesehen davon ist es mein Beruf, Einhörner zu fangen. Und die gibt es eben nicht an jeder Ecke. Entdecke ich ein Einhorn – einen Trade, der sich genauso anlässt, wie ich es mir vorstelle –, dann muss ich aufs Ganze gehen, selbst wenn ich mich gerade in einer Verlustphase befinde. Solche Gelegenheiten bieten sich nur etwa zehnmal im Jahr, und ich kann es mir nicht leisten, auch nur eine davon zu verpassen. So betrachtet, bin ich nie weiter als ein oder zwei Transaktionen davon entfernt, die Verlustzone wieder zu verlassen.

Haben Sie denn in der zweiten Jahreshälfte irgendetwas falsch gemacht? Haben Sie Geld verloren, weil Sie Trading-Fehler begingen oder weil der Markt für Ihre Strategie einfach ungünstig war, obwohl Sie sich weiterhin an Ihre Methode hielten?
Ich schlug über die Stränge und wurde undiszipliniert. Ich weichte meine Einstiegskriterien auf und hielt mich nicht an die Art von Trades, die mir wirklich lagen. Es war der Klassiker: Man sieht die Dinge nicht mehr so eng, wenn es gut läuft. Damals passierte es mir häufiger, dass ich nach besonders ertragsstarken Phasen in die Verlustzone geriet. Glücklicherweise konnte ich dieses Muster durchbrechen.

Ergaben sich die Verluste in erster Linie, weil sich das vermeintliche Einhorn als schnöder Kleinhirsch entpuppte – oder weil die Einhorn-Trades nicht liefen?
Definitiv Ersteres. Ich war ungeduldig und versuchte, Trades zu forcieren. Ich wollte aus nichts Geld machen. Ich weiß noch, wie ich auf eine Ankündigung der EZB [Europäische Zentralbank] in jener Verlustphase meine Risiko-Limits mit Bund-, Bobl- und Schatz-Futures [zehn-, fünf- und zweijährigen deutschen Zinskontrakten] ausreizen wollte. Da kam der Risikomanager zu mir an den Schreibtisch, ging in die Hocke und raunte: »Amrit, was hast du vor? Was willst du denn mit diesen Positionen?« Ich erstarrte für einen Moment, doch dieser war schnell vorüber. Damals begriff ich zum ersten Mal richtig, wie gefährlich es an der Börse werden konnte, wenn man die Disziplin schleifen ließ.

Sie hatten sich also mit drei extrem stark korrelierenden Kontrakten so weit wie irgend möglich aus dem Fenster gelehnt. Im Grunde hielten Sie eine Dreifachposition. Was hat Sie dazu bewogen, sich dermaßen aggressiv zu engagieren?
Ein Kommentar, an den ich mich gar nicht mehr genau erinnere. Aber ich weiß noch, dass es im Grunde eine Randbemerkung war. Ich war ordentlich in die Miesen geraten und hoffte auf ein Comeback.

Sie eröffneten also nicht nur eine von Haus aus fragwürdige Position, sondern verdreifachten Sie auch noch. Was taten Sie, nachdem Sie der Risikomanager auf seine Bedenken hingewiesen hatte?
Mir wurde klar, dass ich mich in einer Position befand, bei der ich auf *Hoffnung* setzte. In der Sekunde, in der ich begriff, dass das kein Trading mehr war, sondern nur noch das Prinzip Hoffnung, löste ich unverzüglich alle Positionen auf. Diese Lektion sitzt mir bis heute in den Knochen. Ich möchte nie wieder mit einer Position dastehen, bei der ich hoffen muss, dass sie funktioniert. Ich

musste diese Erfahrung machen, um den Unterschied zwischen Trades zu erkennen, von denen ich wirklich überzeugt bin, und solchen, bei denen ich nur hoffen kann, dass sie aufgehen.

Damals haben Sie sicherlich gelernt, sich vor Positionen zu hüten, die auf Hoffnung statt auf Überzeugung fußen. Haben Sie daraus noch weitere Lehren gezogen?

Ich lernte, wie wichtig es ist, Geduld zu haben. Es gibt nicht immer Marktchancen. Im Rückblick und mit meiner Erfahrung kann ich heute sagen, dass die ganz großen Geschäfte eigentlich recht simpel sind. Man sucht sie nicht, man wartet auf sie. Auf dem Markt kommen und gehen die Chancen. Es gibt Phasen, in denen sie sich verflüchtigen. Da kann man nichts machen. Wer sich in solchen Phasen der Untätigkeit mit Gewalt engagiert, der kann sich echten finanziellen Schaden zufügen. Und so ist es mir damals ergangen. Ich wollte aktiv sein, obwohl es nichts zu tun gab. Stattdessen hätte ich einfach abwarten sollen, bis sich wieder Chancen ergaben. Ähnlich äußerte sich auch Jim Rogers in einem Ihrer Bücher. Er sagte: »Ich warte einfach, bis das Geld in der Ecke liegt, und dann muss ich nur noch hingehen und es aufheben. In der Zwischenzeit mache ich gar nichts.«

Ich zitiere gern Debussy mit »Musik ist der Raum zwischen den Noten«. Münzt man das auf das Börsengeschäft um – Trading ist der Raum zwischen den Transaktionen –, dann trifft das ebenso zu.

Davon bin ich fest überzeugt. Um die richtig guten Geschäfte zu ermöglichen, muss man dazwischen die Füße stillhalten. Ich frage mich immer: Bin ich bereit? Bin ich gut vorbereitet? Verschwende ich mein finanzielles und geistiges Kapital auf unterdurchschnittliche Trades, statt geduldig auf die richtig guten Chancen zu warten?

Die Ironie, die aus Ihrer Aussage spricht, dass die richtig guten Geschäfte simpel sind, liegt in der Vorstellung, dass es der schwierige Part ist, *nichts* zu tun. Die richtigen Trades sind dagegen einfach.

Ganz meine Meinung. Jeder Dummkopf kann die Dinge komplizieren. Wenn ich auf die Trades zurückschaue, die mir die ertragsstärksten Monate beschert haben, dann haben sie mir förmlich zugerufen: *Das ist eine richtig gute Gelegenheit.* Hätte ich nur diese Transaktionen getätigt, und sonst keine, hätte ich vermutlich doppelt so viel verdient. Aber so funktioniert die Börse eben nicht. Man muss lernen, die eigene Impulsivität zu bremsen und in den Zwischenphasen keine Dummheiten zu machen – »im Raum zwischen den Noten«, wie Sie das nennen. Einer meiner Fehler in diesen ersten Jahren war, dass ich geistiges und finanzielles Kapital damit verschwendete, Trades zu erzwingen, die sich nicht solide begründen ließen, wenn auf dem Markt nichts los war – statt auf das Einhorn zu warten, das sich früher oder später zeigen würde. Dieser Fehler erteilte mir eine der entscheidenden Lektionen meiner Börsenkarriere. Inzwischen weiß ich: In 90 Prozent der Zeit bietet der Markt keine Chancen. Und in den übrigen 10 Prozent erwirtschafte ich 90 Prozent meines Gewinns.

Nun sitzen wir heute hier in dem beruhigenden Wissen um Ihre anschließende Entwicklung. Doch damals, in Ihrem ersten Börsenjahr, als Sie in die Verlustzone gerutscht waren, da konnten Sie ja noch nicht wissen, dass Sie am Ende Erfolg haben würden. Sie hatten eingangs gute Ergebnisse erzielt und danach ging es abwärts und es bestand die Gefahr, dass Sie aus dem Spiel geworfen werden könnten. Was ging damals in Ihnen vor?
Das hört sich jetzt vielleicht komisch an, aber ich wusste, dass ich es schaffen würde. Ich wusste einfach, es würde klappen. Ich musste nur im Spiel bleiben.

Also waren Sie selbst damals, als Ihnen das Wasser bis zum Hals stand, noch zuversichtlich?
Ja, denn ich hatte ja schon erlebt, wie das ist, wenn Trades gut laufen, und ich wusste, solche würde es wieder geben. Ich musste nur so lange im Spiel bleiben, bis die Konstellation wieder stimmte.

Wir sprechen jetzt darüber, was Sie aus Ihrem zweiten halben Jahr an der Börse gelernt haben. War Ihnen das damals schon klar? Oder fiel der Groschen erst später, und Sie stellen diesen Bezug im Rückblick her?
Ich kapierte schon damals, dass ich so nicht weitermachen konnte. Ich wusste, ich stand kurz vor dem Aus, und ich konnte es mir nicht leisten, halbe Sachen zu machen. Also hörte ich auf, auf technische Signale zu reagieren. Ich engagierte mich erst, wenn ich wirklich überzeugt war.

....

Um dem anschließenden Dialog folgen zu können, müssen die Leserinnen und Leser wissen, was »*Quantitative Easing*« (quantitative Lockerung) bedeutet. Hier eine kurze Einführung für alle, denen dieser Begriff nicht vertraut ist.

Die US-Notenbank Federal Reserve (Fed) passt die Zinsen in aller Regel an, indem sie einen Zielsatz für die Fed Funds Rate vorgibt, den Tagesgeldsatz, zu dem Banken einander Geld leihen. Das wichtigste Werkzeug der Fed, um das zu erreichen, sind die sogenannten *Offenmarktgeschäfte* – der Kauf und Verkauf kurz laufender US-Staatspapiere, um die Geldmenge zu erhöhen oder zu verringern und dadurch die Zinsen zu senken oder anzuheben. Um ein Beispiel zu nennen: Will die Fed die Fed Funds Rate senken, dann »druckt« sie Geld (das sie elektronisch erzeugt), um kurzfristige US-Staatsanleihen zu erwerben, was deren Kurse in die Höhe treibt und somit einer Zinssenkung gleichkommt.

Quantitative Lockerung ist in gewisser Hinsicht eine Verlängerung herkömmlicher Offenmarktgeschäfte. Gehen die Kurzfristzinsen gegen null, dann greift die übliche Maßnahme – nämlich der Erwerb kurzlaufender Staatsanleihen, um die Konjunktur anzukurbeln – nicht mehr, weil die kurzfristigen Zinsen bereits fast auf null gefallen sind. Vor diesem Dilemma stand die Fed während und nach der Finanzkrise von 2008. Sie reagierte darauf mit quantitativer Lockerung. Sie erhöhte also die Geldmenge wie bei normalen Offenmarktgeschäften, bloß ohne das Ziel, die kurzfristigen Zinsen weiter zu drücken, die ja bereits fast auf null gefallen waren. Praktisch bedeutete quantitative Lockerung, dass die Fed Geld schuf, um nichttraditionelle Anlagen zu kaufen (das heißt andere Anlagen als kurzfristige US-Staatsanleihen). Insbesondere erwarb die Fed länger laufende US-Staatspapiere und nichtstaatliche Anlagen wie hypothekenbesicherte Wertpapiere. Durch den Kauf von US-Staatsanleihen mit längeren Laufzeiten senkte die Fed die längerfristigen Zinsen – eine Maßnahme, die die Konjunktur noch beflügeln konnte. Andere Anlagegattungen wie hypothekenbesicherte Papiere kaufte die Fed, um den totalen Zusammenbruch solcher anderer Sektoren im Zuge der Panik auf den Finanzmärkten abzuwenden.

Das erste quantitative Lockerungsprogramm der Fed lief im November 2008 an, als sie von staatlichen Stellen begebene hypothekenbezogene Anlagen und private hypothekenbesicherte Wertpapiere erwarb, um den Hypotheken- und Wohnungsmarkt zu stützen, denn für diese Finanzanlageklasse gab es auf Käuferseite praktisch keine Nachfrage mehr. Damals hatte die Fed die quantitative Lockerung noch nicht auf den Kauf länger laufender US-Staatsanleihen ausgeweitet, obwohl bereits spekuliert wurde, dass es dazu kommen könnte.

....

Ihre Trading-Bilanz weist viele Tage mit außergewöhnlich hohen Gewinnen auf. Ich habe 34 Tage gezählt, an denen Sie jeweils über 15 Prozent Ertrag erzielt haben, 15 Tage mit über 25 Prozent Rendite und fünf Tage mit über 50 Prozent. Doch selbst unter diesen vielen herausragenden Gewinntagen sticht einer besonders hervor: der 18. März 2009, als sie mehr als unglaubliche 800 Prozent erzielten! Wie war denn das möglich? Welche Geschichte steckt hinter diesem Trade?

Als die Fed im November 2008 erstmals quantitative Lockerungen ankündigte, kaufte sie hypothekenbesicherte Wertpapiere, um die Märkte im Finanzkollaps zu stabilisieren. Ich rechnete damit, dass die Fed ihr quantitatives Lockerungsprogramm früher oder später auch auf länger laufende US-Staatsanleihen ausweiten würde. Ich dachte, falls und wenn es zu einer solchen Meldung käme, würde das unmittelbar eine gewaltige T-Bond-Rally auslösen. Am 18. März 2009 kündigte die Fed die Ausweitung der quantitativen Lockerungen an, die sich erstmals auch auf den Kauf längerfristiger US-Staatspapiere erstreckten.

Sind Sie unmittelbar nach dieser Mitteilung mit einer großen Position eingestiegen?

Meine Position war nicht so groß, wie mir lieb gewesen wäre. Mein zulässiges Limit für T-Note-Futures lag damals bei 300 Kontrakten. Weil ich mit dem Ereignis gerechnet hatte, erklärte ich dem Risikomanager, dass ich mein Positionslimit für T-Notes gern auf 600 Kontrakte erhöhen würde. Ich bat nur um die Heraufsetzung meines Risikolimits für T-Notes für diese eine voraussichtliche Transaktion und bot sogar an, meine Positionslimits auf anderen Märkten zu verringern oder auszusetzen, um das beantragte höhere Risikoniveau wieder auszugleichen. Der Risikomanager weigerte sich aber, mein Risikolimit zu erhöhen, weil ich noch ein relativ neuer Trader war und damals gerade in den roten Zahlen. Wegen dieser Einschränkung ging ich auch eine Limit-Position in Bund-Futures ein, sozusagen stellvertretend für mein eigentliches Vorhaben: nämlich, die T-Note-Position zu verdoppeln. So profitabel wie mein T-Note-Engagement war das zwar nicht, doch der Bund-Trade trug dennoch spürbar zu meinem Ausnahmeertrag an jenem Tag bei.

Wie stark reagierten die T-Notes nach der Meldung?

[Amrit zieht den betreffenden Chart hervor und zeigt mir darauf den Tag der Ankündigung. Der Kursbalken für diesen Tag ist ganze vier Zähler breit. Mich fasziniert daran zweierlei: Erstens trat die Rally in einem laufenden Abwärtstrend auf dem Markt für T-Notes auf und zweitens lag das Hoch am Tag der Ankündigung nur ein paar Ticks von dem Erholungshoch entfernt. Im Anschluss setzte sich der Kursrutsch dynamisch fort.]

Ironisch finde ich, dass die Long-Position für diesen Tag ein Supergeschäft war, doch wer sich längerfristig engagiert hätte, hätte quasi auf dem Höchststand gekauft. Wie lange hielten Sie Ihre Position?
Minuten. Ich stieg prompt ein, denn auf diese Gelegenheit hatte ich nur gewartet. Die Order war fertig, mein Finger klickbereit. Ich war total konzentriert. Der Informationsfluss lief ungehindert. Ich hatte keinerlei Selbstzweifel und war auch nicht besonders aufgeregt – nichts, was mich hätte irritieren können. Ich war sozusagen im Flow. Ich wartete auf eine bestimmte Transaktion, alles andere verblasste um mich herum. Als der Markt auf die Meldung hin abhob, war mir intuitiv klar: Der Kurssprung war so heftig und so groß ausgefallen, dass ich sofort Gewinne mitnehmen musste. Am Ende hatte ich die Position fast auf dem Hoch abgestoßen.

Der Ausschlag erreichte seinen Höchststand also nur wenige Minuten nach Eingang der Meldung?
Genau.

Und wie viel haben Sie daran verdient?
Ich kassierte in nur zwei oder drei Minuten 1 Million US-Dollar! Dieser Moment öffnete mir die Augen für die Chancen, die sich an der Börse für einen jungen, hungrigen und disziplinierten risikobereiten Trader boten.

Wissen Sie noch, wie Sie sich fühlten, nachdem das Geschäft abgeschlossen war?
Rückblickend ist mir das ein bisschen peinlich, aber ich war wohl ziemlich sauer. Ich hatte tatsächlich gemischte Gefühle. Natürlich war es schön, dass der Tag so gut gelaufen war. Doch ich verfiel quasi sofort wieder in eine negative Stimmung.

Warum das denn?
Ich fühlte mich nicht so, als hätte ich 1 Million US-Dollar verdient, sondern als hätte ich die gleiche Summe verloren. Es war so leicht verdientes Geld gewesen, dass ich gern noch höher eingestiegen wäre – genau das hatte ich ja versucht.

Sie haben sich also geärgert, weil Ihre Position nicht doppelt so groß war?
Im Rückblick bin ich natürlich sehr dankbar, doch damals sah ich das anders. Das war Teil meiner Entwicklung.

Wenn Sie so große Positionen eröffnen wie bei der Wette auf die quantitative Lockerung, verwenden Sie dann einen Stop?
Damals nicht immer, heute schon. Inzwischen ist das für mich eine unumstößliche Regel, einen Stop zu setzen.

Geben Sie diesen unmittelbar mit ein, wenn Sie die Order platzieren?
Nein. Ich möchte vermeiden, dass der Markt gleich mit der nächsten Gegenbewegung meinen Stop auslöst. Hat sich der Preis so weit bewegt, dass ich nicht mehr künstlich ausgestoppt werden kann, dann setze ich meinen Stop. Eine solche Absicherung ist ganz wichtig, denn sobald man einmal eine Position eingenommen hat, können schlechte Nachrichten eingehen, und dann kommt man vielleicht nicht schnell genug aus dem Markt. Ein Stop eliminiert dieses Extremereignis-Risiko.

Wann haben Sie angefangen, ganz konsequent mit Stops zu arbeiten?
Nach meinem schlimmsten Tagesverlust – einem Einbruch um 24 Prozent.

Wann war das, und was ist damals passiert?
Der Trade fand im Juni 2013 statt und war eine Komödie der Irrungen. Die EZB sprach schon länger über die Möglichkeit negativer Zinsen. Ich war überzeugt: Sollte es dazu kommen, wäre das ein äußerst pessimistisches Signal für den Euro.

Das dachten Sie, obwohl schon alle von der Aussicht auf Negativzinsen sprachen und mehr oder minder fest davon ausgingen?
Ja, denn für meinen Zeithorizont wäre das trotzdem noch ein Marktschock gewesen. Die Erwartungen würden sich bestätigen, und senkte die EZB die Zinsen erst einmal – wie weit auch immer – ins Minus, würde sich die Frage stellen, ob sich diese Entwicklung in Kürze noch fortsetzen könnte. Die Büchse der Pandora wäre geöffnet. Ich achte stets auf Auslöser. Ich halte nach dem richtigen Moment Ausschau, um mit einer gehebelten Position auf eine meiner Ansicht nach potenziell kräftige innertägige Bewegung zu setzen. Sieht mir dieser Auslöser wie der Anfang einer längerfristigen Preisbewegung aus, versuche

ich, einen Teil der Position weiterzuführen. Mein Ansatz hält mich nicht davon ab, mit einer Position auf ein Ereignis zu setzen, das möglicherweise bereits ein Stück weit eingepreist ist, weil es trotzdem am Eintrittstag noch eine größere Reaktion auslösen kann. Und das reicht mir als Grundlage für ein Engagement.

Was ging in diesem speziellen Fall schief?

EZB-Präsident Mario Draghi gab eine Pressekonferenz, und ich ging davon aus, dass er negative Zinsen ankündigen würde. Auf die Frage, ob die EZB zur Umstellung auf Minuszinsen bereit sei, sagte er: »Wie ich bereits erklärt habe, sind wir technisch bereit …« Da ging ich short, ohne abzuwarten, bis er zu Ende gesprochen hatte. Es war im Grunde kein Fehler, in Erwartung seiner Antwort short zu gehen, denn ich wusste ja, dass ich sofort wieder aussteigen konnte, wenn ich mit dem Trade falsch lag. Nur leider fuhr plötzlich mein Rechner herunter, nachdem ich meine Verkaufsorder erteilt hatte. Mir klingt bis heute in den Ohren, wie Draghi zeitgleich im Fernsehen die magischen Wörter sagte: »… aber wir werden uns nicht verbindlich festlegen.« Da wusste ich, der Euro würde durchstarten, und ich würde im Regen stehen.

Was unternahmen Sie?

Ich verfiel in Panik. Ich rief laut: »Mein Rechner ist abgestürzt! Mein Rechner ist abgestürzt!« Der Risikomanager kam zu mir und sagte ruhig: »Alles klar, ich sehe ja, was bei Ihnen los ist. Kommen Sie an meinen Schreibtisch und arbeiten Sie dort weiter.« Ich bin gewohnt, blitzschnell ein- und auszusteigen, und normalerweise hätte ich den Trade sofort wieder liquidiert, denn als ich hörte, wie Draghi seinen Satz beendete, war mir klar, dass dieses Geschäft nicht laufen würde. Schlimmer noch, ich wusste, dass viele Spekulanten auf dem linken Fuß erwischt worden waren. Gewöhnlich wäre ich long gegangen, nachdem ich Draghi sagen hörte, »aber wir werden uns nicht verbindlich festlegen«. Meine größten Erfolge beruhen darauf, dass ich mich entgegengesetzt zu meiner ursprünglichen Position engagiere – vor allem, wenn kurzfristige Spekulanten danebengelegen haben und ich gegen sie wetten kann.

Wollen Sie sagen, dass Sie Ihre Position umgedreht hätten, wenn Ihr Rechner nicht in die Knie gegangen wäre?

Zumindest hätte ich das definitiv versucht, und zwar schnellstens.

Was passierte, nachdem Sie am Platz des Risikomanagers aus Ihrer Position herauswollten?
Ich sah, dass der Euro ziemlich aggressiv nachgefragt wurde, und ich hatte keinen Stop gesetzt. Damals hat sich mir die Regel eingebrannt, sobald wie möglich meinen Stop zu setzen. [Bei »meinen Stop zu setzen« schlägt er bei jedem Wort mit der Hand auf den Tisch.] Hätte ich damals einen Stop gehabt, wäre der Verlust minimal gewesen. Außerdem ist mein Volumen heute wesentlich größer, sodass ich keine Transaktionen mehr auf Erwartungen hin vornehme.

Sind Sie sofort ausgestiegen, als Sie am Rechner des Risikomanagers saßen, oder haben Sie noch abgewartet und die Position verfolgt?
Ich bin gleich ausgestiegen, doch der Markt hatte so schnell reagiert, dass ich bereits empfindliche Verluste erlitten hatte.

Warum hat sich Ihr Rechner heruntergefahren?
Ich glaube, es war ein Windows-Problem.

Das war wirklich großes Pech. Von so einem Trade habe ich, glaube ich, noch nie gehört. Wie ging es Ihnen nach diesem Verlust?
Was sollte ich tun? Ich wusste, es gab zwei Möglichkeiten: Entweder musste ich damit klarkommen und weitermachen oder die emotionale Belastung würde mir künftig Probleme bereiten. Ich ließ das so schnell hinter mir, wie ich konnte. Ich verließ das Büro und traf mich später noch mit ein paar Freunden in der Kneipe. Wir »feierten«, denn ich wollte mich auf die positiven Aspekte meiner Situation fokussieren, nicht über meinem Verlust brüten. Ich war froh, in einer Lage zu sein, in der ich solche Möglichkeiten hatte, Gewinne zu erzielen. Dass ich in so kurzer Zeit so viel Geld verlieren konnte, unterstrich nur, welche Chancen ich hatte. Ich wusste, das war der richtige Job für mich – ich hatte nur Pech gehabt.

Ihre Formulierung »feiern« erinnert mich an mein gestriges Gespräch mit Richard Bargh [der im dritten Kapitel interviewt wurde]. Er erzählte, nach einem schlechten Tag habe er zunächst den Reflex gehabt, möglichst kein Geld auszugeben, habe von Ihnen aber unter anderem gelernt, auszugehen und sich etwas zu gönnen.
Darüber habe ich mich mit Richard unterhalten. Nach einem schlechten Börsentag gibt es zwei Möglichkeiten: Ich kann dasitzen und grübeln und mich davon runterziehen lassen, oder ich kann den Spieß umdrehen und selbst die Kontrolle übernehmen. Nach jedem Tiefschlag versuche ich, den Effekt auf mein emotio-

nales Kapital so gering wie möglich zu halten und möglichst schnell wieder in einen Zustand der Ruhe und Konzentration zu finden. Ich führe eine Post-mortem-Analyse der Transaktion durch – ich seziere sie quasi –, lerne daraus und wende mich der nächsten Chance zu. Muss ich einen empfindlichen Verlust verkraften und mein Kapital schmilzt ab, dann habe ich das oft unter dem Aspekt gesehen, dass ich dankbar sein muss für alles, was ich bisher erreicht habe. Dadurch vermeide ich es, in die Falle zu tappen, mir immer wieder dieselbe negative Geschichte vorzubeten, den Schmerz jedes Mal aufs Neue zu durchleben und dadurch mein psychisches Kapital zu strapazieren.

Der Gedanke, sich nach einem Verlust an der Börse zu belohnen oder zu feiern – haben Sie das instinktiv von Anfang als gute Idee empfunden?
Ich glaube, das ist mir erst klar geworden, als ich es ein paar Mal gemacht hatte. Im Büro gab es einen Typen, der immer sagte: »Wenn's an der Börse gut läuft, dann vergesst nicht, es euch ebenfalls gut gehen zu lassen, damit ihr wisst, warum ihr tut, was ihr tut.«

Aber Sie haben es sich gut gehen lassen, als es schlecht lief – also genau umgekehrt!
Stimmt. Für mich geht es dabei darum, die eigene Einstellung zu verändern. Man möchte doch wieder ruhig und rational werden, statt in dieser negativen, gestressten Verfassung zu bleiben. Man möchte, dass die eigenen Entscheidungen im präfrontalen Kortex getroffen werden, nicht in der Amygdala. Wenn ich merke, dass es hart auf hart kommt, dann erde ich mich und bin bewusst dankbar für alles. Und dann kann ich ausgehen und es mir gut gehen lassen.

Der Ozean ist eine gute Analogie. An der Oberfläche ist er wellig und kabbelig, doch taucht man tief hinunter, ist er absolut still. Wir alle sind in der Lage, in diese Tiefen abzutauchen. Machen Sie sich verrückt, weil Sie eine Chance verpasst haben, laufen Sie Gefahr, Positionen einzugehen, auf die Sie lieber verzichten sollten. Sind Sie emotional aufgewühlt, dann nehmen Sie vielleicht Gewinne mit, statt sie laufen zu lassen. Oder Sie halten an Verlustpositionen fest. Sie müssen sich von allen diesen primitiven Reaktionen lösen und auf eine höhere Bewusstseinsebene finden – die eines gelassenen Menschen, der in sich selbst ruht.

Sie reagieren auf schlechte Trading-Phasen also ganz anders, als es die meisten anderen Trader tun würden. Die meisten anderen wären grantig und würden sich schlecht fühlen,

wenn sie einen so schrecklichen Tag hinter sich hätten wie Sie, als Sie mit einem Riesenverlust dastanden, weil Ihr Rechner sich im entscheidenden Moment verabschiedete.
So ist das an der Börse nun einmal. Man kämpft ständig gegen die üblichen menschlichen Emotionen. Als Trader muss man laufend gegen die eigenen emotionalen Grenzen anrennen. Deshalb gibt es nur so wenige erfolgreiche Trader.

Wie lange dauerte es, bis Sie wieder in sich ruhten, nachdem Sie wegen des Computerausfalls 24 Prozent eingebüßt hatten?
Das ging ganz schnell. Nach sieben Tagen hatte ich das Geld wieder drin.

Gab es ein größeres Geschäft, mit dessen Hilfe Sie den Verlust gutmachen konnten?
Nein, es war eher der Gesamteffekt verschiedener Positionen, die meine Kriterien erfüllten.

Sie haben davon gesprochen, wie wichtig es ist, sich wieder in einen Zustand der Gelassenheit zu versetzen. Wann ist Ihnen das klar geworden?
Ich merkte, dass ich immer mal wieder ohne erkennbaren Grund Verlustphasen erlebte. Daher begann ich, über grenzwertige Geschäfte Buch zu führen, die zu Verlusten führten.

Unterschwellige unbewusste Gedanken, Emotionen und Verhaltensweisen können unser Handeln beeinflussen und sich an der Börse nachteilig auswirken. Ich stamme aus der Arbeiterklasse. In meiner Familie war nicht immer so viel Geld da, wie es für mich heute selbstverständlich ist. Anfangs hatte ich den Eindruck, dass ich mich oft selbst sabotierte und nach Phasen mit rekordhohen Gewinnen unterdurchschnittliche Chancen wahrnahm, um mich selbst zu regulieren und »wieder zu erden«. Dass ich solche Geschäfte aufzeichnete, machte mir diese automatischen Reaktionsmuster bewusst.

[Sall zieht einen Chart hervor, um den Zusammenhang zwischen Emotionen und Verlusten zu illustrieren. Auf der x-Achse ist die emotionale Verfassung angezeichnet, wobei die Beschreibungen von »ruhig« ganz links bis zu »Angst, etwas zu verpassen« ganz rechts reichen. Auf der y-Achse ist das Ausmaß der Verluste aus grenzwertigen Geschäften abzulesen, die Sall als »Leckage« bezeichnet – vermeidbare Verluste. Die Grafik weist ein glasklares Muster der Verlustgröße aus, die von fast neutralem Niveau im gelassenen Abschnitt immer höher steigt, je emotionaler die Verfassung.]

Diese Grafik machte mir bewusst, was den Verluststrähnen in Wirklichkeit zugrunde lag. Trading-Chancen optimal zu nutzen und schlechte Geschäfte zu minimieren, ist alles eine Frage der psychischen Verfassung, die nach der Methode vermutlich der entscheidende Faktor für den Börsenerfolg ist. Ich wollte in der gelassenen Zone bleiben – im Flow. Ich konnte nur in Millisekunden erfolgreich Entscheidungen über hohe Geldsummen treffen, wenn ich mich in diesen Zustand der Gelassenheit versetzte.

Ich habe mal gelesen, dass die Spezialeinheit der US Navy, die SEALs, Neurofeedback und Biofeedback einsetzen, um sich im Einsatz auf Abruf in diesen Flow-Zustand zu bringen. Weiter hieß es dort, das Schwierigste sei für einen SEAL, zu wissen, wann er nicht schießen sollte. Darin erkannte ich mich wieder. Ich dachte, wenn ich lernen könnte, mich auf Kommando in einen ähnlichen Geisteszustand zu versetzen, würde mir das erlauben, viel mehr Informationen zu verarbeiten und besser zu wissen, wann ich lieber »nicht schießen« sollte. Weil ich das erreichen wollte, erforschte ich die Wechselbeziehungen zwischen Geist und Körper und befasste mich intensiv mit Meditation und Flow-Zuständen.

Bitte erklären Sie doch genauer, wie Sie in einen Flow-Zustand kommen und wie sich das auf Ihre Börsengeschäfte auswirkt.

Bevor ein für die Börse relevantes Ereignis eintritt, mache ich Atemübungen und meditiere, um ganz im Hier und Jetzt zu ruhen und das Rauschen in meinen Kopf hinter mir zu lassen. Mit der Zeit habe ich gelernt, wie ich mich in Minuten in einen Flow-Zustand versetzen kann. Diesen Zustand zu erreichen, ist eine Grundvoraussetzung für den Börsenerfolg und viele andere Vorhaben, auch im Profisport. Wenn ich voll da bin, kommt mir alles so leicht vor. In diesem »Tiefen Jetzt-«Zustand reagiere ich auf einem unterbewussten Niveau, auf das 95 Prozent des geistigen Potenzials entfallen – gegenüber 5 Prozent für das Bewusstsein. In diesem Zustand bin ich kreativ, kann eine Menge Informationen verarbeiten und prompt reagieren. Ich bin aufgeschlossen für neue Informationen und entwickle meine Positionen entsprechend weiter. Das Trading geht mir leicht von der Hand, und ich versuche nicht, Dinge zu erzwingen. Ich habe keine persönliche Bindung an meine Position oder an das Ergebnis. Ohne zu zögern, begrenze ich Verluste und lasse Gewinne laufen ohne jeden Impuls, sie mir zu sichern.

Schlage ich mich dagegen vor einem Ereignis mit Problemen herum, dann fühlt sich alles, was ich tue, an wie ein Kampf. Ich übersehe wichtige Informationen. Ich zögere, die richtigen Positionen einzugehen, weil ich Selbstzweifel habe, und ich steige zu früh aus gewinnbringenden Transaktionen aus.

Ich weiß aus Erfahrung: Wenn mir mein Bauch sagt, da stimmt was nicht, ganz gleich, was mein Research ergibt, dann hat mein Bauch gewöhnlich recht. Zu lernen, meinem Bauchgefühl zu vertrauen, war absolut entscheidend für meinen Erfolg. Mein Bauch sagt mir, welches Geschäft ein Einhorn ist, wann ich »all in« gehen sollte und wann unvorhergesehene Gefahr droht und ich mein Pulver nicht verschießen darf.

Sie haben vorhin gesagt, die Kehrseite Ihres schlimmsten Verlustgeschäfts, das durch den Ausfall Ihres Rechners verursacht wurde, sei ein Beispiel für eine Transaktion gewesen, die Sie als ideal erachten. Können Sie mir ein Beispiel für ein solches Geschäft geben, das sich richtig auszahlte?

Ich achte stets auf Situationen, in denen der Markt zunächst mit einer Bewegung in die falsche Richtung auf ein Ereignis reagiert und ich mich dann in Gegenrichtung engagieren kann – genau wie bei dem Trade, bei dem ich auf der falschen Seite stand, als mein Computer abschmierte. Ein Paradebeispiel dafür gab es neulich [im September 2019], als die EZB ein Paket quantitativer Lockerungsmaßnahmen ankündigte.

Die Spekulanten waren ganz auf den Betrag der monatlichen Käufe fixiert und rechneten mit einer Größenordnung von 30 bis 40 Milliarden Euro. Mein Eindruck war, dass der Gesamtbetrag größere Bedeutung hatte als die monatlichen Kapitalflüsse. Mein Bauch sagte mir, das schnelle Geld greift nach jeder Ausrede, um bei Enttäuschung zu verkaufen. Als die Nachrichtenkanäle daher berichteten, es seien Käufe in Höhe von nur 20 Milliarden Euro im Monat vorgesehen, reagierte das schnelle Geld enttäuscht: Die Bund-Futures wurden abverkauft und der Euro legte kräftig zu. Ich war in diesem Fall zu dem Schluss gelangt, dass es am besten war abzuwarten, um alle Informationen zu prüfen, bevor ich einstieg. Im gelassenen Flow-Zustand nahm ich die vollständige Erklärung zur Kenntnis. Als ich erkannte, dass die monatliche Kaufzusage unbefristet war, war mir klar, dass alle schwachen Short-Spekulanten ihre Positionen schnell würden glattstellen müssen. Der Markt war daher direkt in diesem Moment, und nur in diesem Moment, fehlbewertet. Also schlug ich zu und stellte mich gegen die breite Masse. Die Position lief ein paar Stunden lang gut, bis wieder Enttäuschung einsetzte und der Markt drehte. Doch da hatte ich meine Schäfchen schon im Trockenen. Sie könnten sagen, dass ich mich letztlich auf der falschen Seite engagiert hatte, doch ich spekulierte gegen die Fehlbewertung spekulativer Positionen, und über meinen Zeithorizont lag ich damit goldrichtig.

Die besondere Eigenheit des kurzfristigen Tradings ist aber, dass man durchaus »richtig« liegen und trotzdem Geld verlieren kann. Die Trader, die auf die ursprüngliche Ankündigung hin short gingen, hatten letztlich recht, doch wer nicht in der Lage war, seine Positionen über einen drastischen Rücksetzer hinweg zu halten, der stand mit Verlusten da. Aus längerfristiger Perspektive befand ich mich technisch auf der »falschen« Seite. Doch weil ich einschätzen konnte, wie sich die Positionierung kurzfristiger Trader auf die Kurse auswirken würde, konnte ich einen äußerst lukrativen kurzfristigen Trade platzieren.

Wie viel Prozent Ihrer Gewinne entfallen auf Eintagesgeschäfte?
Vermutlich um die 75 Prozent.

Was zeichnet die wenigen Positionen aus, die Sie über längere Zeit halten?
Auch die längerfristigen Positionen werden von ähnlichen Ereignissen ausgelöst wie mein kurzfristiges Engagement. Ein kleiner Prozentsatz dieser Positionen hat aber langfristiges Potenzial.

Ja, aber woran machen Sie fest, welche Positionen dieses langfristige Potenzial haben?
Absolut unerwartete Ereignisse mit maßgeblichen langfristigen Auswirkungen auf die Wirtschaft können zu langfristigen Kursbewegungen führen. Der unerwartete Ausgang des Brexit-Votums und seine Folgen sind ein perfektes Beispiel für eine solche Position mit längerfristigem Potenzial.

Wie entscheiden Sie, wann Sie aussteigen?
Ich habe ein geradezu unheimliches Talent dafür, meine Positionen an einigermaßen günstigen Punkten zu liquidieren. Ich arbeite daran, meine ermessensbedingten Liquidierungsentscheidungen in systematische Regeln zu fassen, doch bisher ist mir das noch nicht gelungen. Abgesehen davon sichere ich mir den Gewinn, wenn sich der Preis für eine von mir gehaltene Position innertägig parabolisch entwickelt. Das lernte ich auf die harte Tour, wenn ich solche Positionen hielt in der Überzeugung, dass sie noch viel weiter laufen würden, und dann einen Gutteil meiner Gewinne wieder abgeben musste.

Mit Ausnahme des Tags, an dem Ihr Computer ausfiel, managen Sie Risiken äußerst effektiv, insbesondere in Anbetracht der Größenordnung Ihrer Erträge. Ein wesentliches Element Ihres Risikomanagements ist meines Wissens, dass Sie unverzüglich aussteigen,

wenn sich eine Transaktion nicht so entwickelt, wie Sie es erwartet hatten. Welche anderen Faktoren spielen in Ihr Risikomanagement hinein?

Bei Einzelpositionen variiert mein Risiko zwischen 1 und 5 Prozent, je nach Überzeugungsgrad. Wie bereits erwähnt, setze ich für meine Positionen so bald wie möglich Stops. Ich realisiere auch Teilgewinne, statt die ganze Position bis zum Ausstieg zu halten. Dadurch kann ich »freie Trades« mit unbegrenztem Aufwärtspotenzial und null Abwärtspotenzial halten, wenn ich den Gewinn für einen Teil der Position gesichert habe. Das ist, als besäße man eine kostenlose Call-Option auf einem Markt, von dem man glaubt, dass er noch kräftig zulegen sollte.

Auf Portfolioebene gilt: Wenn der Verlust 6 Prozent erreicht, fahre ich *manchmal* die Positionsgröße herunter und werde wählerischer, wenn ich neue Positionen eingehe. Das hängt ganz von den Umständen ab. Es kommt vor, dass ich mit einem Geschäft 5 Prozent verliere, das okay finde und mein Volumen nicht verändere. Es kommt auch vor, dass ich über längere Zeit immer wieder kleinere Verluste erleide, was gewöhnlich bedeutet, dass auf dem Markt Flaute herrscht oder dass ich aus dem Rhythmus gekommen bin. In solchen Fällen verringere ich mein Engagement und lege strengere Kriterien an, um nur noch todsichere Positionen einzugehen.

Haben Sie Ihren Handelsansatz in den letzten Jahren maßgeblich verändert, und wenn ja, warum?

In der Vergangenheit habe ich in aller Regel Handelsideen auf einem einzigen Markt umgesetzt. Inzwischen versuche ich, sie auf mehreren korrelierenden Märkten auszuführen. So engagiere ich mich beispielsweise gleichzeitig in Bunds, im Euro Stoxx und im Euro oder zumindest auf zweien dieser drei Märkte statt nur auf einem. Der Grund dafür: Läuft ein Geschäft auf einem dieser Märkte nicht, bedeutet das nicht, dass die zugrunde liegende Hypothese falsch ist. Es kann auch an dem spezifischen Markt liegen, dass die Rechnung nicht aufgeht. Ein gutes Beispiel dafür war, als auf einer Sitzung des Offenmarktausschusses der Fed von potenziellen Zinssenkungen gesprochen wurde. Danach kaufte ich T-Notes und den S&P. Die T-Note-Position wollte erst nicht. Sie gab sogar leicht nach. Das hieß aber nicht, dass ich damit falsch lag. Hätte ich mich nur in T-Notes engagiert, nicht aber im S&P, der ordentlich zulegte, hätte ich eher angenommen, dass meine Handelshypothese falsch war. Das stimmte aber gar nicht, wie sich herausstellte. Die Zinsmärkte wurden lediglich durch eine anstehende Auktion zurückgehalten. Als diese gelaufen war, setzten

T-Notes zum Höhenflug an. Daraus lernte ich, meine Handelsideen nicht auf einen einzigen Markt zu konzentrieren.

Mit der Zeit wurde die Ausführung durch die verstärkte Automatisierung der Märkte und die Hochfrequenzhandelsalgorithmen immer schwieriger und zehrte meinen Vorsprung bei manchen sehr kurzfristigen Strategien auf. Infolgedessen fokussiere ich mich überwiegend auf Transaktionen mit hohem Überzeugungsgrad und engagiere mich im Monatsverlauf seltener. Dafür gehe ich pro Trade höhere Risiken ein, worin sich der höhere Überzeugungsgrad niederschlägt.

Welche Fehler, die Sie an der Börse beobachten, bringen andere zum Scheitern?

Viele Börsenverlierer, die ich kenne, dachten, sie müssten ständig Gewinn machen. Sie hatten eine Angestelltenmentalität und meinten, sie müssten jeden Monat eine bestimmte Summe verdienen. In Wahrheit verdient man über längere Phasen gar nichts oder verbucht sogar Verluste, und dann kommt wieder ein größerer Gewinn. Unternehmer wissen das. Sie investieren auf lange Sicht, und das zahlt sich nach jahrelanger harter Arbeit mit einem satten Erfolg aus. Wer den großen Reibach machen will, der darf das nicht in der Erwartung angehen, ein regelmäßiges Einkommen zu erwirtschaften. Bestenfalls liege ich in 50 Prozent der Fälle richtig, manchmal auch nur in 30 Prozent. Doch selbst wenn ich nur jedes dritte Mal Recht habe, verdiene ich mit meinen gewinnbringenden Geschäften immer noch achtmal so viel, wie ich an meinen verlustbringenden verliere. An der Börse muss man sich fragen, ob man damit klarkommt, nur in 30 Prozent der Fälle recht zu behalten. Wer meint, dass er jeden Tag richtig liegen muss – und das sind nicht wenige –, der steht sich selbst im Weg.

Woran scheitern Trader sonst noch?

Wer an der Börse Verluste macht, verfällt oft in einen Zustand der Negativität. Er lässt zu, dass ihn seine Verluste herunterziehen. Das ist ein Schneeballeffekt. Man erleidet einen Verlust, dann noch einen, und einen weiteren – und plötzlich sitzt man tief im Loch und kommt nicht mehr heraus, weil sich all diese negativen Gedanken potenzieren. Wer es schafft, diesen negativen Verstärkungsprozess im Ansatz abzuwürgen, indem er seine Emotionen bereits nach dem ersten Verlust in den Griff bekommt, ist in einer weitaus günstigeren Position.
In den 13 Jahren, die ich in einer Handelsabteilung gearbeitet habe, habe ich außerdem oft beobachtet, wie Leute Positionen eingehen in der Hoffnung, dass das schon gut gehen wird. Solche Leute werden an der Börse nicht alt. Man muss seine Risiken steuern.

Und die erfolgreichen Trader – was haben sie gemein?

- Erfolgreiche Trader kümmern sich um das Abwärtspotenzial und wissen: Das Aufwärtspotenzial kommt von allein.
- Sie geben nie auf. Auch wenn es mal schlecht läuft, halten sie irgendwie durch und sind sicher, dass alles gut ausgeht.
- Sie sind ehrgeizig und wollen ihre Performance von Monat zu Monat verbessern.
- Sie glauben an ihren Konkurrenzvorteil und erkennen, dass jeder Trade für sich allein steht – deshalb schaffen sie es, ungeachtet der Ergebnisse früherer Transaktionen, jedes Mal wieder, Entscheidungen zu treffen.
- In Fehlschlägen sehen sie Feedback. Sie wissen, dass Misserfolge auf dem Weg zum Erfolg bei jedem Unterfangen unabdingbar sind. Sie begreifen: Ein echter Fehlschlag ist etwas nur, wenn man die Chance verpasst, daraus zu lernen.

Ihre Risiko-Rendite-Performance liefert eine der besten Erfolgsbilanzen, die ich je gesehen habe. Welche Kompetenzen oder persönlichen Eigenschaften haben Ihnen Ihrer Ansicht nach solche Ergebnisse ermöglicht?

- Ich weiß genau, wie ein gutes Geschäft aussieht, und ich zögere nicht, wenn sich eine solche Chance bietet.
- Ich achte bei allen Transaktionen auf ein asymmetrisches Risiko-Rendite-Profil. Ich möchte meine Risiken stets beschränken, und wenn ich ein Einhorn erwische, dann will ich es reiten, bis es mich abwirft.
- Ich bin nicht auf sofortige Belohnung aus. Ich arbeite fleißig und warte dann geduldig auf die richtige Gelegenheit. Ich kann in einem Bereitschaftsmodus verharren, sodass ich sofort zuschlagen kann, wenn das große Geschäft winkt. Ich kann aus dem Stand von null auf hundert beschleunigen. Mir liegt diese Methode. Andere meinen vielleicht, sie müssten jeden Tag aktiv sein. Ich nicht.
- Ich manage strikt meine Abwärtsrisiken und achte in den Phasen zwischen zwei ganz großen Geschäften auf mein psychisches Kapital.
- Ich hänge mich nicht am Ergebnis einer Transaktion auf. Ich fokussiere mich darauf, einen bestimmten Prozess zu durchlaufen.
- Ich kann gut zwischen Positionen mit hohem und mit niedrigem Überzeugungsgrad unterscheiden und dimensioniere meine Positionen entsprechend unterschiedlich.
- Ich trete aggressiv auf, wenn sich eine Chance ergibt, und ziehe mich genauso schnell wieder vom Markt zurück, wenn sie passé ist.

- Ich bin diszipliniert, weshalb ich Positionen aggressiv hebeln kann, wenn sich eine richtig gute Chance eröffnet.
- Ich versuche grundsätzlich, aus meinen Fehlern zu lernen, und ich halte mich an einen bestimmten Prozess, um nicht denselben Fehler zweimal zu machen.
- Ich gebe niemals auf. In den ersten sieben Monaten dieses Jahres [2019] verbuchte ich Verluste. Das ist mir seit meinen ersten Börsenjahren nicht mehr passiert. Man muss die schwierigen Phasen verkraften können.
- Ich bin bereit, mehr zu arbeiten als jeder andere. In meinen ersten Jahren bin ich um 4 oder 5 Uhr früh aufgestanden, um mich umfassend über alles zu informieren, was über Nacht passiert war. Mein Arbeitstag hatte manchmal 15 bis 18 Stunden.
- Wer an der Börse Erfolg haben will, muss Feuer im Leib haben. Nur so kommt man wieder auf die Beine, wenn man wiederholt niedergeknüppelt wird. Ich verfüge über die nötige Entschlossenheit.
- Der wesentlichste Einzelfaktor für meinen Erfolg als Trader ist meines Erachtens mein innerer Fokus: Selbstreflexion, Selbstwahrnehmung, Tagebuch führen, Meditation und Atemarbeit. Was mich ausmacht, ist in erster Linie meine Fähigkeit, mich in einen Flow-Zustand zu versetzen. In Kombination mit gründlichem Research ergibt sich daraus mein Konkurrenzvorteil.

Was von dem, was Sie heute wissen, hätten Sie gern von Anfang an gewusst?
Dass es darauf ankommt, was man sein lässt. Geduld ist das Stichwort. Börsenerfolg ist die Kunst, nichts zu unternehmen. Wie erfolgreich Sie auf lange Sicht sind, richtet sich danach, was Sie zwischen den echten Chancen *nicht* tun. Zwischen den einzelnen Geschäften können Sie Ihrem psychischen Kapital so viel Schaden zufügen, dass Sie nicht bereit sind, wenn Ihre große Chance kommt.

Das Problem sind also gar nicht mal die Verluste, die Sie mit suboptimalen Geschäften erleiden, sondern eher die interessanten Chancen, die Sie womöglich verpassen, weil sich grenzwertige Positionen negativ auf Ihren Fokus und Ihre Einstellung auswirken.
Ganz genau.

Noch ein Wort zum Abschluss?
Für mich war meine Börsenkarriere eine wundervolle Reise zu mir selbst und meiner persönlichen Weiterentwicklung, und ich spreche gern über meine Höhen und Tiefen und darüber, was meines Erachtens die Voraussetzung für

langfristigen Erfolg ist. Meine letzten zehn Börsenjahre fühlen sich wie ein Warm-up an. Ich bin schon sehr gespannt darauf, wie ich mich in den kommenden Jahren machen werde.

....

Salls unglaublicher Börsenerfolg beruht auf einem Prozess aus drei wesentlichen Elementen:

1. **Analyse und Planung:** Erfolgreiche Börsengeschäfte macht man nicht, indem man aus der Hüfte schießt. Dahinter steckt harte Arbeit. Sall bereitet sich gewissenhaft auf jede Position vor. Er hat mehrere Tausend Seiten mit Notizen zusammengetragen, auf denen er seine bisherigen Trades aufzeichnet. Für jede Transaktion dokumentierte er seinen Plan, die Einzelheiten des jeweiligen Ereignisses und die Reaktion des Marktes sowie alles, was ihm glückte oder misslang. Diese ordentlich in Kategorien unterteilten Trading-Notizen ermöglichen es Sall, analoge Präzedenzfälle zu künftigen Geschäften zu finden und zu studieren. Anhand seiner selbst erstellten Research-Bibliothek entwickelt Sall ein sehr detailliertes schriftliches Konzept für jedes vorgesehene Geschäft – einen Plan, der ein breites Spektrum an Szenarien berücksichtigt, wie sich die betreffende Position in Echtzeit entwickeln könnte. Sall hat auch den ganzen Tag die Nachrichten aufmerksam im Auge und hält nach unerwarteten Ereignissen Ausschau, die Trading-Chancen eröffnen könnten.
2. **Ausführung:** Die Art von Geschäften, die Sall als »Einhörner« bezeichnet und auf die das Gros seiner Gewinne entfällt, erfordern sofortige Ermessensentscheidungen. Da bleibt keine Zeit, um nachzudenken oder zu analysieren. Sall muss genau wissen, was er in jeder möglichen Konstellation unternimmt, wenn es zu einem Ereignis wie einer Zentralbankerklärung kommt. Wenn er das Geschäft auch nur ein oder zwei Minuten lang abwägen würde, hätte er die Chance in aller Regel bereits verpasst. Um quasi reflexartig solide Entscheidungen zu treffen, wenn ein Ereignis eintritt, bereitet sich Sall durch gründliches Research und ebensolche Planung vor, wie unter Punkt 1 beschrieben. Außerdem visualisiert Sall seine Geschäfte und spielt im Kopf durch, wie er auf verschiedene Umstände reagieren würde – ganz wie manche Profisportler sich mental auf ein wichtiges Spiel oder einen großen Wett-

bewerb vorbereiten. Er versetzt sich außerdem durch Meditation und Atemtechnik in einen Zustand des »tiefen Jetzt«.

3. **Emotionale Gelassenheit:** Die richtige seelische Verfassung – ruhig, in sich ruhend, fokussiert – hält Sall für einen erfolgreichen Trader für absolut unverzichtbar. Er vermeidet tunlichst, in negative Stimmung zu geraten oder zuzulassen, dass ein Verlust oder ein Fehler eine folgende Chance beeinträchtigt oder gar verdirbt. Sall durchbricht eine potenzielle psychische Abwärtsspirale, noch bevor sie in Gang kommt. Macht er Verluste oder hat er einen besonders schlechten Börsentag hinter sich, reißt er sich aus der aufkommenden depressiven Stimmung, indem er sich auf all die Dinge konzentriert, für die er dankbar sein kann. Er selbst sagt dazu: »Für mich geht es dabei darum, die eigene Einstellung zu verändern. Man möchte wieder ruhig und rational werden.« Die positive Geisteshaltung und die emotionale Gelassenheit ist für Salls Börsenprozess kein Beiwerk, sondern absolut zentraler Bestandteil.

Die Idee, es sich gut gehen zu lassen, wenn es an der Börse gerade schlecht läuft, ist ein ganz besonderer Rat. Er kam noch von keinem der anderen Trader, die ich für frühere *Magier der Märkte*-Bücher interviewt habe. Für Sall hat das gut funktioniert, aber ist es generell für jeden zu empfehlen? Ich weiß es nicht, doch das kann jeder Trader für sich ausprobieren. Ein guter Rat für alle Trader ist aber sicherlich Salls allgemeinere Feststellung, dass Börsenerfolg eine positive Einstellung und einen Zustand der fokussierten emotionalen Gelassenheit voraussetzt.

Geduld ist eine Eigenschaft, die viele große Trader auszeichnet, mit denen ich gesprochen habe. Für Sall ist sie die Grundlage seines Erfolgs. Diese Einschätzung wird am besten aus Salls eigenen Worten deutlich, als er mir in unserer E-Mail-Korrespondenz vor dem Interview seinen Trading-Stil beschrieb: „Mein Stil wurde oft als der eines Snipers bezeichnet, eines Scharfschützen. Ich befinde mich in ständiger Bereitschaft und warte auf den perfekten Schuss. Ich möchte meine Munition nicht auf andere Dinge verschwenden, weil das meine Fähigkeit beeinträchtigt, den idealen Treffer zu erzielen. Ich warte auf eine Gelegenheit, von der ich intuitiv weiß, sie ist die richtige, und dann drücke ich ab. Die übrige Zeit sitze ich einfach still und warte geduldig ab."

Sall hält es für weitaus schwieriger, zwischen echten Chancen die Füße stillzuhalten, als die Geschäfte auszuführen, die für den Löwenanteil an seinem Gewinn verantwortlich sind. Die Geduld, sich der Versuchung zu entziehen, suboptimale Positionen einzugehen, ist aus zwei Gründen unerlässlich: Erstens bringen solche Trades per saldo meist Verluste. Und zweitens, was noch wichtiger ist: Die negativen Effekte solcher Transaktionen auf die Psyche und die Konzentration des Traders können dazu führen, dass er die wirklich interessanten Chancen verpasst. Daraus lässt sich lernen, dass man nur solche Geschäfte machen sollte, die den eigenen Regeln entsprechen, und alle vermeiden sollte, bei denen das zweifelhaft ist.

Das Streben nach beständigem Erfolg mag sich nach einem sinnvollen Ziel anhören, kann aber ironischerweise eher ein Fehler sein als eine Tugend. Nach eigener Aussage beobachtete Sall, das gescheiterte Trader oft eine Gemeinsamkeit aufwiesen: Sie wollten Monat für Monat Geld verdienen. Warum dieses Ziel nicht erstrebenswert ist? Der Grund liegt in dem Umstand, dass die Märkte eben nicht regelmäßig Chancen eröffnen. Daher verleitet das Ziel, jeden Monat Gewinne zu verbuchen, Trader dazu, Positionen zu eröffnen, die mehr auf Hoffnung basieren als auf Methode, wenn echte Gelegenheiten gerade Mangelware sind. In Wirklichkeit bewirkt das Streben nach Beständigkeit, dass sich Trader ganz anders verhalten, als es der solide Grundsatz der Geduld verlangt.

Die Transaktionen, auf die Sall geduldig wartet, haben zwei wesentliche Merkmale:

1. Es sind Positionen, bei denen die Wahrscheinlichkeit hoch ist, dass sie sich in die erwartete Richtung bewegen.
2. Es sind asymmetrische Transaktionen, bei denen der potenzielle Gewinn weit größer ist als das eingegangene Risiko.

Auf Positionen, von denen er wirklich überzeugt ist, setzt Sall hohe Summen. Die großen Unterschiede in der Positionsdimensionierung – insbesondere, dass er Positionen mit hohem Überzeugungsgrad deutlich größer gestaltet – ist ein wesentlicher Faktor für Salls Fähigkeit, unverhältnismäßig hohe Gewinne zu erzielen.

Um den potenziellen Verlust einer einzelnen Position zu begrenzen, setzt Sall zum Schutz stets einen Stop, sobald dies praktikabel ist. Weil Sall hoch einsteigt, wenn bestimmte Ereignisse eintreten – in Phasen, in denen die Märkte besonders volatil sind –, würde ein bei Eingabe der Order platzierter Stop ein zu hohes Risiko darstellen, bei einem bedeutungslosen Zucken des Preises ausgestoppt zu werden. Stattdessen wartet Sall ab, bis sich der Markt weit genug in die anvisierte Richtung bewegt hat, sodass sein Stop nur ausgelöst wird, wenn sein Konzept nicht aufgeht. Was, wenn sich der Markt gegen ihn wendet, bevor er einen Stop platzieren kann? Da Sall seine Positionen sehr schnell auflöst, wenn der Markt nicht sofort erwartungsgemäß reagiert, kann er seine Verluste in solchen Fällen durch eine direkte Order eindämmen.

Erfolg macht selbstgefällig. Laufen die Geschäfte besonders gut, werden viele Trader nachlässig beim Eingehen von Positionen, aber auch beim Kapitalmanagement. Sie machen schneller Geschäfte, von denen sie sonst die Finger lassen würden, und steuern ihre Risiken nicht so kompromisslos wie üblich. Nach einer Phase mit hohen Gewinnen tappte Sall in diese Falle, als er bei einem grenzwertigen Trade Limit-Positionen auf drei korrelierenden Märkten platzierte. Erst als der Risikomanager der Firma nachhakte, kam Sall zur Besinnung und löste alle Positionen auf. Das Eingreifen des Risikomanagers trug dazu bei, einen potenziell empfindlichen Verlust zu vermeiden. Trotzdem lernte Sall aus dieser Erfahrung, sich vor Übermut in Acht zu nehmen und seine Handelsdisziplin auch nach längeren Gewinnphasen nicht zu lockern – eine wertvolle Lektion für praktisch jeden Trader.

Wenn Sie merken, dass Ihre Position nur auf Hoffnung fußt, sollten Sie aussteigen. Um am Ball zu bleiben, braucht es mehr als Hoffnung – nämlich echte Überzeugung. Zu Anfang seiner Karriere arbeitete Sall mit technischen Signalen, die zu Positionen führten, von denen er nicht wirklich überzeugt war, aber sich erhoffte, dass sie funktionieren würden. Weil er sich mit dieser Strategie unwohl fühlte, gelangte er zu dem Schluss, dass die technische Analyse für ihn nicht der richtige Weg war.

Sall ist ein Paradebeispiel für einen Trader, dessen außergewöhnlicher Erfolg enorm durch seine ausgeprägte Arbeitsmoral begünstigt wurde. Ich werde oft gefragt, ob harte Arbeit allein ausreicht, um an der Börse erfolgreich zu sein, ober ob erfolgreiche Trader über bestimmte angeborene Fähigkeiten verfügen. Harte Arbeit und Risikomanagement sind zwar entscheidende Voraussetzungen für den Handelserfolg, reichen aber nicht aus, um zu erklären, was außergewöhnliche Trader leisten. Sie verfügen auch über ein gewisses Talent. Salls Kommentar dazu, wie er Ausstiegsentscheidungen trifft, spricht Bände: »Ich habe ein geradezu unheimliches Talent dafür, meine Positionen an einigermaßen günstigen Punkten zu liquidieren.« Die Formulierung »unheimliches Talent« beschreibt eine intuitive Fähigkeit, die nicht gelehrt oder erlernt werden kann.

Eine gute Analogie hierfür ist ein Marathonlauf. Wenn sie wirklich wollen und genug trainieren, können die meisten Menschen einen Marathon laufen. Doch ohne Vorbereitung und Übung ist das nicht zu schaffen. Ungeachtet ihrer Entschlossenheit oder ihres Einsatzes verfügen aber nur wenige Menschen über den Körperbau, der es ihnen ermöglicht, einen Marathon in Weltklassegeschwindigkeit zu laufen. Gleichermaßen gilt: Mit genügend Einsatz und Entschlossenheit, kombiniert mit einem effektiven Risikomanagement, können aus einem erheblichen Prozentsatz von Menschen zumindest leidlich erfolgreiche Trader werden. Doch nur ein geringer Prozentsatz verfügt über die persönlichen Voraussetzungen, ein echter Magier der Märkte zu werden.

Sall führt detailliert Buch über alle seine Transaktionen und überprüft diese Aufzeichnungen regelmäßig. Diese Übung führt er aus, um einen historischen Überblick über das Marktverhalten in bestimmten Situationen zu gewinnen, an dem er sich künftig unter ähnlichen Umständen orientieren kann. Er dokumentiert seine Trades und überprüft diese Dokumentation jedoch noch aus einem weiteren entscheidenden Grund: um aus früheren Fehlern zu lernen und diese künftig zu vermeiden. Die eigenen Geschäfte schriftlich zu analysieren und regelmäßig durchzugehen, einschließlich der Gründe für den Ein- und Ausstieg sowie der persönlichen Erfolge und Misserfolge, ist eine wertvolle Übung für jeden Trader. Sie liefert ein nützliches Werkzeug, um Fehler zu erkennen, und das ist der erste Schritt, dieselben Fehler künftig nicht noch einmal zu begehen. Ein besserer Trader wird man, wenn man aus Fehlern lernt.

Erfolgreiche Trader haben großes Vertrauen in die eigenen Fähigkeiten. Natürlich ist es möglich, dass sie so viel Selbstvertrauen haben, weil sie erfolgreich sind. Ich glaube jedoch, dass sie dieser Wesenszug schon vor und unabhängig von ihrem Erfolg auszeichnete. Sall ist ein gutes Beispiel, das diese Theorie stützt. Selbst als seine Börsenbilanz in seinem ersten Jahr negativ ausfiel und seine Trading-Karriere in Gefahr war, glaubte er dennoch an seinen Erfolg. Eine ehrliche Einschätzung Ihres Vertrauens in die eigenen Fähigkeiten ist an der Börse ein guter Maßstab dafür, ob Sie als Trader Erfolg haben dürften oder nicht. Sind Sie unsicher oder im Zweifel, ob Sie durch Ihren Handelsansatz einen Vorsprung haben, sollten Sie sich noch genauer überlegen, wie viel Geld Sie riskieren wollen.

Verfügen Sie über die nötigen Kompetenzen und trauen sich den Börsenerfolg wirklich zu, dann brauchen Sie noch eine weitere Eigenschaft, um zu reüssieren: Durchhaltevermögen. Sie dürfen niemals aufgeben.

DALJIT DHALIWAL

Die eigene Stärke kennen

Daljit Dhaliwal wartet mit einer außergewöhnlichen Erfolgsbilanz auf. In seinen mehr als neun Trading-Jahren hat er eine erstaunliche durchschnittliche Jahresrendite von 298 Prozent erzielt. Er engagiert sich aggressiv mit umfangreichen Positionen, wenn er von einem Trade richtig überzeugt ist. Seine durchschnittliche jährliche Volatilität ist mit 84 Prozent extrem hoch.

Nun könnten Sie denken: »Sicher, seine Rendite ist bemerkenswert, doch bestimmt ist er dafür auch enorme Risiken eingegangen.« Für diese Annahme spräche auch seine astronomische Volatilität – wenn diese nicht aufgrund seiner zahlreichen kräftigen Gewinne so hoch ausfallen würde. Seine Abwärtsrisiken hatte er nämlich bewundernswert gut im Griff. Angesichts seines Rendite- und Volatilitätsniveaus sollte man eigentlich annehmen, dass es bei ihm häufiger zu Verlusten von 50 Prozent oder mehr kommt. Doch Dhaliwals Maximum Drawdown auf der Grundlage des Kapitalstands am Monatsende bewegt sich unter 20 Prozent. Er erzielte in sämtlichen Jahren, in 95 Prozent aller Quartale und in 70 Prozent aller Monate positive Ergebnisse. Wie nach seiner Mischung aus Mammutrenditen und kontrolliertem Abwärtsrisiko zu erwarten, ist Dhaliwals Risiko-Rendite-Statistik herausragend: mit einer angepassten Sortino Ratio von 10,3 und einer monatlichen Gain to Pain Ratio von 8,5. Diese Zahlen sind fünfmal so hoch, wie sie für eine hervorragende Performance sein müssten. (Definitionen und Kontext zu diesen statistischen Werten finden Sie in Anhang 2.)

Dhaliwals erste Leidenschaft war aber nicht die Börse, sondern Tennis. Als Teenager war er ein vielversprechender britischer Nachwuchsspieler mit Aussicht auf eine Profikarriere. Legt sich Dhaliwal auf ein Ziel fest, setzt er sich mit aller Kraft dafür ein. Für einen Spieler mit Profiambitionen hatte er relativ spät mit dem Tennis angefangen (erst mit zehn Jahren). Dhaliwal trainierte unermüdlich und ließ sich fünf Mal die Woche von Profis coachen. Warum er dann doch kein Tennisprofi wurde, erfahren Sie im Interview.

Während des Studiums weckten die Finanzkrise von 2008 und ihre Folgen sein Interesse an den Märkten. Im letzten Studienjahr wusste Dhaliwal, er wollte Trader werden. Er hatte nur ein Problem: Die Universität, an der er studierte, lag im Mittelfeld, und die Börsenjobs gingen fast ausschließlich an die Absolventen von Eliteunis. Als er seinen Abschluss machte – nach der Finanzkrise –, war diese Hürde besonders hoch, denn die entsprechenden Stellenangebote waren rar gesät und hart umkämpft. Eigentlich hätte Dhaliwal daher gar nicht zum Zuge kommen dürfen. Dass er es trotzdem schaffte, verdankte er nur seiner zähen Entschlossenheit.

Dhaliwal ging das Börsengeschäft mit derselben Leidenschaft und demselben Einsatz an wie seinerzeit als Jugendlicher das Tennisspiel. Er lernte alles, was er über Märkte und Trading in Erfahrung bringen konnte. Dhaliwal war so vernünftig, zu begreifen, dass er am Anfang noch gar nichts wusste. Daher hatte er auch keine vorgefassten Meinungen. Stattdessen studierte er Kursbewegungen und ihre Ursachen, um von den Märkten zu lernen, wie sich verschiedene Ereignisse interpretieren ließen.

Dhaliwals Methodik veränderte sich im Zuge seiner Entwicklung als Trader immer wieder. Anfangs stützte er sich primär auf die technische Analyse, verlegte sich aber rasch auf einen fundamentalen Fokus, als er merkte, dass fast sein gesamter Gewinn auf die geringere Anzahl von Positionen entfiel, die sich auf Fundamentaldaten stützten. Die meiste Zeit seiner Trader-Laufbahn über platzierte Dhaliwal Transaktionen auf der Grundlage seiner Interpretation fundamentaler Ereignisse wie Zentralbankmeldungen. In den letzten Jahren tendierte er immer stärker zu längerfristigen Engagements auf der Grundlage makroökonomischer Modelle, die er und sein Research-Assistent entwickelt haben.

Dhaliwal arbeitete den Großteil seiner Trading-Karriere über für dieselbe Unternehmensgruppe wie Richard Bargh (drittes Kapitel) und Amrit Sall (viertes Kapitel). Weil er unabhängiger und unbeeinflusst von anderen Tradern agieren wollte, bezog Dhaliwal in London ein eigenes Büro. Dort habe ich ihn auch interviewt. Im Gespräch erwähnte ich, dass ich am nächsten Tag Michael Kean (siehe zehntes Kapitel) interviewen wollte. Zufällig investiert Dhaliwal bei Kean. Am folgenden Tag lud Dhaliwal uns beide zu einem hervorragenden Essen bei Goodman ein, einem Steakhouse in der Londoner City.

....

Wie würden Sie Ihre Börsenstrategie beschreiben?
Ich würde sagen, ich bin ein makroökonomischer ereignisorientierter Trader. In quantitativer Hinsicht richte ich mich nach Frühindikatoren für die Konjunktur sowie nach historischen Analogmodellen, die wir selbst entwickelt haben. In qualitativer Hinsicht verwende ich eine kurzfristige Strategie und setze auf Schlagzeilen als taktisches Mittel, mich auf dem Markt zu positionieren. Unter qualitativen Aspekten ziehe ich auch meine Auffassung der Narrative heran, die die Märkte antreiben könnten – und messe diesen mitunter mehr Gewicht bei als den Fundamentaldaten.

Hatten Sie als Teenager irgendwelche Berufswünsche?
Mehr als alles andere wollte ich vermutlich Tennisprofi werden. Tennis war in der Oberstufe ein wichtiger Teil meines Lebens.

Haben Sie denn an Profiwettbewerben teilgenommen?
Für das internationale Niveau hat es nie gereicht. Meine beste Wertung war Platz 80 im Vereinigten Königreich.

Was wurde aus diesen Karriereplänen?
Als ich etwa 16 Jahre alt war, hatte ich ein wegweisendes Gespräch mit einem der Trainer, der selbst einmal Weltklassespieler war. Er sagte, die Erfahrung, an internationalen Turnieren teilzunehmen, und die Chance, die Welt zu bereisen, seien toll gewesen, aber Geld sei damit nicht zu verdienen. Er war damals über 30 und studierte, um sich beruflich neu zu orientieren.

War es seine Äußerung über das begrenzte Verdienstpotenzial, die Ihren Enthusiasmus dämpfte, Tennisprofi zu werden?
Eher die Vorstellung, sich danach einen ganz neuen Beruf suchen zu müssen. Ich liebte diesen Sport nicht so wie manche anderen Spieler. Mein Interesse am Tennis beschränkte sich darauf, Profi zu werden. Ich wusste, ich wollte nicht Tennistrainer werden. Einen weiteren prägenden Moment gab es etwa ein Jahr später. Mein Trainer brachte eines Tages einen Spieler mit, der gegen mich antreten sollte. Wir spielten einen Satz, und ich schlug in 6 zu 4. Danach erzählte mir mein Trainer, der Spieler, den ich gerade besiegt hatte, habe im Vorjahr auf der Weltrangliste gestanden. Er hatte mir das nicht vorher gesagt, weil er mich nicht verunsichern wollte. Da hätte ich eigentlich einen Impuls bekommen und denken müssen: »Hey, vielleicht kann ich es schaffen.« Doch

so war es nicht. Ich sah mich immer noch nicht mit einer Karriere als Tennisprofi.

Wann gaben Sie das Tennisspiel auf?
An der Uni verletzte ich mich beim Fußballspielen am Knöchel. Mein Tennistrainer riet mir, den Winter über zu pausieren und dann wieder anzufangen. Doch dazu kam es nie.

Haben Ihre Erfahrungen als ernstzunehmender Spieler auf dem Tennisplatz einen Bezug zu Ihrer Börsenkarriere?
Beim Tennis muss man jeden Ball annehmen. An der Börse dagegen kann man auch mal ein potenzielles Geschäft auslassen. Man kann warten, bis alle Voraussetzungen stimmen. Es ist, als würde man Tennis spielen und nur die Bälle annehmen müssen, die man auch perfekt schlagen kann. Ich habe schnell gemerkt, dass ich mich an der Börse nicht engagieren muss, wenn ich nicht in der Stimmung bin oder die gebotenen Chancen nicht meinem Ansatz entsprechen. Das kommt mir sehr entgegen.

Damit beziehen Sie sich aber eher auf den Unterschied zwischen dem Tennisspiel und dem Börsengeschäft. Gibt es einen Zusammenhang zwischen dem Erreichen eines hohen Leistungsniveaus in einer Sportart wie Tennis und Kompetenz als Trader?
Letzen Endes geht es um die psychologischen Parallelen zwischen herausragenden sportlichen Leistungen und Börsenerfolg. Beides erfordert Disziplin. Man muss ausgeruht antreten und auf seine Ernährung achten. Als Trader muss man optimale Entscheidungen treffen, und das ist schwer, wenn man gestresst oder erschöpft ist.

Was weckte Ihr Interesse am Trading?
Während meiner Studienzeit nahmen die Märkte in den Nachrichten viel Raum ein.

Über welche Jahre sprechen wir?
2008 bis 2010.

Oh, die Finanzkrise und ihre Folgen. Was haben Sie denn studiert?
Wirtschaft und Finanzwesen. Finanzwesen fand ich sehr spannend. Mir gefiel es, wenn man nie wusste, was der nächste Tag bringt. Ein Routinejob hätte mir keinen Spaß gemacht.

Wann fingen Sie an, sich an der Börse zu engagieren?
Nach an der Uni begann ich, auf Währungsspreads zu spekulieren. In den USA ist das nicht erlaubt, glaube ich, doch im Vereinigten Königreich schon, und steuerfrei ist es obendrein.

Wie viel haben Sie damals gesetzt?
Kleine Beträge – nur ein paar Pfund. Ich hatte ja nicht viel Geld.

Und nach welchem Grundsatz platzierten Sie Ihre Wetten?
Ich stützte mich dabei auf einfache technische Analyse wie Chart-Ausbrüche und gleitende Durchschnitte.

Was haben Sie aus dieser Phase gelernt?
Ich gewann 5000 Pfund und verlor 2000 davon schnell wieder. Ich merkte, dass ich im Grunde nicht wusste, was ich tat. Ich beschloss, meinen verbleibenden Gewinn zur Bank zu bringen und mich auf mein Studium zu konzentrieren. Vor meinem letzten Studienjahr waren meine Noten nicht so berühmt. Mir wurde klar, dass ich besser werden musste, wenn ich in die Finanzindustrie einsteigen wollte. Also setzte ich mich in meinem Abschlussjahr auf den Hosenboden und schaffte insgesamt einen guten Abschluss.

Eines Tages kam ein Bankenvertreter zu uns an die Uni und hielt einen Vortrag. Er sprach aber vor allem über das operative Geschäft. Nach der Veranstaltung suchte ich ihn auf und sagte: »Ich möchte gern Trader werden. Wie mache ich das?« Er sagte: »Um ehrlich zu sein, es gibt voraussichtlich 200 freie Stellen in der Operations-Abteilung und nicht einmal ein halbes Dutzend in der Trading-Abteilung. Und die Trading-Jobs gehen ausschließlich an Bewerber von den renommiertesten Universitäten.«

Und ich nehme an, Sie gehörten nicht dazu?
Nein, meine Uni rangierte im Mittelfeld.

Was taten Sie also?
Damals wollte ich mich einfach trotzdem um so viele Trading-Stellen wie möglich bewerben. Ich dachte, wenn ich es bis zum Vorstellungsgespräch schaffte, könnte ich mich vielleicht gut verkaufen. Ich bewarb mich bei über 30 Firmen, vor allem Banken, aber auch Unternehmen, die Eigenhandel betrieben. Ich kassierte nur Ablehnungen. Lediglich eine Eigenhandelsfirma lud mich zum Vorstellungsgespräch ein.

Wie lief das Gespräch?
Das Vorstellungsgespräch führte der Risikomanager, der früher selbst Parketthändler gewesen war, bevor er ins Management gewechselt hatte. Ich hatte gerade die Abschlussprüfungen hinter mir, und das war mein einziges Vorstellungsgespräch. Es musste einfach klappen.

Gab es in dem Gespräch entscheidende Fragen oder Antworten?
Wir unterhielten uns lange über das aktuelle Marktgeschehen. Ich glaube, er war von meinem ehrlichen Interesse am Börsengeschäft angetan – und von meinem Wunsch, mehr zu erfahren. Am Ende fragte er mich, ob ich noch etwas fragen oder sagen wolle. Da erklärte ich ihm: »Ich habe 30 Bewerbungen geschrieben und möchte *unbedingt* diesen Beruf ergreifen. Wenn Sie mir diesen Job geben, werde ich härter arbeiten als jeder andere.« Ich glaube, es war dieser Enthusiasmus, der mir eine Zusage einbrachte.

Erzählen Sie mir von Ihren Erlebnissen nach dem Eintritt in diese Firma.
Die ersten drei Monate waren ein einzige große Lernkurve. Wir wurden im Präsenzunterricht mit fundamentaler und technischer Analyse vertraut gemacht.

Hatten Sie schon eine Methode, als Sie ins Börsengeschäft einstiegen?
Am Anfang probierte ich alles Mögliche aus. Einen richtigen Prozess hatte ich nicht. Eingangs tendierte ich eher zur technischen Analyse. Ich nutzte Market Profile [eine Art Kursanalyse, die den Preisbereichen mit hohen Umsätzen besondere Bedeutung beimisst] und kombinierte sie mit der Chartanalyse. Indikatoren sprachen mich nicht an. Ich hielt sie für rückwärtsgerichtet. Chartformationen dagegen mochte ich, denn sie verrieten einem, wo man stand, und vermittelten einen Eindruck von dem, womit zu rechnen war. Bewegte sich der Markt beispielsweise in einer Trading-Spanne, wusste man, dass es früher oder später einen Ausbruch in die eine oder andere Richtung geben würde – selbst wenn sich dieser als falsch erweisen könnte.

Da kann ich nur zustimmen. Indikatoren sind schließlich vom Preis abgeleitet und können daher nicht mehr Informationen liefern, als bereits im Kurschart enthalten sind.
Beim Blick auf Ihre Erfolgsbilanz fiel mir auf, dass Sie so ziemlich von Anfang an Gewinne machten. Offenbar lief es mit der technischen Analyse ganz gut für Sie, denn damit haben Sie ja angefangen. Ich frage mich daher, was Sie dazu veranlasst hat, von der technischen

auf die fundamentale Analyse umzusteigen, denn Sie machten doch mit technischer Analyse ganz gute Geschäfte?
Ich fühlte mich mit der technischen Analyse nicht wohl, weil ich nicht durchschaute, warum sie funktionierte. Deshalb hatte ich auch kein Vertrauen, dass sie künftig weiterhin funktionieren würde. Bei den Fundamentaldaten war mir viel klarer, warum sich die Kurse von einem Niveau auf ein anderes entwickelten. Ich fand die fundamentale Analyse auch interessanter. Tatsächlich hatte Ihr erstes *Magier der Märkte*-Buch zu Anfang meiner Karriere einen prägenden Einfluss auf mich. Ich weiß nicht mehr, wer das gesagt hat, doch der Rat, an der Börse mit einer Methode anzutreten, die zur eigenen Persönlichkeit passte, hatte auf mich eine bleibende Wirkung.

Ich weiß auch nicht mehr, wer das gesagt hat, denn dieselbe Botschaft vermittelten explizit oder implizit gleich mehrere Interviewpartner. Wenn ich über die Erkenntnisse der *Magier der Märkte* referiere, dann gehört zu den ersten Punkten, die ich besonders hervorhebe, wie wichtig es ist, mit einer Methode ans Trading heranzugehen, die der eigenen Persönlichkeit entspricht. Wie kamen Sie zur fundamentalen Analyse als Trading-Tool?
Ich agierte in erster Linie auf Schlagzeilen hin – gewöhnlich auf Kommentare von Notenbankvertretern oder anderen Amtsträgern.

Und wie gingen Sie dabei vor?
Ich las verschiedene Kommentare und Meldungen und entwickelte eine bestimmte Vorstellung davon, was sich der Markt von einem beliebigen Ereignis erwartete. Damals setzte ich auf solche Schlagzeilen auf der Grundlage, ob sie im Verhältnis zu den Markterwartungen eher optimistisch oder pessimistisch waren. Ich ging auch Positionen ein, für die eigentlich eher keine Marktreaktion zu erwarten war, weil die Informationen bereits bekannt waren.

Können Sie mir dafür ein konkretes Beispiel geben?
Richtig Bewegung in mein Depot brachte ich erstmals während der Schuldenkrise in der Eurozone im Jahr 2011. Damals stand Griechenland auf der Kippe. Jeden Tag gab es eine neue Schlagzeile, die sich auf den Kommentar eines europäischen Amtsträgers bezog, der Griechenland aggressiv oder gemäßigt gegenüberstand. Ich zog diese Äußerungen heran, um auf kurzfristige Ausschläge des Euros zu setzen. Irgendwann fiel mir auf, dass ein Offizieller Dinge sagen konnte wie »Wir werden Griechenland nicht helfen« und sich der Euro daraufhin prompt um 20 Ticks bewegte. Stellte sich Bundeskanzlerin Merkel dann

am selben Tag noch ans Mikrofon und sagte das Gleiche, bewegte sich der Euro um weitere 40 Ticks. Man hätte meinen sollen, die Information sei bereits eingepreist, sodass der Kurs nicht mehr reagieren würde. Ich engagierte mich dennoch, weil der Markt andeutete, dass die Information gehaltvoller war, wenn sie von Merkel kam. Mir ging es nicht darum, alle Gründe dafür bis ins Letzte zu verstehen, sondern nur um den unmittelbaren Effekt auf den Markt. Ich richtete mich bewusst möglichst darauf aus, Geld zu verdienen, nicht darauf, intellektuell richtig zu liegen. In der Praxis bedeutet das: Ich lasse den Markt entscheiden, was wichtig ist.

Sie sagten vorhin »damals«. Heißt das, Sie setzen heute nicht mehr in gleicher Weise auf die Fundamentaldaten? Wie hat sich Ihr Ansatz verändert?
Tatsächlich mache ich es heute mehr oder minder umgekehrt. Ich blende die unmittelbaren Reaktionen auf Schlagzeilen komplett aus. Es ist nicht mehr möglich, auf die erste Bewegung auf die Schlagzeile hin zu setzen, weil die Algos schneller sind als ich. [Dhaliwal meint die Algorithmen, die darauf programmiert sind, auf bestimmte Wörter und Wendungen in den Schlagzeilen hin sofort Positionen zu begründen.]

Das klingt so, als seien diese schlagzeilengestützten Positionen, ob Sie sich nun wie in Ihren ersten Jahren in Richtung der Schlagzeilen engagierten oder sie heute ausblenden, ausnahmslos äußerst kurzfristig. Wann gingen Sie zu längerfristigen Positionen über?
Etwa 2016 fiel mir allmählich auf, dass bei einer deutlichen fundamentalen Veränderung aus kurzfristigen Bewegungen längerfristige Entwicklungen wurden. Da dachte ich: »Warum zapple ich mich eigentlich die ganze Zeit über ab und versuche, kurzfristige Bewegungen zu erwischen, wenn ich doch einfach einen dieser kräftigeren Trends nutzen und mit nur einer Transaktion gleich einen größeren Teil meines Jahresgewinns erzielen kann?« Damals änderte sich meine Einstellung zum Geschäft. Ich dachte: »Ich muss nicht jedes Mal richtig liegen. Ich muss nur ein paar Mal im Jahr recht behalten, wenn es darauf ankommt.« Auf Schlagzeilen zu setzen, ist nicht so einfach. Psychisch ist das ziemlich strapaziös. Als ich meine Handelsergebnisse analysierte, stellte ich fest, dass fast mein gesamter Gewinn auf einige wenige Transaktionen entfiel. Das bedeutete, dass alle anderen Positionen unter dem Strich nichts brachten. Wozu machte ich mir also die Mühe?

Worin lag der wesentliche Unterschied zwischen den Positionen, die zu Ihrer Gewinnbilanz beitrugen, und den anderen?
Die gewinnträchtigsten Geschäfte waren die, denen gänzlich unerwartete Ereignisse zugrunde lagen.

Veränderte sich Ihre Methode also im Grunde so, dass Sie Ihre Positionen kritischer auswählten, aber bereit waren, sie länger zu halten?
Nicht ganz. Die größte Veränderung bestand darin, dass ich mich auf solche Geschäfte verlegte, die auf einer breiter angelegten makroökonomischen Analyse beruhten.

Bitte geben Sie mir dafür ein Beispiel.
Im letzten Juli [2019] shortete ich den S&P mit meiner wahrscheinlich größten Position aller Zeiten. Meiner Ansicht nach tat die Politik nicht genug, um die Abwärtsrisiken für die Konjunktur abzufedern. Die Beschäftigtenzahlen und die Produktion nahmen langsamer zu. Gleichzeitig kamen aus der EU erschreckende Wirtschaftsdaten. Auf der Grundlage meiner historischen Analogmodelle bekam ich den Eindruck, dass dem Aktienmarkt, wenn die Wirtschaft so weiterlief, eine Verlustphase drohte.

An welchem Punkt gingen Sie short?
[Dhaliwal zeigt mir einen Chart und deutet auf eine schmale Konsolidierung, die sich nahe am Gipfel einer breiteren Range, eines breiteren Bereichs, nicht weit von den Allzeithochs bildete.]

Im Nachhinein ist man natürlich immer schlauer: Der Markt brach im Anschluss bis ans untere Ende der Range ein, doch damals hätte eine Konsolidierung bei Allzeithochs auch eine Formation sein können, die ohne Weiteres einen weiteren Anstieg zur Folge haben könnte. Was wäre passiert, wenn der Markt kräftig zugelegt und neue Hochs erklommen hätte? Wie viel Zeit hätten Sie dem Markt gegeben?
Nicht viel, denn meine Zeitplanung basierte auf verschiedenen meiner kurzfristigen fundamentalen Indikatoren. Außerdem hatte ich die Position aufgeteilt in direktes Short-Engagement im S&P und Long-Positionen in S&P-Puts. Den Puts hätte ich mehr Spielraum gelassen.

Bewegt sich der Markt in einer breiten Range bei gleichbleibenden Fundamentaldaten wie damals der S&P – wonach entscheiden Sie dann, wann Sie einsteigen? Ich gehe davon aus, dass Ihr Stop deutlich knapper gesetzt worden wäre als die Marktspanne.
Im Niemandsland hätte ich den S&P nicht verkauft. Der Einstieg musste schon eher am oberen Rand der Range erfolgen.

Das beschäftigt mich ja. Wenn Sie also mit fallenden Kursen rechnen, und der Markt bewegt sich in einer breiten Range und erreicht deren oberes Ende, wobei unklar ist, ob er nachgeben oder ausbrechen und neue Höchststände erreichen wird, wären Sie geneigt, sich auf Short-Seite zu engagieren, weil Ihre fundamentalen Modelle besagen, dass ein Absturz wahrscheinlicher ist? Wäre das eine einigermaßen treffende Beschreibung, wie Sie auf fundamentaler Grundlage über die zeitliche Gestaltung einer Transaktion entscheiden?
Ja, mit einem Vorbehalt: Handelt es sich um eine signifikante Entwicklung, dann spielt keine Rolle, wo sich der Markt innerhalb der Range gerade befindet.

Ich nehme an, Sie meinen mit »signifikante Entwicklung« ein Schlagzeilenereignis mit voraussichtlich anhaltenden Auswirkungen. Das wirft jedoch die Frage auf: Was, wenn ein solches Ereignis Folgen hat, die Ihren fundamentalen Erwartungen zuwiderlaufen?
Handelt es sich um ein wirklich spektakuläres Ereignis, würde ich auf jeden Fall darauf setzen. Ich möchte lieber Geld verdienen als recht behalten. Ich achte auch nicht auf Bestätigungssignale, sondern auf Signale, die dagegen sprechen. Für mich hat nur Bedeutung, warum ich falsch liege. Eine maßgebliche ungünstige Entwicklung könnte heißen, dass meine Modelle nicht funktionieren.

....

Ein paar Wochen nach unserem Gespräch brach der S&P 500 aus und markierte neue Höchststände. In den Folgemonaten kletterte er kräftig weiter. Diese Entwicklung veranlasste mich dazu, per E-Mail mit ein paar Fragen nachzufassen.

Sämtliche wirtschaftlichen Gründe, die Sie in unserem Interview für Ihr Short-Engagement im S&P anführten, schienen auch im vierten Quartal zu gelten, als der Markt in einer Tour stieg. Ich verstehe nicht, warum dieselben Fundamentaldaten im vierten Quartal nicht für eine pessimistische Haltung sprachen, obwohl eine entsprechende Position in

diesem Fall absolut falsch gewesen wäre. Was war der Unterschied zwischen der Situation [Ende Juli 2019], als Sie Ihre Short-Position eingingen, und dem vierten Quartal? Was hätte Sie im vierten Quartal von einem Short-Engagement abgehalten?
Tatsächlich war mein Ausblick für manche zentralen Konjunkturindikatoren für das vierte Quartal pessimistisch. Doch in diesem Quartal vollzog die Fed ihren politischen Kurswechsel und drehte die Geldhähne auf. Meine Analysen ließen vermuten, dass ihr Vorgehen meine Gründe für Pessimismus zu diesem Zeitpunkt (nämlich die schlechteren Konjunkturdaten) entkräftete. Daher verhielt ich mich in diesem Zeitraum überwiegend abwartend.

....

Was war für Sie Ihr katastrophalster Trade?
Im Dezember 2015 fand eine große EZB-Konferenz statt [EZB = Europäische Zentralbank]. Von dieser Sitzung wurde erwartet, dass die EZB die Zinsen senken und quantitative Lockerungen einleiten würde. Ich wusste, was der Markt erwartete, und welche Transaktion sich lohnen könnte. Wir saßen alle im Büro und warteten auf die Nachrichten. Etwa fünf oder zehn Minuten, bevor die offizielle Bekanntgabe erfolgen sollte, kam über Bloomberg eine Schlagzeile der *FT* [*Financial Times*] herein, die wie folgt lautete: »Schock-Entscheidung: EZB belässt Zinsen unverändert.« Ich sah den Verweis auf die *FT* und dachte, die Meldung müsse stimmen. Die Geschichte kam so absolut unerwartet, dass ich mir meinen besten Tag aller Zeiten ausrechnete, wenn ich damit richtig lag. Ich beschloss, mein Glück zu versuchen, und begann unverzüglich, den Euro zu kaufen und den Euro Stoxx 50 zu verkaufen. Doch die Story stimmte nicht. Die EZB senkte die Zinsen. Die Märkte wendeten so schnell, dass ich am Ende auf dem Extrem dieser Ausschläge ausstieg, obwohl ich meine Positionen sofort liquidierte. In Sekunden wurde aus einem sechsstelligen Plus ein sechsstelliges Minus.

Also bewegte sich der Markt zunächst in Ihre Richtung?
Ja, weil er auf die *FT*-Schlagzeile reagierte. Doch als dann die eigentliche Meldung kam, drehte er sofort.

Wie hoch war Ihr Verlust aus dieser Transaktion in Prozent?
Rund 20 Prozent.

Und was haben Sie daraus gelernt?
Nun, als alles vorbei war, sagte ich mir: »Das passiert mir nie wieder.«

Was genau meinen Sie mit »das«?
Eine große Position zu halten ohne einen Stop.

Warum hatten Sie denn auf einen Stop verzichtet?
Weil ich schon so weit im Plus war, dass ich nie mit einem kompletten Rücksetzer gerechnet hätte.

War das so eine Art Demarkationslinie für Sie? Setzen Sie seither grundsätzlich einen Stop?
Nicht nur das. Seitdem nehme ich auch immer etwas Geld vom Tisch, wenn ich einen schnellen, hohen Gewinn verbuche. Der Euro hatte sich ja schon um ein ganzes Prozent bewegt, als die EZB-Meldung kam, doch ich stand immer noch mit meiner vollständigen Position da.

Könnte man also sagen, dass sich Ihre Börsenstrategie nach dieser Geschichte in zwei Punkten verändert hat: Sie setzen stets einen Stop und wenn möglich, realisieren Sie einen Teil Ihrer Gewinne?
Ganz genau. An der Börse geht es nur darum, das Abwärtsrisiko gering zu halten. Der psychologische Effekt empfindlicher Verluste wird durch das Aufwärtspotenzial nicht aufgewogen. Man ist besser dran, wenn man im Lot bleibt.

Was steckte eigentlich hinter dem Artikel in der *Financial Times*?
Das weiß ich bis heute nicht. Und wäre es nicht die *FT* gewesen, hätte ich nie auf so ein Signal reagiert. Rückblickend hätte das so gar nicht passieren dürfen, denn die Presse ist eigentlich stummgeschaltet und darf erst zum Zeitpunkt der tatsächlichen Bekanntgabe Artikel veröffentlichen.

....

In einem von der *Financial Times* veröffentlichen Widerruf entdeckte ich später eine Erklärung für den Vorfall.

Am Donnerstag erschien auf FT.com eine unrichtige Geschichte mit dem Inhalt, dass die Europäische Zentralbank entgegen den Erwartungen beschlossen habe, die

Zinsen unverändert zu belassen, statt sie zu senken. Die Story war ein paar Minuten vor der Bekanntgabe der Entscheidung zur Zinssenkung veröffentlicht worden. Sie war inhaltlich falsch und hätte nicht veröffentlicht werden dürfen. Bei dem Artikel handelte es sich um eine von zwei im Vorfeld verfassten Versionen zu verschiedenen Entscheidungsszenarien, die vor der Ankündigung erstellt worden waren. Aufgrund eines Fehlers in der Redaktion wurde sie irrtümlich veröffentlicht. Durch automatische Feeds verschärfte sich der ursprüngliche Irrtum noch, weil die Story zeitgleich auf Twitter erschien. Die FT bedauert diesen gravierenden Fehler zutiefst und wird unverzüglich ihre Publikationsprozesse und Arbeitsabläufe überprüfen, um sicherzustellen, dass sich eine solche Panne nicht wiederholt. Wir bitten alle unsere Leserinnen und Leser um Entschuldigung.

....

Ich bin durch Steve Goldstein [Gründer von Alpha R Cubed, einer Londoner Management-Training-Firma, die mit vielen herausragenden Tradern zusammengearbeitet hat] auf Sie gestoßen. Sie hatten doch wirklich außergewöhnlichen Erfolg. Was hat Sie dazu bewogen, einen Coach aufzusuchen?
Peter Brandt hat einmal gesagt, erfolgreiches Trading sei, als schwimme man gegen den Strom der menschlichen Natur. Für mich ist Coaching ein Schnellboot, das mir dabei hilft. Ich hatte das Bedürfnis, mein Trading extern überprüfen zu lassen – vor allem, wenn es nicht so gut lief oder wenn die gebotenen Chancen nicht meinem Stil entsprachen. Diese Funktion übernimmt Steve für mich. In solchen Phasen finde ich es hilfreich, mit Steve zu sprechen, um mich nicht tiefer in die Verlustzone zu manövrieren. Außerdem half mir die Arbeit mit Steve, meine Trading-Regeln zu klären und zu festigen. Er machte mir auch klar, dass ich mich zu stark auf meine Schwächen fokussierte und mich mehr auf meine Stärken konzentrieren sollte. Wer sich auf die eigenen Stärken fokussiert, hat keine Zeit mehr für seine Schwächen.

Ich weiß von Steve, dass Sie bei einer Wohltätigkeitsauktion mitgeboten haben, um ein Essen mit Ray Dalio zu ersteigern. Erzählen Sie mir davon.
Ich hatte in einem Artikel im *Business Insider* gelesen, dass Ray Dalio bei einer Auktion zu wohltätigen Zwecken ein Mittagessen angeboten hatte. Ich dachte: »Das klingt ja toll, aber ich wette, der Zuschlag wird ungefähr bei einer Million Dollar liegen.« Ich suchte die Website auf und stellte fest, dass

sich die Gebote noch bei wenigen tausend Dollar bewegten. Weil ich Ray Dalio gerne kennenlernen wollte, machte ich mit. Ich bot, und zu meiner Überraschung lag ich tatsächlich eine ganze Zeit lang vorne – bis zum letzten Auktionstag sogar. An jenem Tag verließ ich das Büro und nahm den Zug in der Hoffnung, schnell nach Hause zu kommen. Das Ende der Auktion stand kurz bevor, und sobald ich aus dem Bahnhof kam, warf ich einen Blick auf die Website, um zu prüfen, ob ich noch im Rennen war. Da sah ich, dass ein anderer den Zuschlag bekommen hatte. Ich war am Boden zerstört und haderte mit mir. »Warum bin ich bloß in den Zug gestiegen? Hätte ich doch nur noch ein bisschen länger gewartet.« Am nächsten Tag kam eine E-Mail von Charitybuzz, der Website, die die Auktion durchgeführt hatte. Darin stand, dass Dalio noch für ein zweites Mittagessen zur Verfügung stünde, wenn ich bereit wäre, den gleichen Betrag zu zahlen wie der Gewinner der Auktion – was ich freudig zusagte.

Wie hoch war das letzte Gebot?
Nur 40 000 Dollar.

Und wo fand das Essen statt?
Bei einem Italiener im West Village [Manhattan]. Den Namen weiß ich nicht mehr.

Und wie lief das Treffen ab?
Fantastisch. Ray Dalios Buch *Die Prinzipien des Erfolgs* hatte mich enorm beeinflusst und nicht nur verändert, wie ich an Börsengeschäfte heranging, sondern ans ganze Leben.

Inwiefern?
Nachdem ich *Die Prinzipien des Erfolgs* gelesen hatte, begann ich, alles infrage zu stellen. Ich glaube, Dalio hat in dem Buch geschrieben, dass unsere Wahrnehmung der Realität nicht unbedingt dem entspricht, wie die Dinge wirklich sind. Um Ziele zu erreichen, muss man die genauen Zusammenhänge zwischen den eigenen Handlungen und den Ergebnissen begreifen, zu denen diese längerfristig führen. Dann kann man seine Maßnahmen gegebenenfalls anpassen, um die angestrebten Ergebnisse zu erreichen. Diese Botschaft veranlasste mich dazu, meine Handelsdaten zu analysieren.

Was lernten Sie daraus?
Ich sah die Aufzeichnungen durch, die ich führte. Sie stellten meine Sicht der Dinge dar. Dann schaute ich mir die Daten zu den Ergebnissen der betreffenden Transaktionen an, die die Realität repräsentierten. Dieser Abgleich brachte mich zu der Erkenntnis, dass ich zwar glaubte, die technische Analyse zu beherrschen, was aber gar nicht stimmte.

Veränderte diese Erkenntnis Ihren Trading-Ansatz?
Auf jeden Fall. Ich verabschiedete mich von der technischen Analyse.

Worüber haben Sie bei dem gemeinsamen Mittagessen gesprochen?
Dalio sagte: »Sie haben für die Zeit bezahlt. Fragen Sie, was Sie wollen.«

Und welche Frage stellten Sie als Erste?
Ich war ziemlich nervös. Ich kann mich gar nicht so genau an alles erinnern. Ich erklärte Dalio, dass ich gern über meine Börsengeschäfte, die Märkte und seine Weltanschauung sprechen wollte.

Hat er Ihnen irgendeinen konkreten Rat gegeben?
Er sagte mir, ich müsse unbedingt so weit wie möglich zurückgehen, um meine Ansichten auf die Probe zu stellen. Dalio ist ein Meister der Historie. Er erklärte mir, die Menschen ließen sich durch Vorausgegangenes aufs Glatteis führen, weil sie der jüngeren Geschichte und ihrer persönlichen Erfahrung übermäßiges Gewicht beimessen und nicht weit genug zurückschauen, wenn sie ihre Einschätzungen rückvergleichen. Er machte mir begreiflich, dass man auf die Geschichte zurückblicken muss, und zwar weit über den eigenen Erfahrungshorizont hinaus, um wirklich überzeugt zu sein.

Wie weit gehen Sie also mit Ihren Marktanalysen zurück?
So weit wie möglich.

Und das heißt?
Im Moment rund 100 Jahre – im Idealfall würde ich aber noch viel weiter zurückschauen. Im Rahmen meiner Analysen lese ich viel – unlängst ein Buch mit dem Titel *Devil Take the Hindmost: A History of Financial Speculation* von Edward Chancellor. Darin geht es um Marktblasen bis zurück zur Tulpenmanie in den Niederlanden.

Ein gutes Buch?

Großartig. Dieses Buch kann helfen, die breitere historische Perspektive der Märkte und der Spekulation zu entwickeln, die Dalio meint.

Haben Sie aus Ihrem Mittagessen mit Dalio noch weitere Erkenntnisse mitgenommen?

Es half mir zu verstehen, wie Dalio über den erwarteten Wert dachte. Ich möchte ihn ungern falsch zitieren, doch grob umrissen sprach er von dem ganzen Hype und den Kosten für die Weltraumforschung als großem Pionierprojekt. Dalio sah das ganz anders. Seiner Ansicht nach sollten wir uns nach unten orientieren, in die noch weitgehend unerforschten Tiefen des Ozeans. Er argumentierte mit dem erwarteten Wert. Er sagte, aus der Ozeanforschung könnten wir viel mehr lernen, wenn wir darin genauso viel investierten wie in die Weltraumforschung. Anders formuliert: der erwartete Wert der Ozeanforschung sei weit größer als der erwartete Wert der Weltraumforschung. Ich fand Dalios Ansicht faszinierend. Und ich begann darüber nachzudenken, wie ich auf den Märkten erwarteten Wert aufspüren könnte.

Wie würden Sie erwarteten Wert definieren?

Für mich ist das eine gegenläufige Ansicht zu einem Markt, der sehr unpopulär ist. Das galt in diesem Jahr [2019] beispielsweise für Mais. Die Preise waren so niedrig wie seit Jahrzehnten nicht mehr, und die Short-Positionen der Spekulanten so groß wie seit Langem nicht. So eine Konstellation lässt vermuten, dass ein Engagement auf der anderen Marktseite einen hohen erwarteten Wert verspricht, sofern sich dieser Eindruck durch eine ausreichende fundamentale Veränderung begründen lässt.

Haben Sie bei diesem Essen denn überhaupt einen Bissen hinunterbekommen?

[Er lacht.] Dalio meinte: »Hey, das sollten Sie probieren. Das ist wirklich gut.« Da merkte ich, dass ich noch gar nichts gegessen hatte.

Gab es noch andere Menschen, die die Entwicklung Ihrer Trading-Methode beeinflusst haben?

Ja, Peter Brandt. [Brandt wurde im ersten Kapitel interviewt.] Ich habe Brandts *Factor*-Trading-Dienst schon seit Langem abonniert. Ich hörte, dass er nach Polen kommen würde, und wollte ihn unbedingt persönlich kennenlernen. Ich schrieb seiner Assistentin eine E-Mail und verabredete mich mit ihm. Am Ende lief es auf ein Abendessen und ein Frühstück hinaus. Peter spricht so bescheiden über seinen Trading-Erfolg. Er gehört zu den Menschen, die genau wissen, was sie gut können, und dabei bleiben. Peter erzählte mir, er habe erst nach acht oder zehn Jahre begriffen, dass er eine bestimmte Stärke hatte. Dass er dafür so lange gebraucht hatte, verblüffte mich. Mir war klar: Ich hatte noch viel zu tun, wenn ich erfahren wollte, wo meine eigentliche Stärke lag. Nach unserer Begegnung beschloss ich, mir genauer anzusehen, was meine großen Gewinne charakterisierte, weil es bei meinen Trades eine gewaltige Schieflage gibt. Ich bezog alles in meine Analyse ein, was irgendwie mit diesen Transaktionen zu tun hatte: Wie ich mich damals fühlte, welche Merkmale auf dem Markt vorherrschten und meine Marktanalyse. Ich suchte nach den gemeinsamen Nennern der Geschäfte, die für mich besonders gut liefen.

Ihnen lagen diese ganzen Informationen zu allen Ihren Trades vor?
Ich führe seit 2011 ein Börsentagebuch.

Und Peter regte Sie dazu an, Ihre Aufzeichnungen durchzugehen und herauszufinden, wodurch sich Ihre großen Erfolge auszeichneten?
Definitiv. Peter schreibt einen jährlichen Bericht über seine »elegantesten Trades« – die Geschäfte, die Paradebeispiele für die klassischen Chartformationen liefern, nach denen er Ausschau hält, und an die sich die Kursbewegungen anschlossen, die von diesen Formationen angekündigt wurden.

Sie wollten also herausfinden, wie Ihre elegantesten Trades aussahen?
Ganz genau.

Und was haben Sie festgestellt?
Ich merkte, dass es bei allen meinen sehr erfolgreichen Transaktionen ein unerwartetes Ereignis gegeben hatte, das dem Nachrichtenstrom zuwiderlief. Ein weiteres Merkmal dieser Trades war, dass ich jedes Mal glasklare Gründe für einen Einstieg hatte. Ich verwechselte nicht kurzfristige mit langfristigen Einschätzungen. Außerdem stellte ich noch fest, dass diese Positionen nie stärker nachgegeben hatten und in aller Regel fast sofort Gewinne abwarfen, während die Geschäfte, die nicht gut funktionierten, gewöhnlich rasch aus dem Ruder liefen und sich auch nicht mehr fingen.

Sie haben erwähnt, dass Sie in Ihrem Börsentagebuch auch Ihre Gefühle festhalten. Können Sie mir ein konkretes Beispiel dafür geben, wie Ihnen solche Informationen geholfen haben, ein besserer Trader zu werden?
Ich glaube, der Verhaltensaspekt beim Trading ist ein noch viel zu wenig erforschter Bereich mit Spielraum für Leistungssteigerung. Bestimmte Gefühle sind symptomatisch für Trading-bezogene Probleme. Es gab da beispielsweise eine kurze Phase, in der ich in meinem Tagebuch ständig Frustgefühle festhielt – und die Angst, Chancen zu verpassen. Als ich genauer nachforschte, entdeckte ich, dass dieser emotionalen Disharmonie ein Konflikt zwischen meinen kurz- und meinen langfristigen Einschätzungen zugrunde lag. Es war Folgendes passiert: Ich hatte mich längerfristig engagiert, erkannte dann aber eine Chance, in Gegenrichtung Geld zu verdienen – mit einer kurzfristigen Wette auf demselben Markt. Am Ende ging dann keine der beiden Strategien so richtig auf. Schlimmer noch, ich ließ viel Gewinn auf dem Tisch, was den Frust verursachte. Ich merkte, dass dieser Konflikt auftrat, weil ich damals gerade meinen Ansatz auf längerfristiges Engagement umstellte. Als ich das objektiv kapiert hatte, konnte ich die richtige Lösung entwickeln.

Und wie sah diese aus?
Ich rechnete damit, dass ich potenzielle kurzfristige Chancen entdecken würde, die meinen langfristigen Ansichten zu einem bestimmten Markt zuwiderliefen. Entwickelten sie sich erwartungsgemäß, würde ich sie als solche nutzen, doch meine langfristige Position stehen lassen.

Was haben Sie sonst noch von Brandt gelernt?
Er spricht von »Leckagen« und meint damit Geld, dass man mit Geschäften verliert, die nicht richtig in Einklang mit dem eigenen Prozess stehen. Ich begann, solche Transaktionen in meinem Depot zu verfolgen und stellte fest, dass sie mich davon abhielten, ein noch höheres Gewinnniveau zu erreichen. 2017 entfiel mein gesamter Gewinn auf nur 10 Prozent meiner Handelstage. Es ist so wichtig, Trades zu meiden, die nicht richtig passen, weil man damit finanzielles und psychisches Kapitel verschleudert.

Peters Ansatz ist zu 100 Prozent chartgestützt. Sie orientieren sich dagegen an den Fundamentaldaten. Handelt es sich bei seinem Einfluss daher um allgemeine Handelsgrundsätze, die methodenunabhängig sind – wie, dass man die eigene Stärke kennen, suboptimale Trades meiden und Risiken managen muss –, oder lässt sich sein Ansatz zumindest teilweise auf Ihr Geschäft übertragen?

Ich verwende Peters Chartgrundsätze durchaus, weil ich die Art und Weise, wie er die Märkte betrachtet, für zeitlos halte. Er richtet sich nicht nach Indikatoren und schaut sich ausschließlich die Charts an – eine Sichtweise, die meiner Betrachtung der Märkte entspricht.

Ich entnehme daraus, dass sich das breite Kursbild auf Ihr Geschäft auswirken kann?
So ist es. Ich halte langfristige Chartformationen für bedeutsam, insbesondere längere Konsolidierungen. Man weiß nie, wann der Durchbruch kommt, doch wenn er kommt, dann hat das oft kräftige Kursbewegungen zur Folge.

Können Sie mir ein Beispiel für eine Transaktion geben, bei der die Entwicklung des Kurscharts eine wesentliche Rolle spielte?
Da fällt mir gleich ein bestimmtes Geschäft ein, weil es so ein klassisches Beispiel war. Das ist jedoch schon eine ganze Weile her.

Spielt keine Rolle. Es kommt mir auf das Beispiel an.
Anfang Mai 2013 befand sich der australische Dollar schon geraume Zeit in einer Konsolidierung. Damals [er deutet auf den 9. Mai 2013 auf dem Kurschart] gab es einen dieser gegenläufigen Tage, als die Wirtschaftsdaten, konkret ein Arbeitsmarktbericht, ausgesprochen gut ausfielen, doch der Markt nach unten aus seiner langfristigen Range ausbrach. Die Arbeitsmarktnachrichten waren mehr als optimistisch. Der Markt hatte mit 11 000 gerechnet, der Wert lag aber bei 50 000. Außerdem sank die Arbeitslosenquote, und die Erwerbsquote stieg. Zuversichtlicher hätte der Bericht gar nicht ausfallen können. Die Daten wurden nach europäischer Zeit um 2:30 Uhr morgens veröffentlicht. Auf den Bericht hin setzte zunächst eine Rally ein, doch bis ich um 7 Uhr im Büro war, war bereits ein Abverkauf erfolgt, und die Kurse dümpelten unter der langfristigen Konsolidierungsformation, die ich beobachtet hatte. Ich sah die Daten, die bekannt gegeben worden waren, und die anschließende Kursbewegung, und ging sofort in Verkaufsmodus. Ich dachte nicht nach, ich ging einfach unverzüglich short.

Reagieren Sie anders, wenn Sie gerade eine Verluststrähne haben?
Ich verringere systematisch meine Positionsgröße, wenn ich in einer Verlustphase bin. Verluste unter 5 Prozent betrachte ich als natürliche Fluktuation, die es geben muss, damit ich Erträge erzielen kann. Steigen die Verluste aber über 5 Prozent, halbiere ich meine Positionen.

Gibt es einen Punkt, an dem Sie Ihr Engagement noch stärker zurückfahren?
Überschreiten die Verluste 8 Prozent, halbiere ich die Positionsgröße erneut, erreichen sie 15 Prozent, steige ich aus und lege eine Pause ein.

Ist das schon vorgekommen?
Abgesehen von dem falschen Bericht in der *Financial Times* nur einmal. Damals kam ich im Grunde zur Arbeit, analysierte nur und engagierte mich nicht.

Wie lange?
Nicht sehr lange – ein oder zwei Wochen.

Über das, was Sie von Ray Dalio und Peter Brandt gelernt haben, haben wir bereits gesprochen. Gibt es noch andere Trader, von denen Sie sich Dinge abgeschaut haben?
Von meinen ehemaligen Chefs lernte ich, dass es an der Börse nicht darum geht, recht zu behalten, sondern darum, Geld zu verdienen. Viele wollen ihre Ansichten unbedingt bestätigt sehen. Das kann dem Geldverdienen aber im Wege stehen. Als ich anfing, ging ich mit dem Gefühl ans Geschäft heran, dass ich keine Ahnung hatte. Ich stützte mich daher bei der Analyse stets auf die Marktbewegungen, nicht auf persönliche Meinungen. Ich dachte nicht: »Meiner Ansicht nach werden die Verhandlungen Griechenlands mit Europa so oder so ausgehen, und deshalb wird sich der Markt so oder so entwickeln.« Stattdessen verfolgte ich die Marktbewegungen und ergründete dann, warum sie so und nicht anders verlaufen waren. Gaben EU-Amtsträger eine Erklärung ab und der Markt zeigte eine bestimmte Reaktion, dann interpretierte ich das folgendermaßen: »Aha, sie haben das gesagt, und deshalb hat der Markt so reagiert.«

Welchen Rat würden Sie anderen Tradern geben, die besser werden möchten?
Erstellen Sie eine Handelsstatistik und führen Sie ein Börsentagebuch. Mit diesen Informationen sollten Sie in der Lage sein, Ihre besonderen Stärken und Schwächen zu definieren und Ihre Geschäfte entsprechend anzupassen. Halten Sie sich an Ihre Stärke – spielen Sie Ihr eigenes Spiel, nicht das der anderen. Stellen Sie sich dann bildlich vor, wie Sie besonders erfolgreich sein könnten. Wie sieht das aus? Was sollten Sie tun, unterlassen es aber? Wovor müssen Sie sich hüten? Auf diese Weise können Sie Ihre Stärken ausbauen und Ihre schädlichen Neigungen dämpfen.

Nach welchen Börsenregeln richten Sie sich?

Interessanterweise stammten viele meiner Regeln und Prinzipien anfangs aus Äußerungen von Tradern in Ihrem *Magier der Märkte*-Buch. Mit der Zeit veränderte ich sie so, dass sie zu meiner Persönlichkeit passten und für mich funktionierten. Heute befolge ich diese Regeln:

- Um mit Adam Robinson zu sprechen: Genial ist, zu wissen, dass man einen Hammer hat, und nur nach Nägeln Ausschau hält. Was ich damit sagen will: Ich muss mich an das halten, was ich gut kann.
- Das Risiko-Ertrag-Verhältnis eines Geschäfts ist eine dynamische Angelegenheit und kann sich drastisch verändern, während man eine Position hält. Ich muss daher flexibel einen Teil meiner Position liquidieren können, wenn sich ein Geschäft günstig entwickelt. Sonst gehe ich implizit davon aus, dass ich zu 100 Prozent richtig liege. Diese Regel habe ich mir angeeignet, weil ich oft erlebt habe, wie ich mit einem großen Gewinn dastand und der Markt sich dann rasant gegen mich wendete, während ich noch die komplette Position hielt.
- Ich habe einen Verlustalarm – eine sehr persönliche Regel. Ich habe festgestellt, dass zu Beginn jeder Verlustphase, die ich bisher erlebt habe, drei Bedingungen vorlagen:
    - ein Tagesverlust von 2 Prozent oder mehr;
    - ein erheblicher Verlust aus einer offenen Position;
    - eine große Position, die sich nicht auszahlt – also eine Transaktion, für die ich mir gute Chancen ausgerechnet hatte und deshalb hoch eingestiegen war, die sich aber als Flop entpuppte.
- Eine weitere persönliche Regel: Ich bin mir bestimmter Gefühle bewusst, die ein Warnsignal dafür sind, dass ich aus dem Markttakt gerate. Die Schlüsselbegriffe, auf die ich in meinen täglichen Handelsaufzeichnungen achte, sind Angst, nämlich die Angst, Chancen zu verpassen, und Frust.
- Klarheit geht vor Sicherheit. Wer auf Sicherheit wartet, lähmt sich.
- Rechnen Sie immer damit, was alles schiefgehen könnte. Legen Sie sich zurecht, wie Sie reagieren, wenn das Gegenteil von dem eintritt, was Sie erwarten.
- Sehen Sie in einer Chance nicht mehr, als sie ist. Wird eine Transaktion nur teilweise ausgeführt, könnte man in Versuchung geraten, die Position länger laufen zu lassen, um die geringere Größe auszugleichen. Doch das würde gegen meinen Prozess verstoßen und führt ganz allgemein zu schlechteren Ergebnissen.

- Stellen Sie sicher, dass Sie Ihre Stops immer an einem Punkt setzen, der Ihre Markthypothese widerlegt. Das sollte nie ein bestimmter Betrag sein – also ein Stop, der ausgewählt wird, weil Sie nur so und so viel Geld riskieren wollen. Sind Sie versucht, einen solchen Stop zu setzen, ist das ein sicheres Zeichen dafür, dass Ihre Position zu groß ist.
- Machen Sie sich nicht verrückt, wenn Sie Trades verpassen, zu denen Sie nicht bereit waren. Der Markt bietet laufend Chancen. Solange morgen die Sonne wieder aufgeht, kommt ein neuer Tag zum Geldverdienen. Darum muss ich mir also keine Gedanken machen.

Welchen Rat würden Sie einem Anfänger geben?
Diese Frage wird mir oft gestellt, und ich finde sie schwer zu beantworten. Generell rate ich von einer Karriere als Trader ab, weil die meisten Menschen nicht bereit sind, den nötigen Einsatz zu bringen, um Erfolg zu haben. Ein Problem mit den Märkten und der Spekulation ist, dass auf kurze Sicht das Glück so eine große Rolle spielt. Das verleitet manche zu dem Glauben, ihre Gewinne seien ihrem Können geschuldet, obwohl dem gar nicht so ist. Ein Medizinstudent muss über sechs Jahre lang studieren, um Arzt zu werden. Warum sollte das beim Trading anders sein, wenn man ein hohes Kompetenzniveau erreichen möchte? Das Börsengeschäft ist wie jeder andere Beruf auch: Wer Erfolg haben will, muss einen langen Atem haben. Wer nicht bereit ist, den nötigen Einsatz zu bringen, dem rate ich, er sollte es lieber lassen.

Und was sagen Sie den Leuten, die immer noch Trader werden wollen, obwohl Sie ihnen davon abgeraten haben?
Fangen Sie nicht zu früh an. Analysieren Sie erst und finden Sie Ihre Methode, dann können Sie loslegen. Doch auf diesen Rat hören die wenigsten.

Noch ein Wort zum Schluss?
Wer an der Börse Erfolg haben möchte, der muss das Geschäft lieben. Für mich ist Trading wie eine endlose Schachpartie. Es ist das aufregendste Spiel überhaupt. Finden Sie das Börsengeschäft nicht spannend, dann glaube ich nicht, dass die guten Phasen Sie für die schlechten entschädigen können.

....

Die eine Frage, die jeder Trader für sich beantworten können muss, lautet: Was ist Ihre besondere Stärke? Können Sie das nicht klar sagen, dann wissen Sie nicht, auf welche Transaktionen Sie sich fokussieren sollten oder welche Positionen größer ausfallen sollten. Eine entscheidende Verbesserung, die Dhaliwal an seiner Methode vornahm, war, festzustellen, welchen Geschäften er den Löwenanteil seines Gewinns verdankte. Dadurch konnte er seine Aufmerksamkeit darauf konzentrieren, solche Transaktionen zu erkennen, auszuführen und zu steuern, auf die es wirklich ankam. Zusätzlich gelang es ihm dadurch, die grenzwertigen Positionen deutlich zu verringern, die per saldo einen negativen Effekt auf sein Portfolio hatten, ihn ablenkten und Kraft kosteten. Hat man die eigene Stärke erkannt, dann muss man sich an die Transaktionen halten, die ihr entgegenkommen. Überraschend viele Trader wenden eine bestimmte Methode hoch professionell an und tappen dennoch in die Falle, auch andere Geschäfte einzugehen, die in aller Regel mit Nettoverlusten enden und die effiziente Ausführung der Transaktionen behindern, die ihnen wirklich liegen.

Dhaliwal gelang es, zu erkennen, welche Geschäfte ihm einen echten Vorsprung verschafften, weil er täglich akribisch über alle seine Positionen Buch führte und nicht nur seine Marktanalyse und die Beweggründe für die einzelnen Transaktionen aufzeichnete, sondern auch, wie er sich dabei fühlte. Dieses ausführliche Tagebuch ermöglichte es Dhaliwal, Transaktionen zu kategorisieren und den gemeinsamen Nenner der Positionen zu ermitteln, die ihm seine großen Gewinne bescherten. So ein Börsentagebuch ist aber nicht nur ein unschätzbares Werkzeug, um festzustellen, womit ein Trader Geld verdient, sondern kann auch verwendet werden, um daraus Erkenntnisse zu ziehen und diese festzuhalten: richtige Entscheidungen und Maßnahmen, vor allem aber auch begangene Fehler. Liest man sich so ein Tagebuch immer wieder durch, um das Gelernte zu verinnerlichen, ist das eine der effektivsten Optimierungsmöglichkeiten für einen Trader.

Um an der Börse erfolgreich zu sein, muss man sich anpassen könnten. Denken Sie an Dhaliwals Trading-Karriere. Zu Anfang stützte er sich dabei auf die technische Analyse, setzte diese später aber höchstens noch als Hilfsmittel ein, sobald er erkannte hatte, dass sein Gewinn praktisch vollständig auf Transaktionen beruhte, die er aufgrund fundamentaler Indikatoren eingegangen war. Seine ursprüngliche Methode bestand darin, nach Ereignissen, die Schlagzeilen machten, den ersten Kursausschlag mitzunehmen. Sobald jedoch Trader auf Algorithmen setzten, um die erwarteten Kurssprünge auszunutzen, und damit schneller waren, als er seine Orders platzieren konnte, verlegte er sich auf eine Strategie, die diese Kursbewegungen ausblendeten. Er handelte folglich nach dem ersten Kursausschlag aus der entgegengesetzten Richtung. Im Zuge seiner Entwicklung als Trader und nachdem er mit Hilfe eines Vollzeitassistenten viel Research-Arbeit geleistet hatte, wurden makroökonomische Analysen zum Haupttreiber seines Börsenengagements. Veränderungen sind die einzige Konstante in Dhaliwals Börsenansatz.

Dhaliwals größter Verlust war zwar in erster Linie auf eine Falschmeldung zurückzuführen – eine seltene irrtümliche Veröffentlichung in der *Financial Times* –, doch zu einem gewissen Grad auch auf unzureichendes Risikomanagement. Konkret hatte Dhaliwal keinen Stop platziert, um seine umfangreiche Position abzusichern. Hätte er sich durch eine solche Stop Order abgesichert, wäre er sofort ausgestoppt worden, als die korrekte Meldung der Darstellung in der *Financial Times* widersprach. Das hätte seine Verluste aus dieser Transaktion stark verringert. Seit diesem Debakel setzt Dhaliwal grundsätzlich bei größeren Positionen zum Schutz einen Stop.

Ein weiteres entscheidendes Element von Dhaliwals Risikomanagement ist ein spezifischer Prozess zur Verkleinerung seiner Positionen, wenn die Verluste eine bestimmte Größenordnung übersteigen. Erreichen sie mehr als 5 Prozent, halbiert er seine Positionen, und bei 8 Prozent halbiert er sie erneut. Ab 15 Prozent steigt Dhaliwal ganz aus, bis er sich wieder in der Lage fühlt, sich neuerlich zu engagieren.

Dhaliwal gibt den entscheidenden und oft übersehenen Hinweis, dass das Risiko-Ertrag-Verhältnis einer Transaktion dynamisch ist und sich drastisch verändern kann, während man die Position hält. Nehmen Sie beispielsweise an, Sie führen eine Transaktion aus, erwarten sich davon 300 Zähler Gewinn und riskieren 100 Zähler Verlust. Bewegt sich der Markt dann um 200 Zähler zu Ihren Gunsten, sieht das Risiko-Ertrag-Verhältnis ganz anders aus als bei der Eröffnung der Position. Dhaliwal managt die Dynamik des Risiko-Ertrag-Profils einer Position, indem er Teilgewinne realisiert. Hielte man die ganze Position bis zum Ausstieg, käme das dem Versuch gleich, zu 100 Prozent recht zu behalten – und dem Risiko, zu 100 Prozent falsch zu liegen. Einen Teil des Gewinns mitzunehmen, wenn sich eine Position vorteilhaft entwickelt, trägt nicht nur dem Sachverhalt Rechnung, dass sich das Risiko-Ertrag-Verhältnis der Transaktion verändert, sondern ist noch ein weiteres Werkzeug zum Risikomanagement. Wendet sich der Markt abrupt gegen Ihre Position, so mindert die Sicherung eines Teilgewinns den entgangenen Gewinn beziehungsweise den Verlust. Das hat Dhaliwal zwar nicht angesprochen, doch man kann der Veränderung des Risiko-Ertrag-Profils einer Transaktion, die sich in die erwartete Richtung bewegt, auch gerecht werden, indem man den schützenden Stop entsprechend nachzieht.

Der Stop sollte an dem Punkt gesetzt werden, der Ihre Handelshypothese entkräftet. Wer ihn enger setzt, weil das dem maximalen Geldbetrag entspricht, den er aufs Spiel setzen möchte, sollte das als Indiz dafür werten, dass die Position zu groß ist. Das bedeutet, Sie sollten Ihre Position verkleinern, damit Sie einen sinnvollen Stop setzen können, mit dem Sie trotzdem nicht mehr Geld aufs Spiel setzen, als Sie zu riskieren bereit sind.

Sie sollten auch wissen, wie Sie vorgehen müssen, wenn Sie falsch liegen. Dhaliwal plant seine Transaktionen und weiß schon im Voraus, wie er auf jedes mögliche Szenario reagieren wird. Sich vor dem Eingehen einer Position einen Plan zum Transaktionsmanagement zurechtzulegen, ist viel besser als nach der Platzierung. Warum? Weil Sie im Vorfeld den Vorteil haben, vollkommen objektiv zu entscheiden. Sind Sie bereits in Position, haben Sie diesen Vorteil eingebüßt.

In der Regel bilden sich Trader ihre eigene Meinung dazu, wie die Märkte auf bestimmte Ereignisse und Umstände reagieren sollten, und handeln dann entsprechend. Dhaliwal ging ganz anders vor – ohne vorgefasste Meinungen. Stattdessen verfolgte er die Kursbewegungen am Markt und ermittelte dann ihre Ursachen. Auf diese Weise ließ er sich vom Markt erklären, wodurch bestimmte Preisbewegungen ausgelöst wurden, statt auf seine eigenen unbewiesenen Theorien und Annahmen zu setzen. Dhaliwals Erfolgsbilanz zeugt von der Weisheit dieser Herangehensweise.

Kursbewegungen, die stark von den erwarteten Folgen einer fundamentalen Entwicklung abweichen, können ein aussagekräftiges Preissignal sein. Das von Dhaliwal erwähnte Geschäft mit dem australischen Dollar liefert ein Paradebeispiel für diesen Grundsatz. Damals erschien ein überraschend optimistischer Arbeitsmarktbericht. Der Markt legte zunächst erwartungsgemäß zu, brach dann aber ein, und die Kurse erreichten neue Tiefststände. Der krasse Gegensatz zwischen den fundamentalen Nachrichten und der resultierenden Kursentwicklung gab ein eindeutiges Signal für den Beginn einer längeren Baisse.

Dhaliwals Positionen stützen sich zwar überwiegend auf seine fundamentalen Analysen und das Studium der Marktreaktionen auf fundamentale Entwicklungen, doch ergänzend setzt er auch die technische Analyse ein. Ein technisches Ereignis, das sich seiner Ansicht maßgeblich auf den Kurs auswirkt, ist ein Ausbruch aus einer langfristigen Handelsspanne. Sind solche Ausbrüche nachhaltig, können sie längere Kursbewegungen in dieselbe Richtung zur Folge haben. Der australische Dollar reagierte nicht nur unerwartet auf die fundamentalen Nachrichten, sondern gab auch noch das technische Signal eines Ausbruchs aus einem langfristigen Seitwärtstrend ab.

Dhaliwal sagt: »Es geht nicht darum, recht zu behalten. Es geht darum, Geld zu verdienen.« Will heißen, dass der Wunsch, richtig zu liegen, schon viele Trader aufs Glatteis geführt hat. Wichtig ist am Ende aber nur, ob man Gewinn macht – nicht, ob die eigenen Markttheorien stimmen.

Eine von Dhaliwals Regeln lautet: Klarheit geht vor Sicherheit. Auf den Märkten gibt es keine Sicherheit, nur Wahrscheinlichkeiten. Wer auf Chancen wartet, die dem Ideal der absoluten oder relativen Sicherheit am nächsten kommen, der bleibt untätig und verpasst Gelegenheiten mit hoher Gewinnwahrscheinlichkeit.

Eine Gemeinsamkeit vieler besonders erfolgreicher Trader ist die Liebe zu ihrem Beruf. Sie vergleichen das Börsengeschäft oft mit einem Spiel – auch Dhaliwal, der es in seinem Interview als »endlose Schachpartie« bezeichnet. Als Trader sollte man unbedingt seine Motive hinterfragen. Engagiert man sich an der Börse, weil man von diesem Spiel fasziniert ist oder weil es eine Möglichkeit ist, viel Geld zu verdienen? Im ersten Fall stehen die Chancen weitaus besser.

JOHN NETTO

Montag ist mein Lieblingstag

Als John Netto die Highschool abschloss, hätte ihm niemand großen beruflichen Erfolg zugetraut. Er hatte schlechte Noten, und alles, was er anfing, misslang ihm. Ein College-Studium war keine Option. Doch so viel wusste Netto: Er brauchte Struktur und Disziplin. Ohne groß darüber nachzudenken, bewarb er sich bei den Marines. Netto schwärmt von den Tugenden der Marines und meint, dass seine Erlebnisse als Marine sein Leben verändert haben.

Nach der Grund- und der Infanterieausbildung bewarb er sich bei den Fliegern. Er wollte Fluglotse werden. Die Marines ließen ihn zum Wetterbeobachter ausbilden. Offenbar fanden sie, das käme seinem Wunsch nahe genug. Nach der Ausbildung wurde er in Japan stationiert. Netto mochte die japanische Sprache und kaufte sich einen Sprachkurs auf Kassette, mit dessen Hilfe er fließend Japanisch lernte. Die überraschten Blicke der Einheimischen, wenn er Japanisch sprach, bereiteten ihm besonderes Vergnügen, denn die Japaner gingen grundsätzlich davon aus, dass Ausländer ihre Sprache nicht beherrschten. Weil Netto so gut Japanisch konnte, wurde er schließlich der prestigeträchtigen Marine Security Guard in der US-Botschaft in Tokio zugeteilt.

Noch während seiner Dienstzeit besuchte Netto die University of Washington und wurde vom Marine Corps damit beauftragt, im Rahmen ihres ROTC-Programms die Naval Midshipmen anzuführen, wie Studenten der Naval Academy genannt werden. Seiner neu entdeckten Liebe zu asiatischen Sprachen entsprechend belegte Netto im Hauptfach Japanisch und Chinesisch. Netto liebäugelte mit einer Militärkarriere in der Erwartung, nach Asien versetzt zu werden, wo er seine Sprachkenntnisse nutzbringend einsetzen könnte. Dieser Plan ging nicht auf: Eine chronische Knieverletzung vereitelte die militärische Laufbahn. Netto akzeptierte die Entlassung aus den Marines wegen Dienstunfähigkeit, noch bevor er alle Voraussetzungen für eine Offizierslaufbahn erfüllt hatte. Die Abfindung, die er von den Marines erhielt, sowie ein kleines Gehalt lieferten Netto das Startkapital für seine Karriere als Trader.

Netto ging so an das Börsengeschäft heran, wie er Japanisch gelernt hatte: Er brachte es sich selbst bei. Seine anfängliche Handelsmethode entwickelte Netto, indem er Bücher las und sich Informationen aus dem Internet holte. Sie stützte sich voll und ganz auf die technische Analyse. Mit wachsender Erfahrung merkte Netto, wie wichtig es war, bei seinen Analysen und Transaktionen auch fundamentale Aspekte zu berücksichtigen. Schließlich entwickelte er eine Methode, die ein grundlegendes Verständnis von den vorherrschenden fundamentalen Treibern der Marktkurse mit technischer Analyse verband, um so die exakten Einstiegsniveaus für Positionen zu bestimmen, die mit seinen fundamentalen Ansichten übereinstimmten. Netto entwickelte aber auch Strategien, um auf Marktereignisse zu setzen, und eigene Software, mit deren Hilfe solche Transaktionen in Sekundenbruchteilen automatisch ausgeführt werden konnten.

In seinem Büro sitzt Netto vor einer Anordnung aus zehn Großbildschirmen. Sechs davon sind an einen Rechner angeschlossen und zeigen Seiten mit Kursnotierungen, Marktcharts über verschiedene Zeiträume, die Risiko-Ertrag-Überwachung einzelner Positionen, Optionsnotierungen, Handelsfenster und allgemeine Computer-Apps. Weitere vier Monitore sind an einen zweiten Computer angeschlossen, der Nettos Software für das ereignisbezogene Trading gewidmet ist.

In den über zehn Jahren, über die sich seine offizielle Erfolgsbilanz bisher erstreckt, erzielte Netto eine durchschnittliche jährliche Gesamtrendite von 42 Prozent, basierend auf dem nominellen Stand seines Depots. (Zieht man nominelle Zahlen heran anstelle der Ist-Werte, dämpft das das Risiko- und Ertragsniveau und liefert ein Bild von der Wertentwicklung, das eher dem beabsichtigen Risikoniveau entspricht.) Der Maximalverlust betrug in diesem Zeitraum 15 Prozent. Nettos Risiko-Ertrag-Werte sind herausragend: mit einer angepassten Sortino Ratio von 4,7 und einer monatlichen GPR von 4,8 (Definitionen und Erklärungen zu diesen Kennzahlen finden Sie in Anhang 2).

Nettos Trading-Methode ist so komplex und zeitraubend, dass man annehmen könnte, er hätte damit alle Hände voll zu tun – aber weit gefehlt. Derzeit studiert er berufsbegleitend Jura. Netto will seine Börsenkarriere aber nicht etwa aufgeben, um Jurist zu werden. Er räumt offen ein, dass er seinen Juraabschluss vermutlich kaum je im Rahmen einer bezahlten Tätigkeit nutzen wird. Was Netto vorschwebt, ist Pro-bono-Arbeit zur Vertretung der Interessen von Veteranen. Vor allem aber motiviert ihn schlicht der Wunsch, juristische

Kenntnisse zu besitzen – so, wie er gern Japanisch lernen wollte. Ich gebe zu, dass es mir verrückt vorkommt, sich die Arbeitsbelastung eines Jurastudiums aufzuhalsen, nur um des Wissens willen, obwohl man mit der Marktanalyse und dem Börsengeschäft bereits einer anstrengenden Vollzeittätigkeit nachgeht. Doch ich denke eben linear, und Netto vermutlich nicht.

Manche Interviews sind schwerer zu Text zu verarbeiten als andere. Nettos Interview war eine harte Nuss. Zum einen sprach er so schnell wie ein New Yorker, der noch rasch etwas zu Ende erzählen will, bevor er seinen Zug erwischen muss. Zum anderen erzählte er so begeistert vom Trading, dass jede Antwort in acht Richtungen zu gehen schien – von denen keine zur ursprünglichen Frage passte. Wenn ich um ein konkretes Beispiel bat, um einen Punkt zu veranschaulichen, den er angesprochen hatte, mischte er in seiner Antwort oft mehrere Beispiele – und das nicht einmal der Reihe nach! Beim Redigieren seines Interviews suchte ich mir oft Informationen zusammen, zwischen denen in meinen Aufzeichnungen mehrere Stunden lagen, um daraus eine zusammenhängende Antwort zu konstruieren.

Fairerweise muss ich sagen, dass Netto bereits während unseres Gesprächs immer wieder merkte, dass die Antworten, die er gerade gegeben hatte, Verwirrung stiften könnten, wie aus seinen selbstkritischen Äußerungen während unseres Treffens hervorging: »Ich glaube, diese Antwort war jetzt ein bisschen abenteuerlich.« »Das ist echt abgehoben.« »So viel Hintergrund brauchen Sie bestimmt nicht.« »Ein richtiges Sammelsurium von Informationen.« »Daraus wird vielleicht keiner schlau, wenn Sie das so wiedergeben.« Alles richtig.

....

Wodurch wurde Ihr Interesse am Börsengeschäft geweckt?
Es liegt mir einfach, darauf zu spekulieren, wie sich manche Dinge entwickeln. Schon auf der Highschool war ich der Buchmacher für Mitschüler, die Sportwetten abschließen wollten. Ich bot Spread-Wetten auf alle Football-Spiele an und nahm jede Wette an. Wie in Las Vegas behielt ich einen Anteil vom Gewinn. Daran verdiente ich. Für jeden Dollar, den ich auszahlen musste, berechnete ich 1,10 Dollar.

Sie waren also das Kasino.
Genau.

Wie viel haben Sie denn auf diese Weise verdient?
In meinem Abschlussjahr hatte ich 7000 Dollar auf dem Konto. Am 17. Dezember war mein 18. Geburtstag, und vorher wollte ich meine Buchmachergeschäfte einstellen, um nicht als Volljähriger gegen Gesetze zu verstoßen. Zu Thanksgiving in jenem Jahr, eines meiner letzten Wochenenden als Buchmacher, gewannen 24 von 28 Favoriten. Und die Leute wetten nun mal gern auf Favoriten. An jenem Tag verlor ich das ganze Geld, dass ich während meiner Highschoolzeit verdient hatte – und noch 1500 Dollar obendrauf, die ich nicht hatte.

Wie fühlten Sie sich, als Ihnen klar wurde, dass Sie an einem Tag alles verloren hatten, was Sie über mehrere Jahre erarbeitet hatten – und noch mehr?
Es war niederschmetternd. Doch das Wichtigste, was ich aus dieser Erfahrung gelernt habe: Ganz gleich, wie schlimm es steht – am nächsten Tag geht immer wieder die Sonne auf.

Hatte die Erfahrung, die Sie als Teenager an jenem Wochenende machen mussten, Einfluss auf Sie, als Sie sich Jahre später an der Börse engagierten?
Auf jeden Fall. Ich hätte nie für möglich gehalten, dass ich einen solchen Verlust erleiden könnte. Doch dadurch war mir klar, dass es Ausreißer gab, als ich ins Börsengeschäft einstieg. Ich wusste, dass Dinge wie die Pleite von Lehman Brothers passieren konnten. Mir war bewusst, dass sich auf dem Markt scheinbar unvorstellbare Makroereignisse entfalten konnten, weil ich in den Jahren, die meine Risikobereitschaft geprägt hatten, auf ganz grundlegender Ebene einen solchen statistischen Ausreißer erlebt hatte. Schon vor meiner ersten Transaktion wusste ich daher, dass Risikomanagement unabdingbar war.

Und diese Erkenntnis beruhte einzig und allein auf dem verheerenden Verlusttag, den Sie in Ihrer Schulzeit erlebten?
Darauf und auf meinen Erfahrungen als Marine.

Warum sind Sie zu den Marines gegangen?
Ich war nicht besonders gut in der Schule. Mein Notendurchschnitt lag so bei 3,3. Ich interessierte mich eigentlich nur für mein Wettgeschäft und für einen Wirtschaftskurs, in dem ich ganz gut war. Mir war zwar klar, dass ein Collegeabschluss wichtig war, aber irgendwie war ich noch nicht so weit. Einen Monat vor meinem Highschool-Abschluss schickte die Navy jemanden an unsere Schule, der Rekruten anwerben sollte. Der fragte mich, ob ich schon mal daran gedacht

hatte, zur Navy zu gehen. Da antwortete ich wie aus der Pistole geschossen: »Nein, ich gehe zu den Marines.«

Wann war Ihnen das denn klar geworden?
Gar nicht. Es schoss mir plötzlich durch den Kopf, als ich gefragt wurde, ob ich zur Navy wollte. Ich hatte schlechte Noten und ein geringes Selbstwertgefühl. Tief in mir wusste ich zwar, dass ich intellektuelles Potenzial hatte, aber mir war klar, dass ich viel Disziplin brauchte. Und die Vorstellung, der härtesten, coolsten Einheit überhaupt beizutreten, passte einfach.

Sie wollten also lieber zu den Marines, weil das die anspruchsvollere Aufgabe war.
Ich entschied mich für die Marines, weil die Ausbildung so anspruchsvoll und so strukturiert war. Ich kannte mich gut genug, um zu wissen, dass ich in der Schule keine Leistung gebracht und mich nicht konzentriert hatte. Ich wusste, ich brauchte Struktur.

Wie lang waren Sie bei den Marines?
Fast neun Jahre lang.

Erzählen Sie mir davon.
Es hat mein Leben verändert. Ich war nie zuvor Teil einer Kultur gewesen, in der ich für meine Handlungen zur Verantwortung gezogen und aus meiner Komfortzone gedrängt worden bin.

War das hart für Sie?
Unglaublich hart.

Und was war am schwierigsten?
Daran zu glauben, dass ich durchhalten würde.

Sie hatten also Selbstzweifel.
Sogar gewaltige. Ich hatte die Schule mit schlechten Noten abgeschlossen, mein ganzes Geld verwettet und nur in einem staatlichen Test für Wirtschaftswissenschaften gut abgeschnitten.

Sonst war mir noch nie etwas gelungen. Mein Bruder zog mich in unserer Jugend mit dem Kürzel »WENF« auf – für »wieder ein Netto-Flop«. Ich dachte mir ständig Geschäftsideen aus, doch was ich auch probierte, nie wurde etwas daraus. Ich musste diese selbstzerstörerischen Zweifel daran loswerden, ob ich es schaffen konnte.

Haben sich Ihre Erlebnisse bei den Marines auf Ihre Börsenmentalität ausgewirkt?
Absolut. Bei den Marines lernt man, diszipliniert zu sein und auch unter extremer Belastung zu funktionieren. Bei der Marine-Ausbildung geht es sehr oft darum, ein stressiges Umfeld zu erzeugen, damit man dann, wenn es wirklich brennt, richtig reagieren kann. In der ersten Nacht im Trainingslager knallen sie nach drei Stunden Schlaf mit dem Mülltonnendeckel und schreien: »Raus aus der Koje!« Das Ganze dauert 90 Tage, und der erste Tag fühlt sich an wie drei Wochen. Ich hatte auch an der Börse Tage, an denen alles schieflief und die sich endlos in die Länge zogen. Ich gehe long, der Markt gibt nach. Ich gehe short, der Markt legt zu. Das Börsengeschäft ist ein schwerer Weg zum leichten Leben. Bei den Marines habe ich gelernt, mit solchen Widrigkeiten umzugehen. Diese Fähigkeit ist eine Grundvoraussetzung für meinen Erfolg als Trader. Man muss verkraften können, fünfmal nacheinander ausgestoppt zu werden, und trotzdem an seinem Prozess festhalten. Bei den Marines lernt man, mit Rückschlägen fertigzuwerden. Sie bringen einem dort bei, wie wichtig es ist, eine Strategie zu haben und Verantwortung zu übernehmen. An der Börse geht es viel um persönliche Verantwortung. Man ist für seine Verluste selbst verantwortlich. Es gibt keine Ausreden.

Warum sind Sie nicht bei den Marines geblieben?
Ich wollte den Dienst nicht quittieren. Ich besuchte die University of Washington und studierte im Hauptfach Japanisch und Chinesisch im Rahmen des ROTC-Programms der Marines. Ich wollte Offizier werden und hoffte auf einen Einsatz, bei dem ich meine Sprachkenntnisse nutzen konnte. Doch vor meinem Abschluss ruinierte ich mir beim Basketball das Knie. Die Verletzung erforderte eine Operation, und dass ich im anderen Knie eine chronische Sehnenreizung hatte, verschlimmerte die Sache noch. Den Marines war ebenso klar wie mir, dass meine Verletzungen eine Karriere bei den Marines unmöglich machen würden. Ich akzeptierte daher, dass ich wegen Dienstunfähigkeit entlassen wurde.

Sie waren also bei den Marines und absolvierten ein Studium fernöstlicher Sprachen. Wie sind Sie an der Börse gelandet?
Während meiner Dienstzeit hatte ich passiv in Investmentfonds investiert – mein erstes Börsenengagement. Der entscheidende erste Schritt auf meinem Weg zur Börsenkarriere war eine Stelle als Wirtschaftsredakteur der Studentenzeitung der

University of Washington. Ich las viele Bücher über Trading und technische Analyse, darunter auch Joe DiNapolis Buch über die Fibonacci-Analyse, das mich stark beeinflusste.* 1999 eröffnete ich mit den 75 000 Dollar, die ich als Marine angespart hatte, ein Aktiendepot. Das baute ich auf 190 000 Dollar aus und musste dann zusehen, wie es auf 40 000 Dollar abschmolz, als im Jahr 2000 die Tech-Blase platzte. Die erste Baissewelle im April 2000 hatte ich noch ganz gut überstanden, doch die zweite am Jahresende erwischte mich dann.

Sie hatten Ihr Kapital also zunächst verdoppelt und dann Ihren kompletten Gewinn und noch die Hälfte Ihres Einsatzkapitals verloren. Das hört sich ja ganz ähnlich an wie …
[Netto fällt mir ins Wort und beendet den Satz für mich] … die Geschichte von meiner Buchmacherkarriere an der Schule. Ich erkenne da ein Muster [er lacht].

Woran haben Sie sich bei Ihren Kauf- und Verkaufsentscheidungen orientiert?
Das war Teil des Problems. Ich richtete mich nach den Empfehlungen eines Newsletter-Dienstes, der konkrete Einstieg- und Stop-Niveaus für Aktien lieferte. Lassen Sie mich so viel sagen: Es ist mir während meiner gesamten Börsenlaufbahn nie schwergefallen, Stops zu setzen. Dank meiner Erfahrung aus der Schulzeit war immer klar, dass ich jederzeit vernichtet werden konnte.

Wie sind Sie dann aber von 190 000 auf 40 000 Dollar zurückgefallen?
Weil ich wiederholt ausgestoppt wurde. Ein weiteres Problem war die Dimensionierung. Ich stieg beim Stop-Kurs zwar immer aus, doch meine Positionen waren viel zu groß. Ich dachte naiv: »Bei dieser Transaktion kann ich 25 000 Dollar riskieren.« Dabei war mir aber nicht bewusst, was passieren konnte, wenn ich sechs Mal in Folge verlor.

Stützten Sie sich bei allen Ihren Engagements auf die Empfehlungen aus dem Newsletter?
Bei manchen ging ich nach meinem Marktgefühl, was immer das heißen mag.

Sie hatten also keine Methode.
Überhaupt keine. Ich lernte noch. Damals war mir das aber nicht klar. Ich meinte zu wissen, was ich tat, weil ich es ja zuvor geschafft hatte, aus 75 000 Dollar 190 000 Dollar zu machen.

---

* Joe DiNapoli, *Besser Traden mit DiNapoli Levels: Fibonacci-Analyse in der täglichen Praxis* (München, FBV, 2010).

Wann nahmen Sie Ihr Trading-Geschäft dann wieder auf?
Bald darauf entwickelte ich eine Methode auf der Grundlage von Fibonacci-Retracements. [Eine Fibonacci-Folge ist eine Zahlensequenz, bei der jede Zahl der Summe der beiden vorausgegangenen entspricht (0, 1, 1, 2, 3, 5, 8, 13, 21, 34, 55, 89, ...). Das Verhältnis einer Zahl aus der Reihe zur folgenden Zahl nähert sich 61,8 Prozent, wenn die Zahlen größer werden, und das Verhältnis einer Zahl zur übernächsten in der Folge 38,2 Prozent. Die Fibonacci-Folge kommt in der Natur häufig vor, etwa in den von manchen Muscheln oder Blütenblättern gebildeten Spiralen. Fibonacci-Trader achten auf potenzielle Trendwenden auf dem Markt, die nach den erwähnten Kennwerten auftreten: 61,8 Prozent und 38,2 Prozent.]

Platzierten Sie Ihre Transaktionen ausschließlich auf Fibonacci-Retracement-Niveaus?
Ich achtete auf eine Konzentration von Punkten im selben Kursbereich. Ein einfaches Beispiel für eine Handelskonstellation wäre ein 61,8-Prozent-Retracement einer kürzeren Kursbewegung, das mit einem 38,2-Prozent-Retracement einer längeren Kursbewegung zusammenfiel, wenn parallel dazu noch weitere technische Unterstützungs- oder Widerstandsniveaus vorlagen. Ich engagierte mich, wenn sich mehrere Unterstützungs- oder Widerstandsindikatoren im selben Bereich konzentrierten.

War dieser Ansatz erfolgreich?
2001 und 2002 verdiente ich damit gutes Geld – überwiegend auf Short-Seite. Am 17. März 2003 erlebte ich dann einen verheerenden Tag. Damals stellte Präsident Bush Saddam Hussein das Ultimatum, zurückzutreten, da die USA sonst einmarschieren würden.

An jenem Morgen öffneten die Märkt tiefer, und ich begann zu verkaufen. Der Markt vollzog eine rasche Kehrtwendung, tendierte aufwärts, und ich wurde ausgestoppt. An diesem Punkt stand ich mit einem Tagesverlust von 14 000 Dollar da – nicht schön, aber zu verkraften. Doch ich ging noch einmal short und wurde wieder ausgestoppt. Da war ich schon mit 28 000 Dollar in den Miesen. Ich stieg aus und wieder ein. Auch mit der dritten Short-Position wurde ich ausgestoppt. Nun waren es schon 39 000 Dollar Verlust. Noch einmal dasselbe Spiel – und da gab der Markt nach. Als ich die Hälfte meiner Verluste wieder gutgemacht hatte, dachte ich noch: »Ich kriege die Kurve!« Ich hatte meine Verluste auf nur mehr 13 000 US-Dollar reduziert, als es erneut abwärts ging. Ich wurde ein viertes Mal ausgestoppt und war damit mit 40 000 Dollar im Minus. Ich wagte noch einen letzten Versuch und stand am Ende des Tages mit 63 000 Dollar Verlust da.

An einem Tag hatte ich alles verloren, was ich so ungefähr in den vorausgegangenen zwölf Monaten verdient hatte. Eine miserable Trading-Leistung, aber so war es. Ich war, was man in Vegas als »on tilt« bezeichnet.

On tilt?
Das ist ein Begriff aus dem Poker für einen Spieler, der sich emotional nicht im Griff hat und versucht, Verluste wieder hereinzuholen, indem er aggressiv und unglücklich setzt, wodurch er unter dem Strich noch mehr verliert.

Haben Sie sich an jenem Tag an Ihre Methode gehalten?
Bei der ersten Transaktion voll und ganz. Der Markt hatte über mehrere Tage angezogen und ein Widerstandsniveau erreicht und am nächsten Morgen tiefer eröffnet, was eine Trendumkehr bestätigte. Ich hätte aber nach diesem ersten Verlust aussteigen sollen. Alle weiteren Geschäfte waren nur »tilt«.

Der betreffende Tag war ein klassisches Beispiel dafür, dass ein Markt auf eine Meldung ganz anders reagiert als erwartet.
Absolut.

....

Ich könnte mich heute noch ohrfeigen, weil ich am Wahlabend 2016 nicht long gegangen bin, als auf den Märkten zunächst ein kräftiger Abverkauf einsetzte im Zuge der Erkenntnis, dass Trump ein Überraschungssieg glücken würde, dann aber eine abrupte Kehrtwendung erfolgte und die Kurse kontinuierlich anzogen. Mir war damals vollkommen klar, dass das allen Erwartungen zuwiderlaufende Kursverhalten des Marktes ein klassisches Kaufsignal darstellte, doch der Trump-Sieg setzte mir so zu, dass ich mich nicht zu einem Long-Engagement überwinden konnte.
Im Zuge unseres E-Mail-Austauschs im Vorfeld des Interviews schickte mir Netto im Anhang die Kopie eines Briefs, den er am 4. Januar 2010 an die NFA (National Futures Association, die Selbstregulierungsorganisation der Futures-Branche) geschickt hatte. Der Brief bestätigte für sein Trading-Konto einen rechnerischen Stand von 1 Million US-Dollar. Er überließ mir auch die Antwort der NFA auf das Bestätigungsschreiben sowie eine geprüfte Erfolgsbilanz ab Januar 2010. Im Futures-Geschäft gibt der rechnerische Kontostand das Volumen an, das gehandelt werden soll, und wird herangezogen, wenn der auf dem Konto

befindliche Geldbetrag nicht repräsentativ ist für das gehandelte Risikoniveau. Die Einschussforderungen im Futures-Geschäft stellen nur einen geringen Prozentsatz der Kontraktwerte dar. Liegt auf einem Futures-Depot kein größerer Betrag an zusätzlichem Kapital, kann der Geldbetrag auf dem Konto das angenommene gehandelte Volumen deutlich zu niedrig ansetzen, was zu überzogenen Gewinnen und Verlusten führt. In solchen Fällen verringert es sowohl die Rendite- wie auch die Risikokennzahlen (wie Volatilität und Drawdowns), wenn statt des tatsächlichen Depotniveaus das nominale herangezogen wird. Das soll realistischere Wertentwicklungszahlen liefern.

....

Der Brief der NFA und die mir zugesandten geprüften Angaben zur Wertentwicklung lassen vermuten, dass Sie im Januar 2010 anfingen, eine offizielle Erfolgsbilanz zu führen. Dazu habe ich zwei Fragen: Erstens, wie haben Sie mit Ihren Börsengeschäften zwischen dem hohen Verlust im März 2003 und dem Beginn Ihrer offiziellen Erfolgsbilanz im Januar 2010 abgeschnitten? Und zweitens, warum haben Sie beschlossen, ab dem Januar 2010 eine offizielle Erfolgsbilanz zu führen, obwohl Sie doch zuvor schon viele Jahre als Trader aktiv waren?

In dieser Zwischenphase war ich einigermaßen gut, aber nicht spektakulär unterwegs. Den Januar 2010 wählte ich unter anderem deshalb, weil ein neues Jahrzehnt begann und weil ich mein Trading auf eine andere Stufe heben wollte. Obwohl ich zuvor schon die ganze Zeit über getradet hatte, lebte ich in erster Linie von den Provisionen, die ich als sogenannter Introducing Broker kassierte. Ich wollte mich damals aber ganz aufs Trading konzentrieren. Die Maklerkonten gab ich 2011 auf.

Hat sich Ihre Methode in diesen Jahren verändert oder arbeiteten Sie weiterhin mit dem zuvor beschriebenen technischen Ansatz, der sich auf Fibonacci stützte?

Es gab eine entscheidende Veränderung – nämlich die Erkenntnis, wie bedeutsam das herrschende Marktnarrativ war, und die Berücksichtigung meiner Einschätzung dieses Narrativs bei meinen Engagements.

Was meinen Sie mit Marktnarrativ? Können Sie mir dafür ein Beispiel geben?

Narrativ ist für mich ein anderes Wort für die herrschenden Marktbedingungen. Fünfjährige US-Treasury-Notes werfen derzeit 1,5 Prozent ab. Die Dividendenrendite des S&P 500 liegt bei 2,8 Prozent. [Das Interview wurde im August 2019 geführt.] Das vorherrschende Marktnarrativ ist, dass angesichts des deutlichen Renditevorteils im S&P Kapital in Aktien fließen wird. In einem solchen Umfeld ist es heikel, den S&P zu shorten. Stattdessen sollte man den S&P bei wichtigen technischen Punkten kaufen, weil reale Kapitalflüsse vorliegen, die fundamentale Unterstützung bieten.

Noch ein Beispiel: Unter den aktuellen Marktbedingungen herrscht gewaltiges Interesse an Rendite. Da draußen gibt es negativ verzinste Instrumente im Volumen von 17 Billionen US-Dollar. Das erklärt im Großen und Ganzen, was den laufenden Bullenmarkt für Gold antreibt. Wieso? Weil Gold in gewisser Hinsicht eine Nullzinswährung ist. Dass Gold keine Zinsen abwirft, macht es zu einer besseren Anlage als die 17 Billionen US-Dollar schweren Vermögenswerte, für deren Besitz man auch noch zahlen muss. Dieser Faktor ist derzeit ein maßgeblicher Treiber für Gold.

Wenn also derart vorteilhafte Marktbedingungen für Gold vorliegen, bedeutet das dann, dass Sie sich in Gold nur auf Long-Seite engagieren, solange weiterhin alle Voraussetzungen dafür vorhanden sind, dass der Markt der Rendite hinterherläuft?
Im Großen und Ganzen ja, aber nicht immer.

Was würde Sie denn angesichts dieses langfristigen Bullenmarktfaktors, der Ihren Ausführungen zufolge derzeit die Goldpreisentwicklung bestimmt, zu einer Short-Position veranlassen?
Es könnte ein Ereignis eintreten, dass zu einer heftigen Gegenbewegung des Goldpreises führt. Ist beispielsweise unerwartet die Rede davon, dass Europa fiskalpolitische Anreize einführt, versursacht das eine schlagzeilenbedingte Korrektur bei europäischen Anleihen. Das wiederum würde zu einem Abverkauf bei Gold führen, weil dieses von einem negativen Zinsumfeld profitiert. Außerdem kann es sein, dass der Markt überkauft ist, wenn sich viele nach dem Narrativ richten – und entsprechend anfällig für eine abrupte Gegenbewegung, vor allem, wenn dann noch überraschend ein Ereignis eintritt, das dem vorherrschenden Narrativ widerspricht.

Dann könnten Sie also kurzfristig auf eine Korrektur des Goldpreises setzen, obwohl Sie Gold langfristig optimistisch beurteilen?
Auf jeden Fall. Liegen solche nachhaltigen langfristigen Trends vor, und es ereignet sich etwas Unerwartetes, dann können die Korrekturen heftig ausfallen.

Können Sie mir ein Beispiel für eine konkrete Transaktion geben, die auf Ihrer Interpretation des Marktnarrativs beruhte?
Im Mai 2013 deutete der damalige Fed-Chef Bernanke an, die Fed werde sich bei der Festlegung von Zinsanpassungen künftig von kalenderbasierten auf datengestützte Entscheidungen umstellen. Was das hieß? Dass Konjunkturdaten – Beschäftigungszahlen, Einzelhandelsumsätze, und so weiter – eine stärkere Wirkung zeigen würden als bisher. Bernankes Äußerungen veränderten das Marktnarrativ. Am 5. Juli 2013 wies der Arbeitsmarktbericht einen hohen Stellenzuwachs aus. Ich war in US-Staatsanleihen bereits vor dieser Meldung in Short-Position, baute diese aber noch deutlich aus, weil ich damit rechnete, dass sich diese Zahl angesichts der kürzlichen Umstellung der Fed von kalender- auf datengestützte Vorgaben stärker auswirken würde als erwartet. Das war der bisher profitabelste Tag meiner Karriere. Ich habe mich darauf spezialisiert, Veränderungen im Marktnarrativ aufzuspüren, die vermutlich zu Neubewertungen auf dem Markt führen. Ebenso versuche ich, das jeweilige Narrativ zu ermitteln, wenn ein maßgebliches Ereignis ansteht.

Diese Methode haben Sie 2003 bei Ihren Börsengeschäften zwar nicht eingesetzt, doch was wäre denn rückblickend das Narrativ an dem Tag im März 2003 gewesen, als Sie Ihren Mammutverlust erlitten?
Das Narrativ war, dass wir uns damals noch in einer zweijährigen Baisse befanden und dass der Aktienmarkt neue Tiefststände erreichen würde, da die USA drauf und dran waren, in den Krieg zu ziehen. Das Narrativ war überzeugend, und davon ging ich damals aus. Läuft die Preisentwicklung auf dem Markt einem überzeugenden Narrativ aber zuwider, dann kann eine heftige Gegenreaktion auf den narrativorientierten Handel erfolgen.

Seit wann berücksichtigen Sie das Marktnarrativ bei Ihrem Engagement?
Mein Marktnarrativ hat für mich vermutlich das erste Mal 2008 auf dem Goldmarkt eine wesentliche Rolle für mein Engagement gespielt. Ich will Ihnen schildern, was ich damals richtig gemacht habe, und was nicht. Mein Narrativ war: Die Welt bricht zusammen, die Fed muss auf Lockerungskurs gehen. Deshalb wird der Goldpreis steigen. Das traf für die ersten drei Quartale auch zu, und meine Long-Positionen auf dem Goldmarkt entwickelten sich recht erfreulich. Was ich damals aber übersah: Als weltweit die Deflationsangst umging, wurde Gold mit dem übrigen Markt abverkauft, und das passierte im vierten Quartal 2008. Ebenso war mir entgangen, dass viele Hedgefonds Geld auftreiben muss-

ten, weil dort viel Kapital abgezogen wurde, und Hedgefonds waren auf dem Goldmarkt überwiegend long engagiert. Sie mussten neben allem anderen auch Gold abstoßen.

Bisher haben wir angesprochen, welche Rolle die technische Analyse und das Marktnarrativ in Ihrer Trading-Methode spielen. Was ist sonst noch von Bedeutung?
In den letzten zehn Jahren haben ereignisbezogene Transaktionen den wichtigsten Beitrag zu meinen Trading-Gewinnen geleistet. Darunter sind sowohl ungeplante als auch geplante Ereignisse.

Könnten Sie mir für beide Varianten ein Beispiel geben?
Auf dem Flug zu einem G-7-Treffen twitterte Trump letzten Freitag irgendeinen Mist darüber, dass er nach der Landung Vergeltungsmaßnahmen gegen China ergreifen werde. Seine Tweets verrieten, dass Trump sichtlich sauer war. Das ist ein Beispiel für ein ungeplantes Ereignis. Eine risikofreudige Long-Position kann man sich nicht leisten, wenn man weiß, dass Trump vermutlich noch am selben Tag zusätzliche Zölle gegen China verhängen wird.

Wie reagieren Sie auf so etwas?
Man muss aus dem Risiko gehen, und zwar komplett.

Wie sah das aus?
Ich verkaufte den S&P.

Aber setzte auf dem Markt auf diesen Tweet hin nicht sofort ein Sell-off ein?
Nicht nur sofort, sondern die ganze folgende Stunde lang.

Wann gingen Sie short?
Unverzüglich. Ich höre ständig einen Audiokanal namens *Trade the News* – eine Website, die den ganzen Tag über Nachrichten verfolgt, filtert und liest, die den Markt bewegen könnten. Ich kann beim Traden keine Nachrichten sehen – das würde mich zu sehr ablenken –, deshalb der Audiokanal. Sobald ich darauf den Trump-Tweet hörte, ging ich short.

Wie stark war der Markt schon gefallen, als Ihre Order ausgeführt wurde?
Ganze acht Zähler, doch das war kein Problem. Er verlor noch weitere 50 Punkte.

Welche allgemeinere Erkenntnis lässt sich aus diesem Trade ziehen?
Dass man das Marktnarrativ kennen muss, um zu wissen, was überraschend kommt und was nicht, und entsprechend handeln kann. Man muss aber genau einschätzen können, ob es sich um eine echte Überraschung handelt. Weiß man das nicht, kann man sein Geld gleich verschenken. Dann kauft man vermutlich teuer ein und verkauft billig.

Ihre ereignisorientierten Trades sind also eng mit Ihrem Marktnarrativ verknüpft.
Genau. Das Narrativ bestimmt, wie man Marktereignisse auslegt. Je nach Marktnarrativ kann sich ein und dasselbe Ereignis ganz unterschiedlich auf die Preise auswirken. Rechnet beispielsweise niemand mit einer Kürzung der Fördermengen durch die OPEC, und sie kommt, dann werden die Energiemärkte kalt erwischt. Die Preisreaktion kann in solchen Fällen sehr deutlich ausfallen. Wird die Förderung dagegen in der gleichen Größenordnung zurückgefahren, aber alle erwarten das, dann reagieren die Preise womöglich gar nicht, oder der Markt dreht sogar, wenn die Nachricht gemeldet wird. Für meine ereignisbezogenen Geschäfte muss ich also unbedingt das Marktnarrativ kennen. Dadurch wird meine technische Analyse noch effektiver, denn ich erkenne daran, wann eine bestimmte Chartformation mit noch größerer Wahrscheinlichkeit eine große Preisbewegung zur Folge hat.

Bitte geben Sie doch noch ein Beispiel für eine Transaktion aufgrund eines geplanten Ereignisses.
Da bietet sich der in diesem Monat [August 2019] veröffentlichte Crop-Production-Bericht der USDA [US-Landwirtschaftsministerium] perfekt an. Zum Kontext: Im Bericht vom Juni hatte die USDA für Mais eine Anbaufläche von 91,7 Millionen Acres ausgewiesen. Diese Zahl wurde allgemein sehr skeptisch bewertet, da angesichts der schweren Überschwemmungen im Mittleren Westen der USA, die den Anbau verzögerten, alle mit einer deutlich geringeren Fläche rechneten. Die USDA erklärte sich bereit, eine neue Erhebung zu den Anbauflächen in 14 US-Bundesstaaten durchzuführen und die Flächenschätzung in ihrem August-Bericht zu aktualisieren. Von dem August-Bericht erwartete der Markt eine *deutlich* niedrigere Schätzung der Anbauflächen. Die USDA verringerte ihren Schätzwert für den Maisanbau allerdings nur um 1,7 Millionen Acres auf 90 Millionen Acres und damit weit schwächer als erwartet. Der Wert stimmte ausgesprochen pessimistisch. Der Kicker war, dass die USDA außerdem die Ernteschätzungen heraufsetzte. Der Markt rechnete eher mit 87 Mil-

lionen Acres. Nicht ein Analyst schätzte auch nur annähernd 90 Millionen. Bei einem solchen Ausreißer verschenkt der Markt praktisch Geld. Es muss zu einer Neubewertung kommen. Es ist einfach nicht genug Liquidität vorhanden, damit alle, die aussteigen wollen, aussteigen können.

Würde der Markt bei so pessimistischen Zahlen nicht sofort auf die »Limit Down«-Grenze fallen? [Das bedeutet, um den maximal zulässigen täglichen Preisrückgang.]
Sie gehen davon aus, dass die Märkte effizient sind. Sind sie aber nicht. Der Markt erreichte das Limit Down, aber nicht sofort. Durch MPACT konnte ich jedoch unverzüglich short gehen.

Was ist MPACT?
MPACT steht für Market Price Action. So heißt eine Software, die ich Ihnen heute Morgen gezeigt habe. Sie liest und bewertet Nachrichten in Millisekunden und gibt dann die entsprechende Order ein.

Sie legen in Ihrer Software also vorher fest, welche Transaktionen Sie für jeden möglichen Schätzwert, den die USDA veröffentlichen könnte, veranlassen möchten?
Richtig. Auf die Ausführung kommt es an. Ich habe einen erheblichen Teil meiner Börsengewinne und meines Vermögens in die Entwicklung von MPACT gesteckt – eine App zur Interpretation von Ereignissen. Die Software setzt auf das Marktpreisverhalten, das mit vorher festgelegten Szenarien für ein Ereignis vereinbar ist. Meine Aufgabe besteht zu einem großen Teil darin, vor einem Ereignis 20, 30 oder 40 potenzielle Szenarien sowie die mit dem jeweiligen Szenario einhergehenden Trades festzulegen.

Vor einem Fed-Ereignis bringe ich manchmal eine ganze Woche damit zu, verschiedene qualitative Aspekte zu zerpflücken. Bei der Festlegung eines Punktwerts für ein Fed-Ereignis verfüge ich über ein System, um die Äußerungen der Fed unter vier Aspekten zu interpretieren: (1) die Wirtschaft, (2) Inflation, (3) künftige Zinsentwicklung und (4) idiosynkratische Faktoren. MPACT wird die Fed-Mitteilung entsprechend einlesen, in Bezug auf diese vier Bereiche auswerten und einen Punktwert auswerfen. Im Anschluss wählt MPACT das vorbereitete Szenario aus, das auf dem dieser Aussage zugewiesenen Punktwert basiert. Jedes Szenario spuckt auch genau die Trades aus, die gegebenenfalls veranlasst werden sollen.

Haben Sie diese Software entwickelt?
Ich habe sie konzipiert und ein Entwicklungsteam mit der Programmierung beauftragt. Es dauerte sechs Jahre, bis dieses Projekt zum Abschluss gebracht wurde – inklusive Feinschliff.

Können Sie mir ein praktisches Beispiel für die Transaktionen geben, die MPACT auf eine Fed-Meldung hin auslöst?
Im Dezember 2018 ging ich davon aus, dass die Fed die Zinsen nicht anheben würde – obwohl der Markt das mit nahezu 100 Prozent Wahrscheinlichkeit einpreiste. Sollte es doch zu einer Zinserhöhung kommen, rechnete ich damit, dass die Ankündigung einen Hinweis darauf enthalten würde, dass dies vorerst der letzte derartige Schritt war. Stattdessen äußerte Fed-Chef Powell unter anderem: »Wahrscheinlicher ist, dass das Wirtschaftswachstum zwei Zinserhöhungen im Verlauf des folgenden Jahres angezeigt erscheinen lässt.« Dieser eine Satz reicht aus, um die Märkte in den Sturzflug zu versetzen.

Obwohl dies gänzlich Ihren Erwartungen widersprach: War unter Ihren vorbereiteten Szenarien auch eines, in dem die Fed mehrere weitere Zinserhöhungen in Aussicht stellte?
Natürlich. Als die Meldung einging, war ich im S&P und in Gold long, weil ich nicht damit rechnete, dass die Fed die Zinsen erhöhen würde. MPACT stieß diese Positionen automatisch ab und verkehrte sie in ein Short-Engagement.

Okay, das war ein sehr konkretes Beispiel. Doch wie sieht es aus, wenn in ein und derselben Mitteilung Aussagen mit widersprüchlicher Wirkung getroffen werden?
Das war im März 2017 der Fall – an meinem schlimmsten Börsentag überhaupt. Ich dachte, wenn die Fed eine weitere Zinserhöhung im Juni nicht ausschloss, wäre das ein ausgesprochen pessimistisches Signal für die Zinsmärkte. Das tat die Fed, und ich eröffnete prompt eine umfangreiche Short-Position in fünfjährigen T-Notes. An jenem Tag verlor ich 210 000 Dollar und musste die gesamten Gewinne des laufenden Jahres wieder abgeben.

Wo genau lag der Fehler?
Die Fed sprach zwar von einer wahrscheinlichen Zinsanhebung im Juni, doch die gesamte Erklärung enthielt noch viele weitere defensive Elemente, darunter manche, die ich in meinem Prozess zur Szenarioentwicklung nicht vorhergesehen hatte. Damals war mein Prozess zur Erzeugung der Punktwerte noch

nicht so detailliert wir heute. In diesen Prozess ist eine Lernkurve eingeflossen. Fehler kosten zwar Geld, können aber auch Chancen eröffnen.

Sprechen wir über Gefühle und Trading. Ich weiß, dass Sie nicht die gängige Meinung zu diesem Thema vertreten. Können Sie näher erklären, wie Börsengeschäfte Ihrer Ansicht nach durch Emotionen beeinflusst werden?

Gefühle sind Ihr Freund, nicht Ihr Feind. Wir können unsere menschlichen Gefühle als Quelle für Signale heranziehen. Ich will Ihnen als Beispiel eine bestimmte Transaktion nennen. Im September 2015 drehte der S&P und knickte abrupt ein bis in den Bereich des im August verzeichneten relativen Tiefs. Mich übermannte dieses animalische Gefühl, der S&P würde einbrechen. Ich ging mit 200 E-Mini-Kontrakten auf den S&P short – eine Position, die für meine Verhältnisse viel zu groß war.

Zu meinem Trading-Prozess gehört auch, mich nach meiner Position auf der emotionalen Skala zu fragen. Habe ich große Angst? Bin ich sehr gierig? Oder herrscht bei mir emotionale Ausgewogenheit zwischen diesen beiden Zuständen? Im betreffenden Fall befand ich mich an einem Ende des Gefühlsspektrums – beim gierigen Extrem. Als ich mich fragte: »Wie viel Respekt hast du gerade vor dem Risikoniveau?«, merkte ich, dass die Antwort lautete: »Gar keinen.« Ich fand, dass sofortiges Short-Engagement ohne Prozess dahinter geschenktes Geld bedeutete. Sobald mir das klar wurde, sicherte ich meine komplette Position umgehend ab.

Am besten funktionieren für mich Positionen, bei denen ich noch ein gewisses Unbehagen empfinde. Ich bewerte, wie angespannt mein Körper beim Trading ist. Ich möchte fokussiert sein, aber noch ein bisschen Angst spüren. Atme ich dagegen erleichtert auf, wenn sich eine Position wunschgemäß entwickelt, und fühle mich zu entspannt, ist das ein Warnsignal für eine möglicherweise bevorstehende Trendwende auf dem Markt. Wenn ich bei 1500 Dollar Gold kaufe und es steigt auf 1530 Dollar und ich denke: »Das Geschäft habe ich im Kasten. Ich sollte meine Position besser aufstocken, bevor es zu spät ist«, dann fällt der Preis prompt auf 1518 Dollar zurück.

Ironischerweise sind Sie also eher geneigt, eine Position aufzustocken, wenn Sie diese noch leicht nervös macht, als wenn Sie sich Ihrer Sache wirklich sicher sind.

Ganz genau!

Sie wollen also sagen, Leute wie ich – die Tradern empfehlen, die Gefühle aus dem Trading herauszuhalten – liegen falsch?
Ach du lieber Himmel – warum sollte ich das denn wollen? Dann würde ich ja auf eine nützliche Signalquelle verzichten. Wenn Sie sich entscheiden müssten, würden Sie es dann lieber den drei erfolgreichsten Tradern nachmachen, die Sie kennen – oder eher auf die drei miesesten Trader aus ihrem Bekanntenkreis schauen und dann genau anders handeln? Ich würde mich grundsätzlich für die zweite Option entscheiden. Erfolgreichen Tradern fällt es schwer, ständig Gewinn zu erzielen, schlechte Trader dagegen schaffen es ohne Probleme, laufend Geld zu verlieren. Was zeichnet einen schlechten Trader aus? Er hat keinen Prozess. Er trifft seine Entscheidungen emotional und ist unglaublich impulsiv. Deshalb lässt er sich von Panik hinreißen und kauft am Ende teuer und verkauft billig.

Wenn ich den Leuten sage, Sie sollen Ihre Gefühle aus dem Trading-Geschäft heraushalten, dann deshalb, weil Transaktionen, die aus einem Gefühl heraus getätigt werden, gewöhnlich nichts taugen. Sie sagen dagegen, sich über die eigenen emotionalen Extreme im Klaren zu sein, steht sozusagen stellvertretend für die schlechtesten Trader und sei ein wertvoller Indikator.
Genau! Man muss die eigene Gefühlswelt kennen, sie dokumentieren und sie nach Möglichkeit zu einer zusätzlichen Signalquelle für die eigene Handlungsweise entwickeln.

Welche Merkmale unterscheiden Ihrer Ansicht nach erfolgreiche von erfolglosen Tradern?
Erfolgreiche Trader *wissen, was Sache ist.* Sie kapieren, dass sie auch dann verlieren können, wenn sie alles richtig machen. Erfolgreiche Trader haben einen Prozess, die nötige Disziplin, um sich an diesen Prozess zu halten, und außerdem streben sie engagiert nach laufender Optimierung. Sie begreifen, dass sich auch Verbesserungen in kleinen Schritten maßgeblich auf ihre Gewinne und Verluste auswirken können. Erfolglose Trader suchen nach einem Patentrezept, und wenn das nicht auf Anhieb funktioniert, probieren sie das nächste aus.

Was würden Sie anderen Tradern raten?
Man muss nicht von Anfang an Gewinn erzielen. Manchmal können Verluste ebenso wichtig sein wie Gewinne. Im Rahmen eines Prozesses Risiken einzugehen, führt zum Erfolg. Wer dagegen impulsiv auf Risiko fährt, der wird es bereuen.

Warum sind Sie Ihrer Ansicht nach so erfolgreich?
Weil Montag mein Lieblingstag ist. Wer seine Arbeit gern tut, der wird auch Erfolg haben.

....

Wie etliche Magier der Märkte, die ich interviewt habe, plädiere auch ich schon seit Langem dafür, Emotionen aus dem Börsengeschäft auszuklammern. John Netto vertritt dagegen den provokanten Standpunkt, dass Emotionen zu den nützlichsten Werkzeugen eines Traders gehören. Obwohl wir in dieser Frage also widersprüchliche Ratschläge erteilen, sind wir uns im Grunde einig. Auch Netto glaubt, dass sich Emotionen gemeinhin nachteilig auf Handelsentscheidungen auswirken. De facto ist es gerade der Umstand, dass Emotionen tendenziell zu schlechten Handelsentscheidungen führen, den Netto als Signalquelle anzapfen will. Netto versucht, sich seiner eigenen emotionalen Extreme bewusst zu werden, weil sich diese ebenso schädlich auf das Ergebnis auswirken wie bei jedem anderen – nämlich als Warnsignale, die sofortige Korrekturmaßnahmen erfordern. Entwickelt sich beispielsweise eine Position ganz in Nettos Sinn und er ertappt sich bei dem Gedanken: »Damit kann ich nicht verlieren, da sollte ich besser noch draufsatteln, bevor es zu spät ist«, dann steigt er sofort aus.

Obwohl die meisten Trader entweder zur fundamentalen oder zur technischen Analyse neigen, kombinieren ein paar der Allerbesten beide Varianten. Netto veranschaulicht mustergültig, wie sich fundamentale und technische Analyse synergetisch nutzen lassen. Netto zieht sein Verständnis vom vorherrschenden Marktnarrativ (also den vorliegenden Marktbedingungen) heran, um zu bestimmen, ob er sich auf einem Markt auf Long- oder Short-Seite engagiert. Hat er sich fundamental festgelegt, überlagert er das mit technischer Analyse, um Einstiegspunkte zu ermitteln. Diese sind in aller Regel Reaktionen auf Unterstützungs- oder Widerstandsniveaus innerhalb dessen, was er als vorherrschende Marktrichtung erachtet.

Ereignisabhängiges Engagement ist eine weitere wesentliche Komponente von Nettos Methode. Dabei setzt er sowohl auf turnusmäßige Ereignisse wie Fed-Erklärungen und behördliche Meldungen als auch auf unerwartete Vorkommnisse. Netto betont, dass man für erfolgreiches ereignisorientiertes Trading ein gutes Gespür dafür braucht, ob ein bestimmtes Ergebnis eine Überraschung ist. Er setzt nur auf solche Entwicklungen, die er in Anbetracht der

Markterwartungen als Überraschungen wertet. Bei solchen Geschäften muss man natürlich schnell sein, denn der Markt reagiert auf Überraschungen gewöhnlich rasch und dynamisch. Dieses Problem hat Netto gelöst, indem er seine eigene Software entwickelt hat, die Texte über ein Ereignis erfasst, deren Börseneffekte bestimmt und gegebenenfalls in Sekundenbruchteilen die entsprechende Transaktion veranlasst. Damit dieses Programm funktioniert, muss Netto vor jedem planmäßigen Ereignis die Auswirkungen einer Vielzahl potenzieller Szenarien auf die Börse festlegen – ein arbeitsintensives Unterfangen. Die rasche Ausführung, die sich aus Nettos Prozess ergibt, bedeutet: Hat er richtig analysiert, kann er einen maßgeblichen Teil der Marktbewegung nutzen, selbst wenn das Ereignis nahezu unverzüglich eine Marktreaktion auslöst.

Trader, die einen Verlust erlitten haben – und ganz besonders, wenn es sich um einen größeren Verlust handelt –, versuchen oft zwanghaft, sich das Geld auf demselben Markt schnell wieder zurückzuholen. Widerstehen Sie dieser Versuchung! Zu Anfang seiner Börsenkarriere fuhr Netto mit einer Short-Position im S&P hohe Verluste ein. Dabei war seine ursprüngliche Transaktion im Grunde nicht verkehrt. Sie entsprach seiner Methode. Netto hatte lediglich die Marktrichtung falsch gedeutet. Wäre die Geschichte damit zu Ende gewesen, hätte er einen schlechten Tag gehabt, aber keinen katastrophalen. Das Problem war aber, dass sich Netto darauf fixierte, sich sein Geld *auf demselben Markt* wiederzuholen. Er ging an jenem Tag insgesamt vier Mal short und wurde jedes Mal ausgestoppt. Keine dieser vier weiteren Transaktionen hatte noch irgendetwas mit seiner Methode zu tun. Vielmehr war er in eine Gefühlsspirale geraten, die ihn für vernünftige Trading-Entscheidungen blind machte. Um Nettos Poker-Terminologie zu verwenden: Er war »on tilt«. Am Ende hatte er seinen ursprünglichen Verlust dadurch vervierfacht und fast seinen gesamten Jahresgewinn zunichte gemacht. Wenn Sie an der Börse Geld verlieren, dann lassen Sie's gut sein. Hüten Sie sich vor dem Drang, es sich durch eigentlich nicht geplante Transaktionen zurückholen zu wollen.

Ein Thema, das schon in mehreren der Interviews in diesem Buch zur Sprache kam, auch in diesem, ist die Vorstellung, dass eine Marktreaktion auf eine Entwicklung, die den Erwartungen zuwiderläuft, ein wertvolles Ein- oder Ausstiegssignal liefern kann. So galt Präsident Bushs Ultimatum an Saddam Hussein, das den bevorstehenden Beginn des Zweiten Golfkriegs signalisierte, als eine pessimistische Entwicklung – besonders für Aktien, die sich noch in der Nähe der Tiefs einer zweijährigen Baisse befanden. Der Markt eröffnete auf die Meldung hin erwartungsgemäß schwächer, vollzog dann aber eine Trendwende und schloss deutlich höher. Dieses unerwartete Kursverhalten signalisierte den Beginn eines langfristigen Bullenmarkts.

Ein weiteres Beispiel für dasselbe Prinzip lieferte die Kursentwicklung am Wahlabend 2016. Weithin war angenommen worden, dass Trump die Wahl verlieren würde und dass der Markt im unwahrscheinlichen anderen Fall einen drastischen Sell-off verzeichnen würde. Als die Hochrechnungen allmählich klar machten, dass Trump überraschend gewinnen würde, gingen die Aktien zunächst wie erwartet auf Talfahrt. Doch dann machten die Kurse ihre ersten Verluste wieder gut und kletterten über Nacht kräftig. Diese unerwartete Marktreaktion auf die Nachricht stellte den Beginn eines fast ununterbrochenen Aufwärtstrends der Aktienkurse über 14 Monate dar.

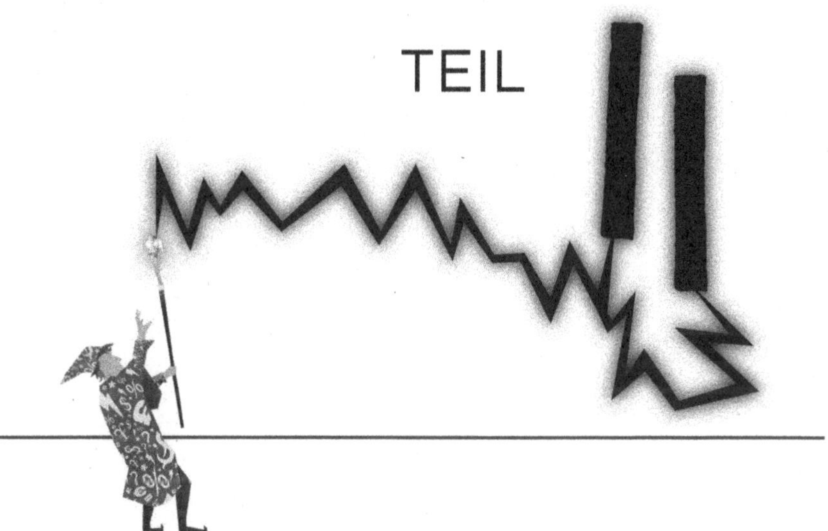

AKTIEN-TRADER

JEFFREY NEUMANN

Jeder Cent zählt

Eines Tages erhielt ich folgende faszinierende E-Mail:

Hallo Herr Schwager,

ich wende mich spontan an Sie, weil ich mit einer meiner Ansicht nach ziemlich fantastischen Erfolgsstory auf dem Aktienmarkt aufwarten kann. Nachdem ich jahrelang kaum darüber gesprochen habe, suche ich jetzt einen Kanal, um meine Geschichte zu erzählen, und Sie sind meiner Ansicht nach dafür derzeit der beste Mann. Bisher habe ich mich in der Stock-Trader-Community sehr bedeckt gehalten – in erster Linie, weil ich ein zurückhaltender Mensch bin, ein bisschen aber auch aus Sicherheitsgründen (Hacker und dergleichen), vor allem aber, weil es mir das Leben leichter gemacht hat. Nicht einmal meine besten Freunde wissen, wie erfolgreich ich in dieser Branche bin. Doch inzwischen habe ich zwei Kinder und glaube, dass sie sich irgendwann freuen werden, wenn meine Geschichte irgendwo schriftlich niedergelegt wurde, wo sie sie nachlesen und würdigen können (und nicht nur die materiellen Werte, die sie eines Tages erhalten werden).

Ich will in diesem ersten Brief nicht zu sehr ins Detail gehen, doch ich habe 2002 mit 2500 Dollar angefangen und damit (vor Steuern) 50 Millionen Dollar Gewinn erzielt. Ich habe die Welt bereist, viele Dutzend Länder besucht (vermutlich über 60) und als Höhepunkt in dem Jahr, in dem ich 30 wurde, alle sieben Kontinente gesehen. Jetzt bin ich Mitte 30, und mein Stil hat sich über die Jahre von einem Pattern-Day-Trader zum Swing-Trader gewandelt. Mein Aktienauswahlstil ist extrem themenbezogen und ich pyramidiere ganz ähnlich wie Jesse Livermore. Ich habe nie auch nur einen Cent fremdes Anlagekapital angenommen und war immer ein Ein-Mann-Betrieb.

Falls Sie Interesse haben oder mir jemanden empfehlen können, der mir helfen möchte, diese Geschichte zu erzählen, wäre ich Ihnen sehr verbunden!

Vielen Dank für Ihre Mühe,
Jeff Neumann

Ich antwortete, dass ich daran dächte, ein weiteres *Magier der Märkte*-Buch zu schreiben, das allerdings noch eine Weile auf sich warten lassen würde. Wie sich die Dinge entwickelten, beschloss ich sechs Monate später, die Arbeit an dem neuen Buch aufzunehmen, und bat Neumann, mir als Nachweis Kopien seiner monatlichen Kontoauszüge zuzusenden. Er konnte mir Auszüge für die letzten zehn Jahre zur Verfügung stellen (so lange, wie sie von seinem Broker aufbewahrt wurden). Für die früheren Jahre legte er mir die einschlägigen Seiten seiner Steuererklärungen vor. Insgesamt bezog sich seine Bilanz auf 17 Jahre. Sein Startkapital waren in Wirklichkeit 7700 Dollar gewesen, nicht 2500 Dollar. Der Unterschied ergab aus einer Aktienposition, die ihm sein Vater hinterlassen hatte und die er nicht zur Spekulation einsetzte. Ausgehend vom höheren Startkapital von 7700 Dollar erzielte Neumann im Schnitt eine Rendite von 80 Prozent pro Jahr. Diese Zahl ist sogar noch zu niedrig angesetzt, denn darin sind seine hohen Entnahmen in den Jahren 2002 bis 2008 nicht berücksichtigt. Für diesen Zeitraum lagen die monatlichen Auszüge, die eine Berichtigung der Renditeberechnung um diese Entnahmen ermöglicht hätten, nicht vor. Für die frühen Jahre, als sein Kapitalbestand noch geringer war, waren die prozentualen Renditen besonders hoch, was den Durchschnittsertrag über seine gesamte Erfolgshistorie erhöht. Für die zurückliegenden zehn Jahre, für die monatliche Auszüge vom Broker vorlagen und für die sein Startkapital im Januar 2009 bei 2,3 Millionen US-Dollar lag, betrug seine durchschnittliche jährliche Gesamtrendite 53 Prozent.

Doch dass er aus ein paar tausend Dollar 50 Millionen gemacht hat, ist nur ein Teil der Geschichte. Der eigentliche Clou ist, dass Neumann einen Großteil seines Vermögens mit geringwertigen Aktien erwirtschaftete: sogenannten Penny-Stocks. Was ich über Penny-Stocks weiß, passt … nun, auf einen Penny. Für mich waren Penny-Stocks ein finanzieller Nebenschauplatz voller wertloser Unternehmen und betrügerischer Pläne zur Marktmanipulation, um Trotteln das Geld aus der Tasche zu ziehen. So oder ähnlich denkt die große Mehrheit der Marktteilnehmer bestimmt generell auch heute noch. Wie also schafft es ein Trader, der kein Insider ist, in einem Spiel solche Summen zu gewinnen, in dem die Chancen für einen Außenstehenden äußerst schlecht stehen? Hier ist Neumanns Geschichte.

Neumann holte mich vom Flughafen ab. Er erkannte mich sofort, als ich im Terminal durch die Tür trat (von einem alten Buchumschlag, nehme ich an). Wir führten das Interview in einem geschützten, überdachten Sitzbereich in seinem großen Garten, wo wir vor den wiederholten Regenschauern des Nachmittags sicher waren. Abends unterbrachen wir das Gespräch, um in einem Sushi-Restaurant im Ort essen zu gehen. Neumann ließ mir die Wahl zwischen einem Uber und einem Spaziergang durch sein Viertel. Begeistert wählte ich die zweite Möglichkeit – froh über die Gelegenheit, mir etwas Bewegung zu verschaffen, nachdem ich den ganzen Tag nur gesessen hatte. Ich bin immer darauf vorbereitet, Gespräche auch beim Essen aufzuzeichnen, wenn ich jemanden für ein Buch interviewe. Aus Erfahrung weiß ich, dass die besten Geschichten oft in der entspannten Atmosphäre einer Mahlzeit erzählt werden. Das Essen in dem Sushi-Restaurant war zwar ausgezeichnet – so gut, dass sich meine Bitte um Sojasauce und Wasabi als überflüssig erwies, da dies mit der raffinierten Würzung der einzelnen Sushi konkurriert hätte –, doch der Geräuschpegel war ähnlich hoch wie in der New Yorker U-Bahn. Daher verdrängte ich sofort jeden Gedanken daran, unser Gespräch aufzunehmen, und achtete penibel darauf, dass wir über alles Mögliche sprachen, nur nicht über die Börse.

Wir beendeten das Interview in dem Gästehaus, in dem ich übernachtete, und in dem auch Neumanns Arbeitszimmer untergebracht war. Ein paar Stunden später merkte ich, dass Neumann müde wurde – offenbar ist er ein Frühaufsteher, ich dagegen eine Nachteule. Ich wusste, ich würde nicht mehr viel Nützliches in Erfahrung bringen. Sehr zu Neumanns Erleichterung, wie ich annehme, beendete ich das Gespräch daher. Wir gingen in Neumanns Büro hinüber, wo er auf einem großen Bildschirm noch ein paar Aktiencharts prüfte. Ich stand neben ihm, als er Charts von Transaktionen aufrief, über die wir tagsüber gesprochen hatten, und mir zeigte, wo er ein- und ausgestiegen war. Wie aus dem Interview hervorgeht, sind Sektorthemen eine wichtige Komponente von Neumanns Ansatz. Neumann definiert seine eigenen Nischensektoren. Während ich daneben stand, las er mir eine bunte Mischung von Namen für diese meist selbst definierten Sektoren vor: Lithium, Pot, Kobalt, Graphit, alternative Energieträger, Robotik, Heimatschutz, Eigenheimbau, Gentests, Wearables, Landwirtschaft, Frachtverkehr.

....

Hatten Sie als Kind schon irgendeine Vorstellung davon, was Sie später beruflich machen wollten?
Solange ich mich zurückerinnern kann, wollte ich Arzt werden. Mein Vater war Arzt. Mir kam es so vor, als wären die erfolgreichen Leute bei uns im Ort Ärzte, und dabei hatte der Beruf auch noch eine mitfühlende Seite. Das passte mir gut.

Haben Sie denn auf dem College die entsprechenden Fächer belegt?
Ja, Chemie im Haupt- und Biologie im Nebenfach. Die für das Medizinstudium notwendigen Vorkurse absolvierte ich innerhalb von drei Jahren. Im Sommer nach meinem Junior Year machte ich eine Rucksacktour durch Europa. Das war die erste große Reise meines Lebens, und sie öffnete mir die Augen. Ich hatte so viel Spaß und beschloss, dass ich nicht weiterstudieren wollte.

Sind Sie dann zurück ans College gegangen oder hatten Sie nach drei Jahren schon Ihren Abschluss in der Tasche?
Ich hätte meinen Abschluss machen könnten, doch mir fehlten ein paar Credits, weil ich damals schon wusste, dass ich nicht weitermachen wollte. Ich wusste nicht, was ich tun wollte. Ich absolvierte noch mein Senior Year, belegte aber nur einen Kurs: Tauchen.

Wann interessierten Sie sich erstmals für die Börse – oder wurden sich überhaupt ihrer Existenz bewusst?
Ich hatte an der Highschool einen Wirtschaftskurs belegt, in dessen Rahmen wir ein virtuelles Musterportfolio im Wert von 100 000 Dollar verwalteten. Dieser Kurs fand statt, als gerade das Internet an Schulen zugänglich wurde, und so fand ich eine Möglichkeit, die Kurse vor Eröffnung einzusehen. Ich konnte also ermitteln, welche Aktien vom Vortag ich kaufen sollte. Diesen Fehler im System erkannte ich frühzeitig und konnte aus den 100 000 Dollar etwa eine Million machen.

Im Grunde haben Sie das System ausgetrickst.
Absolut.

Und wann stiegen Sie ins Börsengeschäft ein?
Die ersten Aktiengeschäfte erledigte ich in meinem Senior Year am College im Computerlabor, weil ich noch keinen eigenen Rechner hatte.

Was motivierte Sie dazu?
Ich suchte eine Alternative zum Medizinstudium. Und generell zum Weiterstudieren.

Sie fühlten sich also nach dem Sommer, in dem Sie durch Europa trampten, zur Börse hingezogen, weil Sie dachten, Sie könnten dort auf leichte Weise viel Geld verdienen?
So ähnlich.

Hatten Sie Vorkenntnisse? Hatten Sie schon irgendetwas über Trading oder die Märkte gelesen?
Keineswegs. Ich fing erst an, über Wirtschaft, Spekulation oder Statistik nachzulesen, als ich bereits mit Aktien handelte.

Wonach richteten sich denn dann Ihre Entscheidungen, welche Aktie Sie kaufen sollten, und wann?
Ich schaute mir willkürlich irgendwelche Charts an und stieß auf eine Aktie, die zwischen sieben und acht Cent notierte und sich schon ein Jahr lang nicht mehr bewegt hatte.

Sie interessierten sich für Penny Stocks, weil diese billig waren?
Weil sie billig waren, und weil sie, wenn eine Bewegung einsetzte, gleich um einen großen Prozentsatz zulegten. Gleich an welchem Tag – die größten Gewinne verbuchten stets Penny Stocks.

Wie viel Kapital lag auf Ihrem Trading-Konto?
Im Frühherbst war ich mit meinem Auto in einen Hagelsturm geraten und erhielt einen Scheck über 2500 Dollar von der Versicherung. Dieses Geld verwendete ich, um ein Depot zu eröffnen. Und ich setzte mir ein Gewinnziel – einer meiner klügsten Schachzüge. Ich erkannte: Wenn ich 3 Prozent pro Tag gewinnen konnte, würde mein Depot kein Jahr später bei 1 Million Dollar stehen.

Das hört sich unglaublich naiv an.
Vollkommen naiv, ganz recht. Ich weiß nicht, vielleicht war es nur Glück, dass ich ein Maklerhaus wählte, das bei den Aufträgen, die es annahm, über die Penny-Dezimalstelle hinausging. Als ich anfing, Börsengeschäfte zu machen, war gerade die Umstellung von Achtel und Sechzehntel auf Penny-Dezimalstellen er-

folgt. Mein Makler akzeptierte zwei Dezimalstellen hinter dem Komma. Bei den meisten Maklern war damals ein Penny das höchste der Gefühle, weshalb sich meine erste Aktie nicht bewegte. Sie verharrte zwischen sieben und acht Cent.

Sie meinen, der Geldkurs lag bei sieben, der Briefkurs bei acht Cent?
Ja, so ungefähr: Man konnte etwa 1 Million Aktien zu sieben Cent kaufen und 1,5 Millionen Stück zu acht Cent verkaufen.

Dazwischen wurden keine Orders angenommen?
Bei meinem Makler schon. Er ließ mich eine Order bei 7,01 Cent platzieren. Sie würde ausgeführt, sobald jemand verkaufte. Ich kam zum Zug. Als meine Order ausgeführt war, bot ich meine Aktien zu 7,99 zum Verkauf an, und wenn jemand kaufte, wurde meine Order ausgeführt. Ich war so etwas wie ein Marketmaker. Obwohl sich meine Aktie gar nicht bewegte – sie hielt sich zwischen sieben und acht Cent –, verdiente ich an jeder Transaktion nach Abzug der Provision noch 13 Prozent.

Setzten Sie dabei einen Stop?
Ich setzte nie Stops. Wurden unterhalb meines Einstiegskurses, beispielsweise bei sieben Cent, größere Stückzahlen gehandelt, konnte ich ja rasch aussteigen. Mein Verlust hätte dann nur 0,01 Cent betragen.

Wenn wir diese Transaktion als Beispiel betrachten – wären Sie stets bei sieben Cent ausgestiegen?
Ja, wenn zu diesem Kurs höhere Umsätze festzustellen wären.

Obwohl Sie noch ein Anfänger waren, der keine Ahnung vom Trading hatte, verhielten Sie sich also ziemlich klug: Sie setzten auf extrem asymmetrische Positionen.
Nach meinem ersten Geschäft dachte ich: »Davon könnte ich leben.« Am Anfang verbuchte ich jeden Tag mehrere Hundert Dollar, doch bald schon auf dieselbe Weise ein paar Tausend. Ich notierte mir den Kontostand, den ich an jedem nachfolgenden Handelstag erreichen musste, um meine Million vollzukriegen. War ein Tag besonders gut gelaufen, strich ich gleich fünf Tage auf einmal aus. Ich weiß noch, wie ich dachte: »Okay, mir fehlen noch 900 000 Dollar, doch mein Ziel scheint erreichbar.«

Wie lange brauchten Sie, bis die Million voll war?
Das weiß ich nicht mehr genau, aber nicht viel länger als ein Jahr. Ich hatte schon über 1 Million US-Dollar verdient, als ich noch keine Ahnung vom Börsengeschäft hatte. Ich hatte nur dieses eine System. Ich war 23 Jahre alt und hatte meine erste Million verdient. Damals dachte ich daran, auszusteigen. Ich brauchte nicht viel, hatte kaum Aufwand. Ich ernährte mich von Ramen-Nudeln. Meine Europareise im Sommer zuvor hatte mich nur 1500 US-Dollar gekostet – inklusive Flug. Die Zinsen lagen damals bei 6 Prozent, sodass mir eine Million Dollar in einem Jahr 60 000 Dollar Zinsen bringen würden. Das hätte mir auch nach Steuern noch zum Leben gereicht.

Sie hatten also vor, auszusteigen, wenn Sie die Million im Kasten hatten?
Damals hätte ich mir gut vorstellen können, nur noch zu reisen.

Als Sie damals Ihre erste Million verdienten, haben Sie da überhaupt auf Charts geachtet oder spielten diese für Ihre Geschäfte gar keine Rolle?
Charts verwendete ich nur, um Aktien ausfindig zu machen, die sich nicht bewegten – Aktien, die über lange Zeit in derselben Geld-Brief-Spanne verharrten. Auf diese Weise konnte ich immer wieder die gleiche Strategie anwenden.

Waren diese Market-Making-Transaktionen die einzigen Geschäfte, die Sie damals tätigten?
Ja, nur einmal nicht. Da kaufte ich eine Aktie, die binnen weniger Wochen von 20 Cent auf 2 Dollar geklettert war. Ich hielt mich allmählich für einen ernstzunehmenden Trader. Hinter der Aktie stand eine echt coole Story. Das betreffende Unternehmen betrieb Tierkennzeichnung, und ich glaube, damals gab es den ersten Ausbruch der Schweinegrippe. Für mich war das das erste Mal, dass mich eine Story faszinierte. Nachdem ich den Titel gekauft hatte, brach der Kurs aber drastisch ein.

Wie lange nach dem Kauf setzte die Talfahrt ein?
Fast sofort. Buchstäblich in Minuten rutschte die Aktie von 2 auf 1 Dollar ab. Ich weiß noch, wie mir der kalte Schweiß ausbrach und ich dachte: »Da habe ich eine so gute Strategie, und das eine Mal, wo ich davon abgehe, ruiniert mich.« Ich wartete ab und stieg aus, nachdem der Kurs wieder etwas gestiegen war, büßte mit dieser Transaktion aber dennoch 30 Prozent meines Kapitals ein.

Wie lange hielten Sie die Position?
Ich löste sie noch am selben Tag wieder auf.

Hielten Sie sich danach wieder an Ihre Market-Making-Geschäfte?
Ja, und ich beschränkte mich darauf.

Platzierten Sie Ihre Kauforders dabei stets 0,01 Cent oberhalb des gerundeten Cent-Geldkurses?
So fing ich an, doch ich war bald nicht mehr der Einzige und musste meine Ein- und Ausstiegspunkte entsprechend anpassen, damit meine Orders ausgeführt wurden.

Wie lange konnten Sie dieses Spielchen spielen?
Etwa ein Jahr, dann war es damit vorbei. Die Geld-Brief-Spanne wurde so knapp, dass ich meine Aktien am Ende nur ein paar Hundertstel Pennys über meinem Kaufniveau verkaufte.

Wie ging es dann für Sie weiter?
Mit Hilfe meiner Software konnte ich unten am Bildschirm einen Ticker einblenden, der nur die Aktien anzeigte, die ich verfolgen wollte. Ich interessierte mich für Titel, die in großen Blöcken geordert wurden. So konnte ich verfolgen, was das große Geld machte. Ich wollte nur solche Aktien haben, auf die sich größere Unternehmen konzentrierten.

Woran machten Sie Ihre Kaufentscheidungen fest?
Ich begann mit technischer Analyse.

Wo haben Sie sich damit vertraut gemacht?
Ich verbrachte einfach viel Zeit damit, mir Charts anzuschauen. Bücher zum Thema hatte ich damals noch keine gelesen. Ich achtete auf die Charts, die kräftige Bewegungen zeigten. Warum setzte eine Aktie an einem bestimmten Punkt zum Höhenflug an? Gab es zuvor eine Umsatzspitze? So entwickelte ich die einfachste Trendlinienanalyse aller Zeiten – und ich verwende sie bis heute.

Wie sieht diese aus?
Ich suche nach stetigen Abwärtstrends und ziehe dann eine Linie durch die Ausschläge.

Worin unterscheidet sich das von einer herkömmlichen Trendlinie?
In vielen Ratschlägen zu Trendlinien-Ausbrüchen ist die Rede von Ausbrüchen über eine flache Linie. Ich hatte das Gefühl, dass mir meine Trendlinie einen Vorsprung verschaffte, weil ich früher dran war.

[Im Grunde beschreibt Neumann einen Ausbruch über die horizontale Linie einer Seitwärts-Konsolidierung, keinen Ausbruch aus einer Abwärtstrendlinie. Neumann verwendet gar keine anders geartete Trendlinie, wie man aus seinen Äußerungen herauslesen könnte. Stattdessen differenziert er zwischen dem Kauf in einen Ausbruch aus einer Abwärtstrendlinie hinein, wie er vorgeht, und einem Aufwärts-Ausbruch aus einer Seitwärts-Konsolidierung, die sich in Tiefnähe gebildet hat. Per definitionem würde das letztgenannte Preissignal auf einem höheren Kursniveau erfolgen.]

Ich wollte eine Aktie genau dann kaufen, wenn sie nach oben aus diese Abwärtstrendlinie ausbrach. War der Kurs auf der Abwärtstrendlinie unter Druck, war das Angebot oft groß. Nehmen wir an, es waren 100 000 Stück für 31 Cent zu haben. Dann wollte ich gern derjenige sein, der die letzten 10 000 Stück kaufte.

Was aber, wenn die Aktie dann nicht durchstartete?
Das war schlecht. Sie sollte eigentlich so abgehen [er schnippt mit den Fingern.] Ob ein Geschäft läuft, weiß man gewöhnlich sofort.

Läuft es also nicht gleich, dann steigen Sie aus.
Ja, und zwar schleunigst. Hatte ich die Aktie bei 30,1 Cent gekauft, und sie fiel auf 30,0 Cent, verkaufte ich und war draußen.

Und wo wären Sie ausgestiegen, wenn die Aktie tatsächlich weiter geklettert wäre?
Damals verkaufte ich die Hälfte meiner Position schon nach dem ersten Aufwärtstick. Inzwischen stocke ich meine Position an diesem Punkt auf. Konsolidierte sie und zog weiter an, verkaufte ich die zweite Hälfte.

Wie sah Ihr Zeithorizont aus, wenn Sie auf eine Trendlinie setzten?
Seinerzeit sprachen mich Trendlinien über einen Monat an, weil ich am selben Tag ein- und aussteigen wollte. Ein Ausbruch aus einer Ein-Monats-Trendlinie bedeutet, dass die potenzielle Kursbewegung vielleicht über sechs oder acht Stunden läuft. Auf längerfristige Trendlinien zu setzen, weil diese weit größere Bewegungen versprachen, lernte ich erst später.

Und wonach richten Sie sich heute?
Ich halte Ausschau nach Ausbrüchen aus Trendlinien über ein bis fünf Jahre, damit ich größere Positionen sammeln und auf stärkere Kursbewegungen setzen kann.

Wann haben Sie Ihre Strategie von der Ausnutzung der nächsten kurzfristigen Kursschwankung auf Geschäfte aus längerfristiger Perspektive umgestellt?
Meinen heutigen Trading-Ansatz wendete ich erstmals an, als ich mich nach einer Empfehlung richtete, die von dem großartigen Analysten *songw* in einem Chatroom gepostet wurde. Er stellte eine Meldung dazu ein, dass der Ethanolanteil in Benzin gesetzlich von 1 auf 5 Prozent erhöht werden sollte. Ich weiß noch, dass die Leute im Chatroom darauf zunächst unbeeindruckt reagierten und fanden, es sei keine große Sache, wenn der Benzinanteil von 99 auf 95 Prozent zurückgehe. Songw vertrat sofort eine andere Lesart und machte deutlich, dass das für Ethanol eine Steigerung um 400 Prozent bedeute. Da machte es bei mir klick. Ich erkannte, dass das sehr wohl eine große Sache war. Wir wussten, dass dieses Gesetz durchgewinkt werden würde. Also kaufte ich eifrig Ethanolaktien.

Hatten die betreffenden Titel nicht bereits auf die Nachricht reagiert?
Der Post erschien zwei Wochen, bevor das Gesetz dem Kongress vorgelegt wurde. Die Geschichte stand in einer Lokalzeitung aus Kansas City. Über nationale Medien war die Meldung noch nicht verbreitet worden. Es zeugt von songws Researchqualität, dass er diese Story auftrieb. Irgendwann wurde sie dann von den Mainstream-Medien aufgegriffen, und man konnte zusehen, wie die Preise nach oben getrieben wurden, je weiter sich die Nachricht verbreitete.

Und das war das erste Mal, dass Sie eine Position länger hielten?
Ja.

Wie lange hielten Sie Ihre Ethanolaktien?
Ich nahm die gesamte Aufwärtsbewegung mit und verkaufte an dem Tag, an dem das Gesetz vor den Kongress kam. Eine Punktlandung. Drei der Ethanolaktien, die ich gekauft hatte, legten innerhalb von zehn Handelstagen mehr als 1000 Prozent zu. Ich glaube, mit diesem einen Geschäft habe ich in zwei Wochen insgesamt mehr Geld verdient als mit allen meinen bisherigen Positionen zusammen. Damals begriff ich zum ersten Mal, was eine Bewegung in einem Sektor mit einem konkreten Katalysator und feststehenden Termin für eine Wir-

kung haben konnte. Mir wurde klar: Solche Positionen konnte man mit hohem Überzeugungsgrad eingehen und sein Kapital dadurch sprunghaft mehren.

Die Aktien bildeten also einen Gipfel aus, als das Gesetz in den Kongress kam.
Wirklich erstaunlich, wie Katalysatoren in der Sekunde wegfallen, die die Öffentlichkeit für den Anfang hält.

Hat dieses Geschäft Ihren Handelsansatz verändert?
Absolut. Damals erschloss sich mir erstmals dieses Konzept des Sektor-Tradings. Zuvor hatte ich auf Einmalaktien gesetzt, ohne echte Vorstellung davon, warum ich die Aktie eigentlich kaufte – abgesehen von bestimmten Zickzackmustern auf dem Chart. Ich erkannte diesen eindeutigen Katalysator und die resultierende Kursbewegung. Das veränderte meine Karriere. Heute agiere ich nur noch so. Ich kaufe gern zeitgleich Aktien aus einem ganzen Sektor. Ich steige dabei nach dem Schrotflintenprinzip ein – ich kaufe alles aus dem betreffenden Segment – jede Aktie und auch jede Aktie, die von dem Sektor abhängig ist. Dabei eröffne ich zunächst kleinere Positionen und analysiere die Idee sehr genau. Ich lese die veröffentlichten Unterlagen über alle Unternehmen. Bin ich von dem Geschäft überzeugt, pyramidiere ich meine Positionen um das Hundert- oder gar Tausendfache. Eingangs investiere ich manchmal nur 1000 Dollar in eine Aktie und beobachte sie. Sagt mir zu, was ich sehe, setze ich Millionen.

Sind Sie noch in diesem Chatroom?
Nein, seit ungefähr fünf Jahren nicht mehr.

Warum?
Ich lege keinen Wert mehr auf den Input anderer. Ich möchte keine Ideen, die durch die Linse anderer Leute gefiltert wurden. Ein Chatroom ist außerdem die Teeküche des Traders.

Wie hat sich Ihr Börsenansatz im Vergleich zu früheren Jahren sonst noch verändert – abgesehen davon, dass Sie nach Katalysatoren Ausschau halten und sich auf Sektorgeschäfte fokussieren?
Heute sitze ich nicht einfach da und beobachte ein Unternehmen. Ich suche es persönlich auf. Stellt es ein Konsumprodukt her, kaufe ich mir dieses und überlege mir, ob es mir zusagt. Gefällt es mir nicht, engagiere ich mich nicht in dem Unternehmen.

Können Sie mir dafür ein Beispiel geben?

Vor ein paar Jahren hörte ich zum ersten Mal von 3-D-Druck. Also machte ich 10 000 Dollar locker und kaufte mir vier 3-D-Drucker. Ich brachte mir selbst CAD bei, damit ich ausdrucken konnte, was ich wollte. Ich druckte Pfosten für ein von mir selbst entworfenes Schildkrötenhaus aus. [Neumann hält eine große Schildkröte als Haustier, die (sehr langsam) seinen Garten durchstreift.] Ich wollte wissen, welcher 3-D-Drucker der beste war, und warum. Ich ging nicht nur zu Aktionärsversammlungen, sondern besuchte auch 3-D-Druck-Konferenzen. Alles Nötige über 3-D-Druck in Erfahrung zu bringen, um zu verstehen, was diese Unternehmen eigentlich machten, und von 3-D-Druckern umgeben zu sein, half mir dabei, mich in diesen Aktien zu positionieren, bevor sie zum Höhenflug ansetzten. Ich entwickle mich zum Experten für jeden Sektor, in den ich investiere.

Wenn Sie ein bestimmter Sektor anspricht, wie entscheiden Sie dann, wann Sie sich engagieren?

Bei den 3-D-Druck-Aktien hatte der Aufwärtstrend bereits eingesetzt. Ich konnte also keine Ausbrüche aus Abwärtstrendlinien als Einstiegssignale nutzen.

Und was tun Sie dann?

In diesem Fall musste ich mich auf einen 30-Tages-Abwärtstrend beziehungsweise eine flache 30-Tages-Linie stützen.

Damit meinen Sie Ausbrüche aus kurzfristigen Konsolidierungen?

Genau.

Und wie entscheiden Sie, wann Sie aussteigen?

Das hängt ganz davon ab. Das richtet sich nach der Signifikanz des Katalysators und der Stärke des Sektors. Ich habe da keine vorgegebenen Formeln oder Regeln für den Ausstieg. Ich steige beispielsweise nicht aus, wenn ich 10 Prozent gutgemacht habe oder so.

Bei dem Beispiel von den 3-D-Druckern – wie haben Sie damals entschieden, wann Sie die Aktien abstoßen sollten?

Der Marktführer in dieser Sparte, 3D Systems, war in wenig mehr als einem Jahr von 10 auf fast 100 Dollar angestiegen. Ich war nicht mehr der Einzige, der sich auf Jahreshauptversammlungen blicken ließ. In den Chatrooms und auf CNBC wurde viel von 3D-Druck-Aktien gesprochen. Sobald etwas in aller Munde ist, habe ich keinen Vorteil mehr. Wenn ich dann noch nicht ausgestiegen bin, halte ich nach dem richtigen Punkt zum Ausstieg Ausschau.

Haben Sie gewartet, bis der Markt einbrach, oder sind Sie einfach so ausgestiegen?
Analog zu der Abwärtstrendlinie, die ich zeichne, um mir die Einstiegsentscheidung zu erleichtern, richte ich mich beim Ausstieg nach einer Aufwärtstrendlinie. Durchbrachen die Spitzenwerte des Sektors ihre Aufwärtstrendlinien, obwohl ein paar der kleineren Aktien noch durchhielten, verabschiedete ich mich aus dem Sektor.

Vielleicht sollte ich noch erwähnten, dass die Erfahrung mit den 3-D-Druckern mich letztlich zu dem Geschäft veranlasste, das sich als mein lukrativstes erweisen sollte. Ich stieß nämlich auf ein 3-D-Druck-Unternehmen, das sich mit Bioprinting befasste. Die Firma hieß Organovo und entnahm menschliche Zellen, vermehrte diese und gab sie in einen 3-D-Drucker, um ihnen verschiedene Formen zu verleihen. Werden die Zellen in verschiedene dreidimensionale Formen gebracht, reagieren sie anders als in ebener Fläche. Auf diese Weise wollte man herausfinden, welche Medikamente bei einem bestimmten Menschen am besten wirkten. Ich kaufte die Aktien des Unternehmens, sobald ich davon gehört hatte – etwa zwei Monate nach ihrer Aufnahme in den Freiverkehrsmarkt. Die Marktkapitalisierung betrug damals nur rund 40 Millionen US-Dollar. Während ich praktisch täglich an den 3-D-Druck-Aktien verdiente, baute ich mein Engagement in Organovo aus, weil mich die Aktie immer mehr überzeugte.

Ich vergleiche das Börsengeschäft gern mit einem Puzzle. Die Zahl der Puzzleteile erhöhte sich – Aktien anderer 3-D-Druck-Unternehmen legten zu, was für mich einem großen Teil des Puzzles entsprach, und die Aktie wurde immer reger gehandelt. Ich suchte den CEO auf, der gleichzeitig Gründer war, und konnte seine ehrliche Begeisterung für das Unternehmen spüren. Ich traf mich auch mit dem ursprünglichen Angel-Investor. Ich konnte den 3-D-Biodrucker in Aktion sehen. Dann wurde der Titel an der NASDAQ gelistet. Gleichzeitig fand eine Kapitelerhöhung statt, was den Kurs um 30 Prozent absacken ließ. Für mich stellte das Uplisting die ultimative Kaufchance dar, und ich ging aufs Ganze. Auf dem Höhepunkt gehörten mir vermutlich 3 oder 4 Prozent des Unternehmens. Organovo stand damals bei 3,50 US-Dollar und kletterte innerhalb eines Jahres auf 12 US-Dollar. Da veräußerte ich den Großteil meiner Position. In dem Jahr verdiente ich 10 Millionen Dollar.

Was passierte mit Organovo, nachdem Sie ausgestiegen waren?
Die Aktie legte erst noch leicht zu und ging dann auf Talfahrt. Heute steht sie wieder bei rund 1 Dollar.

Sie fiel also nach einer kräftigen Rally wieder ganz zurück. Galt das für den gesamten 3-D-Druck-Sektor?
Ja, die Aktien brachen ein und sackten ebenfalls auf ihre ursprünglichen Stände ab.

Welche anderen Transaktionen sind Ihnen besonders im Gedächtnis geblieben?
Von den Aktien, denen ich meine besten Ergebnisse verdanke, existieren viele gar nicht mehr.

Bitte geben Sie mir doch ein Beispiel.
2009 fiel mir eines Tages auf, dass da von einer Penny-Aktie namens Spongetech 200 Millionen Stück pro Tag umgesetzt wurden. Ich prüfte die Unterlagen über Insiderhandel und stellte fest, dass Insider unlängst 750 Millionen Aktien zu 7/10 eines Cents erworben hatten – was der Hälfte aller in Umlauf befindlichen Aktien entsprach! Ich wollte wissen, was das für ein Unternehmen war, und fand heraus, dass es Schwämme mit integrierter Seife herstellte. Ich dachte: »Na schön, das klingt ja ganz interessant.« Ich bestellte mir das Produkt, probierte es aus und fand es tatsächlich gut. Den größten Ausschlag gab für mich jedoch, dass Insider die Hälfte aller in Umlauf befindlichen Aktien aufgekauft hatten. Deshalb erwarb ich sechs oder sieben Millionen Stück.

Zu welchem Kurs sind Sie eingestiegen?
Zwischen 1 und 2 Cent. Danach lancierte die Firma eine große Werbekampagne. Sie war Sponsor einer Sendung auf HBO über Football mit dem Titel *Hard Knocks*. Jeder Spieler, der gezeigt wurde, trug ein Spongetech-Logo auf dem Trikot. Spongetech sponserte auch das Home Run Derby und präsentierte dort dieses gewaltige Spongetech-Banner. Auch das US-Open-Damenturnier wurde gesponsert, mit einer visuellen Darstellung des Spongetech-Logos im Center Court, die nur im Fernsehen zu sehen war. Spongetech war einfach allgegenwärtig. Das Produkt wurde bei Walgreens und CVS verkauft. Ich beschloss, meine Position zu halten und abzuwarten, wie groß das Unternehmen werden konnte.

Als der Titel an einem Tag auf 10 Cent gestiegen war, saß ich mit ein paar Freunden in der Bar. Sie sprachen über Spongetech wie über ein Kultprodukt. Und es waren keine Börsianer. Doch auch sie waren auf die Aktie gestoßen – vielleicht durch die ganze Sportwerbung. Der Aktienkurs stieg immer weiter.

Ich gehe jeden Sommer auf Reisen, und in jenem Sommer beschloss ich, die Spongetech-Position über die Urlaubszeit hinweg zu halten – als einzige. Jedes Mal, wenn sie einen Penny zulegte, wollte ich 100 000 Stück abstoßen. Ich war gerade in Kenia auf Safari, als ich eine Nachricht von meinem Kumpel erhielt, dass Spongetech auf 25 Cent gestiegen sei. Zu diesem Kurs betrug die Marktkapitalisierung des Unternehmens knapp 400 Millionen US-Dollar. Dabei stellte es bloß seifegetränkte Schwämme her. Ich geriet in Panik.

Da Sie ja im Anstieg verkauft hatten – wie groß war Ihre Position denn damals überhaupt noch?

Ich hielt noch mehr als die Hälfte – mehrere Millionen Aktien. Und ich saß in einem Zeltlager in Kenia und hatte weder Zugang zu einem Computer noch zu einem Telefon.

Wie konnten Sie denn Textnachrichten empfangen, wenn Sie keinen Zugang zu einem Telefon hatten?

Ich hatte ein BlackBerry, das Textnachrichten von anderen BlackBerry-Nutzern empfangen konnte. Vielleicht hätte man damit irgendwie ein Auslandsgespräch zustande bringen können, aber ich hatte keine Ahnung, wie das ging. Also bestach ich die Dame an der Rezeption, damit ich ihren Rechner mit Einwahlverbindung benutzen durfte, der so langsam war, dass ich mehrere Minuten brauchte, bis ein Trade gelaufen war. Als ich meine letzte Order platziert hatte, war die Aktie auf 28 Cent geklettert. Ich war kaum zurück in meinem Zelt, als eine panische Nachricht von meinem Freund einging: »Spongetech ist auf 5 Cent gefallen! Was soll ich tun?«

Am selben Tag!

Ja. Buchstäblich fünf Minuten, nachdem ich wieder in meinem Zelt war.

Was haben Sie Ihrem Freund geantwortet?

Ich hatte ihm schon geschrieben, dass ich meine Position abstieß, noch während ich ausstieg. Als er mir kurz darauf schrieb, der Kurs sei auf 5 Cent gefallen, wusste ich nicht, was ich sagen sollte.

Hatten Sie die Aktie auf Ihrer Reise im Auge?
Immer mal wieder. Die Position beunruhigte mich nicht.

Wann hatten Sie den Kurs zuletzt überprüft, bevor Sie die Nachricht Ihres Freundes erhielten?
Vermutlich ein paar Tage davor.

Hätte Sie die Textnachricht nicht erreicht, oder Sie hätten ein paar Minuten länger gebraucht, um Ihre Order durchzugeben, hätten Sie mit Ihrer Restposition fast Ihren gesamten Gewinn wieder abgegeben.
Ja. Die Nachricht war vermutlich 700 000 Dollar wert.

Was hatte diesen abrupten gewaltigen Kursrutsch ausgelöst?
Mir kam das vor wie eine Szene aus *Jesse Livermore – Das Spiel der Spiele.* [Dieser Klassiker über die Börsenspekulation, dessen Protagonist, wie gemeinhin vermutet wird, Jesse Livermore ist, spielt vor dem Finanzmarkthintergrund eines Zeitalters der Winkelbörsen und der Marktmanipulation.] 750 Millionen Aktien befanden sich in Insiderhand. Zwei Monate zuvor hätten sie keine 100 Millionen Aktien zu einem Penny verkaufen können. Doch wenn sie sich jede Menge Publicity verschaffen und den Kurs weit über 10 Cent in die Höhe treiben konnten, sodass 10 Cent ein guter Wert waren, konnten sie die ganzen 750 Millionen Aktien locker zu je 10 Cent verkaufen. Ich bin mir sicher, dass die Insider an jenem Tag anfingen, ihre Positionen abzustoßen, und als der Kurs einbrach, verkauften sie weiter, bis es nicht mehr ging.

[2010 legte die SEC Spongetech und seinem Topmanagement »einen groß angelegten Manipulationsversuch« zur Last, bei dem »Anlegern vorgegaukelt worden war, sie kauften Aktien eines höchst erfolgreichen Unternehmens«. Außerdem hatte Spongetech auch den Madison Square Garden und jede Menge Profimannschaften betrogen, denen das Unternehmen Millionen für Sponsoring und Werbung schuldete.]

Haben Sie sich auch short engagiert?
Das mache ich nie.

Wie konnten Sie dann 2008 über 1 Million Dollar verdienen – nur durch Long-Positionen?
Ich habe das Gefühl, dass meine Reisen meinen Börsenerfolg beflügeln. Mir den Sommer freizunehmen, kam meinen Geschäften entgegen, weil der Sommer für

die Märkte offenbar immer eine richtig schwierige Zeit ist. Als ich im Herbst 2008 heimkam, war die Welt im Zusammenbruch. Ich war erholt und bereit loszulegen. Ich hatte so viel Geld auf dem Konto wie noch nie. Und es gab jede Menge neuer Aktien, die ich im Auge behalten wollte. Ich war bereit zum Einstieg, während die Leute, die den Sommer über gehandelt hatten, absolut demoralisiert waren und vor den Trümmern ihrer Depots standen.

Ich versuchte mich erst an ein paar Finanztiteln, die besonders stark eingeknickt waren, und wollte den Tiefpunkt erwischen, wurde aber immer wieder ausgestoppt. Doch ich wusste, früher oder später würde es klappen. Dann kam der Tag, an dem man sehen konnte, dass sich bei Finanzwerten etwas verändert hatte. Bis Börsenschluss waren es noch zehn Minuten, und ich nutzte die Zeit, um einen ganzen Korb von Finanztiteln zu kaufen.

Warum?

Ich sah, wie die Aktien bei regem Handel ihre steilen Abwärtstrendlinien durchbrachen. Da kaufte jemand – und ich machte mit. Ich deckte mich ordentlich ein und hebelte meine Position noch durch eine ganze Reihe von Two-week-out-Optionen auf Finanzwerte. Ich weiß noch, dass ich nach Börsenschluss mit einem Freund Tennis spielen wollte. Auf der Fahrt hörte ich im Radio eine Story über das TARP. [Das Troubled Asset Relief Program, dass es der US-Regierung erlaubte, Finanzinstituten illiquide Anlagen im Wert von 700 Milliarden US-Dollar abzukaufen.] Damals hörte ich den Begriff zu ersten Mal. Ich wusste, es würde hoch hergehen. Am nächsten Morgen waren alle Aktien, die ich gekauft hatte, kräftig gestiegen – manche um ganze 50 Prozent über meinen Einstandskurs. In den ersten fünf Minuten nach Eröffnung der Börsensitzung nahm ich bei allen Positionen, die ich am Vortag eingegangen war, Gewinne mit. An jenem Tag realisierte ich fast 900 000 Dollar. Insgesamt hatte ich diese Positionen vielleicht 15 Börsenminuten lang gehalten – zehn Minuten am Vortag und noch fünf an jenem Morgen. [Neumann hatte dabei nicht das Markttief erwischt, sondern nur ein kurzfristiges relatives Tief. Der Markt gab in den Folgemonaten weiter nach. Schnell Kasse zu machen, war folglich eine glückliche Entscheidung.]

Am Anfang Ihrer Börsenkarriere spekulierten Sie mit Penny-Aktien. Auf welche Titel fokussieren Sie sich heute, wenn Sie mit zig Millionen handeln?

Nach wie vor auf Small Caps, im Idealfall aus dem Kapitalisierungsspektrum von 200 bis 500 Millionen US-Dollar.

Aus welchem Grund?
Meines Erachtens können Unternehmen dieser Größe leichter eine große Kursbewegung verzeichnen.

Handeln Sie denn angesichts Ihres weitaus besser gefüllten Depots immer noch mit Penny-Aktien – und ich meine ganz wörtlich: Aktien, die unter 1 Dollar notieren?
Aber sicher. Das sind manchmal meine besten Transaktionen.

Gibt es dabei kein Liquiditätsproblem?
Tja, ich splitte meiner Orders in kleinere Transaktionen auf. Und ich skaliere meine Positionen nach und nach. Manchmal kaufe ich jeden Tag zu.

Und beim Ausstieg?
Habe ich die richtige Entscheidung getroffen, und der Titel legt kräftig zu, setzt Aufregung ein, und gewöhnlich nimmt die Liquidität dann deutlich zu. Bis ich meine Gewinne mitnehme, ist der Titel in aller Regel hinlänglich liquide.

Können Sie mir ein aktuelles Beispiel für ein solches Penny-Aktiengeschäft geben?
Etwa zwei Monate vor der Legalisierung von Cannabidiol (CBD) auf bundesstaatlicher Ebene (bis zur Verabschiedung des Anbaugesetzes gab es in einzelnen Bundesstaaten da eine rechtliche Grauzone) ging ich in einen örtlichen Spirituosenladen – den größten Getränkemarkt in ganz Texas. Ich fragte den Leiter der Erfrischungsgetränkeabteilung: »Haben Sie etwas im Angebot, das CBD enthält?« Wie aus der Pistole geschossen antwortete er: »Ein solches Produkt haben wir, und das hat mein Leben verändert wie nichts zuvor.« Er war 60 Jahre alt und litt unter Schmerzen im Arm. Er redete 15 oder 20 Minuten auf mich ein. Ich hörte, wie sein Name über Lautsprecher ausgerufen wurde, doch er ignorierte es. Er erzählte mir wieder und wieder, wie toll er dieses Getränk fand. Der Funke sprang über. Eine kleine Flasche kostete 4 Dollar, und ich kaufte eine ganze Kiste.

Zuhause stellte ich Recherchen über das Unternehmen an. Die Aktie kostete 2 Cent und stand am oberen Ende einer zweijährigen Abwärtstrendlinie. Angesichts der Begeisterung des Getränkeverkäufers von dem Produkt und eines Verkaufspreises von 4 Dollar für eine kleine Flasche konnte ich mir gut vorstellen, dass das Umsatzpotenzial enorm war. Außerdem lag mein wichtigstes charttechnisches Kaufsignal vor – ein Ausbruch aus einer langfristigen Abwärtstrendlinie. Ich engagierte mich mit mehreren Prozent in dem Unternehmen. Ich kostete das Produkt und stellte fest, dass es gut wirkte.

Was hatten Sie denn für Beschwerden?
Ich hatte ein paar Jahre zuvor einen Bandscheibenvorfall erlitten und schluckte täglich Aleve.

Das CBD-Wasser wirkte also?
Allerdings, wobei ich nicht sagen kann, ob es das Getränk war oder nur ein Placeboeffekt. Jedenfalls suchte ich den Getränkemarkt täglich auf. Ich wollte wissen, wer das Produkt kaufte.

Hat sich der Verkäufer nicht gewundert, als Sie jeden Tag im Laden standen?
Ich habe es ihm am zweiten Tag erklärt. Ich erzählte ihm, dass ich mich für die Aktie interessierte und noch mehrere andere CBD-Aktien gekauft hätte. Er fand das cool. Ich lernte ihn recht gut kennen. Und mir fiel auf, dass alle Angestellten das CBD-Wasser tranken.

Die Aktie hob ab und gewann innerhalb weniger Wochen 1000 Prozent. Der Kurs erreichte 25 Cent. Einmal fand ich mich gerade zu meinem täglichen Besuch im Laden ein, als der Verkäufer schon angerannt kam. Mit blassem Gesicht erklärte er mir: »Wir mussten das Produkt gerade aus den Regalen nehmen. Es wurden Schwebstoffe darin gefunden.« Ich sagte: »Okay. Und werden Sie es wieder ins Programm nehmen?« »Wir haben alle Bestände im Zentrallager abgebaut. Wir wissen nicht, ob wir es jemals wieder führen werden«, entgegnete er.

Ich fuhr nach Hause, so schnell ich konnte. Und wirklich – in den Flaschen aus der Kiste, die tags zuvor gekauft hatte, schwebte braunes Zeug. Bis dahin war ich davon ausgegangen, dass ich diese Aktie noch lange halten würde. Doch ich verkaufte, so schnell ich konnte. Der Markt war unbegrenzt liquide. Der CEO hatte am selben Morgen ein Interview gegeben und erklärt, wenn das Unternehmen einen Jahresumsatz von über 1 Million Dollar erzielen würde, sei Coca-Cola an einer Übernahme interessiert. Von der Aktie wurden an jenem Tag vermutlich 100 Millionen Stück gehandelt. Ich hielt seinerzeit drei oder vier Millionen Aktien und konnte meine gesamte Position auf dem Höhepunkt abstoßen, ohne dass der Kurs auch nur zuckte.

Ihnen lagen also vorab Informationen darüber vor, dass das Produkt vom wichtigsten Vertriebspartner aus dem Programm genommen wurde.
Richtig. Ich würde das nicht als Insiderinformation bezeichnen, doch es war eine Information, wie man sie bekommt, wenn man sich dafür interessiert.

Was war mit den übrigen CBD-Aktien in Ihrem Depot? Das Problem bezog sich ja spezifisch auf dieses eine Unternehmen. Hatte das auch Einfluss auf andere CBD-Unternehmen?
Sie wurden in Mitleidenschaft gezogen, weil ich aus allen Positionen ausstieg. Ich war vermutlich der größte Privatanleger, der diese Aktien hielt.

Mein Interesse an diesem Segment war aber nicht erloschen. Ich verbrachte einen Monat in Kalifornien und wurde zum Experten für CBD- und THC-Aktien. Ich suchte jede börsengehandelte Einzelhandels- und Apothekenkette auf. Es gab nur eine solche Kette mit einer Marktkapitalisierung von einer Milliarde Dollar – MedMen. Ich verbrachte 45 Minuten in einer ihrer Filialen. Sie hatte 20 Beschäftigte. Während ich mich dort aufhielt, kam nur noch ein anderer Kunde und kaufte einen einzigen Joint. Ich dachte bei mir: »Die Leute hier verdienen vermutlich 15 oder 20 Dollar die Stunde. Das Geschäft hat eine erstklassige Lage, die Miete muss entsprechend hoch sein. Sie stellen ihr Produkt nicht selbst her und verkaufen kaum etwas. Wie kann dieses Unternehmen eine Milliarde Dollar wert sein?« Ich ging nicht short, weil ich das grundsätzlich nicht mache, doch die vorsichtige kleine Position, die ich in der Aktie hielt, stieß ich nach dem Besuch der Filiale ab. Und ich schrieb einen Blogbeitrag darüber.

Was passierte letztlich mit der Aktie?
Sie rutschte in wenigen Monaten von 6 auf rund 2 Dollar ab.

Bei fast allen der genannten Beispiele fokussieren Sie sich anscheinend auf neue Produktkategorien. Ist das tatsächlich Bestandteil Ihres Investmentansatzes?
Ich probiere Produkte gern zeitig aus. Manchmal kann ich mir Einsatzmöglichkeiten für ein neues Produkt vorstellen, das noch gar nicht auf dem Markt ist. Ich weiß nicht mehr genau, welches Jahr es war, als ich mir diesen biometrischen Scanner kaufte, den ich an meinen Laptop anschließen und mich dann mit meinem Daumenabdruck einloggen konnte. Ich weiß noch, wie ich das Teil in der einen Hand hielt und mein iPhone in der anderen und dachte: »Das ist so naheliegend. Warum kann das mein Telefon nicht?« Jahre später hatte ich AuthenTec ins Visier genommen, ein Unternehmen aus der Sparte biometrische Sensortechnologie. Als mir ein Ausbruch aus dem Abwärtstrend mein Signal lieferte, kaufte ich ein Aktienpaket. Das Papier legte zu, und ich stockte meine Position auf. Dann unterschrieb AuthenTec einen Vertrag mit Samsung. Ich dachte nur: »O mein Gott. Jetzt aber in die Vollen gehen!« Noch nie hatte ich eine so offensichtliche Chance gesehen. Und ich ging »all in«. Ich investierte über ein Drittel meines Kapitals in diese eine Aktie.

Wirklich – mehr als ein Drittel in eine Aktie?
Jawohl. Das mache ich auch heute noch manchmal. Damals war mein Durchschnittskurs aber viel niedriger. Ich pyramidierte nur und rundete meine Position ab. Etwa zwei Wochen nach Ankündigung des Samsung-Deals wurde das Unternehmen von Apple übernommen. Das war das einzige Mal in meiner Laufbahn, dass der Emittent einer von mir gehaltenen Aktie aufgekauft wurde.

Wie schützen Sie sich, wenn Sie über ein Drittel Ihres gesamten Kapitals in einer Aktie stecken haben?
Entwickelt sich das Papier nicht richtig, skaliere ich die Position so wieder herunter, wie ich sie hochskaliert habe.

Was meinen Sie mit »nicht richtig entwickeln«?
Wenn die Aktie fällt, statt zu steigen, oder die Liquidität abnimmt oder große Orders statt zum Geldkurs zum Briefkurs ausgeführt werden. Bis ich mehrere Prozent eines Unternehmens erwerbe, habe ich schon ziemlich feste Vorstellungen davon, wie sich die Aktie verhält. Reagiert sie dann anders, fahre ich mein Engagement zurück.

....

Daran schloss sich ein langes Gespräch über Kryptowährungen und Neumanns Positionierung in diesem Segment an. Um es kurz zu rekapitulieren: Er ging auf der Grundlage eines charttechnischen Ausbruchs sehr früh long und hielt eine Kernposition die gesamte gewaltige Aufwärtsbewegung hindurch, die Ende 2017 gipfelte. Unser Gespräch wandte sich der Frage zu, warum er sich zu dem betreffenden Zeitpunkt entschloss, auszusteigen.

....

Veränderte sich die Atmosphäre, als Sie diese Entscheidung trafen?
Ja. Ich bezeichne das als meinen Golfplatzindikator. Mit den Leuten, mit denen ich Golf spiele, spreche ich in aller Regel nicht über die Börse. Damals aber sprach mich schon am ersten Abschlag dieser 60-Jährige an, der noch nie mit Aktien spekuliert hatte, und fragte mich, was ich von Litecoin halte. Für mich war das ein

klares Signal: Die breite Masse wusste über dieses Geschäft Bescheid. Ich hatte mich ein Jahr zuvor engagiert und fand es an der Zeit, den Absprung zu wagen.

Werden Sie bei einer Transaktion ausgestoppt, versuchen Sie dann, wieder einzusteigen, wenn die Voraussetzungen stimmen?
Ich habe kein Problem damit, mich erneut zu engagiere – sogar zu höheren Kursen.

Gibt es Bücher, die Ihre Trading-Methode beeinflusst haben?
Ich war wohl schon über ein Jahr im Geschäft, als ich mein erstes Finanzbuch las.

Welches Buch war das?
Jesse Livermore – Das Spiel der Spiele.

Hat sich dieses Buch auf Ihren Trading-Stil ausgewirkt? Und wenn ja, wie?
Es bestätigte mich in dem, was ich bereits tat – vor allem darin, mit hohen Einsätzen zu spielen, wenn die richtige Konstellation vorlag, und mit niedrigen, wenn das nicht der Fall war. Ich erziele längst nicht mit 50 Prozent aller Trades Gewinne, schneide aber trotzdem gut ab, weil ich merke, wenn sich ein- oder zweimal im Jahr alle Puzzlestücke zusammenfügen und ich bei einem Geschäft aufs Ganze gehen sollte.

Was haben Sie aus dem *Spiel der Spiele* noch gelernt?
In dem Buch kommt vor, dass Jesse Livermore einmal eine wirklich große Position hielt und darüber dann in einem Zeitungsartikel berichtet wurde. Diese Meldung sorgte dafür, dass am Folgetag eine enorme Kurslücke aufging. Livermore nutzte die erhöhte Liquidität aus, um seine gesamte Position abzustoßen. Halte ich eine Penny-Aktie oder einen Small-Cap-Wert, dann denke ich an diese Geschichte und halte mir vor Augen, dass ich Phasen nutzen muss, wenn mehr Liquidität vorhanden ist, um mit meiner Position Kasse zu machen.

Wie würden Sie Ihre Trading-Methode definieren?
Trading ist für mich wie ein Puzzle. Erst muss ich alle vier Ecken legen.

Was sind die vier Ecken?
Die erste Ecke ist die technische Analyse. Man braucht die richtige Chartformation. Die zweite Ecke ist eine saubere Aktienstruktur.

Was meinen Sie damit?
Auf die Aktie gibt es nur wenige Optionen oder Optionsscheine und es wurden vorzugsweise weniger als 200 Millionen Aktien emittiert.

Und die anderen beiden Ecken?
Es muss der richtige Sektor sein, und man braucht einen Katalysator oder eine Story, die die Aktie oder den Sektor nach oben treibt. Sind die vier Ecken fertig, kann man alle anderen Teile legen.

Und welche wären das?
Informationen aus Unternehmensunterlagen oder über die bisherigen Leistungen des Managements, das Ausprobieren des Produkts und die richtige Pyramidierung der Position.

Nach welchen Trading-Regeln richten Sie sich?
Was kommt als Nächstes? Halten Sie stets nach der nächsten großen Chance Ausschau. Machen Sie sich klar: Wenn Sie aus einer Position aussteigen, die nicht richtig läuft, können Sie jederzeit wieder einsteigen. Und achten Sie auf Handelschancen mit einem Risiko-Rendite-Verhältnis von 10 zu 1.

Welche Ihrer persönlichen Eigenschaften haben Ihrer Ansicht nach zu Ihrem Erfolg beigetragen?
Das Interview mit David Tepper nach der Finanzkrise ist eines der besten, die ich je gesehen habe. [David Tepper ist der Gründer von Appaloosa Management, einem höchst erfolgreichen Hedgefonds.] Darin verglich sich Tepper mit einem Gnu auf der großen Wanderung, und er wollte das erste Gnu sein, dass das Tal erreichte und so viel frisches, grünes Gras fressen konnte, wie es wollte. Manchmal lauerte ein Löwe, wenn man früh dran war, und es war weit sicherer, sich in der Herde zu bewegen, doch dann kam man eben auch nicht an das frische, grüne Gras. Dieser Vergleich machte auf mich einen bleibenden Eindruck.

Weil Sie sich darin wiederfanden?
Weil ich meine Wunschrolle an der Börse darin wiederfand. Ich wollte der Erste sein. Auch wenn ich mir manchmal eine blutige Nase holte – das ging schon in Ordnung, solange ich das nächste große Thema früher im Visier hatte als alle anderen.

Welche Wesenszüge trugen sonst noch zu Ihrem Erfolg bei?
Ich erkenne schnell, wenn ich einen Fehler gemacht habe, und dann schwenke ich sofort um und korrigiere ihn. Ich lerne aus jedem Fehler. Sobald ich merke, dass ich falsch liege, und aus der Position aussteige, war es das für mich. Eine Minute später habe ich das Geschäft schon vergessen. Passiert. Vorbei. Ich akzeptiere das.

....

Früh dran sein. Das fiel mir eines Nachts ein, während ich an dem Kapitel über Neumann arbeitete. Während des Interviews war es mir gar nicht aufgefallen – und auch nicht in den ersten Tagen, als ich die Aufnahmen meines Interviews durchhörte und an diesem Kapitel schrieb. Ein roter Faden, der sich durch Neumanns spektakulär erfolgreiche Börsenkarriere zieht und ihm immer wieder einen Vorsprung verschafft hat, ist, dass er früh dran war. Als sich die NASDAQ bei ihren Notierungen von Bruchteilen auf Dezimalstellen umstellte, stand Neumann schon parat, um von der Chance zu profitieren, die sich dadurch bot, dass verschiedene Makler Orders mit unterschiedlichen Dezimalstellen zuließen.

Bei dem Tradingstil, den sich Neumann im Anschluss aneignete, begründet er seine Positionen exakt bei Ausbrüchen aus langfristigen Abwärtstrendlinien – dem frühestmöglichen technischen Signal für einen Trendübergang. Natürlich führen solche Einstiegspunkte oft dazu, dass man mehrfach auf falsche Ausbrüche setzt, bis ein richtiger eintritt. Doch Neumann ist wieder früh dabei – er steigt sofort aus, wenn sich ein Ausbruch nicht wunschgemäß entwickelt, was ihm selbst bei verfrüht eröffneten Positionen ein Ergebnis sichert, das ihn kaum in die roten Zahlen bringt.

Neumann versucht grundsätzlich, in einem sehr frühen Stadium in Sektoren mit neuen Produkten einzusteigen. Ein Beispiel dafür ist der 3-D-Druck. Viele solche jungen Branchen durchlaufen eingangs einen Zyklus mit einer positiven Kurswelle, weil ein Hype um eine Sparte mit neuen Produkten übermäßiges Kaufinteresse auslöst, das durch die ersten Fundamentaldaten nicht gerechtfertigt ist. Werden sie dann von der Realität eingeholt, müssen sie die erzielten Gewinne meist fast vollständig wieder abgeben. Manchmal erholen sich solche Unternehmen, manchmal aber auch nicht. So oder so, Neumann steht offenbar stets bereit, um das Stadium mitzunehmen, in dem die Kurse aufwärts tendieren.

Halte ich Vorträge darüber, was man von den Magiern der Märkte lernen kann, spreche ich oft die Attraktivität des Börsengeschäfts als »schneller Weg zum großen Geld« an, um zu veranschaulichen, wie man gerade *nicht* herangehen sollte. Die Ironie dabei: Diese Einstellung entspricht genau der Motivation, die Neumann veranlasst hat, zu spekulieren – und bei ihm hat es funktioniert! Ich bin dennoch der Überzeugung, dass die meisten, die Trading als Methode ansehen, um schnell reich zu werden, am Ende scheitern. Nach meinem Gespräch mit Neumann muss ich aber einräumen, dass es eindeutig auch Ausnahmen zu dieser Regel gibt.

Ein wesentlicher Baustein von Neumanns Erfolg besteht darin, zu kaufen, wenn Ausbrüche aus Trendlinien – oder erwartete, unmittelbar bevorstehende Ausbrüche aus Trendlinien – festzustellen sind. Das allein ist jedoch alles andere als ein Rezept für den Börsenerfolg. Ich würde sogar behaupten, dass angesichts der großen Beliebtheit, der sich die Chartanalyse erfreut, falsche Trendlinien-Ausbrüche so häufig sind, dass dieses technische Signal auf lange Sicht per saldo eher zu Verlusten führt als zu Gewinnen – von spektakulären Gewinnen ganz zu schweigen. Schaut man sich jedoch Neumanns Einstiegspunkte an (nach dem Interview blätterte Neumann eine ganze Reihe von Charts auf seinem Monitor durch und zeigte mir, wo er jeweils in seine Positionen einstieg), ist man unwillkürlich erstaunt darüber, wie unglaublich ideal diese wirken. Chart um Chart lagen seine Einstiegspunkte unweit vom absoluten Tiefpunkt eines längeren Abwärtstrends – und unmittelbar vor einer kräftigen, fast senkrechten Rally. Die Einstiegspunkte wirken beinahe unheimlich – als hätte Neumann im Vorfeld eine Liste mit den Kursen des Folgemonats vorgelegen.

Wie konnte es Neumann gelingen, ein technisches Signal von so fragwürdiger Wirksamkeit so unglaublich effektiv zu nutzen? Die Erklärung: Der Ausbruch aus der Trendlinie war nicht die einzige Komponente seiner Gesamtstrategie. An sich kaufen nur Verlierer in Ausbrüche aus Trendlinien hinein. Doch Neumann wusste, *welche* Ausbrüche er kaufen sollte, und das machte seinen Trading-Ansatz so effektiv. Neumanns zentrale Positionen haben viele, wenn nicht alle der folgenden Merkmale gemein:

- Die Aktie hat einen größeren Abwärtstrend oder eine längere Seitwärtsbewegung in Bodennähe hinter sich.
- Das Unternehmen verfügt über eine Dienstleistung oder ein Produkt mit erheblichem Aufwärtspotenzial.

- Es gibt einen Katalysator, der für eine unmittelbar bevorstehende Kursrally spricht.
- Die Aktie stammt aus einem Sektor, der nach Neumanns Analyse bereit ist für eine kräftige Aufwärtsbewegung.
- Neumann kennt das Produkt und hat es gewöhnlich selbst ausprobiert.
- Die Aktie legt gewisse Lebenszeichen an den Tag – entweder einen kräftigen Ausschlag nach oben nach einer längeren Abwärts- oder Seitwärtsbewegung oder eine abrupte Umsatzspitze nach einer längeren, eher inaktiven Phase oder beides.

Liegen die meisten oder gar alle dieser Elemente vor, hält Neumann Ausschau nach seinem Ausbruch. Eine Transaktion, die aussieht wie ein Kauf in den Ausbruch aus einer Abwärtstrendlinie hinein – eines der primitivsten technischen Signale, die man sich denken kann –, ist in Wirklichkeit ein weit komplexeres Geschäft, das eine Fülle von Faktoren berücksichtigt, die in der richtigen Konstellation vorliegen müssen.

Noch ein wesentlicher Faktor erklärt, wie Neumann mit einem so profanen Ansatz wie Trendausbrüche als Handelssignale so erfolgreich sein kann, und dieser hat mit dem Einstiegszeitpunkt gar nichts zu tun. Neumann kauft eine Aktie genau dann, wenn er meint, dass sie zum Höhenflug ansetzt (etwa auf dem Höhepunkt eines entscheidenden Ausbruchs, wenn er den letzten Teil einer umfangreichen Verkaufsorder ausführt). Setzt aber nach dem Kauf kein deutlicher Aufwärtstrend ein oder der Titel gibt sogar wieder nach, steigt Neumann sofort aus. Weil er an einem Punkt eingestiegen ist, an dem zumindest eine geringe Aufwärtsbewegung wahrscheinlich ist, kann er seine Position, auch wenn sie nicht läuft, in aller Regel ohne größere Einbußen liquidieren. Neumanns phänomenale Erfolgsbilanz ist also nicht nur auf seine besonders gelungene Einstiegsstrategie zurückzuführen – die er zweifelsohne hat –, sondern auch auf seine unerschütterliche Fähigkeit, ohne zu zögern wieder auszusteigen, wenn sich eine Position nicht so entwickelt, wie er es erwartet. Seine Ausstiegsstrategie riecht stark nach Risikokontrolle, auch wenn er das selbst nicht so sieht.

Ein Vergleich zwischen den technischen Einstiegssignalen von Neumann und Peter Brandt (siehe erstes Kapitel) ist hochinteressant. Neumann kauft grundsätzlich nur, wenn ein Ausbruch aus einer Abwärtstrendlinie vorliegt, weil ihm dann ein besserer Einstiegskurs geboten wird (wenn das Signal aussagekräftig war) und nimmt eine größere Anzahl falscher Signale in Kauf, um sich diesen besseren Preis zu sichern. Brandt geht genau entgegengesetzt vor: Er meidet Ausbrüche aus Trendlinien, weil er sie für unzuverlässig hält. Er legt Wert auf einen Ausbruch aus einer horizontalen Konsolidierung, weil deren größere Berechenbarkeit es ihm ermöglicht, sich durch einen gleichermaßen sinnvollen wie eng gesetzten Stop abzusichern. Die beiden Trader haben gegenteilige Ansichten zu den technischen Einstiegssignalen, sind aber ausgesprochen erfolgreich – ein klassisches Beispiel für den Grundsatz, dass es die eine richtige Trading-Methode nicht gibt.

Während Neumann und Brandt eine Studie der Kontraste bei der Wahl des richtigen Einstiegszeitpunkts liefern, ist erwähnenswert, dass Neumanns Ausstiegszeitpunkt die gegenläufige Trading-Philosophie verkörpert, die Jason Shapiro formulierte (siehe zweites Kapitel): »Ich versuche, herauszufinden, was alle anderen tun, und dann mache ich genau das Gegenteil, denn wenn alle auf dasselbe setzen, verlieren sie.« Dieser Satz beschreibt hervorragend, wie Neumann aus seinen Positionen aussteigt. Bei praktisch allen größeren Geschäften, die in diesem Interview zur Sprache kamen, stieg Neumann aus, wenn der Trade überkauft war. Beispiele dafür waren:

- Er stieß seine Ethanolaktien an dem Tag ab, als das Gesetz zur Erhöhung des Ethanolanteils am Benzin vor den Kongress kam – und das Medieninteresse am größten war.
- Er veräußerte seine 3-D-Druck-Aktien, als sie so populär geworden waren, das auf CNBC darüber berichtet und in vielen Chatrooms darüber gesprochen wurde.
- Er fuhr seine Position in Spongetech herunter, als dessen Produkt von seinen Freunden, die keine Börsianer waren, in der Kneipe erwähnt wurde.
- Von seinen Beständen in Kryptowährungen trennte er sich, als sein »Golfplatz-Indikator« ausschlug.

Man muss sich an seine Methode und seinen Plan halten. Lassen Sie sich nie zu ungeplanten Trades verführen. Neumanns größter (prozentualer) Verlust ereignete sich zu Anfang seiner Karriere, als er von der Market-Making-Strategie abwich, die ihm stetige Erträge eintrug, und aus einem Impuls heraus eine Aktie kaufte, die abhob, weil ihr eine gute Geschichte zugrunde lag. Mit dieser einen Position vernichtete er an einem Tag 30 Prozent seines Kapitals.

Es fällt auf, wie viele von Neumanns erfolgreichsten Geschäfte aus langfristiger Perspektive total falsch waren. 3-D-Drucker-Aktien und Organovo gaben ihre gesamten Gewinne wieder ab und fielen letztlich noch unter das

Kursniveau, auf dem Neumann sich ursprünglich engagiert hatte. Spongetech erwies sich als Windei und wurde wertlos. Was ich damit sagen will: Es kommt nicht darauf an, wie sich eine Aktie langfristig entwickelt, sondern darauf, wie sie reagiert, während Sie sie in Ihrem Portfolio haben. Neumanns Einstiegs- und Ausstiegsmethode schützte ihn vor größeren Verlusten, ermöglichte ihm aber schnelle Gewinne. Beim erfolgreichen Trading geht es um gekonnte Kapitalverwaltung (die sich in der Einstiegs- und Ausstiegsmethode ausdrückt), nicht um Prognosen.

Viele von Neumanns Geschäften waren scheinbar reine Glückssache – wie der Ausstieg aus der CBD-Aktie fast auf dem absoluten Höhepunkt, weil ihm der Getränkemarktmitarbeiter von dem Problem mit den Verunreinigungen erzählte. Doch bedenken Sie: Es war Neumann, der die Voraussetzungen dafür geschaffen hatte. Er war nur deshalb im Laden und konnte an diese wertvolle Information gelangen, weil er vor Ort recherchiert hatte und den Absatz in seinem örtlichen Markt laufend im Auge behielt. Die BlackBerry-Nachricht, die er auf seiner Safari in Kenia an dem Tag erhielt, als die Spongetech-Aktie ihr absolutes Kurshoch verzeichnete, war mehr als Glück. Doch die Nachricht konnte nur deshalb ihre Wirkung entfalten, weil Neumann seine Position in der einsetzenden Kaufhysterie instinktiv sofort liquidierte.

Auch das Geschäft mit Spongetech veranschaulicht mustergültig ein Trading-Prinzip aus *Hedge Fund Market Wizards: »Sind Sie auf der richtigen Seite der Euphorie oder Panik, dann verkleinern Sie Ihre Position. Parabolische Preisbewegungen in die eine oder andere Richtung enden gewöhnlich abrupt und drastisch. Haben Sie das Glück, auf der richtigen Marktseite zu stehen, wenn sich der Preis fast vertikal entwickelt, sollten Sie daran denken, aus der Position herauszuskalieren, solange sich der Trend noch in Ihre Richtung bewegt. Wäre es ein Schock für Sie, sich auf der anderen Marktseite wiederzufinden, dann sollte Ihnen das vermutlich sagen, dass Sie Ihre Position abbauen sollten.«*[*]

Wer Peter Lynchs Buch *Der Börse einen Schritt voraus* gelesen hat, dürfte feststellen, dass dieses Interview stellenweise stark an Lynchs zentrale Botschaft erinnert. Insbesondere Neumanns Prinzip, neue Produkte auszuprobieren und im Laden zu überprüfen, ob sie sich gut verkaufen, ist ein wesentlicher Bestandteil seines Trading-Erfolgs und zeichnet für manche seiner besten Geschäfte verantwortlich – sowohl beim Ausstieg als auch beim Einstieg. Neumann verkörpert Lynchs Philosophie, nur in das zu investieren, was man kennt.

---

* Jack D. Schwager, *Hedge Fund Market Wizards* (New Jersey, John Wiley & Sons, Inc., 2012), S. 497.

Neumann konzentriert sich auch auf die Auswahl solcher Trading-Chancen, die das Potenzial mitbringen, zu dem zu werden, was Lynch als »Ten Baggers« bezeichnete – Investments, die eine Kurssteigerung ums Zehnfache erzielen.

Ist Neumann von einer Position besonders überzeugt, geht er aufs Ganze. So war er im Falle von AuthenTec mit einem Drittel bis der Hälfte seines gesamten Depots in dieser Einzelposition engagiert. Diese hoch aggressive Positionierung in Situationen, in sich denen Neumann absolut sicher ist, trägt wesentlich zu seinem erstaunlichen Gesamtergebnis bei. Dieser besondere Aspekt von Neumanns Trading-Stil erfordert jedoch einen deutlichen Warnhinweis: Für die meisten Trader wäre er nämlich gefährlich. Die extreme Konzentration von Positionen funktioniert bei Neumann aus drei Gründen: Erstens ist seine Erfolgsquote bei Positionen mit hohem Überzeugungsgrad hoch, zweitens skaliert er seine Positionen, sodass sein durchschnittlicher Einstiegskurs, bis er ein Drittel seines Depots auf eine Aktie oder einen Sektor gesetzt hat, deutlich niedriger ist, was ihm ein ordentliches Polster bietet, falls der Kurs nach unten dreht, und drittens ist er schnell dabei, seine Positionen zu verkleinern oder ganz aufzulösen, wenn die Aktie nachgibt oder sonstige Anzeichen für ein Verhalten zeigt, mit dem er nicht gerechnet hat. Der letzte Punkt ist möglicherweise der wichtigste. Für jeden Trader, der nicht über ähnliche Kompetenzen verfügt, wäre das Eingehen derart konzentrierter Positionen äußerst riskant und könnte mit potenziell vernichtenden Verlusten einhergehen.

CHRIS CAMILLO

Weder … noch

Für die gesamte bisherige Geschichte der Marktanalyse gilt: Die Methoden ließen sich einteilen in fundamental oder technisch oder aber eine Mischung aus beidem. Chris Camillos Ansatz ist weder fundamental noch technisch. Seine Herangehensweise wurde erst in der modernen Zeit durch die Kombination von Rechenleistung und sozialen Medien möglich. Camillo hat im Grunde ein ganz neue Kategorie der Marktanalyse und des Tradings entwickelt – einen Ansatz, den er als »Sozialarbitrage« bezeichnet.

Camillos Trading-Methode entstand aus der Beobachtung gesellschaftlicher Trends und kultureller Veränderungen im Alltag. Um seine Möglichkeiten zum Aufspüren dieser Trends zu erweitern, gründete Camillo TickerTags, ein Unternehmen, dessen Software es ermöglicht, zu überwachen und zu messen, wie oft in den sozialen Medien Wörter oder Wortkombinationen (von ihm als »Tags« bezeichnet) erwähnt werden, die für bestimmte Aktien von Bedeutung sind. Camillo spricht von perplexen Reaktionen, wenn er seine Methode erklärt. »Die Leute sagen mir: ›Du meinst, du schaust gar nicht auf das KGV oder das Management oder die Kursentwicklung?‹« Ich entgegne dann: »Ich schaue nur auf meine Tags.«

Metaphorisch ließe sich Camillos Trading-Karriere als zwei Inseln beschreiben – ein schroffer, öder Felsen im Meer und ein üppiges Tropenparadies, getrennt durch eine breite Wasserstraße. Abgesehen von seinem ersten Versuch als Halbwüchsiger, den er im Interview ausführlich beschreibt, war Camillos erster Vorstoß ins Börsengeschäft ein grandioser Fehlschlag – mehrere Jahre mit gescheiterten Methoden, in denen sich sein Kapital nach und nach aufzehrte (welches sich zu Camillos Glück auf das beschränkte, was er von seinem bescheidenen Gehalt abknapsen konnte). Nach einer jahrzehntelangen Unterbrechung kehrte Camillo 2006 an die Börse zurück und hatte dort – ganz anders als im ersten Anlauf – spektakulären Erfolg. In den knapp 14 Jahren, seit er sich wieder als Trader betätigt, hat Camillo eine durchschnittliche jährliche Rendite von insgesamt 68 Prozent erwirtschaftet und aus ursprünglich 83 000 Dollar 21 Millionen Dollar gemacht – Nettobarentnahmen eingeschlossen.

Ich lernte Camillo kennen, als er mich per E-Mail um ein Treffen bat, weil er in einer zunächst nicht näher bezeichneten Angelegenheit meinen Rat suchte. Ich antwortete, wenn er bereit wäre, zu mir nach Boulder zu fliegen, statt mich anzurufen, stünde dem nichts im Wege. Wir trafen uns zu einem ausgedehnten Brunch im »Buff«, einem meiner Lieblingslokale im Ort. Camillos eigentliche Berufung ist zwar das Trading-Geschäft, doch er interessiert sich schon seit Langem für die Filmbranche – seit er in Collegezeiten ein unproduziertes Drehbuch geschrieben hatte. Derzeit produziert er eine Youtube-Reihe namens *Dumb Money*, die in erster Linie aus kurzen Videos besteht, in denen Camillo und seine Freunde in heimische Unternehmen investieren. Camillo erzählte mir, er würde gern einen Film über Trading drehen, sobald er genauere Vorstellungen habe, wie man so ein Projekt angehen könne. Er wollte wissen, ob ich bereit wäre, daran mitzuwirken – wie, hatte er sich noch nicht konkret überlegt – und ob ich zu diesem Thema Anregungen hätte. Ich erklärte Camillo, ich sähe Probleme bei der Ausführung, denn das Geschäft eines Traders korrekt darzustellen und gleichzeitig einen unterhaltsamen Film zu produzieren – diese beiden Ziele erschienen mir unvereinbar. Camillo weiß auch noch nicht genau, wie er das anstellen soll, doch er denkt darüber nach.

Als ich mich mit Camillo traf, hatte ich bereits beschlossen, ein weiteres *Magier der Märkte*-Buch zu schreiben. Bei unserem ersten E-Mail-Austausch war diese Entscheidung noch nicht gefallen, doch seine erste Nachricht an mich klang ganz so, als wäre Camillo womöglich ein interessanter Kandidat dafür. Also bat ich ihn, mir seine monatlichen Auszüge zuzusenden, falls er gern in meinem Buch vorkommen würde. Als wir uns in Boulder trafen, hatte ich bereits entschieden, dass ich Camillo für das Buch interviewen wollte, und vermied daher tunlichst jedes Gespräch über die Börse, denn dieses Thema wollte ich mir ganz für das eigentliche Interview aufsparen.

Als wir das Interview ansetzten, plante ich dafür einen Acht-Stunden-Block ein, denn ich wusste aus unserer ersten Begegnung, dass Camillo ein guter Gesprächspartner war und viel zu sagen hatte. Aus praktischen Gründen legte ich das Interview auf einen Tag, an dem ich mich in Austin aufhielt (Camillo lebt in Dallas). Als ich am betreffenden Morgen am Flughafen von Austin eintraf, erfuhr ich, dass mein Flug abgesagt worden war, weil es gewitterte. Der nächste Flug würde erst am Spätnachmittag gehen. Mir blieb nichts anderes übrig, als mir ein Auto zu mieten und vier Stunden lang durch strömenden Regen zu fahren und wetterbedingt immer wieder im Stau zu stehen. Manche Interviews mit Tradern sind harte Arbeit, weil schwierige Themen abzuarbeiten sind, bei anderen läuft das Gespräch wie geschmiert. Angesichts der Strapazen durch den ausgefallenen Flug und die kräftezehrende Anfahrt war es ein Glück für mich, dass das Interview mit Camillo eindeutig zur problemlosen Kategorie zählte.

Ich interviewte Camillo in einem überdachten Bereich seines Gartens, der uns Schutz vor dem unaufhörlichen Regen bot. Wir setzten das Interview dann beim Abendessen in einem Club fort, dem Camillo angehört. Um dem Lärmpegel im Restaurant zu entgehen, der jede Aufnahme des Gesprächs unbrauchbar gemacht hätte, ließen wir uns das Abendessen im ebenerdigen »Weinkeller« servieren – ein Arrangement, für das ich sehr dankbar war.

....

Wann nahmen Sie die Börse zum erstem Mal bewusst zur Kenntnis?
Mein älterer Bruder war Aktienmakler. Zu seinen älteren Geschwistern schaut man gewöhnlich auf. Daher war mein erster Eindruck vom Börsengeschäft wohl positiv. Doch erst mit 12 oder 13 interessierte ich mich intensiver dafür [er lacht herzlich]. Ich wusste schon immer, was »Wissensarbitrage« ist, und in der einen oder anderen Form betrieb ich diese bereits in jungen Jahren.

Was meinen Sie damit?
Als Junge war ich ein großer Fan privater Flohmärkte. Das fing an, als ich etwa zwölf Jahre alt war. Jeden Mittwoch und Donnerstag graste ich die Zeitung nach Anzeigen für die sogenannten »Garage Sales« ab. Wenn möglich, ging ich schon vorher zu den Leuten hin und erkundigte mich, was sie verkaufen wollten. Ich suchte nach Dingen, die ich weiterverkaufen konnte. Ich merkte schnell, was in bestimmten Kreisen gefragt war. Da war zum Beispiel ein Kerl, den ich den »Fächermann« nannte. Er war nur an alten Fächern interessiert. Und dann gab es einen anderen Mann, der alte Armbanduhren kaufte.

Wie kamen Sie auf diese Leute?
Ich ging in Stadtviertel mit vielen Antiquitätenläden und Flohmärkten, um Interessenten für ganz bestimmte Sachen zu finden, die bereit waren, dafür auch mehr zu bezahlen. E-Bay gab es damals noch nicht.

Wie konnten Sie die Qualität der Stücke beurteilen, die Sie erstanden? Wenn Sie eine alte Armbanduhr kauften, woher wussten Sie dann, dass es sich dabei nicht um Ramsch handelte?

Das kann ich gar nicht genau sagen. Solche privaten Flohmärkte werden fast ausnahmslos von älteren Damen veranstaltet, die viel über Dinge wie Kleidung, Möbel, Porzellan und Antiquitäten wissen, aber deutlich weniger über eher »männliche« Produkte wie Armbanduhren oder Modelleisenbahnen. Darauf klebten sie gewöhnlich nur irgendeinen Preis und wollten sie schnell los sein. Ich konnte das Zeug unter Preis kaufen, weil die Besitzerinnen nicht wussten, was es wert war. Dann suchte ich mir jemanden, der sich genau dafür interessierte. Das habe ich hier in Dallas jahrelang gemacht, es wurde mir regelrecht zur Obsession. Ich war infiziert mit dem – wie soll ich das nennen? – Schatzsucher- oder Wissensarbitragevirus.

Wie sind Sie denn mit 13 zu diesen privaten Flohmärkten hingekommen?

Mit dem Fahrrad oder mit dem Bus.

Und wie viel Geld haben Sie damit verdient?

An manchen Wochenenden gar nichts. Aber an einem guten Wochenende waren es schon mal 100 oder 200 Dollar – für mich damals ein Vermögen. Außerdem betätigte ich mich als Autowäscher. Ich hatte viel Unternehmergeist. In meinem kindlichen Körper steckte der Verstand eines 30-Jährigen. Ich beschäftigte mich nicht mit den Dingen, die von mir erwartet wurden. Meinen Highschool-Abschluss machte ich mit Noten, die sich im unteren Viertel meines Jahrgangs bewegten. Ich glaube nicht, dass ich dümmer war als die anderen. Ich konnte mich nur schwer auf Dinge konzentrieren, die mich nicht interessierten. Und die Schule interessierte mich damals nicht. Ich wollte lieber Geld verdienen. Heutzutage würde man bei mir bestimmt ADS [Aufmerksamkeitsdefizitsyndrom] diagnostizieren und mir Medikamente verabreichen. Damals machte man das noch nicht.

Und wie sind Sie dann von der Flohmarkt-Arbitrage an die Börse gekommen?

Jeden Freitag und Samstag, bevor ich die privaten Flohmärkte abklapperte, ging ich an einem 7-Eleven vorbei und kaufte mir einen Snapple-Eistee mit Zitronengeschmack. Dort standen immer zwei Kühlschränke voller Snapple. Eines Morgens kam ich und sah, dass sie alle Snapple-Getränke in der Hälfte eines Kühlschranks zusammengestellt hatten. Mehr Snapple gab es nicht – und von meiner Lieblingssorte war nichts mehr da. Ich fragte beim Verkäufer nach. Der erklärte mir, sie würden nur noch ein begrenztes Snapple-Sortiment führen, weil es auf dem Markt neue Konkurrenzprodukte gebe wie Arizona.

Als ich abends nach Hause kam, erzählte ich meinem Bruder davon. Ich fragte ihn: »Sag mal, kann man daran nicht irgendwie verdienen?« Er antwortete: »Ja, wir können in Snapple short gehen, indem wir Puts kaufen.« Er erklärte mir, dass Snapple in einer Woche sein Ergebnis präsentieren würde und wie Puts funktionierten. Ich gab ihm 300 Dollar. Er kaufte die Snapple-Puts für mich, und eine Woche später meldete Snapple, man baue in dem Bereich Bestände auf. Ich wusste damals nicht, was das bedeutete. Doch der Eindruck, den ich in dem 7-Eleven gewonnen hatte, war richtig, und ich verdreifachte mein Kapital mit diesem Geschäft. Für mich war das ein magischer Moment. Von jetzt an war ich angefixt.

Wie alt waren Sie da?
Etwa 14.

Und Sie verstanden, was Ihnen Ihr Bruder über Puts erklärte?
O ja, ganz genau. Nicht klar war mir damals aber, was ich da für eine effektive Methode entdeckt hatte. Ich wusste noch nicht, dass die Art und Weise, wie ich auf das Snapple-Geschäft gekommen war, letztlich die Methode sein würde, die ich in meiner Investmentkarriere weiter einsetzen sollte – allerdings erst viele Jahre später.

Mit meinen Börsenaktivitäten zu Schulzeiten und in den ersten Collegejahren lief es gar nicht gut. Ich schnitt verheerend ab. Ich sprang von einer Methode zur nächsten, je nachdem, welches Buch ich gerade gelesen hatte. In einem der Bücher – an den Titel kann ich mich nicht mehr erinnern – ging es um die Hunt-Brüder, die den Silbermarkt kontrollieren wollten. Anschließend interessierte ich mich eine Zeitlang nur noch für Rohstoffe. Ein paar Kilometer von meinem Wohnort entfernt gab es einen Laden, wo man Silber kaufen konnte. Ich ging hin und kaufte mir einen 100-Unzen-Barren. Dann holte ich mir jeden Tag eine Zeitung und verfolgte den Silberpreis. Nach fünf Monaten war mir klar, dass ich an Rohstoffen kein Geld verdienen würde [er lacht herzlich].

Gab es denn auch Börsenbücher, die sich positiv auf Ihr Geschäft auswirkten?
Im Laufe der Jahre habe ich viele Börsenbücher gelesen, doch nur eines machte wirklich Eindruck auf mich: *Der Börse einen Schritt voraus* von Peter Lynch.

Ihr Snapple-Geschäft ist tatsächlich ein Paradebeispiel für das Thema dieses Buches.
Stimmt. Ich fand mich in dem Buch wieder, und es beeinflusste stark meine Überlegungen dazu, wie ich erfolgreich investieren könnte. Es vermittelte mir das Vertrauen, dass ich bei der Snapple-Transaktion nicht nur Glück gehabt hatte. Hätte ich Lynchs Buch nicht gelesen, hätte ich bestimmt gedacht: »Man kann doch den klügsten Köpfen an der Wall Street nicht das Wasser reichen, indem man einfach in einen Laden geht.« Die technische Analyse interessierte mich nicht. Die fundamentale Analyse ebenso wenig. Sie erschien mir zwar sinnvoll, doch sie war trotzdem nichts für mich. Ich fand sie langweilig. Es gab jede Menge schlauer Leute, die fundamentale Analyse betrieben, und ich wusste, ich würde nie bereit sein, so viel Zeit darin zu investieren, dass ich besser wäre als alle anderen.

Wie würden Sie die wichtigste Lehre beschreiben, die Sie aus Lynchs Buch zogen?
Das zentrale Thema war für mich das Konzept, im Alltag nach Anlagechancen Ausschau zu halten.

Wann eröffneten Sie Ihr erstes Depot?
Als ich noch aufs College ging, eröffnete ich ein Depot bei Fidelity. Als das College ein Bloomberg-Terminal bekam, konnte keiner damit umgehen. Ich las das Handbuch und lernte, wie man damit arbeitete. Auf dem College handelte ich viel mit Optionen, weil ich nur wenig Geld hatte und dachte, ich könnte mit meinen begrenzten Mitteln nur interessante Renditen erzielen, wenn ich Optionen einsetzte. Fast immer handelte ich mit hochriskanten Aus-dem-Geld-Optionen. Ich war auf den ganz großen, 20-fachen Gewinn aus und verlor praktisch bei jedem Geschäft.

Woher hatten Sie das Geld fürs Trading?
Ich wusch am Wochenende nach wie vor Autos und verdiente ganz gut damit. Außerdem hatte ich eine Vollzeitstelle bei Fidelity als Investmentfonds-Trader – was längst nicht so spannend war, wie es sich anhört. Ich saß am Telefon und informierte Kunden über aktuelle Fondsnotierungen.

Sie arbeiteten Vollzeit und wuschen nebenher noch Autos! Wann hatten Sie denn Zeit für Ihr Studium?
Ich habe festgestellt: Wenn ich richtig viel zu tun habe, laufe ich zur Höchstform auf. Außerdem interessierte mich das College nicht sehr. Ich wollte nur

meinen Abschluss schaffen. Ich schwänzte regelmäßig und schlich mich in den Keller, um telefonisch Börsengeschäfte abzuschließen. Über die Tastatur gab ich die Options-Codes ein, und das Computerprogramm las mir dann das Optionssymbol vor, das ich eingetippt hatte. Das ging quälend langsam. Manchmal dauerte es 15 oder 20 Minuten, bis ich ein Geschäft abgeschlossen hatte.

Ich dachte, Sie hätten Vollzeit bei Fidelity gearbeitet? Wie konnten Sie da diese Order platzieren?
Bei Fidelity arbeitete ich nach Börsenschluss.

Wie groß war Ihr Depot?
Sehr klein, weil ich ja bei fast allen Transaktionen Verluste machte [er lacht].

Gab es auch Gewinner?
Ein paar, aber ich weiß nicht mehr, welche. Ich weiß nur noch, dass ich jeden investierten Dollar verlor.

Sie verdienten also Geld durch Arbeit und verloren es dann an der Börse.
Zu 100 Prozent.

Schon ironisch: Da lief Ihr erstes Geschäft so gut, und dann kassierten Sie nur noch Verluste.
Die erste Transaktion fixte mich an. Danach verlor ich jahrelang auf verschiedene Weise Geld. Ich merkte, dass ich mit den bekannten Techniken keine überlegene Trading-Methode entwickeln konnte. Und irgendwann verlor ich dann das Interesse am Börsengeschäft.

In Anbetracht Ihrer Ergebnisse wundert mich das nicht. Doch offensichtlich ist Ihr Interesse an der Börse irgendwann wiedererwacht. Wann fingen Sie wieder an zu spekulieren, und was war der Auslöser?
Das dauerte eine ganze Zeit – zehn Jahre vielleicht. Damals arbeitete ich für ein Marktforschungsunternehmen, und es ging mir gut. Meine finanziellen Bedürfnisse waren aber größer als mein Verdienst. Also fing ich irgendwann wieder an zu traden. Viel Geld hatte ich damals nicht – ungefähr 80 000 Dollar Startkapital, glaube ich.

Angesichts Ihrer gescheiterten früheren Anläufe – was brachte Sie auf den Gedanken, dass Sie an der Börse doch Geld verdienen konnten?

Ich wusste, dass sich Chancen boten. Ich hatte nur noch nicht herausgefunden, wie ich sie nutzen konnte. Ich weiß nicht mehr, was mich bewog, wieder auf meine ursprüngliche Methode zurückzugreifen. Vermutlich war es mein Unterbewusstsein. Irgendwie ging das ganz automatisch. Dass ich in der Marktforschung tätig war, hat aber wohl auch dazu beigetragen. Ich leitete die gesamte Panel-Abteilung des größten Panel-Unternehmens der Welt. [Ein Marktforschungs-Panel-Unternehmen wählt ein Panel aus der großen Population der Umfrageteilnehmer aus, das dem benötigten Zielpublikum einer Erhebung entspricht.]

Ich hatte Einblick in eine Fülle von Forschungsergebnissen. Ich sah, dass Marktforschung nicht so treffsicher war, wie man es sich gewünscht hätte. Die Menschen reden anders, als sie handeln. Als das iPhone auf den Markt kam, fragte man die Leute beispielsweise: »Würden Sie sich ein Telefon ohne Tastatur kaufen?« Damals sagten sie: »Nein, auf keinen Fall.« Was die Leute sagten und was sie taten, wich meiner Beobachtung nach so stark voneinander ab, dass ich das Vertrauen in die Marktforschung als Branche total verlor. Und langsam war sie außerdem.

Das klingt aber, als sei eher die Treffsicherheit das Problem, nicht die Langsamkeit.

Trotzdem war sie langsam. Wollte ein Unternehmen eine Analyse durchführen, musste zunächst die These für die Studie entwickelt werden. Dann wurde eine externe Firma damit beauftragt, die Fragen zu formulieren. Das dauerte Wochen. Schließlich gingen die Fragen an das Panel-Unternehmen. Bis alles erledigt war, mussten die Ergebnisse dann noch sechs oder sieben Wochen lang analysiert werden. Ich wusste, das war ineffizient. Als ich wieder an die Börse ging, besann ich mich auf meine ursprüngliche Methode: Ich investierte auf der Grundlage meiner Beobachtungen. Damals wusste ich nicht, ob ich einfach nur Glück hatte oder wirklich einer großen Sache auf der Spur war. Doch nach ein paar Jahren warf fast jede meiner Transaktionen Gewinne ab.

Können Sie mir ein paar Beispiele geben?

Das waren Aktionen à la Peter Lynch. Beispiele dafür sind Cheesecake Factory oder P.F. Chang's. Die Trader an der Wall Street kennen Cheesecake Factory oder P.F. Chang's nicht aus erster Hand. Sie lesen darüber, wissen aber nicht, was diese Restaurantketten für den Mittelbau Amerikas bedeuteten. Weil ich in Texas lebte, hatte ich einen enormen Vorteil: Ich sah mit eigenen Augen, was das für phänomenale Anlagechancen waren. Sie veränderten die Spielregeln. Zum ersten Mal überhaupt gab es unter der Woche lange Warteschlangen, um einen Platz in einem Lokal zu bekommen. Da standen Leute an, die noch nie chinesisch gegessen hatten.

Und darauf noch länger warten mussten. Und die langen Schlangen vor diese Lokalen gaben für Sie den Ausschlag?

Mehr noch als die Schlangen war es die Erkenntnis, dass die Wall Street in bestimmter Hinsicht Scheuklappen trug. Sie war aus geografischen oder sonstigen Gründen voreingenommen. Manche Leute sagen mir: »Keine Frage, dass deine Methode mit kleinen Unternehmen gut funktioniert. Mit großen wäre das niemals möglich.« Das stimmt aber nicht. Ich engagierte mich beispielsweise bei der Einführung des ersten iPhones in Apple, weil ich Vorurteile wahrnahm, deren Existenz die wenigsten bemerkten.

Das erste iPhone wurde ursprünglich nur für AT&T herausgebracht. Das AT&T-Netz in Manhattan war aber notorisch katastrophal – praktisch nicht benutzbar. Keiner sprach darüber, aber dieser Umstand war der Hauptgrund dafür, dass das iPhone in der Finanzwelt im ersten Jahr nach seiner Einführung längst nicht so gut ankam wie sonst überall. Hinzu kam, dass die Finanzbranche mit dem BlackBerry stand und fiel, den sie für die Kommunikation mit Unternehmen brauchten. Ich erkannte diese Schieflage früh. Ich hatte Freunde in New York, und das Erste, was sie zum iPhone zu sagen hatten, war: »Wir können das iPhone hier nicht benutzen, weil AT&T der Netzbetreiber ist.«

Den Tag, an dem das iPhone auf den Markt kam, werde ich nie vergessen. Ich weiß noch genau, wo ich war, als mir der Erste sein iPhone zeigte. Das war auf einer Party, und ich sah, wie 25 Leute darauf reagierten. Damals war mir sofort klar, dass das eine große Sache werden würde – und dabei war ich gar kein Apple-Fan. Ich hatte in meinem ganzen Leben noch kein Apple-Produkt besessen.

Ich war selbst schockiert darüber, wie gut mein erstes Rückkehrerjahr an der Börse lief. Ehrlich gesagt wusste ich gar nicht, ob ich einfach nur Glück gehabt hatte. Damals meldete ich mich bei dem Portfolio-Tracking-Dienst Covestor an. Eine Zeit lang war ich der beste Trader von rund 30 000 bei Covestor geführten Depots. Damals wurde mir bewusst, dass ich auf dem richtigen Weg war. Ich werde nie vergessen, wie ich zu einem Kollegen sagte: »Früher oder später werde ich mit meinem Maklerdepot mehr Geld verdienen als mit diesem Job.« In meinem besten Jahr verdiente ich etwas mehr als 200 000 Dollar. Mein

Depot stand damals nur bei rund 100 000 Dollar, wuchs jedoch rasant. Ich weiß noch, wie ich mich fragte, ob ich es wohl schaffen würde, es auf 1 Million Dollar zu vergrößern. Das dauerte gar nicht so lange, und da verdiente ich mit meinen Börsengeschäften schon mehr als mit meinem Job. An dem Tag kündigte ich.

Schieden Sie aus, um sich ganz dem Trading zu widmen?

Ja, und das war für mich gar nicht ungefährlich. Das macht mir bis heute Gedanken. Rückblickend glaube ich, dass ich den Erfolg nach meiner Rückkehr an die Börse zum großen Teil meiner Fähigkeit verdankte, geduldig über jedes Störfeuer hinauszublicken. Ich arbeitete nicht in dieser Branche. Es war nicht mein Beruf, und ich musste es nicht tun. Ich konnte mich auch mal sechs Monate gar nicht engagieren und war niemandem Rechenschaft schuldig. Meine größten Fehler traten im Laufe der Jahre stets dann auf, wenn ich zu viel handelte. Hätte ich mich wirklich nur auf die Transaktionen beschränkt, von denen ich durch und durch überzeugt war, hätte ich heute das Zehnfache auf dem Konto, da bin ich mir sicher. Meine Methode funktioniert dann am besten, wenn ich eine maßgebliche Information erkenne, die es mir ermöglicht, mich mit großer Überzeugung zu engagieren. Und das passiert nicht sehr oft. Es ist aber gar nicht so einfach zu sagen: »Ich warte auf eine Transaktion, die mich richtig überzeugt«, und dann drei Monate lang Däumchen zu drehen.

Können Sie etwas näher auf die Methode eingehen, mit der Sie Transaktionen ausfindig machen, von denen Sie so überzeugt sind?

Ich bezeichne mein Vorgehen als »Sozialarbitrage«. Und »sozial« bedeutet für mich in diesem Fall: nicht finanziell. Mein Trading steht und fällt mit meiner Fähigkeit, wichtige Informationen, die noch keiner auf dem Schirm hat, früh zu erkennen – Informationen, die noch nicht bekannt sind oder vom Anlagepublikum unterschätzt werden. In gewisser Hinsicht war das die Umkehrung meines Fokus aus meinen Flohmarktjahren. Wenn ich damals etwas kaufte, war ich auf Stücke mit männlicher Prägung aus, die die Flohmarktveranstalterinnen unter Preis anboten. Ich merkte schnell, dass mir viele der Vorurteile der Wall Street Chancen boten, Informationen zu eruieren, die sich mehr auf Frauen, auf junge Menschen oder auf den ländlichen Raum bezogen. Ich würde nicht sagen, dass sich meine Methode ausschließlich auf diese Segmente stützt, doch in meinen Anfangsjahren bildeten sie definitiv den Schwerpunkt. Ich tauchte in die Modewelt und in die Popkultur ein – Segmente, die der typische Wall-Street-Trader oder Fondsmanager gar nicht in der Peilung hat.

Und wie kamen Sie diesen Chancen auf die Spur?
Durch Umschulung des Gehirns, könnte man sagen. Man lebt einfach ganz normal weiter, beobachtet aber anders. Sobald ich etwas entdeckt hatte, was mir möglicherweise relevant erschien, analysierte ich es genauer. Als beispielsweise Wendy's 2013 seinen Pretzel-Bacon-Cheeseburger vorstellte, ging ich los, um möglichst viele Beobachtungen einzuholen. Ich unterhielt mich mit den Leitern eines Dutzends verschiedener Wendy's-Filialen. Ich fragte sie, wie viele Jahre sie schon bei Wendy's arbeiteten und wie sich dieses Produkt von anderen früheren saisonalen Angeboten unterschied. Und jedes Mal hieß es prompt: »So etwas hat es noch nie gegeben.« Ich fragte auch die Kunden nach ihrer Meinung.

Aber Ihre Beobachtungen zum Konsumklima beziehen Sie doch ausschließlich aus Dallas. Woher wissen Sie, dass das repräsentativ für die Vorgänge im ganzen Land ist?
Das Bemerkenswerte an Dallas ist, das es möglicherweise der repräsentativste Markt für die gesamten USA ist. Außerdem suchte ich aber auch verschiedene Online-Chat-Seiten auf, auf denen sich Leute über Fastfood ausließen. Ich weiß, das klingt verrückt – aber es gibt solche Websites. Daraus wurde jedenfalls ein Supergeschäft, das der Wall Street komplett entging. Jede Fastfoodkette führt gewöhnlich im Frühjahr ein saisonales Angebot ein. Die Produkte kommen und gehen – keine große Sache. Dieses Produkt jedoch hatte eine solche Wirkung, dass es das ganze Unternehmen aufmischte. Und weil es so etwas noch nie gegeben hatte, rechneten die Leute, die die Aktie verfolgten, nicht damit.

Welche der vielen Transaktionen, die Sie im Laufe Ihrer Karriere vorgenommen haben, waren besonders schmerzhaft für Sie?
Ironischerweise brachte mir ein Geschäft, das ich besonders bedauere, einen meiner größten Gewinne. Vor vielen Jahren hatten wir einen brutalen Winter, und mir war aufgefallen, dass ColdGear von Under Armour bei den Verbrauchern reißenden Absatz fand, was von der Wall Street komplett ignoriert wurde. Das war Unterwäsche, die bei kaltem Wetter warm halten sollte.

Ich bin Langläufer und weiß noch, dass ich mir schon in den 1970er-Jahren lange Unterhosen von Marken wie Patagonia kaufte. Was war das Besondere an ColdGear?
Under Armour konzipierte es als Massenprodukt. Das Unternehmen vertrieb mehr solche Unterwäsche als jeder andere bisher.

Wie ist Ihnen dieser Konsumtrend aufgefallen?
Ich kam über die sozialen Medien darauf. Ich überprüfe jeden Abend eine große Zahl bestimmter geschützter Wortgruppen. Damals verfolgte ich eine Wortkombination, die unter anderem ColdGear, Under Armour und verschiedene andere Begriffe umfasste. Ich messe, wie häufig die Wortgruppen, die ich verfolge, im Gespräch vorkommen, und wenn ich ein abnorm hohes Aufkommen feststelle, ist das für mich das erste Signal, dass da etwas im Busch ist. Ich verbringe gewöhnlich nur rund vier Stunden täglich mit Investmentresearch und Analysen, doch wenn ich auf etwas wie Under Armour stoße, dann kommt es vor, dass ich tage- oder auch wochenlang 14 bis 15 Stunden täglich aufwende, um das sorgfältig zu prüfen.

Was genau meinen Sie damit?
Ich sammle dann alle Daten im Zusammenhang mit meiner Trading-Idee, derer ich habhaft werden kann. Ich beginne mit einer Hypothese. In diesem konkreten Fall lautete meine Hypothese, dass Under Armour mit seinen ColdGear-Produkten außergewöhnliche Umsätze erzielt. Im Anschluss stelle ich meine Hypothese auf den Prüfstand. Dazu sprach ich mit Filialleitern und Verbrauchern. Ich ging online jeder Information nach, die sich auf meine Annahme bezog. Und so gut wie jede Information, die ich überprüfte, bestätigte meine Hypothese voll und ganz. Eine so große Position habe ich selten eröffnet. Bin ich von einem Geschäft sehr überzeugt, dann liegt diese Überzeugung manchmal bei über 95 Prozent. Doch auch so viel Vertrauen ist noch keine Garantie dafür, dass ich mit der Position am Ende Gewinn mache. Es spielen immer externe Faktoren mit hinein.

Warum bereuen Sie die Under-Armour-Transaktion?
Ein paar Tage vor Under Armour legte Lululemon sein Ergebnis vor – und das war katastrophal.

Gab es denn Korrelationen zwischen Under Armour und Lululemon?
Damals korrelierten die beiden Titel immerhin so stark, dass Under Armour, nachdem Lululemon im Anschluss an seine Gewinnmeldung einen seiner größten Kurseinbrüche erlebte, mit unter die Räder kam.

Ich nehme an, das ist ein ideales Beispiel für einen externen Faktor, wie Sie das nennen.
Genau. Anschließend legte eine namhafte Researchfirma einen pessimistischen Bericht über Under Armour vor, in dem sie ein negatives Ergebnis prognosti-

zierte. Währenddessen stand ich mit einer der größten Positionen da, die ich je gehalten hatte. Eine Woche zuvor war ich davon noch zu 98 Prozent überzeugt gewesen. Doch nach diesen Entwicklungen war mein Überzeugungsgrad auf vielleicht 60 Prozent gefallen.

Was taten Sie?
Ich trennte mich vor lauter Angst und Selbstzweifeln von rund zwei Dritteln meiner Position.

Wie groß war diese?
Ich stand mit 8 bis 10 Prozent meines Kapitals im Feuer. Ich hatte mich aber in Optionen engagiert – sollte die Aktie unterhalb der Ausübungspreise meiner Optionen schließen, konnte ich daher mein ganzes Geld verlieren. Das war für mich eine sehr große Transaktion. So viel wollte ich an einem Tag auf keinen Fall verlieren.

Gehen Sie Ihre Positionen gewöhnlich über Optionen ein?
Ich verwende Optionen, wenn ausreichend Liquidität vorhanden ist und wenn die Optionen angemessen bepreist sind.

Wie hoch ist der Prozentsatz der Transaktionen, bei denen das zutrifft?
Rund 50 Prozent.

Ich nehme an, Sie setzen Optionen ein, um Ihre Positionen zu hebeln?
Ja.

Und verwenden Sie dann Optionen, die aus dem Geld, am Geld oder im Geld sind?
Das hat sich im Verlauf meiner Börsenkarriere verändert. Früher arbeitete ich häufiger mit Aus-dem-Geld-Optionen. Inzwischen hat sich mein Portfolio über die Jahre vergrößert, und ich setzte im Regelfall Am-Geld- oder Im-Geld-Optionen ein. Bin ich von einer Position besonders überzeugt, kann es schon mal vorkommen, dass ich auch in Aus-dem-Geld-Optionen investiere.

Welchen Prozentsatz Ihres Kapitels setzen Sie für eine Einzelposition ein?
Bin ich richtig überzeugt, können das 5 bis 15 Prozent sein – in dem Bewusstsein, dass ich den kompletten Betrag verlieren könnte, auch wenn die Aktie nur geringfügig nachgibt.

Wie weit lehnen Sie sich bei Ihren Optionspositionen aus dem Fenster?
Ich versuche zu bestimmen, durch welches Ereignis sich Informationen verbreiten. Gewöhnlich sind das Gewinnmeldungen. Inzwischen ist die Wall Street schlauer geworden und bezieht über Kreditkartendaten oder andere Daten vorab noch unveröffentlichte Informationen. Deshalb sind viele der Informationen, auf die ich setze, schon vor der Gewinnmeldung bekannt. Daher kaufe ich manchmal Kaufoptionen, die vor dem Datum auslaufen, an dem die Gewinne veröffentlicht werden, um an den Optionsprämien zu sparen. In solchen Fällen hoffe ich im Grunde, dass der Markt sieht, was ich sehe, bevor die Zahlen präsentiert werden.

Wie entwickelte sich der Rest Ihrer Under Armour-Position?
Under Armour legte sein Ergebnis vor, und das entsprach genau meinen ursprünglichen Erwartungen. Der ColdGear-Absatz war phänomenal. Ich weiß nicht mehr genau, wie stark die Aktie anzog, doch es waren wohl an die 20 Prozent. Ich verdiente mit dem Geschäft am Ende einen Haufen Geld, selbst unter Abzug der Verluste, die ich mit den zwei Dritteln meiner Position einfuhr, die ich zuvor abgestoßen hatte. Hätte ich sie bloß behalten!

Am Ende haben Sie doch gut verdient. Warum war ausgerechnet diese Transaktion so schmerzhaft für Sie?
Weil ich dem Druck nachgab, aus einem Großteil meiner Position auszusteigen, obwohl ich absolut richtig lag. Das bereue ich sehr.

Was hat das mit Ihnen gemacht?
Es hat mir vor Augen geführt, dass es in diesem Spiel nur um Vertrauen geht. Ich sollte nicht zulassen, dass belanglose Faktoren mein Vertrauen erschüttern. Ich weiß, was ich tue – doch es dann auch wirklich zu tun, ist etwas ganz anderes. Früher dachte ich immer, der Markt weiß mehr als ich. Von diesem Gedanken versuche ich mich kontinuierlich freizumachen. Nach dem Under-Armour-Geschäft sagte ich mir: »Lass dich nie wieder aus einer Position verjagen, weil du denkst, die anderen wissen mehr als du.«

Gab es im Anschluss Transaktionen, bei denen Sie sich daran hielten?
Sicher. Ein fantastisches Beispiel dafür war vor ein paar Jahren Netflix, nachdem die Serie *Stranger Things* anlief. Netflix gehört zu den begehrtesten Unternehmen der Welt, die von den klügsten Köpfen der Wall Street aufmerksam ver-

folgt werden. Jedes Mal, wenn Netflix eine neue Serie herausbringt, prüfe ich, wie groß das Interesse daran ist, indem ich das Gesprächsvolumen messe. Die Wall Street analysiert die Aktie mit Fokus auf den Zuschauerzahlen. Es gibt eine Firma, die Ratings à la Nielsen für Netflix anbietet. Dieser Ansatz hat nur einen Haken: Jede Top-Sendung auf Netflix wird von ähnlich vielen Zuschauern gesehen. Der statistische Wert ist also nicht aussagekräftig.

Als Netflix *Stranger Things* herausbrachte, wusste jeder, die Serie würde ein Hit – das war also keine echte Information. Außerdem ist das für Netflix nichts Besonderes, denn es geschieht mit schöner Regelmäßigkeit. Die eigentliche Frage war daher, ob es sich bei *Stranger Things* um eine Anomalie handelte. Ich prüfte, wie viele Leute die Wörter *Stranger Things* verwendeten und glich das mit den erfolgreichsten fünf Sendungen ab, die Netflix in den vorausgegangenen fünf Jahren produziert hatte. Ich stellte fest, dass bei all den anderen Hits das Gesprächsaufkommen in der ersten Woche eine Spitze erreicht hatte und dann auf das zuvor verzeichnete Niveau zurückgefallen war. Bei *Stranger Things* war das anders: Die Spitze wurde in der ersten Woche erreicht, doch der Wert hielt sich danach Woche für Woche auf diesem hohen Niveau. In den ersten 60 Tagen nach dem Anlaufen der Serie wurde sie insgesamt dreimal so häufig erwähnt wie der zweithöchste Wert, den ein vorausgegangener Hit verbucht hatte.

Besonders interessant an dieser Transaktion war, dass fast jeder Wall-Street-Analyst Netflix ein schwaches Quartal prognostizierte. Da stand ich nun, ein paar Jahre nach dem Under-Armour-Debakel, und von allen Seiten strömten negative Meldungen über Netflix auf mich ein. Das machte mich vielleicht immer noch nervös, doch in meinen Handlungen ließ ich mich dadurch nicht mehr beirren. Ich hatte eine hohe Summe in Netflix investiert und behielt meine Position vollständig bei. Ich schrieb sogar einen Artikel über Netflix, weil ich – mit Zeitstempel – nachweisen wollte, dass ich sehr überzeugt für die Aktie plädiert hatte.

Die Gewinnmeldung kam, und Netflix übertraf nicht nur alle Erwartungen, sondern schrieb die hohen Gewinne dem Einfluss von *Stranger Things* zu. Zwar hatten alle gewusst, dass *Stranger Things* ein Hit war, doch dass sich die Serie von sämtlichen früheren Erfolgen abhob, war ihnen entgangen. Mir nicht. Das war eines meiner besten Geschäfte im ganzen Jahr.

Fallen Ihnen noch andere Transaktionen ein, aus denen Sie wichtige Lehren gezogen haben?

Kurz nach der Wahl trug Michelle Obama 2008 in Jay Lenos *Tonight Show* ein gelbes Kleid von J.Crew. Ich sah die Sendung. Dieser Auftritt war für J.Crew einer der bedeutendsten Momente des Jahrzehnts. Nach der Show war Michelle Obama auf dem Cover fast aller Boulevardblätter und Modezeitschriften. Kurz darauf entdeckte die afroamerikanische Bevölkerungsgruppe J.Crew als ihre Marke. Diese Chance verpasste ich komplett.

Dabei hatten Sie die Sendung doch gesehen? Und die Chance erkannt?
Eben nicht. Ich sah den Auftritt, kapierte aber nicht, was er bedeutete. Dass ich diese Chance übersah, machte mich so fertig, dass ich mir tatsächlich auf eBay das Kleid kaufte. Ich könnte es Ihnen zeigen – es hängt noch bei mir im Schrank.

Warum haben Sie sich das Kleid gekauft? Sozusagen als Mahnmal für die verpasste Chance?
Genau. Ich wollte mir plastisch vor Augen führen, wie viele Chancen sich da draußen täglich bieten, die mir entgehen. Dass ich damals außen vor blieb, ließ mich erkennen: Für jedes Geschäft, das ich mit dieser Methode machte, gab es ein Dutzend anderer, die mir durch die Lappen gingen.

Wie hat Sie das verändert?
Ich wusste, ich musste einen Weg finden, meine Methode effizienter anzuwenden. Ich brauchte mehr Daten. Ich musste es irgendwie schaffen, den Trichter zu verbreitern. Ich hatte mit dieser Methode wirklich großen Erfolg, und ich dachte: »Was wäre wohl noch drin, wenn ich nicht zehn oder hundert Mal so viele Chancen ungenutzt verstreichen lassen müsste?«

Warum haben Sie denn Ihrer Ansicht nach diese Chance verpasst?
Meine Methode ist so einfach, dass theoretisch jeder damit arbeiten könnte. Und gleichzeitig ist sie enorm schwierig. Beobachtet man bei einer Aktie einen Kurssprung, dann gibt es einen Grund dafür. Vielfach reagiert der Kurs, weil es bei der Nachfrage nach den Dienstleistungen oder Produkten des Unternehmens eine Trendwende gibt. Wie konnte man diese frühzeitig erkennen? Ich wusste, es gab diese Chancen, sah aber keine Möglichkeit, mehr davon zu nutzen. Die Chancen, die ich wahrnahm, waren sehr zufällig und stützten sich auf meine physischen Rahmenbedingungen – wo ich mich aufhielt, und was ich in dem Moment gerade sah.

Einer meiner besten Freunde hat Zwillinge, und seine Frau postete auf Facebook sinngemäß Folgendes: »Zum ersten Mal, seit sie auf der Welt sind, waren meine Zwillinge ruhig. Ich dachte schon, es müsse etwas passiert sein. Ich rannte ins Spielzimmer und sah, wie die beiden gebannt die Sendung *Chuggington* im Fernseher verfolgten. Die Sendung ist meine Rettung.« Daraufhin kommentierten auch andere Mütter, wie besessen ihre Kinder von dieser Serie waren. Nehmen wir an, Sie sind Portfoliomanager und lesen so einen Beitrag von der Frau eines Freundes. Reagieren Sie darauf? Vermutlich haben Sie es Sekunden später schon vergessen und gehen zur Tagesordnung über. Ich war stolz auf mich, weil ich innehielt und dachte: »Was ist *Chuggington*«? Ich googelte den Begriff und stellte fest, dass es sich dabei um eine von einem kleinen Unternehmen aus Europa produzierte Sendung handelte – glücklicherweise eine Aktiengesellschaft. Mir war klar: Weil die Sendung in den USA so beliebt war, würden sie bestimmt diverse fette Lizenzverträge abschließen können. Ich investierte in das Unternehmen, und vier Monate später war die Aktie um 50 Prozent gestiegen.

Damals war ich gut in Form. Doch selbst an jenem Tag gab es vermutlich noch etliche ähnliche Chancen, die ich verpasste. Deshalb befasste ich mich in den Folgejahren intensiv mit der Frage, wie sich meine Methode skalieren ließ. Ich dachte, wenn mir das gelang, könnte ich entweder einen Hedgefonds gründen oder sie an die Börse bringen – oder beides. Und das tat ich letztlich auch.

Wie lösten Sie das Problem, dass Sie die meisten Chancen verpassten, die mit Ihrer Methode theoretisch ermittelbar waren?

Manuell auf Twitter oder Facebook nach Entwicklungen zu suchen, die sich nach meinem Eindruck abspielten, war ausgesprochen ineffizient. Ich dachte: »Was, wenn ich stattdessen all die Begriffe und Wortkombinationen strukturieren könnte, die theoretisch für maßgebliche Entwicklungen bei börsennotierten Gesellschaften standen?« Zu diesen Begriffen zählten die Namen aller bedeutenden Aktiengesellschaften, jedes CEO, jedes Produkts, jeder Marke, jeder Technologie, jeder kulturellen Bewegung und jeder staatlichen Vorschrift, die sich auf ein Unternehmen auswirken konnte. Im Grunde musste ich alle Namen herausfinden, die irgendeinen Einfluss auf eine Aktiengesellschaft ausüben konnten und über die irgendjemand sprechen oder schreiben konnte. Diese Wortkombinationen bezeichnete ich als »Ticker Tags«.

Das muss doch ein gewaltiges Stück Arbeit gewesen sein, all diese potenziell bedeutungsvollen Wortkombinationen zusammenzutragen. Wie haben Sie das geschafft?

Ich hatte einen brillanten Informatiker als Partner, und wir stellten zunächst 40 Studenten von örtlichen Colleges ein, um diese Ticker Tags zu kuratieren.

Sie kuratierten eine Viertelmillion Tags. Unsere Idee war, diese Ticker Tags mit unstrukturierten Daten zu kombinieren, die wir unter Lizenz von Sozialmedienunternehmen wie Twitter und Facebook bezogen, um so die relative Häufigkeit zu messen, mit der diese Tags auf allen diesen sozialen Netzwerken in Echtzeit erwähnt wurden. Ich könnte Ihnen beispielsweise sagen, wie viele Menschen in den drei Wochen vor der Markteinführung des aktuellen iPhones darüber gesprochen haben, sich ein iPhone zu kaufen – und das mit den entsprechenden Perioden bei früheren iPhone-Einführungen vergleichen.

Wie finanzierten Sie dieses Projekt?
Ich investierte 1 Million Dollar von meinen Börsengewinnen in die Gründung des Unternehmens TickerTags. Ein paar Millionen Dollar warben wir noch zusätzlich ein.

War der Wert dieser Tags nicht von der Kompetenz der Menschen abhängig, die sie zusammenstellten? Woher wussten Sie, ob die 40 Studenten das auch richtig machten?
Ich schulte sie in der Kuratierung von Tags für ein Unternehmen. Jeder Student hatte eine Liste mit Unternehmen vorliegen und war angewiesen, jedes Unternehmen auf dieser Liste zu recherchieren – Quartalsmeldungen zu durchforsten, Artikel über das Unternehmen zu finden, alles mit dem Endziel, die Preistreiber für dieses Unternehmen zu ermitteln. Jedes Wort, das in irgendeinem Zusammenhang damit stand, Bewegung in dieses Unternehmen zu bringen, wurde zum Tag. So wie »Pretzel Bacon Cheeseburger« für Wendy's.

Am Ende hatten wir mehr als eine Million Tags für über 2000 Unternehmen beieinander. Wir waren in der Lage, Anomalien in Gesprächen aufzuspüren, und konnten feststellen, ob mehr oder weniger Interesse an einem Einzelthema vorlag als an einem bestimmten Referenzwert – ob es sich dabei um eine interne Benchmark des Unternehmens handelte wie einen Vorjahresvergleich oder um ein Konkurrenzprodukt. Sobald ein Einzelthema häufiger in Gesprächen vorkam, sprang unser System darauf an. Das war für mich das Endspiel, glaubte ich – das Nonplusultra meiner Methode. Ich dachte, wir hätten damit das effektivste institutionelle Datenprodukt für die Wall Street entwickelt.

Können Sie mir ein Beispiel dafür geben, wie TickerTags Ihnen half, eine Chance zu erkennen, die Sie sonst verpasst hätten?
Durch TickerTags können wir jetzt Produkte sehr früh entdecken. Ein Paradebeispiel für ein solches Produkt ist LaCroix. Kennen Sie LaCroix?

Meine Frau und ich kaufen das Zeug in rauen Mengen.

Wir konnten sehr früh erkennen, dass die Leute über LaCroix sprachen – und nicht nur über LaCroix, sondern ganz allgemein über abgefülltes Wasser als Marktsegment. Jahre vor der Wall Street merkten wir, dass sich das Verbraucherverhalten veränderte. Ich gehöre zu den Investoren der ersten Stunde in die National Beverage Corporation – dieses eigenartige Unternehmen aus Florida, das LaCroix herstellt. Auf LaCroix entfällt das Gros seines Umsatzes. Die National Beverage Corporation war quasi eine lupenreine Wette auf LaCroix.

Mir geht es grundsätzlich um die Früherkennung von Veränderungen. Nur darum. Mir war immer klar: Wenn es uns gelang, einen Detektor für die Früherkennung zu entwickeln, hatten wir alles, was man an der Börse brauchte. Wann kann man eine Veränderung am frühesten feststellen? Immer dann, wenn die Menschen anfangen, darüber zu sprechen. Wir waren in der Lage, die gesellschaftliche Umstellung von Soda auf Wasser mit Geschmacksrichtung früh festzustellen, und LaCroix war die Marke der Wahl, als dieser Kulturwandel eintrat. Dafür lebe ich. National Beverage war die schönste und reinste Transaktion, die für diese Methode steht – die Früherkennung eines Kulturwandels, der sich auf ein bestimmtes Unternehmen positiv und auf andere negativ auswirken würde.

Die Informationszeitachse beginnt mit Gesprächen in der Gesellschaft – mit Menschen, die on- oder offline miteinander reden. Dann setzt sie sich in der Nichtfinanzpresse fort, bis sie von den Finanzmedien aufgegriffen wird. Im letzten Schritt erreicht sie dann die Gewinnmeldungen der Unternehmen.

Die Wall Street hat heute beispiellosen Zugriff auf Daten wie Kreditkartentransaktionen. Die Kreditkartendaten zeigen, was die Leute kaufen, noch bevor die Unternehmensgewinne veröffentlicht werden. Gegen diese Konkurrenz trete ich an. Ich kann mich nicht auf Kreditkartendaten stützen, die ich übrigens auch abonniere.

Was ist früher dran – die Chatrooms oder die Kreditkartendaten?

Genau darauf kommt es an. Wie kann man den Transaktionsdaten vorgreifen? Noch früher erhält man Informationen nur, wenn man auf die Konversationstrends achtet. Ich höre die Leute oft sagen: »Sie versuchen also, am Verhalten der Menschen die Zukunft vorauszusagen.« Das stimmt aber nicht. Ich will die Zukunft nicht voraussagen. Ich versuche nur, die Gegenwart korrekt und schnell darzustellen. Ich versuche nicht zu prognostizieren, was die Menschen künftig tun, sondern vielmehr zu ermitteln, was sie jetzt tun. Wofür interessieren sie sich heute? Was kaufen sie gerade? Die Menschen sprechen über Vorgänge, wenn sie gerade passieren oder unmittelbar bevorstehen. In meiner Welt ist das der früheste Zeitpunkt, an dem sich Veränderungen feststellen lassen.

Warum abonnieren Sie denn dann Transaktionsdaten, wenn Ihnen doch bereits das zuvor durch Informationen aus den sozialen Medien gelieferte Signal vorliegt?
Ich abonniere diese Daten, weil ich wissen will, wann die Informationen, die mir vorliegen, öffentlich werden.

Aha – Sie verwenden die Transaktionsdaten also als Ausstiegssignal?
Ja, wenn dies meiner Ansicht nach vermuten lässt, dass die Informationen bereits hinlänglich verbreitet sind.

Können Sie Beispiele dafür nennen, wann ein Anstieg des Online-Chatters zu einer Gelegenheit zum Short-Engagement führte?
Sicher. Ich mag kulturelle Veränderungen so, weil die Wall Street diese stets zu spät mitbekommt. So gab es beispielsweise einen solchen Kulturwandel, als Frauen von herkömmlichen BHs auf bügellose Modelle umstiegen oder ganz darauf verzichteten. Ich konnte sehr früh feststellen, dass immer häufiger darüber gesprochen wurde »ohne BH« auszugehen oder sogenannte »Bralettes« zu tragen, also bügellose BHs ohne Polster. Victoria's Secret ist berühmt für den klassischen Bügel-Push-up-BH als Markenzeichen. Ich wusste, der neue Trend würde dieser Marke schaden. Das war einfach offensichtlich, wenn man sah, wie oft die Begriffe »ohne BH« oder »Bralette« in Gesprächen vorkamen. Die Wall Street übersah das vollkommen.

Ich nehme an, Sie haben Puts gekauft, um aus dieser Handelsidee Kapital zu schlagen?
Ja, ich kaufte kurzfristige Puts jeweils vor zwei aufeinanderfolgenden Gewinnmeldungen, und beide Male funktionierte das für mich gut.

Gibt es noch andere Beispiele, bei denen sich Short-Engagement gelohnt hätte?
Aber ja. Hier einer meiner absoluten Favoriten. Sicher erinnern sich noch daran, als bei Chipotle die E.-coli-Angst umging.

Natürlich.

An der Wall Street wurde eifrig gearbeitet, um zu ermitteln, welche Auswirkungen der E.-Coli-Schock auf das Laufpublikum bei Chipotle hatte. Zuvor war Chipotle noch für lange Schlangen zur Mittagszeit bekannt gewesen. Die Marke lag so im Trend, dass die Gäste oft auf Twitter mitteilten, wenn sie dort gegessen hatten. Ebenso oft wurde auch getwittert, dass man vor Chipotle Schlange stand. Ich konnte in Echtzeit messen, was bei Chipotle los war, indem ich Wortkombinationen wie »Chipotle« plus »Mittagessen« und »Chipotle« plus »Schlange« in Online-Chats überwachte. Quasi über Nacht kamen dies Wortkombinationen um rund 50 Prozent seltener vor.

Als die E.-Coli-Geschichte durch die Medien ging, war sie abends auf allen Nachrichtenkanälen. Ist die Aktie denn nicht sofort auf Talfahrt gegangen?
Sie knickte sofort ein, aber längst nicht so stark, wie sie am Ende nachgeben sollte. Der am Markt vorherrschende Eindruck war, dass die E.-Coli-Gefahr keinen bleibenden Effekt haben würde. Niemand rechnete damit, dass die Besucherzahlen durch diesen Vorfall so extrem zurückgehen würden. Ich wusste aber, dass sich die Leute nach wie vor fernhielten, denn das ganze nächste Jahr über erholten sich die Zahlen für meine Wortkombinationen mit Chipotle nicht.

Wann sind Sie short gegangen?
Schon kurz nach dem Vorfall, doch ich stieg das ganze nächste Jahr über immer wieder ein und aus, wenn sich Nachrichten durch Ereignisse wie Gewinnmeldungen verbreiteten.
Ein weiteres großartiges Beispiel für eine Short-Chance war SeaWorld im Nachgang zur Premiere des Dokumentarfilms *Blackfish.*

Ja, den habe ich gesehen. Wirklich gut. [Der Dokumentarfilm handelt von den physischen und psychischen Schäden, die Killerwale in Gefangenschaft erleiden und schwerpunktmäßig von einem SeaWorld-Orca, der drei Menschen getötet hatte, unter anderem einen erfahrenen Trainer.]
Der Film trat eine gewaltige weltweite Online-Hasskampagne gegen SeaWorld los. Wir beobachten ständig, dass Marken negative Schlagzeilen verkraften müssen, und gewöhnlich erholen sie sich davon schnell wieder. Das übliche Szenario ist, dass etwas Schlimmes passiert, das Unternehmen seine Marke auf die eine oder andere Weise saniert und Wochen oder Monate später niemand mehr davon spricht. SeaWorld gehörte zu den seltenen Fällen, bei denen die negative Publicity nach oben ausschlug und immer weiter zunahm. Anders als viele andere negative Ereignisse, die Unternehmen zustoßen, wollte dieses einfach nicht in Vergessenheit geraten. Die Marktkapitalisierung von SeaWorld schrumpfte über

die anschließenden eineinhalb Jahre um mehr als 40 Prozent. Ich ging in diesem Zeitraum wiederholt short und nutzte Ereignisse wie Gewinnmeldungen, die Informationen publik machten, zum Ein- und Ausstieg, weil ich wusste, dass sich die Lage nicht besserte und der Markt das nicht begreifen wollte.

Haben Sie auch bei SeaWorld geprüft, wie viel darüber geredet wurde?
Nein, in diesem Fall musste ich den Tenor der Gespräche deuten, der überaus negativ war. Die Äußerungen auf den sozialen Medien über SeaWorld waren nach der Veröffentlichung des Films fast zu 100 Prozent negativ und wurden erst Jahre später wieder neutraler. Gewöhnlich engagiere ich mich nicht auf eine Stimmung hin, doch dabei handelte es sich um eine der seltenen Gelegenheiten, bei denen die Stimmung außergewöhnlich einseitig war.

Wie viel Prozent Ihrer Transaktionen sind Short-Positionen?
Etwa 20 Prozent. Ich bin neutral und opportunistisch, doch aus unerfindlichen Gründen beziehen sich 80 Prozent der Erkenntnisse, zu denen ich gelange, auf Long-Engagements. Möglicherweise stößt man auf der Suche nach Anomalien im Gesprächsaufkommen ungleich häufiger auf positive Äußerungen als auf negative.

Was hat Sie dazu bewogen, TickerTags zu verkaufen?
Vor ein paar Jahren informierte uns Twitter, dass unsere Datentarife in den kommenden Jahren steigen würden – und zwar deutlich. Wir musste uns entscheiden: Sollten wir weitere 5 Millionen Dollar Wagniskapital auftreiben oder das Unternehmen verkaufen? Wir entschieden uns für den Verkauf. Ich habe TickerTags nicht aufgebaut, weil ich dachte, das wäre eine gute Idee, die andere ansprechen könnte, sondern weil ich wusste, dass ich das brauchte. Tja, und heute ist TickerTags eben nicht mehr mein Unternehmen, sondern ich bin dort Kunde.

Ich nehme an, Sie müssen für Ihr Abo nichts bezahlen?
Ich bin noch als Berater für das Unternehmen tätig. Ich helfe ihm, die Plattform weiterzuentwickeln, weil ich sie in- und auswendig kenne. Ich weiß sie besser zu würdigen als jeder andere Kunde.

Bekommen Sie als Berater ein Honorar?
Ich kriege ein kostenloses TickerTags-Abo, und die Plattform ist alles andere als billig. Nur Hedgefonds und Banken können solche Dienste abonnieren.

Befürchten Sie nicht, dass es die Effektivität dieses Tools beeinträchtigt, wenn es Hedgefonds und Eigenhändlern offensteht?
Nein, denn ich glaube, dass es noch sehr lange dauern wird, bis Hedgefonds so viel Vertrauen in dieses Tool setzen wie ich. Während wir TickerTags entwickelt haben, habe ich meine Trading-Ideen sogar öfter mit Hedgefonds ausgetauscht.

Nachdem Sie sich engagiert hatten?
Ich sprach mit Hedgefonds ganz offen über meine Positionen – auch wenn diese noch nicht abgeschlossen waren.

Hatten Sie keine Angst, dass die Weitergabe dieser Informationen für Bewegung sorgen könnte, noch bevor Sie richtig eingestiegen waren?
Nein, denn ich wusste, dass sich diese Leute nicht nach den Informationen richten würden. Diese Methode war ihnen so fremd, dass ihr Unbehagen und ihr mangelndes Vertrauen dazu führen würde, dass Sie viel langsamer reagierten als ich – wenn überhaupt.

Ich habe mich immer wieder gefragt, warum sich die Wall Street nicht eingehender mit meiner Methode beschäftigte. Begriffen habe ich das erst, als ich TickerTags gründete. Nach der Gründung war ich zwei Jahre lang jede zweite Woche in New York. Ich hatte Termine mit fast jedem führenden Hedgefonds. Die Manager zählten zu den klügsten Köpfen, die ich kenne. In ihrer Welt ist viel los. Sie betrachten sie aus hundert verschiedenen Blickwinkeln. Und sie sind in mancher Beziehung so eingefahren, dass es für sie radikal und extrem wäre, meine Methode zu übernehmen. Sie können so etwas wie den Einfluss, den das Gesprächsaufkommen auf eine bestimmte Aktie hat, nicht heranziehen, weil es dafür keine Historie gibt. Sie legen Wert auf hohe Korrelation. Erst dann vertrauen sie den Daten.

Und ich kann nicht behaupten, dass sich jede Aktie so entwickelte wie Netflix, wenn das Gesprächsvolumen eine Spitze auswies. Das war ein Ausnahmefall. Man muss die Daten verstehen und interpretieren. Und man muss bereit sein, darauf zu vertrauen. Hedgefondsmanager brauchen etwas Wiederholbares, Systematisches. Sie wollten wissen, wie oft dieser Ansatz Informationen abwarf, auf deren Grundlage man mit hohem Überzeugungsgrad handeln konnte. Darauf konnte ich keine konkrete Antwort geben. Vielleicht ein paar Mal im Jahr, vielleicht auch 25 Mal im Jahr. Sie interessieren sich für Methoden, die wiederholbar sind und für Tausende Ticker funktionieren. Sie fühlen sich mit der Variabilität bei der Anwendung dieser Daten nicht wohl. Ich schon.

Man vertraut immer nur seiner eigenen Methode. Ich weiß nicht, wie viel Prozent der Systeme, die öffentlich angeboten werden, werthaltig sind. Ich sage den Leuten aber immer, selbst wenn über 90 Prozent der verkauften Systeme mit vertretbaren Risiken Gewinne abwerfen – und das ist bestimmt viel zu hoch angesetzt –, wette ich, dass über 90 Prozent der Käufer solcher Systeme trotzdem Geld verlieren. Warum? Weil jedes System und jede Methode Verlustphasen hat, und wenn man kein Vertrauen in den Ansatz hat – und das hat man nur in seine eigene Methode –, dann wird man sich nicht danach richten. Sie treten an die Hedgefonds mit einer Strategie heran, die diese noch nie eingesetzt haben, und deshalb können sie ihr auch nie so viel Vertrauen entgegenbringen wie Sie. Selbst Sie haben ja viele Jahre gebraucht, um so weit zu kommen.

Nicht nur viele Jahre – sogar mehr als ein Jahrzehnt. Erst dann war ich von meiner Methode wirklich überzeugt.

Wenn sich bei einem Ihrer Tags eine Spitze ausbildet, könnte diese dann nicht ebenso einen Abwärts- wie einen Aufwärtstrend signalisieren?

Ich achte dabei auf den Kontext. Das Narrativ ist schnell ermittelt. Ich richte mich nie ausschließlich nach den Daten. Ich entwickle für jede meiner Positionen eine These, die mit einem Narrativ verbunden ist.

Lassen Sie mich das an einer aktuellen Position illustrieren. Vor zwei Monaten fiel mir eine Gesprächsspitze bei e.l.f. auf, einem Hersteller kostengünstiger Kosmetika, dem es in den letzten Jahren nicht so gut ging. Das allein sagte mir noch nichts. Wurde mehr geredet, weil die Leute ein Produkt gut fanden? Oder weil sie sich darüber beschwerten?

Eine genauere Prüfung ergab, dass sich die Spitze auf ein Video zurückführen ließ, das der Make-up-Tutorial-Artist Jeffree Star auf Youtube veröffentlicht hatte. Er hat 15 Millionen Follower. Jeffree hatte ein Video gemacht, für das er eine Gesichtshälfte mit einem e.l.f.-Produkt geschminkt hatte, das bei Walgreens und Target erhältlich war und rund 8 Dollar kostete, und die andere Hälfte mit einem hochpreisigen 60-Dollar-Make-up. Er bezeichnete das Billigprodukt als ebenso gut wie das teure Make-up. Dadurch veränderte er mit einem Schlag, wie die Marke e.l.f. von den Verbrauchern wahrgenommen wurde: nämlich nicht mehr als billiges Drogerieprodukt, sondern als hochwertig. Die Aktie legte innerhalb von zwei Monaten über 50 Prozent zu. Und die Pointe: Ich wette, die meisten Analysten, die sich mit e.l.f. befassen, wissen nicht, wer Jeffree Star ist.

Kam es schon vor, dass Sie ein und dieselbe Wortkombination für Bullen- und Bären-Trades verwendet haben?
Klar. Ein gutes Beispiel dafür ist Smith & Wesson. Die Wortkombination »Schusswaffe« und »Klasse« ist ein gutes Indiz für die Nachfrage nach Waffen.

»Schusswaffe« und »Klasse«?
Genau, Klasse. Interessant, nicht wahr? Wer losgeht, um sich seine erste Waffe zu kaufen, der sucht zunächst nach Waffenklassen, nach Arten. Eine weitere Wortkombination, die einen guten Indikator für den Waffenabsatz abgibt, ist »Waffe« und »Verbot«. Wenn ich eine Spitze bei der Zahl der Menschen feststelle, die sich sorgen, dass der Waffenbesitz untersagt werden könnte, und gleichzeitig bei den Leuten, die sich für Waffenklassen interessieren, ist das für mich grundsätzlich ein Frühzeichen für steigende Verkaufszahlen. Diese Wortkombinationen habe ich schon mehrfach als Kaufsignal für die American Outdoors Brand Corporation herangezogen, die Smith & Wesson produziert. Als Trump Präsident wurde, wertete ich das als pessimistisches Signal. Damals ging die Zahl der Menschen, die über Waffenverbote und Waffenklassen diskutierten, sichtlich zurück. Prompt brach der Markt für Schusswaffen ein, und Waffenaktien kamen unter die Räder.

Ein weiteres Beispiel für eine Wortkombination, die ich für Trades auf beiden Seiten des Marktes nutzen konnte, war Beacon Roofing, einer der größten Vertreiber von Bedachungsmaterial im Land. Bei Beacon Roofing geht der Umsatz unter anderem dann in die Höhe, wenn die Hagelsaison ungewöhnlich heftig ausfällt. Hagelschäden sind schwer zu ermitteln, denn selbst wenn es mehr Hagel gibt – solange er nicht in dicht besiedelten Gebieten mit vielen Dächern heruntergeht, schlägt er sich im Dachdeckergeschäft nicht so deutlich nieder.

Treffend formuliert.
Ja, tatsächlich [er lacht über sein unbeabsichtigtes Wortspiel]. Die Versicherungsbranche gibt zwar einen Bericht über die geschätzten Schadensfälle bei Dächern heraus, doch dieser erscheint erst Monate später. Ich suche nach der Wortkombination »Dach«, »Hagel« und »Schaden«. Diese bildet stets im Zeitraum von März bis Mai eine saisonale Spitze aus. Vor ein paar Jahren stellte ich fest, dass die Spitze dreimal so deutlich ausfiel wie in der vorausgegangenen Hagelsaison. Es gab drei solche abnorm hohe Ausschläge in Folge. Da merkte ich, diese Hagelsaison hatte es in sich, und engagierte mich aufgrund dieser Annahme long in Beacon Roofing. Wie ich es erwartet hatte, legte Beacon Roofing

daraufhin eine ausgesprochen optimistische Gewinnmeldung vor. In der letzten Saison war es umgekehrt. Dieselbe Wortkombination kam von März bis Mai außergewöhnlich selten vor. Der Kurs von Beacon Roofing rutschte im Anschluss prompt fast um 50 Prozent ab.

Sie haben vorhin erwähnt, dass TickerTags über mehr als eine Million Tags verfügt. Offensichtlich können Sie doch nicht mehr als einen kleinen Bruchteil davon verfolgen. Wie entscheiden Sie, welchen Tags Sie nachgehen, und wie vermeiden Sie es, dabei die meisten Chancen zu verpassen?
Ich kann unmöglich sämtliche kleinteiligen Tags im Auge behalten. Ich setzte stattdessen sogenannte »Umbrella Tags« ein. Das sind Wortkombinationen, durch ich frühzeitig erkennen kann, wenn ein Thema auf den sozialen Medien Aufmerksamkeit erregt. Daraus schließe ich dann, welche weiteren Tags ich mir anschauen sollte.

Können Sie mir ein Beispiel für ein solches Umbrella Tag geben?
Die Wortkombination »begeistert«, »neu« und »Spiel« macht mich darauf aufmerksam, wenn es ein neues Spiel gibt, das online schnell in aller Munde ist. Dieses Umbrella Tag liefert mir Hinweise drauf, welche konkreten Spiele-Tags ich gerade verfolgen sollte, selbst wenn ich von dem Spiel noch nie gehört habe.

Inwiefern unterscheidet sich diese Wortkombination denn von den anderen, über die wir bereits gesprochen haben, wie »Waffe« und »Klasse« oder »Dach«, »Hagel« und »Schaden«? Was macht sie zu einem sogenannten »Umbrella Tag«?
So ein Umbrella Tag spürt alles auf, was mit einer bestimmten Kategorie zusammenhängt. Sind beispielsweise Spielsachen so eine Kategorie, dann habe ich vielleicht Hunderte oder gar Tausende entsprechender Wörter, die ich immer mal wieder überprüfe. Nehme ich aber das Wort »Spielsachen« her und kombiniere es mit einem emotionalen Wort wie »begeistert«, kann ich dadurch feststellen, ob sich im Spielzeugsektor etwas abspielt, was an diesem Tag eine Anomalie darstellt.

So ein Umbrella Tag ist also eine Wortkombination, die Entwicklungen irgendwo in einem ganzen Sektor signalisiert – nicht konkret bei einer bestimmten Aktie?
Genau. Manche Umbrella Tags sind sogar noch breiter angelegt als ein Sektor. Sie sollen einfach alles erfassen, was gerade im Trend liegt.

Können Sie ein Beispiel für so ein ganz allgemeines Umbrella Tag geben?
Der Satz »Ich finde kein(e)(n)«, gefolgt von irgendetwas. Welche Umbrella Tags ich genau einsetze, gebe ich ungern preis – vor allem nicht solche, die große Marktbereiche abdecken.

Und ein Beispiel für eine Transaktion, die von einem breit angelegten Umbrella Tag signalisiert wurde?
Vor ein paar Jahren wies so ein allgemeines Umbrella Tag auf besonders häufige Erwähnung von »Elmer's glue« hin – Klebstoff der Marke Elmer's. Damit konnte ich zunächst nichts anfangen. Was sollte das sein, Klebstoff von Elmer's? Ein paar Recherchen ergaben, dass der Kleber im Zusammenhang mit Glitzerschleim zum Selbermachen vorkam. Damals lag dieses Material bei Kindern zum Spielen gerade voll im Trend. Hauptzutat dafür war besagter Kleber der Firma Elmer's, und das Zeug war schnell überall ausverkauft.

Wer stellt den Elmer's-Klebstoff her?
Newell Brands.

Und welche Rolle spielt der Elmer's-Kleber im Produktportfolio?
Jetzt wird's interessant. Der Klebstoff war ein kleiner Bruchteil von Newell Brands, doch das Unternehmen wuchs ausgesprochen langsam. Wenn ich mir den kräftigen Glitzerschleim-Trend anschaute, ging ich davon aus, dass sich der Absatz von Elmer's-Kleber mindestens um 50, möglicherweise sogar um 100 Prozent steigern würde. Und das würde sich spürbar auf das Unternehmen auswirken, dessen Wachstum nur rund 1,5 Prozent pro Jahr betrug. Und tatsächlich: Noch im selben Quartal zog der Umsatz um 17 Prozent an – hauptsächlich aufgrund des stärkeren Absatzes von Elmer's-Klebstoff. Ich bin auf diese Transaktion besonders stolz, weil niemand, der sich mit Newell Brands befasst, auf den Gedanken gekommen wäre, sich auf die Verkaufszahlen von Elmer's-Kleber zu fokussieren.

Können Sie Ihren Trading-Prozess beschreiben – vom Einstieg bis zum Ausstieg?
Sobald mir eine Information unterkommt, die der Markt meiner Ansicht nach noch nicht kennt oder nicht beachtet, muss ich feststellen, ob diese für das betreffende Unternehmen weltbewegend ist. Manchmal ist ein Unternehmen so groß und die Bedeutung der Information so begrenzt, dass sie keinen Unterschied macht. Gelange ich zu der Überzeugung, dass die Information bedeut-

sam sein könnte, muss ich in Erfahrung bringen, wie stark sie sich im Anlegerpublikum bereits verbreitet hat. Weiß der Markt schon Bescheid, muss ich davon ausgehen, dass sie eingepreist ist. Ist die Information aber bedeutsam und noch nicht bekannt, muss ich analysieren, ob womöglich sachfremde Faktoren vorliegen, die sich im Zeitfenster meiner Transaktion maßgeblich auf das Unternehmen auswirken könnten. Ist ein Gerichtsverfahren anhängig, steht ein Führungswechsel an oder eine neue Produktlinie oder sonst irgendetwas, was die Information, auf die ich setzen möchte, in den Hintergrund treten lässt? Habe ich alle Faktoren ausgeschlossen, die die Information unbedeutend werden lassen könnten, folgere ich, dass ein sogenanntes »Informationsungleichgewicht« vorliegt.

Das Interessante an dieser Methode: Ich wende sie unter totaler Vernachlässigung sonstiger Fundamentaldaten des Unternehmens und der Kursentwicklung an. Es interessiert mich nicht, ob das Unternehmen über- oder unterbewertet ist. Ich gehe davon aus, dass die Aktie relativ effizient auf der Grundlage der bekannten Informationen gehandelt wird. Kommt dann diese neue Information ins Bild, sollte die Aktie entsprechend reagieren.

Der letzte Schritt besteht darin, das Zeitfenster für mein Engagement festzulegen, damit ich ermitteln kann, welche Option ich am besten kaufen sollte. Möchte ich mich beispielsweise in Disney engagieren, weil ich damit rechne, dass ein neuer Film noch besser einschlägt als erwartet, würde ich Optionen kaufen, die nach dem Premierenwochenende verfallen. Ich wähle Optionen aus, die sobald wie möglich nach Bekanntwerden der erwarteten Information auslaufen, um meinen Aufwand für Optionsprämien so gering wie möglich zu halten. In aller Regel verfallen meine Optionen um die Gewinnmeldung herum. Manchmal richtet sich der Termin aber auch nach einer Markteinführung oder der Verfügbarkeit von Transaktionsdaten, die zur Gewinnprognose herangezogen werden können. Ist nach vernünftigem Ermessen damit zu rechnen, dass schon vor der Bekanntgabe des Ergebnisses Informationsgleichstand vorliegt, hat es erhebliche Vorteile, Optionen zu erwerben, die bereits vor der Gewinnmeldung verfallen, denn diese müssten nicht die zusätzliche Volatilität einpreisen, die um den Berichtstermin herum einsetzt.

Gut, damit haben Sie den Einstiegsprozess in eine Position beschrieben. Und der Ausstieg?
Mir liegt nur eine bestimmte Information vor, die der Markt nicht kennt oder nicht wahrnimmt. Der Aktienkurs wird aber von vielen Faktoren beeinflusst. Eine Analogie für meine Methode wäre, beim Roulette auf Rot zu setzen,

weil Sie wissen, dass fünf schwarze Zahlen vom Rad gestrichen wurden. Ich weiß nicht, ob ein Investment wirklich funktioniert. Ich habe lediglich einen Informationsvorsprung. In der Sekunde, in der die Information, auf die ich setze, in Börsenkreisen bekannt wird – ob durch Analysen einer Sell-side-Firma oder einen Medienbericht oder eine Meldung des Unternehmens selbst, ist hergestellt, was ich als »Informationsparität« bezeichne. Dann ist meine Chance vorbei. Tritt ein solcher Informationsgleichstand ein, muss ich sofort verkaufen. Ich investiere nur, wenn ein Informationsungleichgewicht besteht. Ist das nicht mehr der Fall, muss ich aussteigen.

Ob Sie mit einer Transaktion Gewinn gemacht haben oder nicht?
Ob eine Position im Plus oder im Minus steht, wenn Informationsgleichstand eintritt, ist vollkommen unerheblich. So oder so muss ich mich an meine Methode halten.

Das klingt fast, als müssten Sie gar nicht wissen, wie der Kurs aussieht.
Das will ich gar nicht wissen.

Wann haben Sie Ihren Hedgefonds gegründet? Und warum haben Sie ihn geschlossen?
Als das TickerTags-Projekt kurz vor dem Abschluss stand, dachte ich, ich sollte einen Hedgefonds eröffnen, denn das wurde mir von allen Seiten empfohlen. Die Leute sahen meine Renditen und erklärten mir, wenn ich dasselbe im größeren Stil durchziehen könne, könnte ich einen unglaublichen Hedgefonds auf die Beine stellen.

Dasselbe hätte ich Ihnen auch gesagt.
Die Idee war, dass TickerTags der Motor des Hedgefonds sein sollte. Ich stellte eineinhalb Jahre lang Kontakte zu Family Offices her und warb 23 Investoren an, überwiegend aus dem Raum Dallas. Ich hatte Zusagen über knapp 10 Millionen US-Dollar. Die Errichtung des Fonds kostete mich rund 250 000 Dollar. Ich fand es hochinteressant, einen Hedgefonds zu gründen, denn das war die andere Seite des Geschäfts – eine Welt, die nie meine gewesen war.

Wie hieß Ihr Hedgefonds?
SIA. Das stand für Social Information Arbitrage. Wir lancierten den Hedgefonds etwa zur selben Zeit, als sich TickerTags im Betamodus befand.

Hatten Sie keine Bedenken, durch TickerTags dieselbe Methode mit anderen zu teilen, die Sie auch für Ihren Hedgefonds einsetzen wollten.
Gar nicht, denn ich dachte, TickerTags wäre viel wertvoller als mein kleiner Hedgefonds. Das Problem dabei war bloß: Nachdem ich eine Woche lang auf Meetings mit Vertretern anderer Hedgefonds versucht hatte, TickerTags als Datenprodukt zu vermarkten, erklärte man mir jedes Mal, das Konzept sei zwar toll, doch solange ich meinen eigenen Hedgefonds betrieb, bräuchte ich nicht noch einmal vorzusprechen. Sie sagten, sie könnten nicht riskieren, dass ich für meinen eigenen Fonds Daten früher einsetzen würde, als sie sie zu Gesicht bekämen. Zu glauben, ich könnte beides, war daher naiv. Langer Rede kurzer Sinn: Der Hegdefonds war nur 60 Tage lang am Markt, dann musste ich ihn schließen.

Sie schlossen den Hedgefonds also kurz nach der Eröffnung, weil er mit dem TickerTags-Projekt ins Gehege kam?
Ob gut oder schlecht – so entschied ich mich.

Nahmen Sie denn überhaupt Transkationen für den Hedgefonds vor, bevor Ihnen klar wurde, dass Sie ihn wieder aufgeben mussten?
Zwei. Die erste bezog sich auf ein kleines Spielwarenunternehmen namens Jakks Pacific. Ich setzte dabei auf eine Puppe namens Snow Glow Elsa, die mit dem Disneyfilm *Die Eiskönigin* in Zusammenhang stand. Die Puppe kam direkt vor Weihnachten auf den Markt. Sie war nicht nur in diesem Jahr das gefragteste Spielzeug im Weihnachtsgeschäft, sondern die nächsten sieben oder acht Jahre.

Wenn diese Puppe mit einem Disneyfilm in Verbindung stand – wurden dann nicht auch viele andere darauf aufmerksam?
Nicht unbedingt. Es gab jede Menge Merchandising-Produkte, die sich auf denselben Film bezogen. Es ist manchmal eigenartig, wie sich die Leute auf ein bestimmtes Produkt stürzen.

Da es sich bei der Puppe um ein neues Produkt handelte – welche Tags bekamen das mit?
Wir hatten Tags für jedes Unternehmen. Die Research-Leute aktualisierten jedes Unternehmen in jedem Quartal und fügten neue Tags hinzu, wann immer es sinnvoll war. Snow Glow Elsa war folglich ein Tag. Wir zogen sämtliche Spielzeuge als Benchmark heran, die in den vergangenen fünf oder sechs Jahren an Weihnachten besonders begehrt gewesen waren, und verglichen das Gesprächs-

aufkommen. Daher wussten wir, dass dieses Spielzeug alle Rekorde brechen würde – und so kam es auch. Das war eine Position mit sehr hohem Überzeugungsgrad, die das entscheidende Kriterium erfüllte: Der Markt erkannte nicht, wie gefragt dieses Spielzeug sein würde, und für das Unternehmen bewegte sich dadurch einiges.

Umso mehr, als es sich um ein kleines Unternehmen handelte.
Ganz richtig. Ich war sehr stolz auf diesen Schachzug – meine erste Transaktion für meinen eigenen Hedgefonds. In der Nacht vor der Gewinnpräsentation bekam ich kein Auge zu. Natürlich übertraf das Unternehmen am nächsten Tag sämtliche Gewinnerwartungen. Vorbörslich hatte die Aktie bereits 30 Prozent zugelegt. Ich war im Himmel. Schließlich wollte ich unbedingt meinen Investoren imponieren – lauter Leute aus der Gegend, die ich kannte. Kurz vor der Eröffnung fiel die Aktie im vorbörslichen Handel um 30 Prozent und eröffnete nahezu unverändert. In den nächsten zwei Stunden verlor sie 25 Prozent an einem der umsatzstärksten Tage in der Unternehmensgeschichte. Ich verstand die Welt nicht mehr. Was war da los?

Bis zu diesem Zeitpunkt sprach nicht viel für das Unternehmen. Doch jetzt verfügte es über das heißeste Spielzeug der Welt, und der Kurs ging in den Keller. Ich fand erst zwei Monate später heraus, was passiert war: Das Unternehmen hatte in den vorausgegangen zwei bis drei Jahren ziemliche Probleme gehabt. Und der größte Aktionär – ein Fonds, dem 11 Prozent der Gesellschaft gehörten – hatte seine komplette Position an jenem Tag auf den Markt geworfen. Jakks Pacific war keine besonders aktiv gehandelte Aktie, und dieser Fonds hatte offenbar beschlossen, den ersten Tag mit ordentlicher Liquidität und Kursstärke zu nutzen, um seine gesamte Position abzustoßen.

Hätten Sie denn nach der Veröffentlichung des Ergebnisses nicht sofort aussteigen müssen, weil dann, um es in Ihren Worten zu sagen, »Informationsgleichstand« vorlag?
Meine komplette Position bestand in leicht aus dem Geld befindlichen Optionen. Da der Markt mehr oder minder unverändert eröffnete und dann nachgab, hatte ich keine Gelegenheit, meine Position zu liquidieren.

Also büßten Ihre Optionen 100 Prozent ihrer Prämie ein. Wie viel Prozent des Fondskapitals verloren Sie mit dieser Transaktion?
Wohl ungefähr 4 Prozent. Mit der zweiten Transaktion für den Fonds gewann ich ungefähr ebenso viel. Als ich den Fonds schloss, hielt sich das mehr oder

minder die Waage. Der Einzige, der mit meinem Fonds Geld verloren hatte, war ich, weil es mich eine Viertelmillion Dollar gekostet hatte, ihn aufzubauen.

Als Sie mit dieser ersten Position Verluste machten, wussten Sie noch nicht, dass Sie Ihren Fonds wieder schließen würden. Störte es Sie sehr, dass Sie mit Ihrer ersten Transaktion Einbußen erlitten?
Ganz gewaltig. Ich lernte daraus, dass es mir nicht gegeben ist, Kapital für andere zu verwalten.

Dieser Verlust machte Ihnen also mehr aus, als wenn Sie mit einem Geschäft eigenes Geld in den Sand gesetzt hätten?
Es machte mich absolut fertig. Und wenn ich für eigene Rechnung zehnmal so viel verloren hätte, hätte ich mich darüber nicht so geärgert. Wenn ich von einer Position wirklich überzeugt bin, erleide ich damit selten Schiffbruch. Und von dieser Position war ich absolut überzeugt. Böte sich dieselbe Gelegenheit noch einmal, würde ich Sie sofort nutzen.

Ihr Ansatz unterscheidet sich komplett von den Methoden aller Trader, die ich je interviewt habe. Inwiefern halten Sie sich für anders als die meisten anderen Trader?
Ich wäre nie ein guter fundamentaler oder technischer Trader, weil mir diese Methoden keinen Spaß machen. Die vier Stunden, die ich jeden Abend mit meinen Analysen zubringe, genieße ich sehr. Ich weiß nie, wann ich auf etwas stoße, das mich zu meiner nächsten großen Transaktion führt. Dasselbe Gefühl hatte ich, wenn ich in meiner Jugend Flohmärkte abklapperte. Ich setze mich jeden Abend hin, beginne meinen Prozess und weiß nie, was ich finde. Meine allabendlichen Analysen bereiten mir viel Freude. Ich glaube, deshalb gelingen sie mir auch.

Ich gehe dabei ganz anders vor als andere Trader. Sie werden kaum jemanden finden, der so risikotolerant ist wie ich. Ich arbeite nie mit Stops. Die meisten Trader sagen: »Verlustpositionen sollte man niemals aufstocken.« Halte ich eine Verlustposition, ohne dass sich an der Informationsverbreitung etwas geändert hätte, verdopple ich sie. Mir ist gleich, wie sich der Kurs entwickelt. Andere Trader brauchen eine systematische, regelmäßige Methode. Das liegt mir total fern.

Welche persönlichen Eigenschaften waren Ihrer Ansicht nach Voraussetzung für Ihren Erfolg? Und welche dieser Eigenschaften sind angeboren und welche anerzogen?
Wäre ich heute jung, hätte man bei mir ADS diagnostiziert. Meine Fähigkeit, mich auf ein Thema zu konzentrieren, das mich interessiert, ist meine große

Stärke. Meine Analysen erfordern eine Menge Arbeit, die sich oft nicht sofort auszahlt. Manchmal vergehen Monate, ohne dass ich auf eine Chance stoße, die mich überzeugt.

Trifft die ADS-Diagnose dann zu? ADS ist doch eigentlich mangelnde Konzentrationsfähigkeit?
Das sehe ich anders. ADS liegt vor, wenn man sich nur auf das konzentrieren kann, was einen von Haus aus interessiert. Dann aber richtig.

Welche Charakterzüge spielten sonst noch eine Rolle?
Geduld. Ich weiß, dass sich irgendwann eine Chance auftut. Ich weiß nur nicht, wann oder bei welchem Unternehmen. Ich weiß, wenn ich brav weitermache, was ich jeden Tag tue, dann finde ich sie – vielleicht morgen, vielleicht aber auch erst in vier Monaten. Ich muss nur die Geduld aufbringen, auf meine Chance zu warten.

Sind Sie von Natur aus ein geduldiger Mensch?
Ganz im Gegenteil. Als ich meine ersten Börsengeschäfte machte, hatte ich im Grunde gar keine Geduld. Geduld ist etwas, das ich mir in den letzten 15 Jahren nach und nach angeeignet habe. Heute bin ich als Trader viel geduldiger. Die Art von Strategie, die ich einsetze, erfordert außergewöhnliche Geduld. Im Idealfall sollte ich mit meiner Methode nur alle paar Wochen eine Position eröffnen, und es ist nicht einfach, die nötige Geduld aufzubringen, um sich so selten zu engagieren, wenn man täglich so viel arbeitet. Das fällt mir heute noch schwer.

Was würden Sie jemandem raten, der Trader werden möchte?
Versuchen Sie nicht, Ihre Persönlichkeit zu verändern, um dem Bild zu entsprechen, das Sie vielleicht von den Börsenprofis an der Wall Street haben. Versuchen Sie sich nicht an der Mathematik, wenn Sie keine natürliche Begabung dafür haben. Versuchen Sie sich nicht an Finanzanalyse, wenn Ihnen der Hintergrund fehlt. Vermutlich gibt es auch in Ihrem Umfeld etwas – ein Fachgebiet oder ein besonders interessantes Thema –, für das Sie gern unverhältnismäßig viel Zeit aufwenden, um fundierte Kenntnisse darüber zu erwerben. Auf diese Weise können Sie die Generalisten austricksen, und die meisten Marktteilnehmer sind Generalisten. Sie müssen eine Nische finden, in der Sie brillieren können. Ich würde einen Börsenneuling fragen: Welches ist Ihre

Nische? Womit kennen Sie sich besonders gut aus? Worüber würden Sie in Ihrer Freizeit jeden Tag vier Stunden lang Recherchen anstellen, weil es Ihre Leidenschaft ist? Das Investmentgeschäft ist eine der wenigen Branchen auf der Welt, in der man seine eigenen Interessen zu Geld machen kann – und das finde ich spannend.

....

Wer an der Börse erfolgreich sein will, muss seinen eigenen Marktansatz finden. Dieses Prinzip verkörpert kaum ein anderer meiner Interviewpartner so gut wie Camillo. Er entwickelte nicht nur seinen eigenen Ansatz, er erfand praktisch eine ganz eigene Trading-Methode. Camillo sprach weder die fundamentale noch die technische Analyse an, also dachte er sich eine dritte Kategorie der Marktanalyse aus: die Sozialarbitrage. Er schlägt Kapital daraus, dass er gesellschaftliche Veränderungen oder Trends aufspürt, die sich auf eine Aktie auswirken, aber noch nicht eingepreist sind. Zunächst entdeckte Camillo solche Chancen durch Beobachtungen im Alltag. Später dann, nach der Entwicklung der TickerTags-Software, wurden die sozialen Medien sein wichtigstes Tool zur Ermittlung von Chancen.

Schon klar, viele Leserinnen und Leser denken jetzt vermutlich: »Die Vorstellung, die sozialen Medien als Trading-Tool zu nutzen, klingt toll, aber was nützt mir das, wenn ich keinen Zugriff auf TickerTags habe?« (TickerTags ist nur institutionellen Kunden zugänglich.) Dieser Einwand geht aber am Ziel vorbei. TickerTags mag eine besonders effiziente Art und Weise sein, sich gesellschaftliche und kulturelle Trends zu erschließen, aber mitnichten die einzige. Camillo war mit seinem allgemeinen Ansatz etwa zehn Jahre lang höchst erfolgreich, als es TickerTags noch gar nicht gab. Sein Beispiel lehrt uns vor allem, dass wir Handelschancen auftun können, wenn wir im Alltag und in den sozialen Medien aufmerksam bleiben und ein Gespür für neue Verhaltensmuster entwickeln. Beispiele dafür sind Positionen wie Cheesecake Factory oder P.F. Chang's, auf die Camillo kam, weil er die Reaktion der amerikanischen Mitte auf diese Ketten beobachtete – eine Reaktion, die der Wall Street verborgen bleiben würde, wie er wusste. Zu beobachten, wie Verbraucher auf ein Produkt reagieren, kann sogar Börsenchancen bei den allergrößten Unternehmen ermitteln, wie es bei Camillo mit seiner Long-Position in Apple der Fall war, weil er gesehen hatte, wie die Leute auf das erste iPhone abfuhren.

Frage: Welchen Fehler machte Camillo bei seinem Engagement in Jakks Pacific, der ersten Transaktion für seinen Hedgefonds, bei dem seine Long-Positionen in Call-Optionen wertlos verfielen? Überlegen Sie kurz, bevor Sie weiterlesen.

Antwort: Es war eine Fangfrage. Er hat keinen Fehler gemacht, und darum geht es. Camillo hielt sich akribisch an seine Methode und initiierte eine Position in einer Aktie, von der er felsenfest überzeugt war – genau so ein Geschäft, wie es ihm unter dem Strich immer wieder zum Erfolg verholfen hatte. In diesem besonderen Fall bewirkte ein absolut unvorhersehbares Ereignis – dass nämlich der größte Aktionär der Gesellschaft sein komplettes Aktienpaket auf den Markt warf –, dass sich der mit dem Geschäft erzielte Gewinn unmittelbar ins Gegenteil verkehrte. Manchmal hauen eben auch perfekt geplante Transaktionen einfach nicht hin. So ein Geschäft mag Verluste bringen, doch ein schlechtes Geschäft ist es deshalb nicht. Ganz im Gegenteil: Führt Camillo immer wieder solche Transaktionen durch, schneidet er deutlich besser ab als andere – und es ist unmöglich, im Voraus zu sagen, welche dieser Positionen am Ende Verluste erleiden. Die Lektion daraus: Unterscheiden Sie sauber zwischen einem verlustbringenden und einem schlechten Geschäft. Das ist nicht unbedingt dasselbe. Verlustbringende Geschäfte können eigentlich gute Geschäfte sein. Ebenso sind gewinnbringende Geschäfte manchmal schlechte Geschäfte.

Hören Sie nie auf andere, wenn Sie sich engagieren. Halten Sie sich an Ihren Ansatz und lassen Sie sich nicht von anderslautenden Ansichten beeinflussen. Das Geschäft, das Camillo am meisten bedauert, war eines, bei dem er sich durch gegenläufige Marktmeinungen dazu verleiten ließ, zwei Drittel seiner Call-Position in Under Armour mit Verlust abzustoßen, und im Anschluss erleben musste, wie sich seine ursprüngliche Handelsthese zu hundert Prozent bestätigte. Camillo lernte seine Lektion – und als sich eine ähnliche Situation ergab, während er eine Long-Position in Netflix hielt, ignorierte er Meinungen, die der seinen widersprachen. Auch mich erschüttert immer wieder, was es für verheerende Folgen haben kann, wenn man auf andere hört.

Die Geduld, auf die richtige Chance zu warten, wurde schon von mehreren Tradern als wertvolle Eigenschaft genannt. Sie lässt sich nur sehr schwer antrainieren. Camillo ist überzeugt: Hätte er sein Börsenengagement auf die Transaktionen beschränkt, von denen er besonders überzeugt war, wäre er noch viel erfolgreicher gewesen. Er sagt: » Meine größten Fehler traten im Laufe der Jahre stets dann auf, wenn ich zu viel handelte.« Camillos Problem ist: Die Transaktionen mit hohem Überzeugungsgrad, die er favorisiert, ergeben sich möglicherweise nur einmal alle paar Monate oder noch seltener. Er findet es schwierig, jeden Tag stundenlang zu recherchieren und zu analysieren und dann monatelang zu warten, um eine Order zu platzieren. Doch Camillo weiß, wie wichtig es ist, geduldig zu sein, und er ist sich sicher: Dass er im Laufe der Jahre diesbezüglich an sich gearbeitet hat, hat seinen Börsenerfolg gesteigert.

Nicht alle Börsengeschäfte sind gleich. Wie Camillo stellen viele Trader fest, dass die vermeintliche Erfolgswahrscheinlichkeit ihrer Geschäfte variiert. Es gibt da ein Mittelfeld zwischen den beiden Extremen, entweder jedes potenzielle Geschäft durchzuziehen, das eine bestimmte Methode eines Traders auswirft, oder nur die Transaktionen einzugehen, die man als besonders aussichtsreich wahrnimmt. Alternativ kann ein Trader die Positionsgröße verändern, in Positionen mit höherer Erfolgswahrscheinlichkeit mehr Kapital investieren und in solche mit geringerer Wahrscheinlichkeit entsprechend weniger.

Vertrauen ist einer der besten Indikatoren für den künftigen Börsenerfolg. Die Magier der Märkte haben in aller Regel großes Vertrauen in ihre Fähigkeit, auf den Märkten weiterhin Gewinne zu erzielen, und das trifft auf Camillo auf jeden Fall zu. Er hat offenbar Zutrauen zu seiner Methode und ist fest überzeugt, dass sie ihm an der Börse einen deutlichen Vorteil verschafft. So gut er bisher abgeschnitten hat, er geht davon aus, dass er künftig noch erfolgreicher sein wird. Ein Richtwert für Trader, um ihre Aussichten auf Börsenerfolg näher zu bestimmen, ist der Grad ihres Vertrauens. Trader sollten sich fragen: »Bin ich zuversichtlich, dass meine Trading-Methode und mein Prozess mir auf den Märkten Gewinne bringen?« Können Sie darauf nicht mit einem nachdrücklichen »ja« antworten, sollten Sie Ihr Risikokapital strikt begrenzen, bis Sie mehr Zutrauen zu ihrem Ansatz haben.

Camillo tätigte sein erstes Börsengeschäft mit 14. Ich habe festgestellt, dass viele besonders erfolgreiche Trader, die ich interviewt habe, schon in jungem Alter ein Interesse am Trading und an der Börse entwickelten. Solche Trader haben vermutlich überdurchschnittliche Erfolgschancen.

Erfolgreichen Tradern macht ihre Arbeit Spaß. Camillo hatte Erfolg, weil er einen Weg fand, sich den Märkten auf eine Weise anzunähern, die seinen naturgegebenen Interessen und Leidenschaften entsprach – tatsächlich findet sich seine Methode schon in der ersten unternehmerischen Tätigkeit in seiner Jugend wieder. Er konnte sich weder für die fundamentale noch für die technische Analyse erwärmen. Hätte er diesen klassischen Kurs eingeschlagen, wäre er vermutlich gescheitert.

MARSTEN PARKER

Geben Sie Ihren regulären Job nicht auf

Als ich Ed Seykota für mein Buch *Magier der Märkte*[*] interviewte, fragte ich ihn: »An welche Leitlinien halten Sie sich?« Hier zwei der Trading-Regeln, die er daraufhin nannte:

1. Stellen Sie die Regeln nicht infrage.
2. Erkennen Sie, wann Sie die Regeln brechen müssen.

Das fiel mir wieder ein, als ich mit Marsten Parker sprach, denn seine Trading-Geschichte belegt den Wahrheitsgehalt von Seykotas Antwort – so wenig ernst gemeint sie auf den ersten Blick wirken mag.

Als ich mir Parkers Performance-Statistik ansah, war mein erster Gedanke, dass ich ihn eher nicht in dieses Buch aufnehmen würde. Seine Erfolgsbilanz war zwar ohne Zweifel beeindruckend, doch weder seine Erträge noch seine Risiko-Ertrag-Statistik erreichte auch nur annähernd das spektakuläre Niveau der meisten anderen Trader, die ich bereits interviewt hatte oder mit denen Gespräche anberaumt waren. Doch dann fiel mir auf, dass Parkers Erfolgsbilanz ganze 22 Jahre zurückreichte – ein deutlich längerer Zeitraum als bei den meisten anderen Tradern, die ich berücksichtigen wollte. Diesen wichtigen Aspekt konnte ich schlecht ignorieren. Also überlegte ich es mir anders.

Parkers durchschnittliche jährliche Gesamtrendite der letzten 20 Jahre belief sich auf 20,0 Prozent – mehr als das Dreifache des Ertrags von 5,7 Prozent, den

* Jack D. Schwager, *Magier der Märkte* (München, FBV, 2019), S. 200.

der S&P 500 Total Return Index für den entsprechenden Zeitraum auswies.* Seine Risiko-Ertrag-Werte waren durchaus solide: eine angepasste Sortino Ratio von 1,05 und eine monatliche Gain to Pain Ratio von 1,24, rund das Dreifache des entsprechenden S&P-Index-Niveaus.** Ich merkte, dass mein Auswahlverfahren zu kritisch wurde, weil ich von den sensationellen Ergebnissen verwöhnt war, die andere Trader auswiesen, auf die ich gestoßen war. Dabei wären mehr als 99 Prozent aller professionellen Aktienmanager überglücklich, wenn sie den S&P 500 über 20 Jahre ähnlich deutlich überrundet hätten.

Es war aber noch ein Faktor ausschlaggebend für meine Entscheidung, Parker zu berücksichtigen. Er war der einzige durch und durch systematische Trader, den ich auftreiben konnte, dessen Performance so weit über dem Durchschnitt lag, dass er überhaupt zur Aufnahme in das Buch infrage kam. Vielleicht ist es ja nicht repräsentativ für die gesamte Trader-Population, dass ich auf meiner Suche nach außergewöhnlicher Performance so unverhältnismäßig viel mehr diskretionäre als systematische Trader ausfindig machte, doch ich gehe davon aus. Seit Erscheinen meines ersten *Magier der Märkte*-Buchs 1989 hatte ich immer wieder festgestellt, dass herausragende Einzeltrader in aller Regel diskretionär vorgehen, und diese Schieflage schien sich über die Jahre sogar noch stärker auszuprägen. Möglicherweise fahren viele systematische Trader Gewinne ein, doch nur wenige stellen die Referenzwerte über längere Zeiträume sehr deutlich in den Schatten. Ich wollte gern einen streng systematischen Trader berücksichtigen, dem es gelungen ist, von seinen Börsengeschäften zu leben.

Anders als die meisten der erfolgreichen Trader, mit denen ich gesprochen hatte, interessierte sich Parker nicht schon in seiner Jugend für die Börse. Seine Leidenschaft galt der Musik, nicht dem Trading. Ursprünglich wollte er Geiger werden. Er besuchte die Mannes School of Music in New York, merkte dort aber, dass sein Können nicht reichte, um als klassischer Berufsmusiker Erfolg zu haben. Die Musik würde zwar ein wichtiger Teil seines Lebens bleiben – er ist Konzertmeister eines Gemeindeorchesters in Newton, Massachusetts –, doch beruflich wäre sie eine Sackgasse.

* Die beiden ersten Jahre von Parkers Erfolgsbilanz schloss ich aus der Berechnung der Renditen und des Risiko-Ertrag-Profils aus, weil in dieser Periode auch diskretionärer Handel eingeschlossen war, der nicht repräsentativ ist für die systematische Methode, die er übernahm und für den Rest seiner Trader-Karriere verwendete. Außerdem sind in diesem Zeitraum auch Transaktionen erfasst, mit denen er das Engagement eines anderen Traders nachbildete. Die Rendite- und Risiko-Ertrag-Statistik wäre noch besser ausgefallen, wenn ich diese beiden Jahre einbezogen hätte.

** Erklärungen zu diesen Performance-Kennzahlen finden Sie in Anhang 2.

Was Parker letztlich an die Börse brachte, war eine andere Leidenschaft aus seiner Jugend: die Informatik. Sein Interesse daran wurde in der neunten Klasse geweckt, in einer Zeit, als es noch keine PCs gab. Parkers Schule verfügte über einen Data General Nova-Computer, an dem er zum ersten Mal mit dem Programmieren in Berührung kam. Im College flackerte sein Interesse dann wieder auf. Dort hatte er Zugang zu einem Computerlabor, begünstigt durch einen kostenlosen DEC VT-180 PC, den seine Mutter für ihn organisiert hatte. Das Hobby führte zu einer Karriere als Programmierer und schließlich zum systematischen Trading.

Parkers Börsenkarriere ließe sich in drei unterschiedliche Abschnitte unterteilen: eine erste Phase von 14 Jahren, in denen er kontinuierlich Gewinne machte, eine anschließende dreijährige Periode, die ihn beinahe dazu gebracht hätte, das Börsengeschäft ganz aufzugeben, und dann die letzten vier Jahre, in denen er über alle Jahre hinweg seine besten Risiko-Ertrag-Werte erzielte.

Ich sprach mit Parker bei ihm zu Hause in seinem Arbeitszimmer. Eine seiner beiden Katzen sprang mit Vorliebe auf den Schreibtisch. Ich behielt sie misstrauisch im Auge, weil ich befürchtete, sie könnte auf die Stopptaste meines Aufnahmegeräts kommen und eine ungewollte Pause verursachen. Parker führte über alle seine Geschäfte Buch, und seine eigens für ihn entwickelte Software ermöglicht ihm die Erstellung von Gewinn-und-Verlust-Charts im Jahresvergleich, nach Trading-System und Long- und Short-Engagement unterteilt. Mit Hilfe dieser Programme erstellte er laufend Performance-Charts, während wir im Interview seine Trading-Karriere durchgingen.

....

Wie sind Sie von einem Geiger, der von einer Karriere als Berufsmusiker träumte, zum Trader geworden?

An der Highschool gab es zwei Dinge, die mich wirklich interessierten – das eine war meine Geige, das andere das Programmieren. Ich bewarb mich an der Juilliard School, schaffte es aber nicht. Also ging ich an die Mannes School of Music, meine zweite Wahl, und dort gehörte ich sicherlich zu den schwächsten. Obwohl ich alles gab, kapierte ich: Aus mir würde nie ein Star werden. Ich dachte erst daran, das College zu wechseln und im Hauptfach Informatik zu studieren, doch da war ich schon so weit, dass ich fand, ich konnte genauso gut erst noch meinen Abschluss machen.

Welche Vorkenntnisse brachten Sie denn für Informatik mit?

Das erste Mal kam ich in der neunten Klasse mit einem Computer in Berührung. An meiner Highschool gab es einen Rechner, der so groß war wie ein Kühlschrank, und wir mussten im Rahmen unseres Algebra-Unterrichts ein bisschen mit BASIC programmieren. Mir machte das viel Spaß, also war ich regelmäßiger Gast im Computerraum. Das Programm tippten wir auf einem Teletype. Zum Speichern musste man es auf einer so langen Papierrolle [er breitet die Arme weit aus] ausdrucken. Ich trug eine Kiste mit Papierröllchen mit mir herum – meine Softwarebibliothek. Doch dann trat für mich die Geige in den Vordergrund, und ich beschäftigte mich während meiner Schulzeit nicht mehr viel mit Computern.

Erst am College wurde das anders. In Mannes gab es ein Arrangement, dass Studierende Kurse am Marymount Manhattan College belegen konnten. Ich erfuhr, dass es dort ein Computerlabor gab – mit Apple-II-Geräten. Dort verbrachte ich viel Zeit. Meine Mutter arbeitete in einer Werbeagentur, deren wichtigster Kunde Digital war. Sie erwähnte einem der Vice Presidents gegenüber, dass ich mich für Computer interessierte. Da sagte dieser: »Ich habe einen übrig, den schicke ich Ihrem Sohn.« Als der Rechner in meiner New Yorker Wohnung ankam, wusste ich, dass ich Programmierer werden wollte – nicht Musiker.

Was fingen Sie nach Ihrem Abschluss an?

Ich ging zurück nach Boston. Ich hatte keine Ahnung, was ich machen sollte. Am Ende bekam ich einen Job in einem Computer-Software-Laden. Das war Anfang der 1980er-Jahre, und der PC steckte noch in den Kinderschuhen.

Hatten Sie denn überhaupt keine Vorstellung davon, was Sie mit Ihrem Leben anfangen wollten? Ich nehme doch mal an, Verkäufer in einem Computerladen war es nicht?

Nein, aber damals ließ ich mich treiben. Ich schrieb Programme, das kostete viel Zeit.

Was für Programme?

Ein paar lustige Sachen wie Spiele. Ich schrieb aber auch ein Programm für meine eigene Buchführung – auf einem primitiven Rechner mit einer Speicherkapazität von 64K. Ich weiß noch, dass ich 1000 Dollar für eine 10-MB-Festplatte ausgab.

Wie lange arbeiteten Sie in dem Computerladen?
Nur ein paar Monate. Ganz zufällig lernte ich auf einer Party den Chef einer kleinen Software-Schmiede namens Cortex kennen. Sie hatte etwa 20 Mitarbeiter, und er bot an, mir einen Vorstellungstermin bei ihren Tech-Leuten zu besorgen.

Hatten Sie denn versucht, Arbeit als Programmierer zu finden, nachdem Sie Ihren College-Abschluss in der Tasche hatten – bevor Sie in dem Computerladen anfingen?
Nein. Ich hatte angenommen, dass das aussichtlos war, denn ich war ja nur ein Amateur.

Wie lief das Vorstellungsgespräch?
Ich nahm ein paar der Programme mit, die ich für mich geschrieben hatte. Sie sahen sich den Code an und meinten: »Oh, Sie haben Talent. Wir würden es gern mit Ihnen probieren.« Ich bekam nur wenig Gehalt, fast wie ein Praktikant. Doch im ersten Jahr erhöhten Sie meine Bezüge zweimal – auf ein Niveau, das mich bei der Stange halten sollte. Ich blieb fünf Jahre.

Warum nicht länger?
Cortex entwickelte Software für Minicomputer von DEC VAX, und ich wollte lieber mit PCs arbeiten. Deshalb nahm ich eine Stelle bei Softbridge an, einem Unternehmen mit 100 Mitarbeitern, das mehr auf PCs fokussiert war. Dort blieb ich drei Jahre – bis 1991. Als wir erfuhren, dass unsere gesamte Gruppe entlassen werden sollte, setzte sich unser Abteilungsleiter mit einem kleine Start-up namens Segue Software in Verbindung, das einen Vertrag mit Lotus hatte, um deren Tabellenkalkulationssoftware nach Unix zu portieren. Zu viert bildeten wir eine Gruppe namens Software Quality Management. Wir traten als Subunternehmer von Segue an, die Auftragnehmer von Lotus waren. Sie beauftragten uns als Qualitätssicherungsgruppe für das Projekt.

Damals wurde Software überwiegend manuell getestet – ein ausgesprochen zeitraubender und fehleranfälliger Prozess. Wir entwickelten Software, um die Tests zu automatisieren. Dabei setzten wir eine Methode ein, die wir zum Patent anmelden konnten. Am Ende erklärte sich Segue bereit, unsere Technologie im Austausch gegen Aktien zu kaufen, und unsere Gruppe fusionierte mit Segue. Ein pikantes Detail: Jim Simons von Renaissance war Hauptinvestor von Segue und nahm an den Fusionsverhandlungen teil, die darauf hinausliefen, dass wir für unsere Technologie Segue-Aktien erhielten.

Wussten Sie damals, wer Simons war?

Irgendjemand hatte mir erzählt, er sei ein reicher Typ, der mit Rohstoffen spekulierte. Ich wusste damals nicht einmal, was ein Commodity Trader war. Ich weiß noch, dass bei uns ein striktes Rauchverbot galt. Nur für Simons wurde eine Ausnahme gemacht.

Wie sind Sie dann vom Programmieren zum Spekulieren gekommen?

1995 verfügten wir kurze Zeit über die führende Qualitätssicherungssoftware – genau in der Phase, als praktisch jedes Technologieunternehmen an die Börse gehen konnte. Segue tat das 1996 (Tickersymbol: SEGU). Die Aktie eröffnete bei 23 Dollar und stieg in etwas mehr als einem Monat auf ein Hoch von mehr als 40 Dollar. Auf dem Hoch war mein Anteil an Segue etwa 6 Millionen US-Dollar wert. Ich konnte aber keine Aktien verkaufen, weil die sechsmonatige Sperrfrist noch lief, in der Beschäftigte ihre Anteile nicht verkaufen durften. Kurz darauf verzeichneten NASDAQ-Werte eine Korrektur, und weil ein paar Großkunden ihre Auftragsvergabe hinauszögerten, mussten wir eine Gewinnwarnung herausgeben. Innerhalb von zwei Monaten purzelte die Segue-Aktie vom Hoch bei knapp über 40 Dollar auf 10 Dollar. Ich stieß meine Aktien schließlich im Verlauf von 1997 und 1998 zu einem durchschnittlichen Kurs von rund 13 Dollar ab. Ende 1997 verließ ich Segue, um mich dem Trading zuzuwenden.

Sie stiegen aus, um ins Börsengeschäft einzusteigen. Was hatte Ihr Interesse am Markt geweckt?

Mein Interesse erwachte, nachdem meine Firma an die Börse gegangen war. Mir gehörten rund 150 000 Aktien – Grund genug, täglich auf den Kurs zu schauen.

Verständlich, dass Sie sich für den Kurs der Erstemission interessierten, in der praktisch Ihr gesamtes Vermögen steckte. Doch was hat Sie auf den Gedanken gebracht, vom Trading zu leben?

Das kam nicht von jetzt auf gleich. Ein Mitglied des Vorstands meines örtlichen Orchesters war Wirtschaftsprüfer. Als ich ihn eingangs um Rat bat, verwies er mich an einen Finanzplaner, der mir den üblichen Sermon vom Aktienmarkt hielt, der jedes Jahr um 11 Prozent steigt – und das für immer. Er erklärte mir, ich könne ihm 2 Prozent pro Jahr zahlen, damit er mein Geld in Investmentfonds steckte, die mir weitere 2 Prozent im Jahr berechnen würden. Kein guter Plan, wie ich fand. Da ging ich in den Buchladen, sah mich in der Investmentabteilung um und kaufte mir ein paar Bücher über das Börsengeschäft. Eines der ersten war *Trading for a Living* von Alexander Elder. Ich las den Titel und dachte: »Aha, es gibt also Leute, die von Börsengeschäften leben. Das klingt interessant!«

Hatten Sie denn schon irgendeine Vorstellung davon, wie Sie vorgehen wollten, als Sie Ihre Stelle aufgaben?

Absolut nicht. Ich hatte keinen Plan – nur diese vage Intuition, dass ich das Trading-Geschäft erlernen könnte, weil ich mich dafür interessierte. Ich dachte, das könnte mir Spaß machen. Außerdem gefiel mir die Vorstellung, dass ich mehr Zeit mit meiner Familie verbringen und Geige üben könnte. Es war bloß ein Experiment. Ich ging davon aus, dass ich jederzeit wieder einen Job finden würde.

Außerdem begann ich eine Korrespondenz mit Gary B. Smith, der für TheStreet.com eine Kolumne namens *Technician's Take* schrieb. Seine Methode war eine Abwandlung von William O'Neils CANSLIM-Methode, bloß ohne die ganzen fundamentalen Parameter und mit viel enger gesteckten Gewinnzielen.* Gary beschrieb diese Strategie in mehreren seiner Artikel. Ich war zum ersten Mal auf eine ausführliche Beschreibung eines systematischen Trading-Ansatzes gestoßen, und das sprach mich an. Also schickte ich ihm eine E-Mail und wurde bald sein Trading-Partner.

Im Februar 1998 beschloss ich, mit seiner Methode ins Trading einzusteigen. Diese war zum Teil diskretionär, zum Teil mechanisch. Die Ausstiegspunkte waren festgelegt. Hatte man eine Position eingenommen, platzierte man eine Ausstiegsorder mit einem Ziel, das 5 Prozent über dem Einstiegskurs lag, und einem Stop, der 7 Prozent darunter eingezogen wurde (bei einer Long-Position). Die Strategie ließ Long- und Short-Engagement zu. Hauptkriterium war ungewöhnliches Handelsvolumen. Wir hatten beide *Investor's Business Daily* abonniert, und dort wurde eine Tabelle mit Aktien veröffentlicht, die am Vortag ungewöhnlich hohe Umsätze verzeichnet hatten – im Grunde Aktien mit einem hohen Verhältnis des Vortagsvolumens zum durchschnittlichen Tagesvolumen der zurückliegenden 20 Tage.

* Eine Beschreibung von O'Neil's CANSLIM-Methode finden Sie in William J. O'Neil, *Wie man mit Aktien Geld verdient: Mit diesem erprobten System kann jeder an der Börse gewinnen* (Kulmbach, Börsenbuchverlag, 2012). O'Neil gehörte auch zu meinen Interviewpartnern für *Magier der Märkte* (ebenda, S. 259–276), und er erläuterte die CANSLIM-Methode in seinem Interview.

Was hätte als hohes Verhältnis gegolten?

Ein Wert, der um das Zweifache oder mehr über dem zuletzt verzeichneten Durchschnitt lag. Wir schauten uns die Aktien aus dieser Tabelle an und suchten diejenigen heraus, deren relative Stärke unter 80 lag [Aktien, die in den vergangenen 52 Wochen nicht besser abgeschnitten hatten als mindestens 80 Prozent der übrigen Aktien]. Im Grunde suchten wir nach ertragsstarken Titeln, die am Vortag ungewöhnlich hohe Umsätze verzeichnet hatten. Diese beiden Bedingungen engten die Liste der Aktien, die für Transaktionen infrage kamen, auf rund 20 bis 30 ein. An dieser Stelle kam dann das diskretionäre Element ins Spiel. Wir prüften die Charts dieser Aktien und pickten uns diejenigen heraus, die kurz zuvor aus vorausgegangenen Konsolidierungsphasen ausgebrochen waren und neue Höchststände erreicht hatten.

Sie engagierten sich long und short, wie Sie sagen. Bestanden die Verkaufssignale dabei schlicht in der Umkehrung der Kaufsignale?

Nein. Es galten dieselben Vorbedingungen wie für Long-Positionen – wir interessierten uns nach wie vor nur für ertragsstarke Titel mit abnormen Umsätzen. Der Unterschied bestand darin, dass wir nach Aktien Ausschau hielten, die nicht von neuen Tiefs aus nach oben ausgebrochen, sondern von jüngsten Höchstständen aus abrupt abgestürzt waren.

Ich gehe davon aus, dass Sie damit gerade Gary Smiths Methode beschrieben haben. Was trugen Sie denn bei?

Anfangs nicht viel. Meistens vollzog ich seine Transaktionen nach. Doch als wir ein oder zwei Monate zusammen Geschäfte gemacht hatten, sagte ich: »Warum stellen wir diese Methode nicht mal auf den Prüfstand?« und brachte Rückvergleiche ins Spiel: Backtesting. Mir erschien es zunehmend willkürlich, wie wir Charts betrachteten und entschieden, welche Positionen wir eingingen. Ich wollte ein erprobtes Verfahren. Ich fühlte mich nicht wohl dabei, einfach anzunehmen, dass eine Formation funktionierte, nur weil das jemand gesagt hatte. Ich wollte das quantifizieren können.

Wie reagierte Gary, als Sie vorschlugen, die Methode zu testen?

Positiv. Vermutlich kam ich in einer Verlustphase auf diesen Gedanken. Das motiviert Menschen immer, die Dinge auf den Prüfstand zu stellen [er lacht]. Als Erstes testete ich verschiedene Ausstiegsziele und Stop-Niveaus. Diese Tests mit dem Computer waren mein erster Schritt hin zur Entwicklung unbedarfter überoptimierter Systeme. Es war sehr spannend, durch Rückvergleiche herauszufinden, was am besten funktioniert hätte. Damals hatte ich keine Vorstellung von den Gefahren der Kurvenanpassung und des Data Mining. Ich ging naiv davon aus, dass das, was in der Vergangenheit am besten funktioniert hatte, auch künftig am besten funktionieren würde.

Kam bei diesen ersten Tests etwas Brauchbares heraus?
Ich stellte fest, dass es dem System schadete, Stops zu setzen.

Wie kamen Sie dann aus Ihren Positionen heraus, wenn Ihr Gewinnziel nicht erreicht wurde?
Ich setzte schon einen Stop, der aber erst bei Börsenschluss aktiviert wurde.

Sie verzichteten also nicht ganz auf Stops, sondern nur innertägig?
Richtig. Ich merkte nämlich, dass ich oft durch bedeutungslose Intraday-Volatilität ausgestoppt wurde, wenn ich innertägige Stops platzierte.

Ergaben sich noch weitere wesentliche Veränderungen aus Ihren frühen Backtesting-Aktivitäten?
Der bedeutendste Effekt war, dass es mir zur Obsession wurde, nachdem ich das erste Mal eine Backtesting-Software entwickelt hatte. Im Herzen bin ich doch mehr Softwareentwickler als Trader. Mitte 1999 war ich skeptisch geworden, ob es wirklich einen Zusammenhang gab zwischen dem ansprechenden Aussehen einer Chartformation und der Erfolgswahrscheinlichkeit einer Transaktion. Ich wollte die Auswertung der Charts gern meiner Software überlassen. Garys Identität als Trader machte aber aus, wie gut er Charts beurteilen konnte. Damals hatte er bereits einen Abodienst namens *Chartman* eingerichtet und gab täglich Handelsempfehlungen. Wir blieben zwar in Kontakt, gingen jedoch eigene Wege.

Hatten Sie damals schon ein konkretes System entwickelt, nach dem Sie sich richteten?
Ich stellte mich nicht abrupt und komplett auf mechanisches, also systematisiertes Trading um. 1999 arbeitete ich die meiste Zeit über an der Entwicklung der Software und änderte meine Trading-Regeln immer wieder geringfügig ab. Ich ließ mir dabei aber noch einen gewissen Ermessensspielraum. Ende November hatte ich für das laufende Jahr 20 Prozent Gewinn erzielt, und zwar ausschließlich mit Short-Positionen. Da wurde ich übermütig und erhöhte sowohl Größe

als auch Frequenz meiner Short-Positionen im Dezember – genau zu dem Zeitpunkt, als ein sprunghafter Aufwärtstrend einsetzte. Im letzten Monat des Jahres gab ich fast meinen gesamten Jahresgewinn wieder ab. Meine Long-Positionen hatten mir 1999 währenddessen tatsächlich Verluste gebracht – und das kam selten vor. Diese Erfahrung verdarb mir ein für alle Mal die Freude am halb diskretionären Trading. Ich beschloss, von nun an zu 100 Prozent mechanisch vorzugehen.

Stützte sich das System noch immer auf den Trading-Ansatz, den Ihnen Gary vermittelt hatte?
Mehr oder minder. Meine erste unabhängige Backtesting-Entdeckung, die ich gewinnbringend nutzte, war folgende: Je stärker eine Aktie am ersten Tag nachgab, desto größer die Wahrscheinlichkeit, dass sie noch weiter abrutschte. Eigentlich wollte ich das nicht glauben, denn instinktiv hätte ich gedacht, je kräftiger der erste Kursrutsch, desto überverkaufter die Aktie. Anfangs prüfte ich gar nicht auf ungewöhnlich starke Kursverluste am ersten Tag des Einbruchs. Ich hatte meine Tests auf eine Bandbreite von 2 bis 6 Prozent Verlust beschränkt. Dann dachte ich: »Warum nicht aufs Ganze gehen?« Und ich stellte fest: Fiel der Kurs am ersten Tag um 20 Prozent, war die Wahrscheinlichkeit hoch, dass sich die Verluste fortschrieben.

Ich bin neugierig: Ist das auch heute noch ein typisches Marktmerkmal?
Nein, aber anfangs erwies sich dieses Muster als sehr verlässlich. Von 2000 bis 2012 erzielte ich über die Hälfte meines Gewinns auf Shortseite mit dieser Strategie. 2013 versagte sie dann.

Dazu kommen wir gleich. Waren Long- und Short-Positionen in Ihrem ersten System gleich stark vertreten?
Nein. Weil das System für Short-Positionen einen deutlich stärkeren Ausbruch nach unten verlangte als für Long-Positionen in Aufwärtsrichtung, gab es nur etwa halb so viele Short-Engagements.

Meine Methode, wie sie sich damals entwickelte – und inzwischen weiß ich, dass das nicht ganz richtig war –, bestand darin, ein System so lange laufen zu lassen, bis eine Verlustphase einsetzte, dann Rückvergleiche anzustellen und andere Parameter zu ermitteln, mit denen die Verluste nicht aufgetreten wären. Auf diese Parameter stellte ich das System anschließend um. [Unter einem *Parameter* ist ein Wert zu verstehen, der in einem Handelssystem frei zugeordnet werden kann, um die zeitliche Gestaltung der Signale zu variieren. Setzte ein System beispielsweise einen Kursrückgang um einen bestimmten Prozentsatz an einem bestimmten Tag voraus, um ein Verkaufssignal zu generieren, wäre dieser Prozentsatz ein Parameterwert. Änderte man die Parameterwerte, würde das System andere Signale liefern.]

Sie richteten sich also bei Ihren Börsengeschäften nach einem festgelegten Satz von Parametern, bis eine deutliche Verlustphase einsetzte. Wie sah das konkrete System aus, mit dem Sie 2000 arbeiteten, als Sie erstmals einen vollständig systematischen Ansatz verfolgten?
Ich habe jedes System gespeichert, nach dem ich je gehandelt habe. [Parker sucht in seinem Rechner nach genau dem System, das er im Jahr 2000 einsetzte.] 2000 stammte der gesamte Systemgewinn aus Short-Positionen. Hier die vollständigen Regeln für die Short-Signale des Systems, mit dem ich das Jahr 2000 hindurch arbeitete:

- Der durchschnittliche Tagesumsatz musste mindestens 250 000 Aktien betragen.
- Der Kurs je Aktie musste zwischen mindestens 10 und höchstens 150 Dollar liegen.
- Am Tag des Einbruchs musste der Tagesumsatz mindestens 15 Prozent über dem Höchstvolumen der vorausgegangenen 20 Tage liegen.
- Der Kurs musste um mindestens 5 Prozent eingebrochen sein, wenn er sich zuvor um plus/minus 5 Prozent von einem 20-Tages-Hoch entfernt hatte, beziehungsweise um 10 Prozent, wenn der Abstand zum 20-Tages-Hoch maximal 10 Prozent betrug.
- Der Kurs musste um mindestens 1,50 Dollar pro Aktie eingebrochen sein.
- Mein Ausstiegspunkt war entweder ein Gewinnziel von 12 Prozent oder ein Stop bei 3 Dollar – sehr willkürlich gewählt [das sagt er in einem überraschten, amüsierten Ton, da er diese Regel seit vielen Jahren zum ersten Mal wieder vor Augen hat]. Es gab noch eine zusätzliche Ausstiegsregel, die besagte, dass die Position an einem Tag mit höherem Volumen als am Vortag aufzulösen war.

Wie lange setzten Sie dieses System ein, bevor Sie es maßgeblich veränderten?
Nur rund ein Jahr. Obwohl das System 2000 sehr gut funktionierte – das war sogar mein bestes Kalenderjahr aller Zeiten –, verbuchte es Anfang 2001 einen

Verlust von rund 20 Prozent. Da dachte ich: »Das war's dann wohl. Ich nehme an, ich sollte mich davon verabschieden.« Offenbar legte ich damals eine Pause von über einem Monat ein. [Er zeigt auf den Aktienkurvenchart auf seinem Bildschirm, der im März 2001 eine gerade Linie zeigt.] Ich hatte meine Trades bei Eröffnung am Folgetag platziert. Die deutlichste Veränderung, die ich an dem System vornahm, war, dass ich es rund 20 Minuten vor Börsenschluss einsetzte, damit ich meine Orders zu Börsenschluss am selben Tag platzieren konnte, an dem ich das Signal erhielt. Ich hatte den Eindruck gewonnen, dass die Märkte das Tempo erhöhten.

Von März 2001 bis einschließlich 2004 verwendete ich im Grunde dasselbe System, mit Ausführung bei Börsenschluss. Anfang 2005 setzte dann eine weitere Verlustphase ein, und ich konnte keine Parameter ermitteln, die meinem System diese Verluste erspart hätten. Ich merkte: Auch der Einstieg kurz vor Börsenschluss war noch zu langsam. Ich musste die Signale früher am Tag erkennen. Meine innovative Eingebung war, den Umsatz einer Aktie über den Tag minutengenau zu ermitteln, um das Tagesvolumen hochzurechnen. Für Aktien, deren Projektionen auf einen abnorm hohen Tagesumsatz hindeuteten, würde ich dann dieselbe Formel anwenden, die ich bisher benutzt hatte, um Handelssignale zu generieren. Wenn also eine beliebige Aktie ab 9.35 Uhr und in jeder Minute danach auf der Basis ihres prognostizierten Tagesumsatzes die Voraussetzung für ein Engagement erfüllte, kaufte ich diese oder begründete eine Short-Position.

Und hatte diese Veränderung die gewünschte Wirkung?

Ich nahm die Veränderung im Mai 2005 vor. Das revidierte System arbeitete nicht nur auf Anhieb gewinnbringend, sondern der 24-Monate-Zeitraum zwischen Oktober 2005 und Oktober 2007 war die rentabelste Periode meiner gesamten Börsenlaufbahn.

Und was wurde aus der Version des Systems mit Ausführung zum Börsenschluss?

Sie kam nie wieder auf die Füße. 2014 erstellte ich für eine Präsentation, die ich halten sollte, einen Aktienchart für das ursprüngliche System mit Ausführung zum Börsenschluss für den Zeitraum von etwa 1995 bis zum aktuellen Jahr. Wie es aussah, lief die Ausführung bei Börsenschluss Anfang 2005 vor die Wand. In den zehn Jahren zuvor hatte sie stetige Gewinne abgeworfen. Ab Anfang 2005 verbuchte sie nur noch Verluste. In der ganzen Zeit, in der ich Trading-Systeme teste, habe ich noch nie einen solch scharfen Wendepunkt erlebt. Es ging nicht darum, dass die Parameter nicht stimmten. Das ganze System mit Ausführung zum Börsenschluss funktionierte einfach nicht mehr.

Wollen Sie damit sagen, dass Ihnen genau in der Phase, in der Sie die höchste Performance Ihrer Traderkarriere verbuchten, dasselbe System, ausgeführt zum Börsenschluss statt innertägig, Verluste beschert hätte? Dass es einen so großen Unterschied machte, die Transaktionen über Tag auszuführen?
Genau. In aller Regel führte ich über Tausend Trades im Jahr aus. Der voraussichtliche Gewinn je Transaktion war entsprechend niedrig. Kleine Dinge konnten da große Wirkung haben.

Die Rentabilität des Systems stand und fiel also mit der innertägigen Ausführung, ohne den Börsenschluss abzuwarten. Brachte es Sie nicht ins Grübeln, dass das System eine verlustbringende Strategie gewesen wäre, wenn Sie Ihre Transaktionen ein paar Stunden später ausgeführt hätten? Das war doch nicht gerade vertrauenerweckend?
Darüber machte ich mir keine Gedanken, denn ich überlege mir nie, warum ein System funktioniert und wo sein Vorteil liegt. Ich hatte beobachtet, dass sich das Geschäft beschleunigte. Der Hochfrequenzhandel erschien auf der Bildfläche. Investmentfonds hatten sich überwiegend von menschlicher Ausführung auf algorithmische umgestellt, die im Tagesverlauf erfolgte. Es war daher plausibel, dass eine schnellere Ausführung einen großen Unterschied machen konnte. Damals pflegte ich zu sagen: »Der einzige Vorteil ist, früh dran zu sein.«

Und wie lange funktionierte dieses Ausgangssystem mit innertägiger Ausführung noch?
Im August 2011 brach der Aktienmarkt gewaltig ein. Meine Long-Positionen verbuchten zwar erhebliche Verluste, doch die wurden durch den Gewinn auf Short-Seite ausgeglichen. So sollte die Strategie funktionieren – wenn sich der Markt stark bewegte, sollte die eine Seite die andere kompensieren. 2012 stellte ich jedoch fest, dass die Short-Seite ihre Aufgabe nicht mehr erfüllte. Es gab zwar keine größeren Verluste, doch sie bot nicht den vorgesehenen Schutz gegen Einbußen auf Long-Seite. Ende 2012 begann eine längere Verluststrähne meiner Short-Strategie. Im Grunde hörte sie damals auf zu funktionieren.

Im Nachhinein ist man eben immer klüger. Wann gelangten Sie letztlich zu dem Schluss, dass das System nicht mehr taugte, und was unternahmen Sie?
Es fällt mir immer wieder schwer zu unterscheiden, ob eine turnusmäßige Verlustphase vorliegt oder ein System versagt. Das System hatte mir viele Jahre

gute Dienste geleistet, deshalb zögerte ich, es gleich komplett abzuschreiben, nur weil ich den Eindruck hatte, dass da etwas nicht stimmte. 2013 war ein Jahr, in dem eigentlich jeder auf Long-Seite hätte Gewinne machen sollen. Die Aktienindizes tendierten kontinuierlich aufwärts, praktisch ohne größere Verlustphasen. Meine Long-Positionen schnitten schlechter ab als der Index, und meine Short-Positionen wurden vernichtet. Es war mein erstes Verlustjahr.

Aber wenn der Aktienindex in einer Tour stieg, dann waren die stetigen Verluste Ihrer Short-Positionen doch erklärlich.
Schon, bloß wenn in anderen Jahren der Index gestiegen war, lagen meine Short-Positionen näher an der Gewinnschwelle. Ein Rückvergleich von Long-Strategien, die auf der Rückkehr zum Mittelwert fußten, weist für 2013 sehr gute Ergebnisse aus. [Sogenannte Mean-Reversion-Systeme verkaufen in Stärke und kaufen in Schwäche hinein, basierend auf der Annahme, dass sich die Kurse wieder auf einen Mittelwert des Zeitraums zurückziehen.] Damals kam unter Börsianern das Kürzel BTFD auf (für »Buy the fucking dip«). Im Grunde wurden dieselben Signale, die meine Short-Trades heranzogen, populäre Kaufsignale.

Die Antwort auf die Frage, ob sich ein System in einer vorübergehenden Verlustphase befindet oder gar nicht mehr funktioniert, ist das große Dilemma jedes System-Traders. Wie gehen Sie damit um? Als Sie diese strukturellen Veränderungen an Ihrem System vornahmen – die Umstellung bei der Eingabe von Trades vom Börsenschluss auf minütliche innertägige Ausführung auf der Grundlage von Umsatzprojektionen –, was veranlasste Sie zu dieser Entscheidung?
Manchmal war das nur so ein Gedanke. Mir kam eine Idee, ich testete sie und fand: »Mann, so geht es doch viel besser.« Dann änderte ich mein System entsprechend. Generell gilt aber, dass ich in einer Verlustphase weitaus motivierter bin für Brainstorming und zum Austesten neuer Ideen.

Hat auch die fortgesetzte Verlustphase 2013 eine solche Suche nach neuen Ideen ausgelöst?
Hat sie. Ich beschloss, mich im Internet nach neuen Anregungen umzusehen. Dabei stieß ich auf die Trading-Website Stockbee. Dort fand ich ein Forum, in dem ich über meine Trading-Geschichte sprechen konnte, und dort erzählte ich auch von meinen jüngsten Problemen. Da schlug mir jemand vor, mich mit Mean Reversion zu befassen.

Die Rückkehr zum Mittelwert war Ihrer Vorgehensweise aber natürlich diametral entgegengesetzt.

So ungefähr. Ich hatte immer angenommen, Mean Reversion entspräche dem Griff ins fallende Messer und würde nicht funktionieren. Getestet hatte ich den Ansatz nie. Als ich tiefer grub, stieß ich auf Bücher von Keith Fitschen, Larry Connors und Howard Bandy, in denen es um Mean-Reversion-Strategien ging. Ich testete ein paar dieser Strategien und stellte fest: Sie brachten hervorragende Ergebnisse.

Welches Konzept lag dem Mean-Reversion-System zugrunde, das Sie letztlich einsetzten?

Auf Long-Seite war die grundlegende Voraussetzung für das Mean-Reversion-System, dass die Aktie im Aufwärtstrend sein musste, denn eine Aktie, die immer weiter fällt, will man nicht kaufen. Die nächste Bedingung war, dass die Aktie innerhalb eines bestimmten Zeitraums von ihrem letzten Hoch um einen bestimmten Prozentsatz zurückgefallen sein musste. Dann gab ich eine Kauforder ein, die um einen bestimmten Betrag darunter lag. Dieser beruhte auf der durchschnittlichen täglichen Volatilität der Aktie.

War der Erfolg eines solchen Systems nicht stark von den richtigen Parameterwerten abhängig?

Nein. Tatsächlich arbeitet das System für eine große Bandbreite von Parametern gewinnbringend. Je extremer die gewählten Einstiegsparameter, desto geringer die Anzahl von Transaktionen, doch desto höher der voraussichtliche Gewinn je Trade. Verwenden Sie dagegen weniger extreme Einstiegsparameter, gibt es viel mehr Transaktionen, deren zu erwartender Gewinn aber nur marginal ist. Man versucht daher, Parameterwerte auszuwählen, die irgendwo zwischen diesen Extremen liegen.

Und wie steigen Sie aus Ihren Mean-Reversion-Positionen aus?

Bei einer Mean-Reversion-Long-Position steigen Sie mit einer Limit-Order ein, wenn der Markt nachgibt, und warten dann einen Tag mit einem höheren Schlusskurs ab, um auszusteigen. Das große Geheimnis von Mean-Reversion-Systemen ist, dass die Positionen gewöhnlich zunächst bei Börsenschluss offene Verluste ausweisen und über Nacht gehalten werden müssen, um Gewinn zu bringen. Man wartetet dabei aber nicht auf die große Erholung, sondern versucht lediglich, viele kleine Gewinne mitzunehmen.

Was, wenn sich die Position nicht wunschgemäß entwickelt? Setzen Sie Stops?
Stop gibt es keinen. Setzt man einen Stop – selbst einen ziemlich weiten, etwa bei 20 Prozent –, leidet das Ergebnis.

Das ist das Urproblem bei Mean-Reversion-Geschäften. Eine Long-Position impliziert, dass man sich engagiert, weil der Markt zu schnell zu stark nachgegeben hat. Setzt man dann aber eine Stop Loss Order ein und diese wird ausgelöst, steigt man naturgemäß an einem noch extremeren Punkt aus, sodass die Regeln einander irgendwie widersprechen.
Genau. Je stärker sich das Gummiband dehnt, desto größer die Erfolgswahrscheinlichkeit. Aus diesem Grund kann man nicht mit Stops arbeiten.

Aber wie begrenzen Sie dann Ihr Risiko? Was, wenn der Markt Tag um Tag immer weiter fällt, ohne dass es zwischendurch einen Aufwärtstag gibt?
Ich setzte nach fünf Tagen einen zeitlichen Stop. Kommt es innerhalb von fünf Tagen nicht zu einem höheren Schlusskurs, löse ich die Position auf. Inzwischen dimensioniere ich die einzelnen Positionen auch so, dass selbst ein Totalverlust mein Depot nicht um mehr als 10 Prozent verringern würde. Am Anfang war das aber nicht der Fall.

Aha – das ist der Aspekt, den ich vermisst habe. Ich wusste doch, dass es noch eine Regel geben musste, um einen kompletten, bodenlosen Verlust zu vermeiden. Entweder kommt Ihr Aufwärtstag, oder Sie stellen Ihre Position nach fünf Tagen glatt.
Genau. Außerdem klammere ich Biotech-Aktien aus dem Universum für potenzielle Short-Positionen aus, da sich deren Kurse auf die Ergebnisse von Medikamentenstudien oder FDA-Entscheidungen hin vervielfachen können.

Und Mean-Reversion-Transaktionen auf Short-Seite sind das Spiegelbild der Long-Seite?
Keinesfalls.

Wodurch unterscheiden sich Long- und Short-Mean-Reversion-Positionen in erster Linie, und warum machen Sie diesen Unterschied?
Ich kenne viele, die sagen: »Ich finde einfach kein gutes Mean-Reversion-System für Short-Positionen.« Der Fehler ist: Sie versuchen, das System spiegelbildlich zu ihrem Mean-Reversion-System für Long-Engagements aufzubauen. Anders gesagt, sie versuchen, ein System zu konzipieren, das eine Aktie leerverkauft, wenn es im Abwärtstrend zu einer Erholung kommt. Und das kann nicht gut-

gehen. Mein Short-System ist ganz darauf ausgerichtet, Aktien zu verkaufen, die sich in einem Aufwärtstrend befinden.

Also fokussieren sich Ihre Mean-Reversion-Transaktionen auf Long- und Short-Seite ganz auf Aktien, die sich in einem langfristigen Aufwärtstrend befinden. Doch wenn der Markt bereits aufwärts tendiert, wie definieren Sie dann eine Mean-Reversion-Short-Position?
Solche Signale erfolgen in aller Regel im Rahmen eines Blow-off-Top in einem groß angelegten Aufwärtstrend ohne Zwischenkorrektur. Ich suche nach einer besonders ausgeprägten kurzfristigen Aufwärtsbewegung – nämlich einem kräftigen prozentualen Anstieg in kurzer Zeit.

Wann sind Sie von den Momentum-Systemen, die Sie zuvor einsetzten, auf Mean-Reversion-Systeme umgestiegen?
Im Test wirkten die Mean-Reversion-Strategien zwar überzeugend, doch ich zögerte noch, mich komplett umzustellen. Stattdessen entschloss ich mich Ende 2013 dazu, mit der Hälfte meines Depots weiterhin meine klassischen Momentum-Strategien zu verfolgen, obwohl diese Anzeichen für ein Versagen zeigten, und mit der anderen Hälfte die neuen Long- und Short-Mean-Reversion-Strategien, die ich gerade entwickelt hatte. 2014 schnitt ich mit meinen ursprünglichen Systemen mehr oder minder neutral ab, während die neuen Mean-Reversion-Systeme ein Plus von 40 Prozent erzielten. Insgesamt verbuchte ich aber nur 20 Prozent Gewinn, weil ich nur die Hälfte meines Depots in die neuen Systeme steckte. Es wurmte mich, dass ich Geld auf dem Tisch gelassen hatte, weil ich bei der Einführung der neuen Systeme so vorsichtig vorgegangen war.

Ende 2014 beschloss ich, dass meine klassischen Systeme ihren Biss verloren hatten und dass ich künftig für 2015 nur noch die neuen Mean-Reversion-Systeme einsetzen würde. Und weil ich diesmal nichts verpassen wollte, war ich so dumm, ihnen gleich 120 Prozent meines Kapitals zuzuweisen. In den ersten vier Monaten des Jahres liefen die neuen Systeme richtig gut und gewannen über 25 Prozent. Mein kumulierter Gewinn erreichte im Mai 2015 sogar einen neuen Höchststand. Der Rest des Jahres war aber ein Desaster. Damals musste ich feststellen, dass der Rückkehr zum Mittelwert ein Risiko extremer Verluste innewohnte. Erst erwischte es mich auf Short-Seite – mit chinesischen ADRs, die einfach immer weiter stiegen. Dann kam der nächste Schlag ins Kontor: Hillary Clinton hatte in einer Twitternachricht über die Regulierung von Medikamentenpreisen gesprochen, und daraufhin brach der Biotech-Sektor ein. Mein Mean-Reversion-System kaufte weiter diese Aktien, und sie fielen und fielen. Ich musste nicht nur den gesamten in den Vormonaten erwirtschafteten Gewinn wieder abgeben, sondern schloss das Jahr 2015 mit einem Nettoverlust von rund 10 Prozent. Das war die schlimmste Verlustphase in meiner gesamten Börsenkarriere.

Mir war nicht klar gewesen, wie stark sich Verlustpositionen mit der Zeit bündeln können. Es war das Phänomen, dass einer »frisst wie ein Vögelchen und kackt wie ein Elefant«. Ich wusste, dass das möglich war, und hatte die Modelle für meine Systeme darauf eingestellt. Ich hatte sehr genau analysiert, wie sich meine Systeme in jeder vorausgegangenen Marktkorrektur seit den 1980er-Jahren verhalten hätten. Doch 2015 kam es zu plötzlichen, starken Preisausschlägen in bestimmten Marktsegmenten (erst China, dann Biotech), wie es sie in früheren Daten noch nie gegeben hatte. Und diese hielten im Anschluss auch noch länger an, als ich es je erlebt hatte.

Dass ich während der gesamten Verlustphase meine gewöhnliche Neuberechnung der Positionsgrößen auf der Grundlage des täglichen Depotwerts ausgeschaltet hatte und stattdessen den Höchstwert ansetzte, machte die Sache nicht besser. Ich hatte beobachtet, dass sich Mean-Reversion-Systeme von Verlusten häufig schnell erholten, und dachte mir, mit größeren Positionen ginge das noch schneller.

Was mir bisher entgangen war: Anders als meine klassischen Long- und Short-Momentum-Strategien sichern sich Long- und Short-Mean-Reversion-Systeme nicht von Natur aus gegenseitig ab. Bei Mean-Reversion-Systemen kommen keine Verkaufssignale, wenn der Markt auf Tauchstation geht. Deshalb muss man ein Long-Mean-Reversion-System durch ein Short-Momentum-System absichern.

Ende 2015 beschloss ich, meine ursprünglichen klassischen Systeme wieder in mein Repertoire aufzunehmen. Fast unmittelbar nach dieser Veränderung erlitt ich in den ersten beiden Wochen des Jahres 2016 einen Verlust um 10 Prozent, als beide Long-Strategien auf Talfahrt gingen und keine der Short-Strategien für Ausgleich sorgte. Von meinem Höchstwert hatte ich damals 45 Prozent eingebüßt. Mehr konnte ich nicht verkraften, weshalb ich eine Pause einlegte. Ich hatte kein Vertrauen mehr. Ich dachte nur: »So kann ich nicht weitermachen.«

Und wie gewannen Sie Ihr Vertrauen zurück?

Ich glaube, das war nur eine Frage der Zeit. Nach ein paar Monaten dachte ich: »Ich kann nicht aufgeben. Ich habe so viel in diese Sache investiert. Ich weiß doch, was ich tue.« Und ich entwickelte einen anderen, etwas konservativeren Ansatz, mit dem ich seither ganz gut fahre.

Damals schrieb ich auch meinen ersten Trading-Plan – in erster Linie für meine Frau, um sie davon zu überzeugen, dass es eine gute Idee war, das Börsengeschäft wiederaufzunehmen, statt etwas anderes anzufangen.

Was stand in Ihrem Trading-Plan?
Die wichtigste Regel war die Aufnahme eines System-Stops. Ich würde den Handel aussetzen, sobald ich von meinem Ausgangsniveau aus 10 Prozent oder von einem Kapitalhöchststand nach einem Gewinn von mindestens 5 Prozent 15 Prozent eingebüßt hatte.

Setzten Sie sich zum ersten Mal einen solchen System-Stop?
Nein, ich hatte schon immer einen System-Stop bei 20 Prozent. Diesen erreichte ich 2001 und 2005, und beide Male stellte ich den Handel ein.

Wie lange dauerten diese Unterbrechungen?
So lange, bis ich weitere Rückvergleiche angestellt und bestimmte Änderungen vorgenommen hatte und mich bereit fühlte, wieder ins Geschäft einzusteigen.

Reden wir hier von Tagen, von Wochen oder von Monaten?
2001 waren es ein paar Wochen, 2005 ein oder zwei Monate. Die längere Trading-Pause von 2005 war in erster Linie die Folge meiner Erkenntnis, dass ich mich auf ein System umstellen musste, das in jeder Minute während des Handelstags Signale aufspürt – eine Veränderung, die Zeit zur Entwicklung neuer Software erforderte.

Ein System-Stop war also nichts Neues. Sie verringerten lediglich den Kapitalverlust auf die Hälfte.
Genau.

Als Sie im März 2016 das Trading wiederaufnahmen, setzten Sie da ausschließlich das Mean-Reversion-System auf Long- und Shortseite ein?
Anfangs schon.

Es dauerte also nur ein paar Monate, bis Sie wieder auf Ihr klassisches System zurückgriffen?
Nur ein paar Wochen.

Da Sie nur mit den Mean-Reversion-Systemen agierten – was verhinderte eine ähnliche Verlustphase, wie Sie sie 2015 erlitten hatten, als Sie nur mit diesen Systemen arbeiteten?
Ich nahm verschiedene Veränderungen vor. So schloss ich aus, dass der Wert der Gesamtposition künftig 100 Prozent überstieg – auch kurzfristig innertägig. Bei der Positionsdimensionierung stieg ich von festen Stückzahlen auf einen Prozentsatz des Kapitals um. Und schließlich strich ich Biotech-Aktien komplett auf beiden Seiten, nachdem ich gesehen hatte, wie anfällig diese für extreme Kursbewegungen waren.

Wie sah die nächste maßgebliche Umbildung aus? Und warum kam es dazu?
Von März 2016 bis einschließlich Dezember 2017 arbeitete ich nur mit meinen Mean-Reversion-Systemen. Obwohl Sie mir in diesem Zeitraum gute Dienste leisteten, war ich, seit ich meine klassischen Momentum-Systeme deaktiviert hatte, auf der Suche nach Ersatz. Mir gefällt die Vorstellung von einem Quad-System-Ansatz mit Long- und Short-Versionen von Momentum- *und* Mean-Reversion-Systemen. Tritt man mit mehreren Systemen an, die gut ausdifferenziert sind und einander diversifizieren, können sie in der Kombination dem besten Einzelsystem überlegen sein.

Mir fiel auf, dass sich viele Stockbee-Leute auf Börsengänge fokussierten. Dadurch kam ich auf die Idee, mich beim Backtesting von Momentum-Systemen auf das Universum der letzten Erstemissionen zu beschränken. Ich fand heraus, dass sich Börsengänge durch einzigartige Merkmale auszeichneten. Wie ich feststellte, funktionierte ein ganz einfaches Trendfolgesystem auf der Grundlage von Kaufentscheidungen bei neuen Höchstständen bei aktuellen Erstemissionen sehr gut, obwohl das für das allgemeine Aktienuniversum nicht galt.

Gab es von diesem Momentum-System für Erstemissionen auch eine Short-Version?
Schon, nur dass sie nicht oft zum Zuge kam und sich unter dem Strich kaum auswirkte. In diesem Jahr [2019] fügte ich noch eine Short-Momentum-Strategie hinzu, die mit Einstiegssignalen auf Mean-Reversion-Basis arbeitet.

Also arbeiten Sie derzeit mit fünf Systemen?
Eine Zeit lang war das so. Doch vor ein paar Monaten deaktivierte ich das Long-Mean-Reversion-System aufgrund einer Regel zur Risikosteuerung, die ich nachträglich hinzugefügt hatte. Ich stelle ein System jetzt ein, sobald die Kapitalkurve unter ihren gleitenden 200-Tage-Durchschnitt fällt. Und genau

das passierte bei dem Long-Mean-Reversion-System. Ich setzte das Konzept, die Kapitalkurve eines Systems als Abschaltsignal heranzuziehen, zum ersten Mal ein. Das Long-Mean-Reversion-System verzeichnet derzeit 32 Prozent Verlust, doch ich habe in diesem Jahr nur leichte Verluste verbucht, weil ich es derzeit nicht verwende.

Wann würden Sie es wieder zuschalten?
Unter bestimmten Umständen würde ich ein System vielleicht reaktivieren, wenn die Kapitalkurve wieder über den gleitenden 200-Tage-Durchschnitt steigt. Doch angesichts der Länge und Tiefe der aktuellen Verlustphase ist dieses System überhaupt nicht mehr attraktiv.

Sie setzen diesen Ansatz zur Deaktivierung von Systemen also gesondert für jede Ihrer Short- und Long-Strategien ein und arbeiten mit solchen Systemen, die sich auf der richtigen Seite des gleitenden 200-Tage-Durchschnitts befinden.
Genau.

Heißt das denn nicht, dass Sie plötzlich nur noch Long- oder nur noch Short-Strategien verfolgen könnten?
Da ich die Kapitalkurven meiner Systeme erst seit Kurzem auf Deaktivierungssignale hin prüfe, war das Abrutschen des Long-Mean-Reversion-Systems unter seinen gleitenden 200-Tage-Durchschnitt in diesem Jahr das erste Mal, das etwas Derartiges eintrat. Nachdem ich zu dem Schluss gelangt war, dass dieses System nicht mehr brauchbar war, habe ich mehrere Tage lang Brainstorming betrieben und andere Möglichkeiten ausprobiert, eine Long-Mean-Reversion-Strategie aufzubauen. Und ich habe einen Ersatz gefunden und aktiviert, der meines Erachtens seine Wirkung nicht verfehlen sollte. Offen gestanden neige ich eher dazu, neue Recherchen anzustellen, als ein System zu reaktivieren, dass sich selbst ausgebremst hat.

Wie stehen Sie zur Optimierung? [*Optimierung* bezieht sich auf den Prozess, die Parameter für ein bestimmtes System zu finden, die die beste Performance bringen. Der Optimierung liegt die Prämisse zugrunde, dass Parameter, die in der Vergangenheit am besten funktionierten, mit höherer Wahrscheinlichkeit auch künftig überdurchschnittliche Ergebnisse bringen. Ob das stimmt, darf natürlich infrage gestellt werden.]
Man muss einen Mittelweg finden zwischen der Suche nach einem besseren System und der gleichzeitigen Vermeidung von Überoptimierung. Das wusste

ich anfangs nicht. Ich zog nach Gusto sämtliche Parameter heran und testete sie anhand beliebiger Wertspannen, bis hin zu Dezimalstellen, und wählte dann die Parameterwerte aus, die die beste Performance auswiesen. Mir war klar, dass das womöglich falsch war, doch mir fiel nichts Besseres ein. Schließlich merkte ich, dass häufige Optimierung die Rendite nicht steigert und dass es eine Illusion ist, den besten neuesten Parametern nachzujagen.

Was machen Sie heute anders?

Ich achte beim Aufbau einer Strategie darauf, sie so einfach wie möglich zu gestalten, so wenige Regeln wie möglich einzusetzen und nur ein paar Parameterwerte zu testen, die innerhalb einer vernünftigen Bandbreite zu liegen scheinen. Wäre einer meiner Parameter beispielsweise das Gewinnziel, würde ich vielleicht Werte zwischen 6 und 12 Prozent mit 1-prozentigen Intervallen testen. Mir gefällt es, wenn die Ergebnisse sich trotz unterschiedlicher Parameterwerte nicht sehr unterscheiden, denn das bedeutet, dass das System robust ist. Noch besser finde ich, wenn ich eine Parameterregel komplett aus dem System herausnehmen kann. Wenn ich heute eine neue Strategie entwickle, verzichte ich womöglich sogar auf mein Optimierungsprogramm.

Was von dem, was Sie heute wissen, hätten Sie gerne gewusst, als Sie angefangen haben?

Komisch, ich habe immer noch nicht den Eindruck, als wüsste ich viel. In vielerlei Hinsicht bin ich noch genauso ahnungslos wie eh und je [er lacht]. In einer Hinsicht ist meine Antwort darauf »gar nichts«, denn wenn ich damals alles gewusst hätte, was ich heute weiß, hätte ich vielleicht die Finger vom Börsengeschäft gelassen. Wie meine Mutter gern sagt, die in großer Armut aufwuchs, nicht auf dem College war und trotzdem Karriere gemacht hat: »Ich hatte Erfolg, weil ich nicht wusste, dass das nicht ging.«

Unter diesem Vorbehalt hier ein paar Erkenntnisse, die mir früher sicher gut zupass gekommen wären:

1. Es ist effektiver, ein vielfältiges Sortiment einfacher Systeme zu entwickeln, als ständig neue Regeln und neue Optimierungen für ein einziges System.
2. Es ist klug, für jede Strategie einen Mechanismus zum Ein- und Ausschalten vorzusehen (zum Beispiel eine Kapitalkurve, die unter ihren gleitenden Durchschnitt fällt), *selbst wenn sich im Rückvergleich dadurch der Gewinn verringert.* Diese Regel kann Verluste erheblich eingrenzen, wenn ein System nicht mehr funktioniert, und das kann und wird passieren. Je mehr Strate-

gien Sie einsetzen, desto leichter fällt es emotional, eine davon abzuschalten. In diesem Sinne bestätigt diese Regel die Bedeutung von Regel Nr. 1.
3. Das durch Extremereignisse bedingte Risiko einer Mean-Reversion-Strategie ergibt sich eher aus einem Cluster verlustbringender Positionen mittlerer Größe als aus einem potenziellen großen Verlust aus einem einzigen Geschäft. Berücksichtigen Sie, dass die Reihenkorrelation von Verlusten in einem Rückvergleich vermutlich zu niedrig angesetzt ist.
4. Es kann sein, dass man rasch Erfolg hat, dann 15 Jahre alles gut läuft und schließlich eine Verlustphase einsetzt, die einen fast die Karriere kosten kann. Es ist daher ratsam, wenn möglich, noch eine weitere Einkommensquelle aufrechtzuerhalten.
5. Wer seine Geschichte und sein Wissen mit anderen teilt, der profitiert. Ich hatte davor viele Jahre lang Angst.

Welchen Rat würden Sie einem angehenden Trader geben?
Nicht den Job kündigen. Machen Sie sich klar, wie zufällig der Markt ist. Testen Sie alles. Gehen Sie nicht davon aus, dass etwas klappt oder nicht klappt, nur weil das jemand gesagt hat. Bewahren Sie sich eine allgegenwärtige Experimentierfreude.

....

Der möglicherweise entscheidende Faktor für Parkers langfristigen Erfolg ist seine Bereitschaft, Systeme maßgeblich zu verändern oder auch ganz aufzugeben, wenn es so aussieht, als hätten sie ihre Wirkung verloren. Im Laufe seiner Karriere nahm er mehrere solche Kursänderungen vor, die ihn vor Schlimmerem bewahrten. Es fällt auf, dass manche der Systeme, die Parker viele Jahre lang gewinnbringend einsetzte, plötzlich nicht mehr funktionierten – und sich nie wieder erholten. Hätte Parker seinen Trading-Ansatz nicht so flexibel und radikal verändert – bis hin zur Umstellung von Momentum-Systemen auf das genaue Gegenteil: Mean-Reversion-Systeme –, hätte er im Börsengeschäft nicht überlebt, geschweige denn gut verdient.

Eine Empfehlung, die systematischen Tradern häufig mit auf den Weg gegeben wird, lautet, sich unerschütterlich an die Regeln des Systems zu halten. Das ist ein guter Rat, wenn ein System einen klaren Vorteil hat und über effektive Mechanismen zur Risikosteuerung verfügt. In solchen Fällen wirkt es sich häufig nachteilig aus, wenn man Systemsignale infrage stellt. In diesem Kontext sollte Ed Seykotas oberste Maxime gelten, die am Anfang dieses Kapitels steht: Stellen Sie die Regeln nicht infrage. Und tatsächlich richtete sich Parker bei der Entwicklung eines zu 100 Prozent mechanischen Trading-Prozesses danach.

Das Problem dabei ist jedoch, dass Systeme mitunter eine Zeit lang gut funktionieren, doch ihre Wirkung komplett verlieren oder sogar beständig Nettoverluste verursachen können. Diese unbequeme Wahrheit lässt vermuten, dass die Fähigkeit, Systeme aufzugeben oder drastisch zu verändern, für einen systematischen Trader eine wesentliche Voraussetzung für längerfristigen Erfolg darstellt. Und in diesem Zusammenhang kommt Seykotas zweiter Tipp ins Spiel: Erkennen Sie, wann Sie die Regeln brechen müssen. Auch an diesen Grundsatz hielt sich Parker, indem er seine Systeme mitunter radikal veränderte, und zwar gleich mehrmals – Maßnahmen, die für ihn auf längere Sicht erfolgsentscheidend waren.

Kaum ein Dilemma ist für einen systematischen Trader größer als die Entscheidung, ob eine anhaltende Verlustphase eines Systems eine vorübergehende Erscheinung ist und sich das Kapital auf neue Höchststände erholen wird, oder ob das System nicht mehr funktioniert. Es gibt kein Patentrezept, mit dem sich bestimmen lässt, welche dieser beiden widerstreitenden Interpretationen zutrifft. Aus diesem Kapitel können systematische Trader aber lernen, dass es manchmal die richtige Entscheidung ist, sich von einem System zu verabschieden. In diesen seltenen Fällen ist die Disziplin beim Trading – womit hier gemeint ist, sich absolut an das System zu halten – keine gute Sache.

Die Änderungen, die Parker an seinen Trading-Strategien vornahm und die für den Erhalt der Rentabilität entscheidend waren, waren ausnahmslos erheblich. Dabei handelte es sich zum Beispiel um die Umstellung der Ordereingabe von Börsenschluss auf innertägig, um den Wechsel von Momentum- zu Mean-Reversion-Systemen und um die Entwicklung neuer Systeme für Erstemissionen, die aber nicht breiter einsetzbar waren. Solche strukturellen Veränderungen sind etwas ganz anderes als Abwandlungen wie die – eher kosmetische – Verwendung anderer Parameterwerte. Parker änderte die Parameterwerte in seinen Systemen zwar häufig, sodass ein jüngster Verlust verringert oder verhindert worden wäre, wenn er mit den revidierten Parameterwerten gearbeitet hätte, doch er weiß inzwischen, dass solche Veränderungen kaum Einfluss auf die künftige Rentabilität haben. Das ständige Herumdoktern an Parametern, um bisher erzielte Ergebnisse zu maximieren (der sogenannte Optimierungsprozess) kann sogar negative Folgen haben.

Trader, die Trading-Systeme entwickeln, sollten sich der Fallstricke bewusst sein, die die Optimierung mit sich bringt. Die Gefahr ist dabei nicht, dass die Optimierung voraussichtlich die Trading-Ergebnisse verschlechtert (obwohl das möglich ist), sondern vielmehr, dass sie dem Trader stark verzerrte Erwartungen an die Wirksamkeit der getesteten Systeme vermittelt. Schlimmstenfalls könnten die aus der Optimierung hervorgehenden zu hoch angesetzten Ergebnisse dazu führen, dass der Entwickler des Systems ein System wählt und verwendet, bei dem Testverfahren ohne Rückschaukomponente ergeben hätten, dass es voraussichtlich negative Ergebnisse bringt. Eine weitere Gefahr der Überoptimierung (des Finetunings eines Systems zur Maximierung der bisherigen Wertentwicklung): Sie kann zur Konzeptionierung von Systemen führen, die so passgenau auf die Vergangenheit zugeschnitten sind, dass sie in der Zukunft gar nicht gut funktionieren können.

Parker war sich dieser Fallen anfangs nicht bewusst. Mit wachsender Erfahrung erkannte er die Verzerrungen, die optimierten Ergebnissen innewohnen, und die Nachteile der Überoptimierung. Zur Abweichung zwischen optimierten und tatsächlichen Ergebnissen sagte Parker: »Im Laufe meiner Karriere erzielten die von mir eingesetzten Systeme im Rückvergleich generell Jahresrenditen von 50 bis 100 Prozent, wobei die maximalen Verlustphasen unter 10 Prozent lagen. Die tatsächliche Anwendung liefert Renditen von rund 20 Prozent, und davon gehe ich aus.« Parker schränkt inzwischen auch stark ein, wie sehr er optimiert. Manchmal verzichtete er bei der Entwicklung einer neuen Strategie sogar ganz auf sein Optimierungsprogramm.

Auf der Grundlage verschiedener empirischer Tests, die ich in der Vergangenheit durchgeführt habe, lassen sich meine eigenen maßgeblichen Schlussfolgerungen zur Optimierung, die meines Erachtens weitgehend mit Parkers Ansicht übereinstimmen, folgendermaßen zusammenfassen:*

1. Jedes System – wirklich jedes – kann durch Optimierung sehr profitabel gemacht werden (zumindest im Hinblick auf die bisherige Wertentwicklung). Sollten Sie jemals auf ein System stoßen, das sich nicht so optimieren lässt, dass es für die Vergangenheit hohe Gewinne auswirft, dann gratuliere ich Ihnen: Sie haben gerade eine Geldmaschine entdeckt (wenn Sie nämlich genau gegenläufig vorgehen, sofern die Transaktionskosten nicht zu hoch sind).

* Die folgende Erörterung zur Optimierung ist übernommen aus Jack D. Schwager, *A Complete Guide to the Futures Market* (New Jersey, John Wiley and Sons, Inc., 2017), S. 309–310.

Eine unglaubliche frühere Wertentwicklung für ein optimiertes System mag nett anzusehen sein, hat aber nicht viel zu bedeuten.
2. Optimierung wird die potenzielle künftige Wertentwicklung eines Systems immer – wirklich immer – zu hoch ansetzen, und zwar gewöhnlich deutlich zu hoch. Deshalb sollten optimierte Ergebnisse nie – wirklich nie – herangezogen werden, um den Nutzen eines Systems zu bewerten.
3. Bei vielen, wenn nicht gar den meisten Systemen wird Optimierung die *künftige* Wertentwicklung nur geringfügig verbessern – wenn überhaupt.
4. Wenn Optimierung einen Wert hat, so besteht dieser gewöhnlich darin, die breiten Grenzen für die Spannen zu ermitteln, aus denen die Parameterwerte des Systems ausgewählt werden sollten. Eine Feinjustierung der Optimierung ist im besten Falle vertane Zeit, im schlimmsten Selbstbetrug.
5. Angesichts vorstehender Überlegungen sind ausgeklügelte, komplexe Optimierungsverfahren reine Zeitverschwendung. Schon der einfachste Optimierungsprozess liefert ebenso viele aussagekräftige Informationen (wenn man mal davon ausgeht, dass sich überhaupt nützliche Informationen daraus beziehen lassen).

Unter dem Strich stellt sich entgegen der verbreiteten Meinung aus gutem Grund die Frage, ob Optimierung langfristig spürbar bessere Ergebnisse bringt als eine zufällige Auswahl der Parameterwerte aus sinnvollen Bandbreiten. Um auf keinen Fall Verwirrung zu stiften, möchte ich ausdrücklich feststellen, dass diese Äußerung nicht andeuten soll, Optimierung sei überhaupt nie von Wert. Optimierung kann nützlich sein, um suboptimale extreme Spannen zu ermitteln, die aus der Auswahl der Parameterwerte ausgeschlossen werden sollten. Auch kann die Optimierung bei manchen Systemen bei der Parameterauswahl gewisse Vorteile bieten, selbst nach Ausschluss suboptimaler Extrembereiche. Was ich aber sagen will, ist, dass die Optimierung deutlich weniger Verbesserungspotenzial realisiert als gemeinhin angenommen. Trader könnten vermutlich viel Geld sparen, wenn sie ihre Annahmen zur Optimierung zunächst prüfen würden, statt sie blind zu glauben.

Risikomanagement ist für systematische Trader eine ebenso wichtige Erfolgsvoraussetzung wie für diskretionäre Trader. Parker übernahm im Rahmen seines Prozesses im Laufe der Jahre verschiedene Regeln zur Risikosteuerung. Dazu gehören:

1. **Aussetzung des Handels:** Parker stellt seine Geschäfte ein, wenn sein Kapital um einen bestimmten Prozentsatz abgeschmolzen ist. Zunächst zog Parker

einen Rückgang um 20 Prozent als Auslöser für einen Handelsstopp heran. 2016 dann, nachdem er darüber nachgedacht hatte, sich ganz von der Börse zu verabschieden, nahm er den Handel wieder auf, setzte seinen Stopppunkt aber auf 10 Prozent herab (die auf 15 Prozent erhöht werden konnten, wenn er 5 Prozent im Plus lag). Ein solcher Ausstieg ist ein äußerst effektives Risikomanagementinstrument. Er ermöglicht es Tradern, ungefähr festzulegen, welchen Betrag sie höchstens verlieren dürfen (immer unter der Annahme, dass sie die nötige Disziplin mitbringen, um sich an ihre eigene Regel zu halten). So können Trader von Anfang an ihr Worst-Case-Ergebnis festlegen. Indem sie den Punkt, an dem sie aussteigen, um Verluste zu begrenzen, relativ niedrig halten, können sie ihre Verluste auf ein Niveau beschränken, das ihre finanzielle Komfortzone nicht sprengt.

Ein auf dem Kontostand basierender Stop kann es Tradern auch ermöglichen, mehrere Erfolgschancen wahrzunehmen. Allzu viele Trader beschränkten die Depotrisiken nicht und laufen dadurch Gefahr, sich durch einen einzigen großen Verlust ganz aus dem Spiel werfen zu lassen. Achten Sie stets darauf, dass Ihr Depotrisiko so niedrig bleibt, dass Sie immer noch eine zweite Chance haben und neu anfangen können, wenn Ihr erster Vorstoß keinen Erfolg brachte. Der Pot beim Pokern versinnbildlicht das sehr schön. Hatten Sie ein lausiges Blatt, dann beschränken Sie Ihre Verluste auf das, was im Pot ist, und gehen nicht »all in«. Schließlich wollen Sie sichergehen, dass sie mit einem neuen Blatt eine neue Chance bekommen.

2. **System-Stopp:** Parker verwendet auf die Kapitalkurve eines Systems Trendfolgemethoden, um zu signalisieren, wann ein System deaktiviert werden sollte. Insbesondere stellt Parker ein System dann außer Dienst, wenn die Kapitalkurve unter ihren gleitenden 200-Tage-Durchschnitt fällt, und nimmt den Handel mit diesem System erst wieder auf, wenn die Kurve wieder über dem gleitenden 200-Tage-Durchschnitt liegt. Das konkrete Trendfolgesignal, das Parker einsetzt, ist keine Hexerei. Das entscheidende Konzept liegt darin, zur Risikosteuerung technische Analyse auf die Kapitalkurve anzuwenden. Diese Strategie zur Risikosteuerung ist nicht nur auf Systeme anwendbar, sondern kann von systematischen wie diskretionären Tradern auch auf Portfolioebene eingesetzt werden.

Ob es sich per saldo auszahlt, die *Kapitalkurve* eines Systems oder eines Portfolios zu berücksichtigen, hängt vom konkreten System beziehungsweise von der eingesetzten Methode ab. Doch ein Trader sollte zumindest prüfen, ob ihm dieser Ansatz unter dem Strich Vorteile bringen könnte. Selbst wenn die Deaktivierung und Reaktivierung eines Systems (oder Portfolios) aufgrund von Trendsignalen den Gesamtertrag mindert, kann sie dennoch Risiken reduzieren (zum Beispiel durch Verlustminderung). Die wichtigste Überlegung sollte in diesem Zusammenhang sein, ob der Ansatz das Risiko-Ertrag-Profil verbessert. Wenn ja, lässt sich jede potenzielle Ertragsminderung durch Vergrößerung der Positionsgrößen ausgleichen – bei niedrigeren Risiken. Tools zur Anwendung technischer Analyse auf ihre Kapitalkurven finden Trader, wenn sie ihre Depotdaten auf FundSeeder.com verlinken oder hochladen. (Um vollständige Transparenz zu gewährleisten: Ich bin finanziell an FundSeeder beteiligt.)

3. **Anpassung der Positionsgröße:** 2015 lernte Parker auf die harte Tour, wie gefährlich es sein kann, Positionen zu vergrößern, um einen Ausgleich für zuvor verpasste Chancen zu schaffen. Die Positionsgröße muss sich nach dem täglichen Nettodepotwert richten und anhand einer einheitlichen Formel berechnet werden. Ansonsten landen Sie vielleicht gelegentlich einen Treffer und erzielen einen besonders großen Gewinn, doch Sie riskieren dabei, dass Ihre Verluste insgesamt höher ausfallen.

Es ist schwer, vom Börsengeschäft zu leben. Parker hätte Anfang 2016 beinahe das Handtuch geworfen – nur acht Monate, nachdem er neue Höchststände beim Gesamtgewinn verbucht hatte, und obwohl er mit über 5 Millionen Dollar im Plus stand. Wer vom Trading lebt, dem reicht es nicht, wenn der kumulierte Gewinn stetig steigt. Er muss nämlich kontinuierlich höher ausfallen als die Stumme der Steuern und der Gesamtentnahmen für den Lebensunterhalt. Parker hat am eigenen Leib erlebt, wie schwer das ist. Deshalb rät er allen, die Trading zum Beruf machen wollen, ihren normalen Job so lange wie möglich zu behalten.

MICHAEL KEAN

Komplementärstrategien

Micheal Kean investierte schon als Student in Neuseeland hobbymäßig in Aktien. Dort arbeitete er im Anschluss vier Jahre lang für Finanzdienstleister in Funktionen, die nichts mit Investments oder Börsengeschäften zu tun hatten. Dann ging er nach London, weil er hoffte, am führenden Finanzplatz der Welt eine Stelle zu finden, die eher seinen Interessen entsprach. Doch seinen Börsenjob sollte Kean nie bekommen. Unbeirrt gründete er dennoch zwei Jahre nach seiner Umsiedlung nach London seine eigene Vermögensverwaltungsfirma: Steel Road Capital. Er verwaltete damit nebenher ein paar kleinere Depots für Freunde und Verwandte. Irgendwann gab er seinen Job dann auf, um sich ganz dem Portfoliomanagement zu widmen. Kean arbeitet nach wie vor im Ein-Mann-Betrieb. Zwar stellt er mit seiner Performance die große Mehrheit der Hedgefonds in den Schatten, verwaltet aber (mit 8 Millionen US-Dollar) ein vergleichsweise kleines Vermögen und hat auch kein Interesse daran, größere Summen zu managen.

Kean entwickelte über die Jahre einen einzigartigen Managementansatz, der Long-Positionen in Aktien mit kurzfristigen ereignisorientierten Trades verbindet, die überwiegend in Short-Engagements in Biotech-Werten bestehen. Mit diesen Short-Positionen fokussiert sich Kean auf Situationen, bei denen ihm auf der anderen Seite vermutlich weniger versierte Käufer gegenüberstehen. Bei solchen Trades geht es in aller Regel um Small Caps, die infolge von Reaktionen auf Nachrichten oder ein bevorstehendes Auslöseereignis fundamental nicht gerechtfertigte Höhenflüge verzeichnen.

Die inverse Korrelation zwischen der Investment- und der Trading-Komponente seines Portfolios ermöglicht es Kean, Erträge zu erzielen, die die Aktienindizes deutlich übertreffen, und dabei den maximalen Wertverlust auf unter 20 Prozent zu begrenzen. In den zehn Jahren, seit er seine Managementfirma gegründet hat, hat Kean im Durchschnitt einen Jahresgesamtertrag von 29 Prozent erzielt (vor Managementgebühren). Das ist beinahe das Dreifache der vom S&P 500 im selben Zeitraum verbuchten 11 Prozent. Seine monatliche Gain to Pain Ratio (Definition siehe Anhang 2) ist ebenfalls nahezu dreimal so hoch wie die entsprechende Kennzahl für den S&P: 2,86 gegenüber 0,96.

Obwohl Kean schon seit zehn Jahren in London lebt, hat er immer noch einen starken neuseeländischen Akzent, sodass ich manchmal nicht sicher war, ob ich ihn richtig verstanden hatte, und daher wiederholt nachfragen musste. Als er zum Beispiel über die Vorteile der Arbeit mit einer Managed-Account-Struktur gegenüber einer Fondsstruktur sprach, verstand ich: »Das sparte mir einen Haufen Edmund.« »Einen Haufen was?«, fragte ich verwirrt. Gemeint hatte er »Admin« – Verwaltungsarbeit. Ein andermal sprach Kean im Zusammenhang mit einer Medikamentenstudie für eine Therapie der altersbedingten Makuladegeneration (AMD) immer wieder von riskanteren Injektionen – »riskier injections« –, was mir nicht so richtig einleuchten wollte. Auf meine Nachfrage musste er sich mehrfach wiederholen, bis ich begriff, dass er »rescue injections« gemeint hatte: Rettungsspritzen nämlich. Und noch ein Beispiel: Im Interview hatte Kean immer wieder den Begriff »closing grain« verwendet, wenn er über die Kursbewegung einer Aktie sprach. Da aus dem Kontext hervorging, dass er eine Aktie meinte, die höher schloss, und weil ich ihn nicht schon wieder mit einer Zwischenfrage nerven wollte, beließ ich es dabei. Erst als ich mir bei der Arbeit an diesem Kapitel die Aufnahme des Interviews anhörte, dämmerte mir schließlich, dass er die ganze Zeit »closing green« gesagt hatte, also Schlusskurs im grünen Bereich. Kean nahm es mit Humor, dass ich Probleme mit seiner Aussprache hatte, und konnte über das eine oder andere Missverständnis herzlich lachen. Nach unserem Treffen schickte er mir folgende E-Mail: »Sollten Sie noch Probleme mit dem Entschlüsseln meines neuseeländischen Akzents haben, dürfen Sie sich jederzeit an mich wenden!«

Daljit Dhaliwal, selbst Ausnahmetrader (siehe fünftes Kapitel) und Investor bei Kean, sagte über ihn: »Michael ist einzigartig, weil er zwei sehr unterschiedliche Ansätze kombiniert: auf der einen Seite Long-Positionen in Aktien, auf der anderen eine Short-Strategie, die ihresgleichen sucht. Dass er beides kann, beweist, wie anpassungsfähig er ist – und Anpassungsfähigkeit ist das A und O für einen Trader.«

. . . .

Wo haben Sie als gebürtiger Neuseeländer Ihr Interesse an der Börse her? Ich kann mir nicht vorstellen, dass das in Neuseeland so ein großes Thema ist.
Komisch, dass Sie das sagen. Tatsächlich war die neuseeländische Börse in den 1980er-Jahren eine Zeit lang sehr populär, doch dann wurde es lange Zeit ruhig um sie. Ich hatte von meinen Eltern gehört, dass Sie sich die Anzahlung für ihre Farm nur leisten konnten, weil sie an der Börse einen unerwarteten Gewinn gemacht hatten. In den 1980er-Jahren gab es in Neuseeland einen gewaltigen Börsenboom. Auslöser für den Bullenmarkt war die Umstellung Neuseelands von einer der abgeschottetsten Volkswirtschaften der Welt zu einer der offensten innerhalb weniger Jahre. Zölle, Subventionen und Steuern wurden allesamt erheblich reduziert.

Ich nehme an, dem ging ein Regierungswechsel voraus?
Ja. Damals kam die Labour Party ans Ruder und mischte alles ordentlich auf.

Aber war die Labour Party nicht eher links von der Mitte angesiedelt?
Auf jeden Fall.

Und diese Partei drängte auf eine Öffnung der Wirtschaft?
Erstaunlich, oder?

Tja, wie ich es sehe, haben wir es in den USA derzeit mit dem anderen, nicht minder verwunderlichen Extrem zu tun: Republikanern, die Trumps Handelskriege und horrende Defizite unterstützen.
Damals wurde auch das Finanzwesen stark dereguliert. Aufgrund all der politischen Veränderungen fand viel Geld seinen Weg auf den neuseeländischen Aktienmarkt.

Kam das Geld aus dem Ausland oder aus dem eigenen Land?
Beides, denke ich. Es war ein klassischer von Privatanlegern angetriebener Boom. Jeder war dabei, und meine Eltern eben auch. Sie steckten ihre kompletten Ersparnisse in Aktien. Anfang 1987 stießen sie ihre Aktienbestände dann vollständig ab, um eine Farm zu kaufen – davon hatten sie immer geträumt. Sie verkauften ihre Aktien, weil die Haltefrist für ihr Haus abgelaufen war. Das hatten sie mit staatlichen Beihilfen erworben, und die Voraussetzung dafür war, dass sie die Immobilie mindestens fünf Jahre lang behalten mussten. Als die fünf Jahre um waren, konnten sie das Haus verkaufen und das Geld in die Farm

stecken. Sie hatten ausgesprochenes Glück. Hätten sie sechs Jahre warten müssen statt fünf, wäre die Geschichte ganz anders ausgegangen. Euer Schwarzer Montag war bei uns ein Schwarzer Dienstag. Der Crash von 1987 in den USA brachte die Aktienmarktblase in Neuseeland zum Platzen. Innerhalb von sechs Monaten verlor der Aktienmarkt 50 Prozent. Er brauchte über 20 Jahre, um die alten Hochs zurückzuerobern.

Wie viel haben Ihre Eltern denn mit Ihren Investments verdient?
Weiß ich nicht, aber der neuseeländische Markt hatte sich im Wert versechsfacht, und sie verkauften ihre Aktien keine sechs Monate vor dem Höchststand. Ich würde also sagen, sie haben ihr Kapital mindestens verdreifacht.

Dass Ihre Eltern an der Börse genug Geld verdienten, um sich eine Farm zu kaufen – wenn auch durch einen glücklichen Zufall –, blieb Ihnen also im Gedächtnis. Wie alt waren Sie, als Ihre Eltern die Aktien abstießen und die Farm erwarben?
Ich war erst fünf. Doch ich bin mit der Geschichte aufgewachsen, und sie blieb haften. Mein Vater sieht das übrigens ein bisschen anders: Er meint, sein Börsenerfolg sei ausschließlich seinem Geschick zu verdanken.

Was hat sonst noch Ihr Interesse an der Börse und am Trading geweckt – abgesehen von der Familiengeschichte?
Mein Interesse an der Börse erwachte während meines Studiums an der Universität. Ich hatte ein paar Freunde, die ständig Börsengespräche führten. Wir waren zu acht und gründeten irgendwann einen Investmentklub. Jeder zahlte einen Tausender in ein Gemeinschaftsdepot ein. Anfangs waren wir ein ganz normaler Anlegerklub, trafen uns, und jeder gab seinen Senf dazu. Doch irgendwann waren es nur noch zwei – eines der anderen Mitglieder und ich –, die sich um alles kümmerten. Die anderen schlossen sich unseren Entscheidungen zur Titelauswahl an. Nach dem Abschluss ging mein Freund zu einer Investmentbank und musste sich aus dem Klub zurückziehen. Also verwaltete ich das Portfolio ab 2004 allein. Der Aktienklub bestand bis Ende 2010.

Und wie sah seine Wertentwicklungsbilanz aus?
Bis 2008 lieferte er bestenfalls durchschnittliche Ergebnisse. 2008 verloren wir dann innerhalb von sechs Monaten 50 Prozent. Mir war aber klar, dass Aktien unglaublich billig waren. Also überredete ich ein paar der Anleger, ihren Einsatz zu verdoppeln, und 2009 war das Portfolio um 88 Prozent gestiegen.

Warum löste sich der Klub 2010 auf?
Ich wollte ihn von einem Aktienklub in eine formelle Investmentstruktur überführen. Mit Hilfe der starken Performance von 2009 gelang es mir, ein paar der Klubmitglieder zu überreden, mit mir zusammen in eine Managed-Account-Struktur zu investieren.

Wie viel Zeit widmeten Sie damals dem Investmentgeschäft?
So viel ich erübrigen konnte. Ich arbeitete damals in London und hatte das Glück, einen Job mit einer sehr flexiblen Homeoffice-Politik zu haben. Ich stand jeden Morgen in aller Frühe auf und erledigte bis Mittag meine Erwerbsarbeit. Nachmittags spekulierte ich dann auf den US-Märkten. Ich befand mich in der außergewöhnlichen Lage, dass ich fast Vollzeit-Trader sein und trotzdem meine Miete bezahlen konnte.

Warum sind Sie von Neuseeland nach London gezogen?
Viele Neuseeländer zwischen 20 und 30 verbringen ein paar Jahre in London.

Sind Sie in der Absicht nach London gegangen, dort einen Job im Dunstkreis der Börse zu finden?
Ja. London ist ein globales Finanzzentrum. Ich rechnete mir daher gute Chancen aus, bei einer Bank oder einem Fondsmanager unterzukommen. Ich suchte etwas, das meinen Interessen eher entgegenkam.

Hatten Sie Probleme, in London einen Job zu finden?
Ich kam im September 2008 nach London! [Er lacht dabei, denn seine Ankunft fiel mit dem Ausbruch der Finanzkrise zusammen.] Ich weiß noch, wie ich aus der Tube [Londoner U-Bahn] stieg und eine der Gratiszeitungen mitnahm, die dort ausliegen. Jeden Tag war den Schlagzeilen zu entnehmen, wie viele Leute in der City tags zuvor entlassen worden waren. Und es waren stets Zigtausende.

Wie gelang es Ihnen, unter diesen Umständen eine Stelle zu finden?
Ich ergatterte einen auf drei Monate befristeten Job in der Tabellenkalkulation. Aus den drei Monaten wurden am Ende vier Jahre – bis ich kündigte, um mich ganz dem Börsengeschäft zuzuwenden.

Welche Strategie setzten Sie ein, als Sie die ersten Managed Accounts verwalteten?
Zunächst kombinierte ich Buy-and-hold-Investments mit Makro-Trading. Letzteres klappte nie besonders gut. Es gefiel mir auch nicht, denn ich betätigte mich dabei auf riesigen Märkten, auf denen immer einer unterwegs war, der mehr wusste als ich. Meinen ersten größeren Erfolg feierte ich mit Short-Engagements in manipulierten Aktien auf dem Freiverkehrsmarkt. Solche Titel legten praktisch ohne Grund von 50 Cent auf 5 oder 10 Dollar zu und brachen dann innerhalb eines Tages wieder in sich zusammen. Die meisten Trader fokussierten sich dabei auf den künstlich herbeigeführten Kursanstieg, doch ich interessierte mich für die Dienste, die sich auf den Leerverkauf solcher Aktien konzentrierten.

Mir ist schon klar, wie solche Aktien erst stark anziehen und dann praktisch auf null zurückfallen können. Die Schwierigkeit liegt für mich eher darin, einzuschätzen, wie stark diese Entwicklung ausfällt. Klettert eine wertlose Aktie von 50 Cent auf 5 Dollar, dann kann sie doch genauso gut auch 10 Dollar erreichen. Wie kann man sie da leerverkaufen, ohne ein enormes Risiko einzugehen?
Solche sogenannten »Pump-and-dump«-Aktien weisen ein im Vergleich zu normalen Aktien einzigartiges Kursverhalten auf. Das übliche Muster war, dass die Aktie von einem Ausgangskurs von 50 Cent jeden Tag um 20 oder 30 Cent stieg. Der entscheidende Katalysator kam, wenn die Aktie an einem Tag nicht mehr im Plus schloss. Das signalisierte, dass ihr die Luft ausging und es mit dem Anstieg vorbei war.

Wollen Sie damit sagen, solche Aktien stiegen jeden Tag schrittweise an, und wenn der erste Tag kam, an dem ihnen das nicht gelang, dann ging es schnurstracks bergab?
Genau. Nach dem ersten Abwärtstag verloren sie tags darauf manchmal 60 oder 70 Prozent. Die Strategie war so erfolgreich, weil sich solche Titel stets nach und nach und kontrolliert entwickelten. Die wilden, parabolischen Ausschläge, die es manchmal bei »echten« Aktien gab, kamen nicht vor.

Und das hat immer funktioniert? Ist es Ihnen nie passiert, dass Sie nach dem ersten Minustag short gingen und die Aktie danach neue Höchststände erklomm?
Ich habe mit dem Leerverkauf von solchen Aktien jedenfalls nie einen größeren Verlust verbucht. Aber solche Gelegenheiten boten sich höchstens einmal pro Quartal.

Wie lange haben Sie diese Strategie eingesetzt?
Ein oder zwei Jahre lang.

Wenn Sie doch so zuverlässig Gewinne abwarf, warum sind Sie dann nicht länger dabei geblieben?
Erstens gab es nicht so viele Gelegenheiten, und zweitens war die Strategie nicht skalierbar. Außerdem wurde so dreist manipuliert, dass die SEC irgendwann aktiver eingriff und den Handel mit solchen Aktien aussetzte.

Da Sie über maximal zwei Jahre nur ein paar solcher Trades pro Jahr initiierten, hört sich das für mich an, als sei diese Pump-and-dump-Short-Strategie lediglich eine kleine Komponente Ihres Portfolios gewesen. Worauf entfiel die große Masse Ihrer Transaktionen?
Meine eigentliche Nische neben meinen Buy-and-hold-Kerninvestments waren Biotech-Aktien, die mir längerfristig vermutlich rund 60 Prozent meiner Gewinne eintrugen.

Welche Strategie setzten Sie dabei ein?
Biotech-Werte eignen sich großartig als Trading-Vehikel. Sie verfügen über kritische Katalysatoren wie die Ergebnisse klinischer Phase-2- und Phase-3-Studien, die für kleine Biotech-Unternehmen absolut schicksalhaft sind. Die Variabilität der Bewertung solcher Unternehmen kann – je nachdem, wie die Ergebnisse solcher Studien ausfallen – ganz fantastische Trading-Gelegenheiten eröffnen.

Biotech ist ein hoch spezialisierter Bereich. Wie konnten Sie auf solche Ereignisse setzen, ohne etwas von Biologie oder Medizin zu verstehen?
Für das Verhalten dieser Aktien gibt es Muster, auf die man auch ohne Fachkenntnisse gewinnbringend setzen kann. So kann man beispielsweise auf einem soliden Markt Biotech-Small-Caps zwei oder drei Monate vor einem entscheidenden Katalysator wie der Veröffentlichung der Ergebnisse einer Phase-3-Studie kaufen. Ich kaufte solche Titel, bevor der Hype einsetzte – noch bevor die Broker die Aktien hochstuften und bevor Privatanleger zugriffen, weil die Aussicht bestand, dass die Aktie abheben könnte, wenn die Studie gute Ergebnisse brachte. Ich stieß die Titel ab, noch bevor die Studienergebnisse bekannt gegeben wurden. Manche solche Titel verdoppelten ihren Kurs schon in der Erwartung der Veröffentlichung von Studienergebnissen.

Kam es vor, dass solche Aktien im Vorfeld der Bekanntgabe von Ergebnissen abwärts statt aufwärts tendierten?
Dazu konnte es kommen, wenn der Gesamtmarkt eine Korrektur verzeichnete. Größter Fallstrick bei dieser Strategie war aber, dass man wissen musste, wann die Studienergebnisse veröffentlicht wurden. Bei den meisten Biotech-Small-Caps – ich spreche hier von Unternehmen mit einer Marktkapitalisierung zwischen 100 und 400 Millionen US-Dollar – lässt die Aktivaqualität zu wünschen übrig. Ist die Marktkapitalisierung trotz einer Phase-3-Studie noch so gering, dann lässt das vermuten, dass nicht viel zu erwarten ist. Die großen Pharmakonzerne stürzen sich schon in Phase 1 und Phase 2 auf solche Unternehmen, und wenn sie sich noch nicht für ein Unternehmen interessiert haben, in dem eine Phase-3-Studie läuft, dann bedeutet das nichts Gutes.

Gab es Situationen, in denen Sie nicht näher einengen konnten, wann die Studienergebnisse veröffentlicht würden?
Aktien, bei denen ich gar keine Vorstellung hatte, wann die Ergebnisse bekannt gegeben werden könnten, mied ich entweder komplett oder ich stieg deutlich früher aus als sonst, um möglichst auszuschließen, dass ich noch mit meiner Position dastand, wenn die Ergebnisse vorlagen.

Kam es nie vor, dass Sie noch in der Aktie engagiert waren, wenn die Studienergebnisse präsentiert wurden?
Es ist mir ein paar Mal passiert, dass die Ergebnisse vollkommen unerwartet bekannt gegeben wurden und ich meine Position noch hielt.

Was tut man dann?
Man macht mit der Aktie 60 oder 70 Prozent Verlust.

Setzen Sie diese Strategie noch ein?
Nur hin und wieder. Heute hat sie für mich nur noch geringe Bedeutung. In den USA sind die Medikamentenpreise ein heißes Thema, und Biotech hat sich als Sektor unterdurchschnittlich entwickelt.

Welche Strategien setzen Sie sonst ein?
Gelegentlich wette ich auf die Studienergebnisse von Biotech-Unternehmen.

Was veranlasst Sie dazu, auf die Richtung von Studienergebnissen zu setzen?
Es gibt Situationen, in denen die Wahrscheinlichkeit eines Fehlschlags sehr hoch ist – selbst wenn man über das Medikament selbst gar nichts weiß. So hat beispielsweise noch nie ein Biotech-Unternehmen mit einer Marktkapitalisierung unter 300 Millionen Dollar eine Phase-3-Studie über ein Krebsmedikament positiv abgeschlossen.

Und der Grund dafür ist, dass sich Big Pharma längst eingekauft hätte, wenn das Medikament aussichtsreich wäre?
Entweder das – oder die Marktkapitalisierung läge bei 1 Milliarde statt bei 300 Millionen.

Kam es vor, dass Sie im Zeitraum vor der Bekanntgabe von Studienergebnissen long in einer Aktie engagiert waren und dann in Short-Position gingen, wenn das Ergebnis anstand?
Ja, aber das Short-Engagement will hier gut überlegt sein, denn eine Überraschung ist immer drin. Ich setzte für solche Trades statt Short-Positionen in der Regel Puts ein.

Arbeiten Sie neben den beiden gerade angesprochenen noch mit anderen Strategien für Biotech-Werte?
Meine Biotech-Trades sind in aller Regel kurzfristig – sie laufen über einen oder maximal ein paar Tage. Und ich engagiere mich überwiegend auf Short-Seite.

Welche Treiber liegen solchen Trades zugrunde?
Die wichtigsten Nachrichten im Biotech-Sektor beziehen sich natürlich auf die Ergebnisse klinischer Studien. Der Kurs von Biotech-Aktien wird aber noch von einer ganzen Reihe weiterer Meldungen beeinflusst. Das könnten Neuigkeiten von der US-Arzneimittelbehörde sein oder die Veröffentlichung zusätzlicher Daten zu einer Phase-3-Studie, oder eine Unternehmensmeldung. So könnte die Aktie nach einer Pressemeldung der Gesellschaft um 20 oder 30 Prozent steigen. Meine Aufgabe ist es, zu entschlüsseln, ob die Meldung erwartbar war und ob sie wirklich bedeutsam ist oder nur eine Finte. Die Biotech-Branche hat ihre Eigenarten und lockt mitunter Manager an, die es meisterhaft verstehen, viel Wind zu machen.

Können Sie mir ein Beispiel für eine solche Transaktion geben?
Ein gutes Beispiel dafür war in diesem Jahr [2019] Avinger (AVGR). Avinger gab positive Phase-3-Daten bekannt, und am nächsten Tag legte die Aktie gegenüber dem Vortagesschlusskurs 40 Prozent zu. Las man die Pressemitteilung aber genauer, so stellte sich heraus, dass es sich um Folgedaten zu den ursprünglichen, bereits zwei Jahre zuvor veröffentlichen Daten handelte. Es waren also keine wirklichen Neuigkeiten. Außerdem waren die Fundamentaldaten der Gesellschaft negativ – bei schwachen Umsätzen und hoher Verschuldung. Ich ging short und stieg keine zwei Tage später wieder aus. Da hatte der Titel den gesamten Gewinn schon wieder abgegeben – und noch ein bisschen mehr.

Letztes Jahr [2018] war Ihr erstes Verlustjahr. Was ist schiefgelaufen?
Ich verbuchte ein Minus von 4 Prozent, was genau der Wertentwicklung des S&P entsprach. Meine Long-Positionen schnitten viel schlechter ab als der S&P, doch meine Shorts retteten mir den Hals.

Warum entwickelten sich Ihre Long-Position so schlecht?
Ich war übermäßig in chinesischen Aktien engagiert, die vom Handelskrieg stark in Mitleidenschaft gezogen wurden. Mein größter Verlustbringer war JD.com.

Was ist das für ein Unternehmen?
Das chinesische Pendant zu Amazon. Ich hatte die Aktie ursprünglich 2016 zu rund 20 Dollar gekauft – dafür war sie billig zu haben. Anfang 2018 hatte sie bis auf 50 Dollar zugelegt. Ich sicherte mir einen Teil des Gewinns, als der Kurs hoch war, hielt aber weiterhin etwa zwei Drittel der Position. 2018 hatten sich ein paar Dinge grundlegend verändert. Das Unternehmen gewann keine Marktanteile mehr, und andere chinesische Aktien gaben nach. Das waren Warnzeichen, doch das echte Alarmsignal kam, als JD.com einen Deal angekündigte, demzufolge Google in das Unternehmen investieren und dessen Produkte auf der Shopping-Plattform von Google bewerben würde. Auf die Meldung hin sprang die Aktie bei Eröffnung nach oben – in etwa bis auf das Tageshoch – und schloss dann deutlich tiefer. Ich hätte angesichts der veränderten Fundamentaldaten schon vorher aussteigen sollen, doch der schlimmste Fehler war, die Kursentwicklung dieses Tages zu ignorieren. Als professioneller Trader hätte ich es besser wissen müssen. In den nächsten Monaten rutschte der Titel wieder auf 20 Dollar ab.

Und Sie machten den kompletten Abstieg mit?
[Er lacht.] Ich machte den kompletten Abstieg mit.

Ist Ihnen so ein Fehler zuvor schon einmal unterlaufen?
Ja, ganz am Anfang.

Was meinen Sie, warum ist Ihnen das mit JD.com wieder passiert?
Ein Grund war, dass ich mich in die Position verguckt hatte. Außerdem liefen meine kurzfristigen Trades ausgesprochen gut. Deshalb dachte ich, ich könnte die Position ruhig noch länger halten.

Was passierte, als die Aktie auf 20 Dollar zurückfiel?
Zu diesem Kurs war sie wieder lächerlich niedrig bewertet, also stockte ich die Position erneut um das Drittel auf, das ich auf höherem Niveau abgestoßen hatte. [Nachtrag: Im Frühjahr 2020 hatte sich JD.com komplett erholt und peilte neue Allzeithochs an.]

Beschränken Sie sich bei Ihren kurzfristigen Positionen ganz auf Biotech-Werte?
Überwiegend, aber zu etwa 20 Prozent engagiere ich mich auch in anderen Sektoren. So eröffnete ich unlängst eine Short-Position in Beyond Meat (BYND), nachdem McDonald's bekannt gab, dass es deren Produkte in verschiedenen kanadischen Filialen testen wolle. Auf diese Meldung zog der Kurs von einem Schlussstand bei 138 Dollar auf vorbörsliche 160 Dollar an.

Und warum gingen Sie short?
Aus ähnlichen Gründen wie bei der Biotech-Short-Position, über die wir gerade gesprochen haben. Es war eine tolle Nachricht, dass McDonald's die Produkte von Beyond Meat testen wollte, doch Beyond Meat hatte seit seinem Börsengang immer wieder solche Ansagen gemacht, und McDonald's war die einzige große Kette, mit der Beyond Meat noch keinen Deal hatte. Die Nachricht war also vollkommen erwartbar.

Sie wollen damit sagen, dass die Meldung bereits eingepreist war?
Meiner Ansicht war sogar noch viel mehr in den Kurs eingeflossen. Nach ihrer Börsennotierung im selben Jahr [2019] zeigte der Titel eine parabolische Entwicklung von 45 auf 240 Dollar in wenigen Monaten. Die Rally fiel so extrem aus, weil der Streubesitz gering war und es zu einem Short Squeeze kam. Sobald

bekannt wurde, dass die Gründer einen Teil ihrer Bestände abstießen, schmolz der Kurs in weniger als zwei Wochen auf unter 140 Dollar ab. Ein weiterer Grund für mein Short-Engagement war, dass die Aktie bereits angeknackst war, als die Meldung über McDonald's bekannt wurde. Ich hätte sie bei dieser Nachricht nicht leerverkauft, wenn sie noch im Höhenflug gewesen wäre. Ich war nur bereit, short zu gehen, weil sich der Charakter der Aktie total verändert hatte.

Wenn Sie sich in eine Rally aufgrund einer optimistischen Meldung hinein short engagieren, wie viel sind Sie bereit, mit so einem Trade zu riskieren?
Bei so einem Trade würde ich einen Stop setzen, der zulässt, dass die Aktie rund 10 Prozent gegen mich tendiert. Handelt es sich nicht um eine Biotech-Position, dann riskiere ich höchstens 30 Basispunkte des Portfolios und dimensioniere die Position entsprechend. Bei Biotech-Aktien, die eher mein Normalgeschäft sind, riskiere ich vielleicht eher 1 Prozent des Portfolios mit einer Transaktion und manchmal sogar 2 oder 3 Prozent, wenn ich für den Trade richtig gut aufgestellt bin.

Hat es System, wie Sie Ihre verschiedenen Strategien zu einem Portfolio verbinden?
Generell halte ich rund 60 Prozent des Portfolios in Long-Positionen – der Prozentsatz kann mal nach oben, mal nach unten abweichen, je nachdem, wie billig oder teuer der Markt meines Erachtens generell gerade ist –, wobei ich das verbleibende Portfolio für kurzfristige Short-Positionen und gelegentlich auch eine längerfristige Biotech-Short-Position nutze. Wie bei einem herkömmlichen 60/40-Long-Aktien-/Long-Anleihen-Portfolio, bei dem die Rentenposition der Diversifizierung dient, sorgt bei meinem 60/40-Portfolio das kurzfristige Trading für Diversifizierung.

Wie hoch ist der Short-Prozentsatz bei Ihren kurzfristigen Engagements?
Rund 70 Prozent.

Wonach wählen Sie die Aktien für den Long-Anteil Ihrer Portfoliopositionen aus?
Mein Long-Book hat zwei Komponenten: Large-Caps, die ich kaufe, wenn sie gerade durch wahllose Verkäufe abgestraft werden, und Small Caps mit hohen Umsatzsteigerungen.

Können Sie mir ein Beispiel für eine Large-Cap-Aktie geben, die Sie wegen solcher wahlloser Verkäufe gekauft haben?

Eine meiner aktuellen Long-Positionen ist Bayer, das vor etwas mehr als einem Jahr Monsanto übernommen hat. Kurz nach der Übernahme wurde Monsanto in einen spektakulären Prozess verwickelt: Sein Unkrautvernichter soll angeblich Krebs auslösen. Der Titel notiert derzeit mit einem Abschlag von 40 bis 50 Prozent auf das durchschnittliche Bewertungsniveau der Vergangenheit. Nun könnten Sie sagen, dass der Markt 30 bis 40 Milliarden Euro an potenziellen rechtlichen Verbindlichkeiten einpreist. Doch wie ich es sehe, ist eine solche Summe jenseits von Gut und Böse. Außer bei Tabakunternehmen gab es noch keinen Vergleich, der die 10-Milliarden-Euro-Marke geknackt hat. Ich gehe davon aus, dass Monsanto sich eher bei 5 bis 10 Milliarden Euro einigen kann.*

Wie wählen Sie Ihre Small-Cap-Positionen aus?

Ich interessiere mich gewöhnlich für besonders wachstumsstarke Unternehmen – mit Umsatzsteigerungen von mindestens 20 bis 30 Prozent pro Jahr –, die aber noch nicht hochskaliert sind. Sie verlieren also vermutlich in dieser Phase noch Geld, doch wenn sie alles richtig machen, erwirtschaften sie in zwei oder drei Jahren einen vernünftigen Gewinn je Aktie, und es besteht die Aussicht, dass sich der Kurs in dieser Zeit verdoppelt oder verdreifacht. Mir sagen solche Titel mit hohen Wachstumsraten zu, denn wenn sie ihre Ziele erreichen und anfangen, Geld zu verdienen, gibt es einen Katalysator, der den Aktienkurs in die Höhe treibt.

Wie sieht Ihr Risikomanagementprozess aus?

In einer Rezession verliert der Markt normalerweise 20 bis 30 Prozent. Wenn wir davon ausgehen, dass mein 60-prozentiges Long-Portfolio nicht besser abschneidet als der Markt, büßt es zwischen 12 und 18 Prozent ein. Dann müssten meine kurzfristigen Transaktionen und meine Short-Positionen diesen Verlust ausgleichen.

Die Portfoliostruktur ist also ein zentrales Element Ihres Risikomanagements. Doch wie steht es um das Management der mit Einzelpositionen verbundenen Risiken?

Bei meinen katalysatororientierten Short-Positionen, bei denen ich darauf setze, dass die anstehenden Ergebnisse einer Studie für das Unternehmen negativ aus-

* Bayer ist am 27.05.2021 aus dem Vergleichsverfahren ausgestiegen. (Anm. d. Red.)

fallen, riskiere ich vielleicht 1 bis 2 Prozent. Zurzeit stehe ich mit einer Position etwas höher im Risiko, weil ich im laufenden Jahr damit schon über 20 Prozent gewonnen habe. Bei einer typischen kurzfristigen Transaktion wie dem angesprochenen Beyond-Meat-Geschäft riskiere ich 30 Basispunkte.

Welcher Trade hat Ihnen bisher am meisten wehgetan?
Das war 2012, noch ganz am Anfang meiner Karriere, als ich meine Risiken noch nicht so gut gesteuert habe wie heute. Es ging um eine Technologieaktie namens Broad Vision (BVSN), deren Kurs sich in nur einem Monat vervierfacht hatte. Nicht einmal das Management konnte sich erklären, warum die Aktie dermaßen abhob. Obwohl es sich um ein echtes Unternehmen handelte, reagierte der Kurs wie bei einem der Pump-and-dump-Titel, und so behandelte ich die Aktie auch. Der Kurs war in etwas über einem Monat von 8 auf über 30 Dollar gestiegen, und ich ging beim ersten Einbruch in Short-Position. Doch anders als bei den manipulativen Pump-and-dump-Manövern, bei denen es abwärts ging, sobald der Aufwärtstrend gebrochen war, erholte sich der Titel und kletterte erneut rasant. Innerhalb weniger Tage erreichte er beinahe das Doppelte meines Einstiegskurses, was den Wert meines Portfolios um rund 10 Prozent drückte. Das war mehr, als ich verkraften konnte. Also kapitulierte ich.

Und was passierte letztlich mit der Aktie?
Sie stieg noch bis auf 56 Dollar und fiel dann wieder auf 8 Dollar zurück.

Haben Sie seither je wieder mit einer Einzelposition einen hohen Verlust eingefahren?
Im kurzfristigen Segment meines Portfolios verbuchte ich nie einen wesentlichen Verlust. Meine großen Verluste stammten allesamt von meinen Long-Positionen.

Ich nehme an, der Grund dafür ist, dass Sie für Ihre Long-Positionen keine Stops setzen, weil Sie darauf bauen, dass der eher kurzfristige Trading-Anteil Ihres Portfolios Ihr Long-Engagement absichert?
Genau.

Ist es denn schon vorgekommen, dass Sie mit einer Long-Position erhebliche Verluste erlitten und diese mitnahmen, weil Sie dachten, Sie lägen mit der Position falsch?
2014 hatte ich einen Monat vor Jahresende für das Gesamtjahr ein Plus von 35 Prozent zu Buche stehen. Da kann man schon mal auf den Gedanken kom-

men, dass man sich das Recht verdient hat, etwas mehr Risiko einzugehen [er lacht bei der Erinnerung]. Zu meinem Pech wurde die nächste Trading-Idee, die sich ergab, vom Preisrutsch im Öl- und Gassektor ausgelöst, der damals komplett unter die Räder kam. Da deckte ich mich – aus heutiger Sicht total lächerlich – mit russischen Aktien und MLPs ein, also Pipelineunternehmen. Die Aktien hatten 70 Prozent verloren, und ich dachte, tiefer könnten sie nicht fallen. Konnten sie doch.

Und weil das Long-Transaktionen waren, hatten Sie keine Stops.
Genau.

Wann entschlossen Sie sich, auszusteigen, weil Sie falsch lagen?
Zwei Wochen später, als ich mit diesen Aktien 7 Prozent verloren hatte. Hätte ich die Positionen ein paar Wochen länger gehalten, wäre ich mit leichten Verlusten davongekommen. Aber dafür gab es für mich keine Rechtfertigung.

Weil sich diese Aktien außerhalb Ihrer üblichen Sphäre bewegten?
Genau. Davon hatte ich keine Ahnung. Das wäre einfach Zocken gewesen. Statt auf die richtige Konstellation zu warten wie bei einer Short-Position im Biotech-Sektor, war ich verrückt genug, diese Aktien zu kaufen, von denen ich nichts verstand, nur weil sie so stark gefallen waren.

War das das einzige Mal, dass Sie so von Ihrem Ansatz abgewichen sind?
Ja. Seither habe ich mich konsequent an Trades gehalten, von denen ich etwas verstehe.

Was von dem, was Sie heute wissen, hätten Sie gerne schon am Anfang gewusst?
Dass man lieber etwas zurückhaltender an die Sache herangehen sollte als allzu selbstbewusst. Als Neuling stellte ich ein paar Analysen über eine Aktie an und glaubte prompt, mehr zu wissen als jeder andere. Heute ist das genau andersherum. Ich gehe davon aus, dass ich der Trottel bin, und agiere entsprechend. Meine Erfolgsquote beträgt bestenfalls 50 bis 70 Prozent. Daher suche ich ständig nach Gründen, weshalb ich lieber aussteigen sollte, wenn eine Position nicht läuft.

Verhalten Sie sich in einer Verlustphase anders als sonst?
Ich engagiere mich weiter, aber ich fahre mein Risiko pro Trade zurück. Würde ich normalerweise bei einer vielversprechenden Konstellation ein Risiko von 1 Prozent in Kauf nehmen, beschränke ich mich auf 30 Basispunkte.

Welchen Rat würden Sie jemanden erteilen, der Trader werden will?

- Dran bleiben. Und sich bewusst machen, dass es ein langer Weg ist, bis man sich einen ordentlichen Vorteil herausgearbeitet hat.
- Wissen, womit man punktet, und den Trading-Prozess darauf ausrichten.
- Unbedingt viel aus den eigenen Fehlern lernen – jeden Fehler so lange analysieren, bis man etwas daraus gelernt hat, und das dann in den Prozess integrieren.
- Man muss mit dem Herzen dabei sein – sonst übersteht man die Durststrecken nicht.

....

Schon ein bisschen ironisch, dass gerade Trades, die hochriskant erscheinen – also Short-Positionen in Biotech-Aktien, die bis zur Bekanntgabe der Ergebnisse klinischer Studien gehalten werden, und Short-Positionen, die eingegangen werden, wenn durch Unternehmensmeldungen über Nacht Kurslücken entstehen –, eine Kernkomponente von Keans Strategie zur Risikominderung bilden.

Richtiges Risikomanagement umfasst zwei Stufen: die Ebene der Einzelposition – also die Begrenzung von Verlusten aus einzelnen Transaktionen – und die Portfolioebene. Auf Portfolioebene gibt es wiederum zwei Komponenten: Erstens gibt es analog zu den Einzelpositionen Regeln zur Begrenzung der Verluste für das Gesamtportfolio. Dazu gehören möglicherweise ein definierter Prozess zur Verringerung des Engagements, wenn sich eine Verlustphase vertieft, oder ein bestimmter prozentualer Verlust, bei dem der Trader aussetzt. Das zweite Risikomanagement-Element auf Portfolioebene bezieht sich auf die Portfoliozusammensetzung. So sollten stark korrelierende Positionen nach Kräften begrenzt werden. Im Idealfall würde das Portfolio Positionen enthalten, die gar nicht oder, noch besser, umgekehrt miteinander korrelieren.

Das Konzept vom Aufbau eines Portfolios mit nicht oder umgekehrt korrelierenden Positionen bildet das Herzstück der Trading-Philosophie von Kean. Doch jedes Long-only-Aktienportfolio ist mit dem Problem konfrontiert, dass die meisten Positionen stark korrelieren. Und Keans Portfolio setzt sich überwiegend aus einer Long-Komponente in Aktien zusammen (im Schnitt von rund 60 Prozent, wenngleich dieses Niveau je nach Keans Einschätzung des auf dem gesamten Aktienmarkt vorliegenden potenziellen Risiko-Ertrag-Profils variieren kann). Dieses Problem – dass ein Long-Aktienportfolio von vorneweg aus stark korrelierenden Positionen besteht – löst Kean, indem er diesen Teil seines Portfolios mit einer Trading-Strategie kombiniert, die per saldo umgekehrt mit Long-Positionen in Aktien korreliert.

Die Trading-Komponente seines Portfolios setzt sich überwiegend aus sehr kurzfristigen Transaktionen zusammen und in geringerem Umfang auch aus längerfristigen Short-Positionen im Biotech-Sektor. Die umgekehrte Korrelation ergibt sich daraus, dass fast drei Viertel der kurzfristigen Trades ebenso wie die längerfristigen Biotech-Engagements Short-Positionen sind. Doch auch die Long-Positionen im Trading-Baustein des Portfolios korrelieren nicht mit den Long-Positionen in Aktien, weil es sich dabei um Day-Trades handelt, die sich auf unternehmensspezifische Ereignisse beziehen. Durch die Kombination zweier invers korrelierender Segmente gelingt es Kean, den langfristigen Wertzuwachs von Aktien herauszudestillieren, ohne die üblichen Abwärtsrisiken eines Long-Aktienportfolios in Bärenmärkten tragen zu müssen.

Keans einzigartige Methode zur Absicherung seines Long-Engagements in Aktien, die sich stark auf Short-Positionen in Biotech-Werten stützt, ist für die meisten Trader weder anwendbar noch ratsam. Es ist aber nicht so sehr die konkrete Methode, die Kean einsetzt, um Portfoliorisiken zu verringern, die ihn für Leserinnen und Leser interessant macht, sondern vielmehr das Konzept, auf nicht oder bevorzugt sogar umgekehrt korrelierende Positionen zu setzen. Ein Trader darf sich nicht ausschließlich auf seine Trades fokussieren, sondern muss auch im Auge behalten, wie sich diese zu einem Portfolio zusammenfügen.

Kean steuert seine Risiken aber auch auf Einzelpositionsebene – eine Praxis, die für Short-Engagements besonders entscheidend ist, denn diese stellen theoretisch ein unbegrenztes Risiko dar. Kean lernte früh in seiner Karriere, wie wichtig es ist, die Risiken einzelner Positionen zu begrenzen, als eine seiner Short-Positionen einen parabolischen Anstieg verzeichnete und er keinen Plan hatte, was in diesem Fall zu tun war. Der Kurs, zu dem er die Aktie gekauft hatte, verdoppelte sich in wenigen Tagen, was ihn 10 Prozent seines Portfoliowertes kostete – sein größter Verlust überhaupt. Diesen Fehler machte er nur einmal. Bei Biotech-Trades – seinem absoluten Fachgebiet – begrenzt Kean sein Risiko auf 1 Prozent, bei anderen Transaktionen auf nur 30 Basispunkte. Kean sichert seine Long-Positionen in Aktien zwar nicht durch Stops ab, doch wenn er sich in Large Caps engagiert, dann nur, wenn sie schon deutlich nachgegeben haben, sodass der Spielraum solcher Positionen nach unten begrenzt ist.

Kean beschränkt sich rigoros auf solche Trades, die den Kriterien einer seiner Strategien entsprechen. Ende 2014 ließ er seine Disziplin jedoch schleifen. Einen Monat vor Jahresende stand er für das Jahr mit 35 Prozent im Plus. Da fand er, mit einem solchen Polster könne er sich ein bisschen zusätzliche Risikobereitschaft leisten. Die Position, zu der er sich entschloss – er kaufte eine Gruppe energieabhängiger Aktien, weil der Sektor stark eingebrochen war –, hatte mit seinem Standardvorgehen nichts zu tun. Keine zwei Wochen später hatte er 7 Prozent seines Jahresgewinns wieder abgegeben. Es kommt häufiger vor, dass Trader leichtsinnig werden, wenn die Geschäfte besonders gut laufen. Passen Sie auf, dass Ihnen Phasen mit einer starken Performance nicht zu Kopf steigen.

Wichtige fundamentale Nachrichten, die zu unerwarteten Preisbewegungen führen, stellen oft ein entscheidendes Signal dar. Das Kursverhalten von JD.com nach Ankündigung des Google-Deals – ein anfänglicher Ausschlag nach oben, gefolgt von einem deutlich niedrigeren Schlusskurs – war ein Paradebeispiel für diesen Grundsatz, da die Aktie anschließend stark absackte.

PAVEL KREJČÍ

Der Page, der die Profis schlug

Wer ist Pavel Krejčí?* (Ich bitte Ayn Rand um Nachsicht.) Das fragte ich mich, als ich sein Depot auf dem Leaderboard von FundSeeder.com immer wieder unter den zehn oder sogar fünf Spitzenreitern aufscheinen sah. FundSeeder.com ist eine Website, die Tradern eine kostenlose Analyse ihrer Performance bietet – und die Möglichkeit, verifizierte Erfolgsbilanzen zu erzeugen, indem sie ihre Maklerkonten mit der Seite verlinken. (Der vollständigen Transparenz halber: Als Gründungspartner bin ich an FundSeeder finanziell beteiligt.)

Wann immer ich nachsah, Krejčís Kapitalkurve tendierte stetig aufwärts – praktisch Quartal um Quartal. Der Ertragsstrom erinnerte an Madoff – nur in diesem Fall wusste ich, dass die Zahlen echt waren, denn Krejčís Konto war »verifiziert«. (Es war ein verlinktes Konto, sodass seine Renditezahlen direkt von einem namhaften Maklerhaus eingingen.) Schließlich rief ich Krejčí an, um zu erfahren, was es mit seiner unglaublichen Performance auf sich hatte.

Ich erfuhr Folgendes: Krejčí lebt in der Tschechischen Republik. Nach seinem Abitur leistete er ein Jahr lang Wehrdienst. Anschließend arbeitete er zehn Jahre lang in Prag als Hotelpage. Parallel dazu eröffnete Krejčí ein Restaurant, gab seinen Job als Page aber nicht auf, denn er brauchte das Geld. In dieser Zeit arbeitete er 14 Stunden am Tag – im Hotel und in seinem eigenen Lokal. Das Restaurant ging nach zehn Monaten pleite. »Personalverantwortung war nichts für mich«, erklärt Krejčí seinen Misserfolg.

Krejčí arbeitete weiter als Page und eröffnete mit 20 000 Dollar ein Aktiendepot. Er hoffte auf eine Karriere als Trader. Doch sein erster Anlauf ging daneben. Nachdem er in sechs Monaten 80 Prozent seines Startkapitals verspekuliert hatte, schloss er sein Depot Ende 2005 wieder. Die folgenden sechs Monate verbrachte Krejčí damit, zu analysieren und eine Methode zu entwickeln. Mitte

* Aussprache: Kreitschi.

2006 war er sich dann sicher, dass er auf etwas Interessantes gestoßen war. Mit 27 000 Dollar eröffnete Krejčí ein neues Depot – einen Teil des Geldes dafür hatte er sich von seinem Bruder geliehen. Nach einem reichlichen Jahr hatte er sein Kapital mehr als verdoppelt und war sich seiner Sache so sicher, dass er seinen Pagenjob an den Nagel hängte.

Krejčí ist ein Long-only-Aktien-Trader mit einer 14-jährigen Erfolgsbilanz, die mehr als 99 Prozent aller professionellen Long-only-Manager in den Schatten stellt. Ich möchte wetten, es sind sogar 99,9 Prozent, aber mir fehlen die Daten, um das zu belegen.

In den ersten zweieinhalb Jahren, nachdem er sich wieder dem Börsengeschäft gewidmet hatte (also von Mitte 2006 bis Ende 2008), erzielte Krejčí eine durchschnittliche Jahresgesamtrendite von 48 Prozent. Noch beeindruckender als seine in diesem Zeitraum erzielte durchschnittliche Jahresrendite ist aber, dass er 2008 mit einer Long-only-Aktienstrategie 13 Prozent Gewinn erzielte – in einem Jahr, in dem der S&P 500 Index 37 Prozent einbüßte! Leider hatte Krejčí für diese ersten Jahre nur Jahresauszüge zur Verfügung, sodass ich sie nicht in die Berechnung seiner Risiko-Rendite-Statistik aufnehmen konnte.

In den anschließenden elfeinhalb Jahren lag Krejčís durchschnittliche jährliche Gesamtrendite bei 35,0 Prozent (gegenüber 13,6 Prozent für den S&P 500), wobei der maximale Wertverlust auf der Grundlage von Tagesdaten nur 13,2 Prozent betrug. (Verwendete man Monatsenddaten, waren es 7,0 Prozent.) Seine Risiko-Rendite-Kennzahlen waren hervorragend: eine angepasste Sortino Ratio von 3,6, eine monatliche Gain to Pain Ratio von 6,7 und eine tägliche Gain to Pain Ratio von 0,81 (Definitionen und eine Interpretation dieser statistischen Werte finden Sie in Anhang 2). Diese Risiko-Rendite-Werte waren drei- bis siebenmal so hoch wie das entsprechende Niveau des S&P 500. Krejčís Vorsprung vor dem S&P 500 wäre noch wesentlich größer ausgefallen, wenn seine ersten Jahre in diese Berechnungen einfließen könnten. Krejčís Wertentwicklung war dabei erstaunlich gleichmäßig: Er erzielte in 93 Prozent aller Quartale positive Renditen.

Krejčí zeichnet sich durch das mit Abstand kleinste Depot aller Trader aus, die je in ein *Magier der Märkte*-Buch aufgenommen wurden. Generell rangierte es zwischen 50 000 und 80 000 Dollar. Krejčí handelt nur mit extrem umsatzstarken Aktien. Seine Methode ließe sich daher problemlos auf ein deutlich größeres Portfolio übertragen. Angesichts der Liquidität der von ihm gehandelten Titel und seiner außergewöhnlichen Performance stellt sich die Frage: Warum ist sein Depot so klein? Darauf gibt es eine ganz einfache Antwort: Krejčí lebt von seinen Trading-Gewinnen. Zwar fielen seine Renditen durch die Bank weg hervorragend aus, doch es gelang ihm nie, ein größeres Depot aufzubauen.

Mit Krejčí sprach ich 2020 während der Pandemie, die Reisen und persönliche Begegnungen ausschloss. Deshalb fand unser »Treffen« über Zoom statt.

Wie war es Krejčí gelungen, mit einer Long-only-Aktienstrategie eine solche Ausnahmeperformance zu erzielen? Um diese Frage drehte sich unser Interview hauptsächlich.

....

Ich weiß, dass Ihr Bildungsweg mit dem Abitur endete. Wollten Sie nicht studieren?
Ich war kein besonders guter Schüler. Rückblickend ist das amüsant, denn ich kann mich erinnern, dass mein Wirtschaftslehrer an der Schule zu mir sagte: »Pavel, du wirst nie irgendeinen Beruf ergreifen, der etwas mit Wirtschaft zu tun hat.« Das Notensystem reichte von 1 bis 5, wobei 1 die beste Note war, und 5 die schlechteste. In Wirtschaftslehre hatte ich eine 3. In Mathe war ich noch schlechter, da stand ich auf 4. Mir war klar: An der Uni hatte ich keine Chance. Ich glaube auch nicht, dass Bildung für einen Trader so wichtig ist. Viel wichtiger ist leidenschaftliches Interesse am Trading.

Was hat Sie denn auf die Idee gebracht, sich als Trader zu versuchen?
Als ich noch im Hotel arbeitete, sah ich viele Geschäftsleute das *Wall Street Journal* oder die *Financial Times* lesen. Ich dachte: »Das ist ein toller Job – herumsitzen, Zeitung lesen und ein paar Anrufe machen, um Trades zu platzieren.« Sich damit den Lebensunterhalt zu verdienen, stellte ich mir großartig vor. Natürlich hatte ich null Erfahrung und keine Ahnung. 2005 eröffnete ich ein Aktiendepot und unternahm meine ersten Gehversuche als Trader.

Haben Sie sich damals in US-Aktien engagiert?
Ich arbeitete von Anfang an mit US-Aktien.

Wo haben Sie sich denn Ihr erstes Wissen über die Märkte und das Trading angelesen?
Ich las ein paar tschechische Bücher über technische Analyse. Ich las auch Ihr *Magier der Märkte*-Buch, das ins Tschechische übersetzt ist.

Mit welchem Ansatz fingen Sie damals an?
Ich hatte gar keinen Ansatz. Schien mir, eine Aktie könnte steigen, dann kaufte ich sie. Ich verwendete auch keine Stops – mein größtes Problem.

Wie viel hatten Sie auf dem Konto?
20 000 Dollar.

Und was passierte mit dem Geld?
Ich verlor die Hälfte und stieg aus. Ich war ein miserabler Trader, doch noch schwerer wog, dass ich meine Geschäfte über einen örtlichen Makler abwickelte und für 100 Aktien 10 Dollar Roundturn-Provision zahlte. Bei solchen Provisionen ist es unmöglich, mit Day-Trading Geld zu verdienen.

Wie lange hielten Sie sich von der Börse fern?
Etwas mehr als ein halbes Jahr. Ich sparte ein bisschen Geld, um mein Depot aufzustocken, und lieh mir noch 5000 Dollar von meinem Bruder, damit es reichte, um mindestens drei Day-Trades täglich zu platzieren.

Hatten Sie inzwischen eine Methode entwickelt?
Ja, und ich gehe bis heute ähnlich vor. Der größte Unterschied ist, dass ich damals nicht auf das Volumen oder die Liquidität der Aktien achtete, mit denen ich handelte.

Arbeiteten Sie damals noch als Page?
Ja. Meinen Job kündigte ich erst, nachdem ich ein ganzes Jahr mit meinen Börsengeschäften Gewinne erzielt hatte – Ende 2007.

Seither leben Sie also von Ihren Trading-Gewinnen?
Ja, wobei ich anfangs auch mit Sportwetten ein bisschen Geld verdiente. Es war nicht schwer, den einen oder anderen Buchmacher zu schlagen. Doch wenn die merken, was Sache ist, dann machen sie keine Geschäfte mehr mit dir.

Was für Sportwetten waren das?
Auf alle möglichen Sportarten – das spielte keine Rolle.

Und nach welcher Methode gingen Sie vor?
Man nennt das Sure Betting – es ist eine Art Arbitrage.

Aber die Buchmacher kassieren doch ihren Anteil – wie kann man da auf ein Arbitrage-Geschäft setzen?
Man wettet auf beide Seiten. Nehmen wir an, es geht um ein Fußballspiel zwischen Deutschland und England. Ich hätte dann gleichzeitig bei englischen Buchmachern auf Deutschland und bei deutschen auf England gewettet.

Wollen Sie damit sagen, die Quoten waren in verschiedenen Ländern unterschiedlich – je nachdem, wer dort favorisiert wurde?
Genau. Da die meisten Leute auf die eigene Nationalmannschaft setzen, müssen die Buchmacher ihre Quoten kurz vor dem Spiel anpassen und die Auszahlung für die eigene Mannschaft verringern und für das ausländische Team erhöhen. Daraus ergibt sich ein kurzes Zeitfenster für Arbitrage – gewöhnlich nur wenige Sekunden. Man muss schnell sein, um es zu erwischen. Der mit den Wetten erzielte Gewinn war nicht groß, aber man konnte nicht verlieren. Das machte ich etwa eineinhalb Jahre lang, bis meine Wetten nicht mehr angenommen wurden und mein Konto geschlossen wurde.

Wie lange brauchten Sie, um Ihre Trading-Methode zu entwickeln?
Etwas über ein Jahr. Damals arbeitete ich noch Vollzeit. Mit Arbeit, Aktien-Research und Trading war ich jeden Tag insgesamt so an die 16 Stunden beschäftigt.

Haben Sie Ansätze ausprobiert und wieder verworfen?
Anfangs probierte ich alles Mögliche aus, auch längerfristige Positionen, doch ich stellte fest, dass das nichts für mich war.

Was hat denn letztlich für Sie funktioniert?
Ich suchte nach Aktien, bei denen es an einem Tag viel Bewegung gab. Ich sichtete Charts bis zurück ins Jahr 1997 und stellte fest, dass es bei vielen Aktien viermal im Jahr besonders kräftige Tagesbewegungen gab. Mich interessierte zunächst, warum das so war, und ich fand heraus, dass diese Kursbewegungen von Gewinnmeldungen ausgelöst wurden. Ich entdeckte auch Ähnlichkeiten im Kursverhalten von Aktien am Tag nach der Ergebnisvorlage, die sich für den gesamten Zeitraum bestätigen ließen, für den mir Daten zur Verfügung standen – bis 1997.

Da Sie nur auf Gewinnmeldungen setzen, nehme ich an, dass sich Ihr Trading zum großen Teil auf ganz wenige Handelstage konzentriert.
Stimmt. Die meisten meiner Trades laufen in dem Zeitraum von etwa einem Monat im Quartal, in dem die meisten Unternehmen ihre Ergebnisse präsentieren. Ein paar Gewinnmeldungen werden zu anderen Zeiten veröffentlicht. Ich würde sagen, mein Arbeitsjahr unterteilt sich in vier Monate, in denen ich die meisten Trades durchführe, in drei Monate mit seltenerem Engagement und in fünf Monate, in denen ich mich aufs Research konzentriere.

Wie sieht Ihr Research aus?
Ich überprüfe meine bisherigen Trades, weil ich wissen will, was ich hätte besser machen können. Ich versuche zum Beispiel Fragen zu beantworten wie: Wäre für mich mehr drin gewesen, wenn ich den Titel länger gehalten hätte?

Und diese Analyse führen Sie manuell durch?
Ja. Ich würde meine Tätigkeit als zu 95 Prozent Analyst und zu 5 Prozent Trader beschreiben. Meine Frequenz ist gering. Ich warte auf eine hochprozentige Chance, bevor ich einsteige.

Wie groß ist das Aktienuniversum, das Sie im Auge haben?
Etwa 200 bis 300 Titel.

Haben diese Aktien gemeinsame Merkmale?
Es sind Aktien mit sehr hohem Tagesvolumen. An den Tagen nach Gewinnmeldungen, wenn meine Trades stattfinden, liegt ihr Durchschnittsvolumen bei 5 bis 10 Millionen Stück.

Ihre Positionsgrößen sind minimal, und die Liquidität ist nicht das Problem – warum ist dann ein hohes Volumen für Sie das wichtigste Merkmal?
Vor vielen Jahren – als ich noch dachte, eines Tages könnte ich mit einem weit größeren Depot arbeiten – stellte ich mich ganz auf Aktien mit hoher Liquidität um.

Aus der Überlegung heraus, dass Sie im Erfolgsfall, wenn Ihnen mehr Anlagekapital anvertraut würde, mit derselben Methode weiterarbeiten könnten?
Genau.

Engagieren Sie sich nach Gewinnmeldungen auf Long- und Short-Seite?
Nein, ich bin immer Käufer. Ich gehe nie short.

Wie viel Prozent Ihrer Transaktionen finden nach optimistischen Gewinnmeldungen statt, wie viel nach pessimistischen?
Ich würde sagen, dass meine Trades zu 80 Prozent und meine Gewinne zu 90 Prozent auf Aktien entfallen, die nach optimistischen Meldungen aufwärts tendieren.

Würden Sie auch eine Aktie kaufen, für die zwar optimistisch stimmende Zahlen vorliegen, deren Kurs aber fällt?
Ja, aber nicht oft. Ich kaufe schon mal eine Aktie im Abwärtstrend, wenn sie aus einem Sektor stammt, in dem Stärke regiert, denn dann ist der Trend eines einzelnen Titels nicht so bedeutsam.

Ich nehme an, Sie kaufen auf optimistische Gewinnmeldungen hin, weil die Märkte die Zahlen bei der Eröffnung noch nicht komplett eingepreist haben und für Sie noch Gewinnchancen bestehen, wenn Sie zum richtigen Zeitpunkt einsteigen. Doch aus welchen Gründen würden Sie nach einer pessimistischen Meldung kaufen?
Manche Aktien im Abwärtstrend mit hohem Short Interest können so überverkauft sein, dass es eine positive Reaktion gibt, auch wenn die Gewinnmeldung pessimistisch ausfällt.

Es gibt vier mögliche Kombinationen aus Berichtstendenz und Kurstrend:

1. Aufwärtstrend, optimistischer Bericht
2. Aufwärtstrend, pessimistischer Bericht
3. Abwärtstrend, optimistischer Bericht
4. Abwärtstrend, pessimistischer Bericht

Sie sagen, Ihre Gewinne stammen zu 90 Prozent aus der ersten Kategorie. Warum geben Sie sich dann überhaupt mit Trades in den anderen drei Kategorien ab?
Transaktionen in der ersten Kategorie weisen auch das höchste Risiko-Ertrag-Verhältnis aus. Das Problem dabei ist nur, dass sich unter den Aktien, die ich verfolge, nicht immer genügend Trades finden lassen, bei denen die Aktie aufwärts tendiert und der Bericht optimistisch ausfällt. Deshalb muss ich Trades der ersten Kategorie mit selteneren Transaktionen aus den drei anderen Kategorien ergänzen.

Worauf achten Sie bei der Entscheidung, ob Sie sich nach einer Gewinnmeldung in einer Aktie engagieren?
Mir liegen für alle Aktien, die ich kaufe, Charts für das Kursverhalten nach Gewinnmeldungen für etwa die letzten 15 Jahre vor. Ich schaue mir an, wie sich die Titel nach der Berichtsvorlage verhielten, wenn ein Aufwärtstrend vorlag, verglichen mit einem Seitwärts- oder Abwärtstrend. Die besten Chancen habe ich, wenn der breite Markt seitwärts oder abwärts tendiert, die Aktie aber aufwärts, und dann noch ein optimistischer Bericht vorliegt. Dann zeigt sich die eigenständige Stärke der Aktie, in der sich nicht nur der anziehende Markt widerspiegelt.

Interessieren Sie sich auch noch für andere Kursmuster?
Ja. Im Idealfall befindet sich die Aktie im Aufwärtstrend und es kommt vor der Veröffentlichung der Ergebnisse zu einem Rücksetzer, weil der Bericht mit gemischten Gefühlen erwartet wird. Fällt er dann optimistisch aus, greifen die Leute in aller Regel beherzt zu, die vor der Vorlage der Zahlen ausgestiegen sind.

Gibt es sonst noch Muster, die eine Aktie nach einer Gewinnmeldung zu einem interessanten Kaufkandidaten machen?
Ja. War der letzte Bericht eher ernüchternd, werden vor der Bekanntgabe der aktuellen Zahlen mehr Long-Positionen aufgelöst, weil die Angst umgeht, dass sich das wiederholen könnte. Klingt der neue Bericht dann optimistisch, steigen viele, die ihre Long-Positionen liquidiert haben, wieder ein.

Ich sehe noch einen anderen Grund, aus dem zuvor pessimistische Berichte im Zusammenspiel mit einem Aufwärtstrend des Aktienkurses ein zuversichtlich stimmender Indikator sein können: Diese Konstellation sagt doch im Grunde aus, dass der Titel imstande war, seinen Aufwärtstrend nach einem vorausgegangenen pessimistischen Bericht wieder aufzunehmen. Dass die Aktie pessimistische Nachrichten wegstecken konnte, ist doch an sich schon ein Signal für Optimismus.

Gibt es noch andere Aspekte, die Sie bei der Entscheidung berücksichtigen, ob Sie sich nach einer Gewinnmeldung engagieren sollen?
In meine Entscheidung fließen Fragen ein wie: Um wie viel wurden die Gewinnprognosen übertroffen? Wie groß ist das Short Interest? Wie sieht das vorbörsliche Volumen aus? Und die vorbörsliche Kursreaktion?

Richtet sich Ihre Entscheidung für oder gegen ein Engagement danach, ob der Aktienkurs mit einem bestimmten Mindestprozentsatz auf die Gewinnmeldung reagiert?
Ganz genau.

Behandeln Sie dabei alle Aktien gleich oder gehen Sie an unterschiedliche Titel auch unterschiedlich heran?
Ich analysiere alle Aktien gleich. Und ich schütze jede Position durch einen Stop.

Wie hoch gehen Sie mit einer einzelnen Transaktion ins Risiko?
Ich setze meinen Stop etwa 4 oder 5 Prozent unter dem Einstiegskurs.

Und zwar gleich mit Eingabe Ihrer Order?
Ich platziere die Stop Order eine Sekunde nach dem Eingehen einer Position.

Beteiligen Sie sich nach einer Gewinnmeldung am vorbörslichen Handel oder warten Sie die Eröffnung ab?
Ich warte die Eröffnung ab. Doch wie sich die Aktie im vorbörslichen Handel entwickelt, gehört für mich zu den wichtigsten Aspekten, die ich im Auge behalte. Vor allem achte ich auf die Kommentare und die revidierten Ziele der Analysten, die die Aktie verfolgen. Ich führe Buch über alles, was die Analysten bisher über eine Aktie zu sagen hatten. Wo lagen ihre Kursziele in der Vergangenheit? Wie haben sie diese verändert? Was sagen sie heute im Vergleich zu vor drei Jahren? Wie hat der Titel früher auf Hoch- oder Rückstufungen von Analysten reagiert? Es heißt, die Analysten liegen immer falsch. Das mag ja generell durchaus zutreffen, doch am Tag nach einer Gewinnmeldung können manche ihrer Hoch- und Herunterstufungen das Kursverhalten entscheidend beeinflussen.

Steigen Sie bei Eröffnung ein?
Ich steige in einem Zeitfenster ein, das zwischen ein paar Minuten und einer halben Stunde nach Eröffnung liegt. Ich platziere meine Order grundsätzlich in der ersten halben Stunde, wenn das Volumen am größten ist.

Warum steigen Sie erst nach und nicht schon bei Eröffnung ein?
Weil die Geld-Brief-Spannen direkt bei und kurz nach der Eröffnung extrem hoch sein können und der Ausführungspreis ausgesprochen ungünstig ausfallen kann. Außerdem muss ich abwarten, bis sich der Markt beruhigt hat, damit ich

meinen Stop platzieren kann. Würde ich schon in den ersten Handelsminuten kaufen und meinen Stop setzen, wäre die Wahrscheinlichkeit deutlich höher, ausgestoppt zu werden, selbst wenn ich mit meinem Trade richtig liege.

Warten Sie auf einen Rücksetzer, bis Sie einsteigen, oder engagieren Sie sich so oder so kurz nach der Eröffnung?
Das hängt vom historischen Muster der jeweiligen Aktie ab. Jede Aktie verhält sich anders. Manche Aktien zucken tendenziell nach Eröffnung zurück, andere schießen unmittelbar in die Höhe. In der oben beschriebenen Situation – also bei einer Aktie, deren vorausgegangene Gewinnmeldung enttäuschte –, engagiere ich mich gewöhnlich gleich nach der Eröffnung, weil ich damit rechne, dass der Kurs sofort reagiert.

Und wie entscheiden Sie, wann Sie aussteigen?
Das richtet sich nach dem Kursverhalten. Manchmal kommt es schon früh am Tag zu einem kräftigen Kurssprung – vor allem bei Aktien mit hohem Short Interest. Dann sichere ich mir meinen Gewinn. Bleibt eine solche heftige Kursreaktion aus, warte ich mit dem Ausstieg gewöhnlich bis Börsenschluss.

Gibt es Trades, an die Sie sich besonders ungern erinnern?
Ganz am Anfang gab es mal einen Trade, bei dem ich 30 Prozent meines Kapitals verlor. Ich kaufte eine Aktie – an den Namen kann ich mich gar nicht mehr erinnern. Sie stieg zunächst, brach dann aber ein. Ich war überzeugt, sie würde wieder anziehen, doch das tat sie nicht. Und ich stand ohne Stop da.

Wie lange hielten Sie die Position?
Über Wochen. Das war mein größter Fehler. Danach habe ich nie wieder eine Aktie über Nacht gehalten.

Hat Sie diese Erfahrung auch dazu veranlasst, jede Position mit einem Stop abzusichern?
Ja. Ohne Stops wäre der prozentuale Anteil gewinnbringender Trades höher, und ich würde vermutlich ganz ähnliche Renditen erzielen, doch meine Verluste würden deutlich größer ausfallen.

Wie viel Prozent Ihrer Trades bringen Gewinn?
Etwa 65 Prozent.

Und fallen Ihre Gewinne größer aus als Ihre Verluste?
Im Durchschnitt sind meine Gewinne etwa eineinhalb Mal so hoch wie meine Verluste.

Abgesehen vom Verzicht auf einen Stop bei dem Trade, der Ihnen seinerzeit den großen Verlust eintrug – haben Sie seitdem andere Trading-Fehler begangen?
Mein größter Fehler ist meiner Ansicht nach, dass ich nicht aggressiv genug bin. Ich könnte mit meiner Methode wesentlich mehr Geld verdienen, wenn ich nicht so ein risikoscheuer Mensch wäre. 15 oder 20 Prozent Verlust, und ich wäre aus dem Geschäft. Drei verlustbringende Transaktionen in Folge tun mir richtig weh.

Grob gesprochen scheint mir, Sie heben Ihren gesamten Jahresgewinn ab, und Ihr Depot bleibt immer gleich groß.
Ich lebe von dem, was ich an der Börse verdiene. Es betrübt mich, dass mein Depot noch immer nicht größer ist als vor zehn Jahren. Aber so ist es nun einmal.

Was wäre, wenn Sie ein Jahr lang gar nichts verdienen würden?
Ein Jahr könnte ich überstehen. Würde ich zwei Jahre lang nichts verdienen, müsste ich einpacken. Das wäre das Ende meiner Börsenkarriere.

Sind Sie glücklich als Trader?
Aber ja. Mir liegt das. Ich bin gern für mich allein. In großen Gruppen fühle ich mich unwohl. Ich gehe angeln und im Wald spazieren, arbeite im Garten und trade. Alles Dinge, dich ich allein machen kann. Ich weiß, ich bin nur ein ganz normaler Mensch und nicht besonders gebildet. Vor Jahren, als ich überlegte, was ich mit meinem Leben anfangen sollte, da wusste ich, es musste etwas sein, bei dem ich allein für Erfolg oder Misserfolg verantwortlich war – nicht meine Kollegen, nicht mein Chef und auch sonst niemand. Wenn ich Gewinn mache, dann gut. Wenn ich Geld verliere, war das mein Fehler. In dieser Hinsicht kommt mir das Börsengeschäft sehr entgegen. Es gibt nicht so viele andere Tätigkeiten, bei denen Erfolg oder Misserfolg nur von einem selbst abhängen.

Worauf führen Sie Ihren Erfolg als Trader zurück?
Ich weiß nicht, ob ich ein erfolgreicher Trader bin, aber wenn ich Erfolg habe, dann, weil ich nicht gern verliere. Verliere ich, gebe ich alles. Wenn ich verliere,

kann ich mich auf nichts anderes konzentrieren als darauf, herauszufinden, wie ich es besser machen kann. So betrachtet, kommen meine Verlustphasen meinen künftigen Transaktionen in Wirklichkeit zugute.

....

Die vielleicht wichtigste Aussage dieses Interviews ist: Es ist möglich! Angesichts der gewaltigen Zunahme der Quantifizierung, die in den letzten zwei Jahrzehnten im Börsengeschäft zu beobachten war, fragen sich viele Einzeltrader und Privatanleger, ob sie überhaupt noch Erfolgschancen haben. Und die Frage, wie ein Solo-Trader gegen eine Armee von Managementfirmen mit jeder Menge Doktortiteln bestehen soll, ist ja auch durchaus angebracht.

Schon richtig, dass das Gros einzelner Marktteilnehmer keinen Erfolg haben wird – im Sinne von Überrenditen über die jeweilige Benchmark, etwa mit einer passiven Anlage in einen Index. Nach diesem Maßstab schneiden aber auch die professionellen Manager mehrheitlich schlecht ab. Krejčí ist aber der lebende Beweis, dass auch ein Einzeltrader Erfolg haben und eine überdurchschnittliche Performance erzielen kann. Krejčí hatte keine weiterführende Bildung, keine Mentoren und nur wenig Geld. Dennoch entwickelte er eine Methode, deren Performance-Merkmale über 99 Prozent der Long-only-Aktienmanager und -Hedgefonds weit in den Schatten stellen. Und er kann seit 14 Jahren von seinen Trading-Gewinnen leben.

Krejčí entschied sich für eine Karriere als Trader, weil er selbst für seinen Erfolg oder Misserfolg verantwortlich sein wollte. Die Betonung liegt dabei auf *verantwortlich*. Erfolgreiche Trader sehen sich in der Verantwortung für ihr Ergebnis. Verlieren sie, haben sie dafür eine von zwei möglichen Erklärungen: Entweder haben sie sich an ihre Methode gehalten, und die Verlustposition bewegte sich innerhalb des Prozentsatzes an unvermeidlichen verlustbringenden Trades, oder aber sie haben einen Fehler gemacht – für den nur sie allein die Verantwortung tragen. Die Börsenverlierer dagegen haben immer eine Ausrede parat. Entweder war es ein schlechter Rat, nach dem sie sich gerichtet haben, oder der Markt hat falsch gelegen oder Hochfrequenzhändler haben die Preise verzerrt und dergleichen mehr. Mal ganz abgesehen von der Politik möchte ich wetten, Präsident Trump wäre ein ganz schlechter Trader, denn er hat nie die Verantwortung für einen Fehler oder einen Misserfolg übernommen. Krejčí ist außerdem wieder ein Beispiel für einen Trader, der letztlich Erfolg hatte, weil er eine Methode fand, die seiner Persönlichkeit entsprach. Er fühlte sich unwohl, wenn er Positionen über Nacht hielt – das war nichts für ihn, wie er selbst sagt. Indem sich Krejčí darauf fokussierte, nur am Tag nach einer Gewinnmeldung mit Aktien zu handeln, konnte er eine Strategie entwickeln, die mit Day-Trades bei vertretbaren Risiken beträchtliche Gewinne abwarf. Was Sie daraus lernen können: Um auf den Märkten Erfolg zu haben, müssen Sie eine Trading-Methode finden, die Ihnen liegt. Stört Sie etwas an Ihrem Ansatz, dann sollten Sie unbedingt herausfinden, wie Sie das ändern können.

Eine Eigenschaft, die so viele der Trader teilen, mit denen ich gesprochen habe, ist ihre enorme Einsatzbereitschaft. Um seine Trading-Methode zu entwickeln, musste Krejčí 16 Stunden täglich arbeiten, um seinen Job und das Markt-Research unter einen Hut zu bringen. Obwohl seine Methode fünf Monate im Jahr praktisch gar keine Trading-Gelegenheiten liefert, widmet er sich auch in diesen Monaten Vollzeit den Märkten und nutzt die Zeit, um seine Marktanalysen weiterzuführen.

Krejčí selbst schreibt seinen langfristigen Erfolg seiner Reaktion auf Verlustphasen zu. In einer Verluststrähne fokussiert er sich wie besessen auf sein Research, und mitunter gelingt es ihm dadurch, seine Methode zu verbessern.

Ein entscheidendes Element, das es Krejčí ermöglicht hat, seine außergewöhnliche Risiko-Ertrag-Bilanz zu erzielen, ist seine Zurückhaltung. Krejčí engagiert sich nur, wenn er einen Trade als hochprozentig wahrnimmt. Viele Trader könnten ihre Performance verbessern, indem sie sich seltener engagieren – indem sie grenzwertige Trades auslassen und stattdessen auf Gelegenheiten mit hoher Erfolgswahrscheinlichkeit warten.

Krejčís großer Vorteil beruht darauf, dass er seine Trades sorgfältig auswählt – und ebenso den Einstiegs- und Ausstiegszeitpunkt. Dass er mit seiner Methode kontinuierlich Gewinne erzielt, ist aber auf sein Risikomanagement zurückzuführen. Dieses setzt sich aus zwei Bausteinen zusammen. Erstens meidet er mit seinem Ansatz das mit dem Halten einer Position über Nacht verbundene Risiko. Zweitens setzt er für jede Position einen Stop und begrenzt so die Verluste, die ihm eine einzelne Transaktion eintragen kann. Krejčí selbst sagt, ohne Stops würde sein Anteil gewinnbringender Trades zwar höher ausfallen und seine Rendite wäre ähnlich, doch er müsste mit empfindlicheren Verlusten rechnen. Da für Krejčí jeder größere Verlust existenzgefährdend ist, war Risikomanagement eine wesentliche Voraussetzung für seinen langfristigen Erfolg.

FAZIT

46 Lektionen von den Magiern der Märkte

Dieses Kapitel fasst die wichtigsten Lehren zusammen, die aus allen Interviews mit den unbekannten Magiern der Märkte abzuleiten sind. Jeder der elf interviewten Trader hat zwar seinen ganz eigenen, persönlichen Marktansatz, doch die Erkenntnisse aus den Gesprächen vermitteln dennoch wichtiges Allgemeinwissen für alle Trader.

Wer die bisherigen *Magier der Märkte*-Bücher gelesen hat, wird feststellen, dass es erhebliche Überschneidungen mit ähnlichen Zusammenfassungen in diesen Büchern gibt. Das sollte aber niemanden überraschen, denn aus den Ratschlägen herausragender Trader sprechen grundlegende Marktwahrheiten, die für alle Methoden und zu jeder Zeit gleichermaßen gelten. Manche der folgenden Lektionen beziehen sich aber ausschließlich auf die unbekannten Magier der Märkte – insofern, als sich die nachstehende Zusammenfassung ausschließlich auf die für dieses Buch geführten Interviews stützt.

1. Es gibt nicht den einen richtigen Weg

Wenn Sie dieses Buch gelesen haben, sollte Ihnen klar sein, dass es kein Patentrezept für Börsenerfolg gibt. Die interviewten Trader erzielten ihre herausragende Performance auf ganz unterschiedlichen Wegen. Ihre Ansätze reichten von fundamental über technisch bis hin zu einer Mischung – oder keinem – von beiden. Die Haltedauer für Positionen betrug manchmal nur Minuten, manchmal Monate. Beim Trading-Erfolg geht es nicht darum, den *richtigen* Ansatz zu finden, sondern vielmehr *den passenden Ansatz für Sie.* Welcher das ist, kann Ihnen niemand sagen. Das müssen Sie selbst herausfinden.

2. Finden Sie eine Trading-Methode, die zu Ihrer Persönlichkeit passt

Auch die beste Methode bringt kümmerliche Ergebnisse, wenn Sie nicht mit Ihren Überzeugungen in Einklang steht und in Ihrer Komfortzone liegt. Wer als Trader Erfolg haben möchte, muss seine eigene Herangehensweise an die Märkte finden. Ein paar Beispiele:

- Dhaliwal bediente sich anfangs technischer Methoden. Doch mit diesem Ansatz fühlte er sich nicht wohl, denn er begriff nicht, wieso er funktionieren sollte, und daher hatte er kein Vertrauen, dass er auch künftig funktionieren würde. Dhaliwals enormer Erfolg stellte sich ein, als er sich auf fundamentales Trading verlegte – einen Ansatz, bei dem er viel klarer erkannte, warum sich die Kurse von einem Niveau auf ein anderes bewegten.
- Camillo sagte weder die fundamentale noch die technische Analyse zu. Also dachte er sich eine dritte Marktanalyse-Kategorie aus, die Sozialarbitrage. Sie bringt Gewinn, indem sie eine gesellschaftliche Veränderung oder einen sozialen Trend erkennt, der sich auf eine Aktie auswirkt, aber noch nicht in den Kurs eingeflossen ist.
- Krejčí hielt nicht gern Positionen über Nacht. Er bewältigte diese starke persönliche Abneigung gegen die mit solchen Engagements verbundenen Risiken, indem er eine Strategie entwickelte, mit der er mit Day-Trades ordentliche Renditen erwirtschaften konnte – und das bei vertretbaren Risiken.

Das sollte Ihnen sagen, dass Sie eine Trading-Methode finden müssen, die Ihnen liegt, wenn Sie auf den Märkten Erfolg haben möchten.

3. Manchmal muss man seine Methode ändern, um die richtige zu finden

Richard Bargh begann als technischer Trader, stieg dann auf einen fundamentalen Ansatz um und entdeckte schließlich, dass für ihn am besten funktionierte, wenn er seine fundamentale Analyse mit technischen Daten kombinierte. Wäre Parker nicht so flexibel gewesen, seinen Trading-Ansatz radikal zu verändern – so stark, dass er von Momentum-Systemen auf das genaue Gegenteil umschwenkte, nämlich Mean-Reversion-Systeme –, hätte er als Trader nicht überlebt, geschweige denn weiterhin Gewinne verbucht.

4. Führen Sie Buch über Ihre Trades

Ein Trading-Tagebuch gehört zu den effektivsten Werkzeugen, die ein Trader einsetzen kann, um seine Leistung zu verbessern. So ein Tagebuch kann zwei entscheidende Informationen liefern: nämlich, was der Trader richtig macht und was er falsch macht. Gleich mehrere der interviewten Trader (Bargh, Sall, Dhaliwal) betonten, wie wichtig es für sie war, ein ausführliches Trading-Tagebuch zu führen, um an sich zu arbeiten. So ein Tagebuch dokumentiert nicht nur die Gründe für einen Trade und die damit verbundenen richtigen und falschen Entscheidungen, sondern kann auch nützlich sein für die Aufzeichnung Ihrer emotionalen Verfassung. So hält beispielsweise Bargh täglich seine Gedanken und Gefühle fest, um Schwächen in seiner Einstellung aufzuspüren und zu verfolgen, wie sich diese mit der Zeit verändert.

5. Kategorisieren Sie Ihre Trades

Die Einordnung Ihrer Trades nach Gattung kann extrem nützlich sein, um zu ermitteln, was gut funktioniert und was nicht. Systematische Trader können bestimmte Trade-Gattungen zwar rückwirkend testen, doch diskretionäre Trader müssen Tradegattung und Ergebnis jeweils aufzeichnen, wenn sie entstehen. Brandt bedauert beispielsweise, dass er seine Ergebnisse nicht nach Transaktionsart zurückverfolgen kann. Er ist überzeugt, dass sich Trades, die nicht auf seiner wöchentlichen Watchlist standen, per saldo schwach entwickelten, kann aber nicht konkret überprüfen, ob diese Annahme zutrifft.

6. Ihre Stärke kennen

Können Sie nicht sagen, was Ihre besondere Stärke ist, dann haben Sie keine. Nur wer seine Stärke kennt, kann herausfinden, auf welche Trades er sich fokussieren sollte. So konnte etwa Dhaliwal anhand seines detaillierten Trading-Tagebuchs die Merkmale seiner ganz großen Gewinner analysieren. Er stellte fest, dass diese gleich mehrere gemeinsame Nenner hatten: es gab ein unerwartetes Marktereignis, seine kurz- und langfristigen Einschätzungen stimmten überein, und die Trades funktionierten tendenziell sehr schnell. Dass ihm klar war, auf welche Trades der Löwenanteil seiner Gewinne entfiel – dass er sich seiner besonderen Stärke bewusst war –, war eine maßgebliche Voraussetzung für seine spektakuläre Performance. Dazu Dhaliwal selbst: »Halten Sie sich an Ihre Stärke – spielen Sie Ihr eigenes Spiel, nicht das der anderen.«

7. Lernen Sie aus Ihren Fehlern

Besser wird ein Trader, indem er aus seinen Fehlern lernt. Der vielleicht größte Vorteil eines Trading-Tagebuchs ist, dass man daraus sehr leicht die eigenen Fehler erkennen kann. Geht ein Trader seine Aufzeichnungen regelmäßig durch, ruft ihm das frühere Fehler ins Gedächtnis, und so vermeidet er, dieselben Fehler noch einmal zu begehen. Sall erkannte aus seinem Tagebuch, dass er nach Gewinnsträhnen zu Fehlentscheidungen neigte. Er merkte, dass er nach besonders lukrativen Phasen immer wieder unterdurchschnittliche Trades vornahm. Und ihm wurde klar: Weil er aus der Arbeiterklasse kam, waren diese wertmindernden Geschäfte ein Akt der Selbstsabotage, um sich »wieder zu erden«. Sobald er das Problem erkannt hatte, konnte er es vermeiden.

Ein weiterer Trader, der durch sein Trading-Tagebuch auf einen Fehler aufmerksam wurde, ist Dhaliwal. Er stellte fest, dass er emotional ins Ungleichgewicht geriet, wenn seine kurz- und langfristigen Einschätzungen bei Trades nicht übereinstimmten. Hielt er eine längerfristige Position, erkannte aber eine Chance auf ein kurzfristiges Geschäft in die Gegenrichtung, brachte ihm am Ende keiner der beiden Trades das gewünschte Ergebnis. Sobald er erkannt hatte, wie es zu diesen Fehlern kam, löste er das Problem, indem er die beiden widersprüchlichen Positionen voneinander trennte. Er ließ die langfristige Position laufen und setzte separat auf die kurzfristige Chance.

8. Die Wirkung asymmetrischer Strategien

Aus den Erfolgsbilanzen der meisten interviewten Trader geht hervor, dass ihre Gewinne deutlich häufiger und weitaus größer ausfielen – manchmal sogar enorm größer – als ihre Verluste. Solche Trader konnten ihr Ertragsprofil zu ihren Gunsten kippen, indem sie asymmetrische Trading-Strategien einsetzten. Der König der Asymmetrie ist Amrit Sall, der an 34 Tagen Renditen von über 15 Prozent erzielte (dreimal sogar über 100 Prozent) und nur an einem Tag einen zweistelligen Verlust einfuhr (der auch noch auf einen Computerfehler zurückzuführen war). Sall wartet ab, bis er auf ein Ereignis setzen kann, von dem er sich unmittelbar eine kräftige Kursbewegung erwartet, und steigt umgehend wieder aus, wenn die erhoffte Marktreaktion ausbleibt. Der durchschnittliche Gewinn solcher Trades ist deutlich größer als der durchschnittliche Verlust.

Ein weiteres Beispiel ist Neumann. Er fokussiert sich auf die Ermittlung von Chancen mit »Ten Baggers«-Potenzial, wie Peter Lynch das nannte. Das sind Investments, deren Kurs sich verzehnfacht. Er steigt bei Ausbrüchen aus Trendlinien ein und löst seine Position sofort auf, wenn der Aktienkurs nicht nachsetzt.

9. Ohne Risikomanagement geht gar nichts

Ganz gleich, wie oft Sie das schon gehört haben: Wenn praktisch jeder erfolgreiche Trader betont, wie wichtig es ist, Ihr Kapital richtig zu verwalten, dann sollten Sie sich besser daran halten. Dieses Thema ist natürlich nicht so sexy wie die Entwicklung von Einstiegsstrategien, aber unabdingbar, wenn Sie überleben wollen – und noch mehr, wenn Sie herausragende Ergebnisse anstreben. In den Interviews kamen mehrere Elemente des Risikomanagements zur Sprache:

- **Risikosteuerung bei Einzelpositionen:** Wirklich erstaunlich, wie viele der interviewten Trader ihren schlimmsten Verlust dem Umstand verdanken, dass sie sich nicht durch einen Stop absicherten. Dhaliwals größter Verlust – die Position, die er aufgrund einer Falschmeldung in der *Financial Times* einging – fiel nur deshalb so hoch aus, weil er keinen Stop gesetzt hatte. Salls schlimmster Verlust, zu dem es kam, als sein PC im entscheidenden Moment herunterfuhr, war ebenfalls einem fehlenden Stop zuzuschreiben. Kean lernte sehr früh in seiner Karriere, wie wichtig es ist, die Risiken von Einzelpositionen zu begrenzen. Damals ging er short in einer Aktie, die parabolisch aufwärts tendierte, ohne sich vorher zu überlegen, wie er in einem solchen Fall reagieren sollte. Innerhalb von Tagen verdoppelte sich der Kurs, was ihn 10 Prozent seines gesamten Portfolios kostete – sein schlimmster Verlust überhaupt. In allen drei Fällen brachten solche Erfahrungen die Trader dazu, im Anschluss kompromisslos mit Stops zu arbeiten. Sie begingen denselben Fehler nicht noch einmal. Ein weiteres Beispiel für einen Trader, der bei der Risikosteuerung das Ruder herumriss, war Shapiro: Er verspekulierte gleich zweimal über eine halbe Million Dollar, um danach nie wieder einen Trade ohne vorgegebenen Ausstieg zu initiieren.
- **Risikomanagement auf Portfolioebene:** Die Begrenzung der Verluste von Einzelpositionen ist zwar wichtig, aber noch keine angemessene Risikosteuerung. Trader müssen auch auf die Korrelation zwischen ihren Positionen achten. Korrelieren verschiedenen Positionen stark, kann das Portfoliorisiko dadurch unvertretbar steigen, selbst wenn jede Position für sich durch einen Stop abgesichert ist, weil die verschiedenen Transaktionen in aller Regel gleichzeitig Verluste erleiden. Shapiro löst das Problem mit zu vielen korrelierenden Positionen auf zweierlei Art: Er verkleinert die einzelnen Positionen und setzt gezielt auf Trades, die mit dem bestehenden Portfolio umgekehrt korrelieren.

Das Konzept vom Aufbau eines Portfolios aus Positionen, die nicht oder umgekehrt korrelieren, liegt auch Keans Trading-Philosophie zugrunde. Ein Long-only-Aktienportfolio steht grundsätzlich vor dem Problem, dass die meisten seiner Positionen stark korrelieren. Keans Portfolio setzt sich zu 60 Prozent aus einer Long-Komponente in Aktien zusammen, enthält also von Haus aus stark korrelierende Positionen. Keans Lösung: Er kombiniert diesen Teil seines Portfolios mit einer Trading-Strategie, die per saldo mit Long-Positionen in Aktien umgekehrt korreliert, weil sie mehrheitlich aus Short-Positionen besteht.

- **Kapitalbezogenes Risikomanagement:** Selbst wenn sowohl auf Einzelpositions- als auch auf Portfolioebene Risiken gemanagt werden, kann der Kapitalwert dennoch auf inakzeptables Niveau absinken. Bei der kapitalbezogenen Risikosteuerung werden entweder die Positionsgrößen gekappt oder der Handel wird komplett eingestellt, wenn das Kapital unter bestimmte Schwellenwerte fällt. So halbiert Dhaliwal beispielsweise seine Positionsgrößen, wenn sein Kapital um mehr als 5 Prozent geschrumpft ist, und noch einmal, wenn der Wertverlust über 8 Prozent beträgt. Bei 15 Prozent stellt Dhaliwal das Trading komplett ein, bis er sich wieder dafür bereit fühlt.

Mechanismen zur kapitalgestützten Risikosteuerung lassen sich auch in Dollar ausdrücken statt in Prozent. Im Grunde macht das zwar keinen Unterschied, doch ein Risikowert auf Dollarbasis ist manchmal eine praktischere Vorstellung – vor allem, wenn man mit einem neuen Depot antritt. Bei der Einrichtung eines neuen Depots empfehle ich zur Risikosteuerung, festzulegen, wie viel Verlust Sie in Kauf nehmen wollen, bevor Sie Ihr Trading einstellen. Bei einem 100 000-Dollar-Depot könnten Sie beispielsweise 15 000 Dollar riskieren, bevor Sie sämtliche Positionen auflösen und aussteigen. Solche Risikomaßnahmen sind aus drei Gründen sinnvoll:

1. Wenn Sie den für Ihr Depot festgelegten Risikowert erreichen, bedeutet das: Was immer Sie tun, es funktioniert nicht. Also sollten Sie damit aufhören und Ihre Methode auf den Prüfstand stellen.
2. In einer Verluststrähne ist es gewöhnlich gut, wenn man eine Trading-Pause einlegt und erst wieder beginnt, wenn man sich dazu bereit und inspiriert fühlt.
3. Vor allem aber gilt: Wenn Sie schon im Vorfeld festlegen, wie viel Verlust Sie in Kauf zu nehmen bereit sind, dann verhindert das, dass Sie bei einem gescheiterten Anlauf das gesamte Kapital verlieren, mit dem Sie ins Risiko gehen können. Dieser Ansatz ist auch deshalb so effektiv, weil er im Kern

einer asymmetrischen Strategie entspricht (deren Vorteile unter Punkt 8 erörtert wurden): Sie können maximal den Dollarbetrag verlieren, den Sie als Reißleine festgelegt haben, doch ihr Aufwärtspotenzial ist gänzlich unbegrenzt.

10. Die richtigen Stops setzen

Von Dhaliwal stammt das stichhaltige Argument, dass Stops zur Absicherung auf einem Niveau gesetzt werden sollten, das Ihre Trading-Hypothese widerlegt. Legen Sie einen Stop nie danach fest, wie viel Sie riskieren wollen. Ist ein sinnvoller Stop zu riskant, bedeutet das: Ihre Position ist zu groß. Verringern Sie die Positionsgröße, damit Sie den Stop dann auf einem Kurs setzen können, den der Markt nicht erreichen sollte, wenn Sie mit Ihrer Trading-Idee richtig liegen. Dabei sollte sich der implizite Verlust an diesem Stop-Punkt aber auf einen Betrag beschränken, der Ihre Risikotoleranz bei dem betreffenden Geschäft nicht übersteigt.

11. Sie müssen nicht abwarten, bis ein Stop ausgelöst wird

Ein Stop soll Ihren ungefähren maximalen Verlust aus einem Trade auf einen vorher festgelegten Betrag begrenzen. Doch Bargh rät, nicht unbedingt abzuwarten, bis ein Stop erreicht wird. Je länger eine Position einen offenen Verlust aufweist, desto ernsthafter sollten Sie darüber nachdenken, sie aufzulösen – selbst wenn der Stop-Punkt bisher nicht berührt wurde. Bargh zufolge sparen Sie durch den Ausstieg aus solchen Positionen, bevor der Stop auslöst, mehr, als Ihnen durch Positionen, die sich wieder erholen, an Gewinn entgeht.

12. Brandts Freitagsschluss-Regel

Brandt löst jede Position auf, die zu Börsenschluss an einem Freitag einen offenen Verlust ausweist. Diese Regel ist ein konkretes Beispiel für die Anwendung von Barghs Konzept, nicht abzuwarten, bis Verlustpositionen ihren Stop erreichen (Punkt 11). Brandts Logik zufolge ist der Schlusskurs vom Freitag der wichtigste Preispunkt der Woche, denn zu diesem Preis gehen sämtliche Trader mit offenen Positionen das Risiko ein, diese übers Wochenende zu halten. Nach Brandts Auffassung wirkt sich ein offener Verlust einer Position zu Börsenschluss am Freitag negativ auf den Trade aus. Vielleicht möchte der eine oder andere Trader ja mit Brandts Regel experimentieren (oder entsprechende Trades rückverfolgen), um festzustellen, ob die Verringerung der Verluste aus den betroffenen Trades mehr bringt als die entgangenen Gewinne.

13. Nicht mit Verlusten spekulieren

Brandt erlitt seinen schlimmsten Verlust mit einer Long-Position in Rohöl zu Beginn des Ersten Golfkriegs, als der Markt am Folgetag weit unter dem Punkt öffnete, den er als Stop vorgesehen hatte. Auf meine Frage, ob er seinen Ausstieg unter solchen Umständen auch mal hinauszögert, entgegnete er: »Wer mit einem Verlust darauf spekuliert, diesen zu verringern, steht am Schluss mit einem noch größeren Verlust da.« Bei dem betreffenden Trade traf das tatsächlich zu, da der Markt weiter nachgab. Ich bezweifle nicht, dass Brandts Empfehlung auch generell ein guter Rat ist.

14. Trader, die Gewinne erzielen, haben eine bestimmte Methode

Gutes Trading ist die Antithese zum Schuss aus der Hüfte. Alle interviewten Trader arbeiten mit einer präzisen Methode. Ihre Methode sollte darauf beruhen, Trades zu nutzen, die von Ihrer Stärke (Punkt 6) in Kombination mit dem richtigen Risikomanagement (Punkt 9) profitieren.

15. Halten Sie sich an die Trades, die Ihrer Methode entsprechen

Trader geraten häufig in Versuchung, Positionen einzugehen, die sich gänzlich außerhalb Ihrer Kompetenzsphäre bewegen. Ein Beispiel dafür war, als Kean seine Disziplin schleifen ließ. In einem Jahr, in dessen letzten Monat er deutlich im Plus lag, wettete Kean nur deshalb auf eine Gruppe energieabhängiger Aktien, weil der Sektor stark eingebrochen war. Mit seiner Standardmethode hatte das rein gar nichts zu tun. Diese impulsive Aktion kosteten ihn 7 Prozent, bis er sie zwei Wochen später rückgängig machte. Hüten Sie sich vor der Versuchung, Positionen einzugehen, die nichts mit Ihrer Methode zu tun haben.

16. Es kann vorkommen, dass Sie Ihre Methode ändern müssen

Die Märkte verändern sich. Mit der Zeit muss vielleicht sogar eine effektive Methode modifiziert werden. So war Dhaliwals effektivste Tradingstrategie in seiner Anfangszeit ein rascher Einstieg in Richtung neuer Schlagzeilen. Damit wollte er die erste Marktreaktion auf die Nachricht mitnehmen. Doch durch die Entwicklung algorithmischer Programme, die Trades viel schneller ausführen konnten als jeder Mensch, wurde Dhaliwals Strategie unbrauchbar. Er passte sie daraufhin so an, dass sie sich praktisch umgekehrt einsetzen ließ: indem er die anfänglichen Reaktionen auf Schlagzeilen ausblendete. Im Zuge seiner Karriere fokussierte er sich auf fundamentale Tiefenanalyse und längerfristige Transaktionen.

Brandt ist ein weiterer Trader, der seine Strategie abwandeln musste. Er stützte sich beim Einstieg auf klassische Formationen der Chartanalyse. Doch irgendwann erwiesen sich viele Formationen als immer weniger zuverlässig. Brandt reagierte, indem er die Zahl der Chartformationen, nach denen er sich beim Einstieg richtete, drastisch reduzierte.

17. Ist Ihnen ein Aspekt Ihrer Methode unbehaglich, dann ändern Sie ihn

Fühlen Sie sich mit Ihrem Ansatz an irgendeiner Stelle unwohl, dann sollten Sie herausfinden, wie sich das ändern lässt. So war Bargh beispielsweise nicht glücklich mit seiner Ausstiegsstrategie, weil er manchmal einen erheblichen Teil hoher offener Gewinne aus einem Trade wieder abgeben musste. Das gefiel ihm nicht, und deshalb wandelte er seine Ausstiegsstrategie so ab, dass dieses Problem nicht mehr auftrat.

18. Bei Trading-Ideen kommt es auf die Umsetzung an

Für Bargh war einer der erfolgreichsten Trades seiner Karriere die Wette darauf, dass die Briten für den Brexit stimmen würden. Die Transaktion, die sich anbot, um aus einem überraschenden positiven Ausgang des Brexit-Referendums Kapital zu schlagen, war eine Short-Position im britischen Pfund. Das Problem mit dieser direkten Umsetzung einer Wette auf ein Pro-Brexit-Votum war aber, dass das britische Pfund stark ins Schwanken geriet, als die Ergebnisse aus den einzelnen Regionen eintrudelten. Mit einem direkten Short-Engagement im britischen Pfund war daher das Risiko verbunden, mit erheblichen Verlusten ausgestoppt zu werden, wenn man nicht genau den richtigen Zeitpunkt erwischte.

Bargh überlegte sich, dass eine Entscheidung für den Brexit die Stimmung auf dem Markt für risikoscheue Trades wie Long-Positionen in US-Staatsanleihen kippen lassen würde. Der Vorteil eines Long-Engagements in T-Bonds gegenüber einer Short-Position im britischen Pfund bestand darin, dass die US-Anleihen längst nicht so volatil waren und die Gefahr des Ausgestopptwerdens entsprechend geringer war, wenn alles gut lief. Andernfalls würden die Verluste nicht so hoch ausfallen. Durch das indirekte Long-Engagement in T-Bonds ließ sich die Trading-Idee also mit einem weit besseren Risiko-Ertrag-Profil umsetzen. Was man daraus lernen kann: Der direkte Weg zur Umsetzung einer Trading-Idee ist nicht immer der beste.

19. Gehen Sie größere Positionen ein, wenn Sie wirklich überzeugt sind

Dimensionieren Sie Ihre Positionen unterschiedlich. Ein ausschlaggebender Faktor für die unglaublich hohen Renditen, die manche der Trader aus diesem Buch erzielt haben, besteht darin, bei Trades mit höherem Überzeugungsgrad größere Positionen einzugehen. So geht Sall beispielsweise aggressiv an die Positionsgröße heran, wenn er bei einem Trade eine ausgeprägte positive Asymmetrie sowie eine hohe Erfolgswahrscheinlichkeit wahrnimmt. Neumann tritt ebenfalls aufs Gas, wenn er von einem Trade besonders überzeugt ist. Bei AunthenTek setzte er über ein Drittel seines gesamten Kapitals auf diese eine Position.

Damit keine Missverständnisse aufkommen: Der Rat lautet, größere Positionen einzugehen, wenn Sie ein Trade besonders überzeugt – nicht so riesige (im Verhältnis zum vorhandenen Kapital), wie sie Trader wie Sall und Neumann platzieren, wenn sie besonders attraktive Marktchancen entdecken. Sall und Neumann sind außergewöhnlich kompetente Trader mit einer hohen Erfolgsquote bei ihren besonders überzeugenden Trades und steigen umgehend aus, sobald sich ein Trade gegen sie wendet. Für die meisten gewöhnlichen Trader ist es riskant, so gigantische Positionen einzugehen – ganz gleich wie sehr sie davon überzeugt sind.

20. Nie so hoch einsteigen, dass Angst zum beherrschenden Faktor wird

Wenn Sie sich zu weit aus dem Fenster lehnen, wird Sie die Angst zu schlechten Trading-Entscheidungen veranlassen. In seinen ersten Börsenjahren ließ sich Bargh zu Positionsgrößen verleiten, mit denen er sich eigentlich nicht mehr wohlfühlte. Infolgedessen verpasste er so manche interessante Chance. Dieser Rat steht übrigens nicht im Widerspruch zu Punkt 19, der schlicht besagt, dass man in besonders überzeugende Trades mit Positionen einsteigen sollte, die größer sind als sonst üblich. Doch selbst dann sollte die Position keinesfalls so dimensioniert sein, dass sich beim Trading Angst in den Entscheidungsprozess mischt.

21. Aus Positionen, die auf dem Prinzip Hoffnung beruhen, sollten Sie aussteigen

Wenn Sie hoffen, dass Ihr Trade gut läuft, ist das ein sicheres Zeichen dafür, dass es Ihnen an Überzeugung mangelt. Ganz am Anfang seiner Karriere, als Sall seine Trades noch auf technische Signale stützte, merkte er, dass er nach dem Prinzip Hoffnung handelte. Das löste in ihm solches Unbehagen aus, dass er zu der Überzeugung gelangte, technisches Trading sei für ihn nicht der richtige Ansatz.

In einem anderen Fall engagierte sich Sall auf eine grenzwertige Trading-Idee hin mit größtmöglichen Positionen auf drei stark korrelierenden Märkten. Als ihn der Risikomanager darauf ansprach, wurde Sall klar, dass er *hoffte*, seine Dreifachposition würde funktionieren. In Erinnerung an diese Erfahrung meinte Sall: »In der Sekunde, in der ich begriff, dass das kein Trading mehr war, sondern nur noch das Prinzip Hoffnung, löste ich unverzüglich alle Positionen auf.« Hoffen Sie, dass ein Trade funktioniert, ist das Glücksspiel – kein Trading.

22. Richten Sie sich beim Trading nie nach den Empfehlungen anderer

Sie müssen sich beim Traden an Ihre Methode und Ihre eigenen Entscheidungen halten. Trades, die auf Tipps von anderen beruhen, gehen meist nicht gut aus – selbst dann nicht, wenn der Rat eigentlich richtig war. So verlor Brandt Geld mit einem Trade, den ihm ein Parketthändler empfohlen hatte, der damit selbst gut verdiente. Brandt hatte nicht berücksichtigt, dass er eine andere Haltedauer hatte als sein Bekannter. Camillo bedauert vor allem einen Trade, bei dem er zwei Drittel einer Position mit Verlust auflöste, die sich letztlich als herausragend erweisen sollte – nur, weil er sich von anderslautenden Marktmeinungen beeinflussen ließ.

23. Unterscheiden Sie beim Trading zwischen Ergebnissen und Entscheidungen

Viele Trader beurteilen ihre Börsengeschäfte fälschlicherweise einzig anhand der Ergebnisse. Als Bargh von seinem schlimmsten Trade berichten sollte, beschrieb er ironischerweise eine Doppelposition, die ihm eigentlich nur einen geringen Verlust eingetragen hatte. In diesem speziellen Fall hatte Bargh sehr schnell einen größeren Verlust erlitten, konnte sich aber nicht überwinden, die Positionen abzustoßen. Er zögerte, und der Trade erholte sich ein Stück weit. Diesen Rücksetzer nutzte Bargh, um seine Positionen aufzulösen, und kam dadurch mit leichten Verlusten davon. Kurz darauf bewegte sich der Markt heftig in die Gegenrichtung seiner ursprünglichen Position. Obwohl Barghs anfängliches Unvermögen, aus der Verlustposition auszusteigen, ihm letztlich zum Vorteil gereichte, war ihm klar, dass er einen groben Trading-Fehler begangen und lediglich großes Glück gehabt hatte. Hätte der Markt nicht zurückgezuckt, hätte sich sein ohnehin schon empfindlicher Verlust zu einem verheerenden ausweiten können. Bargh war in der Lage, zwischen dem Ergebnis – einem geringeren Verlust – und der Entscheidung zu unterscheiden: seiner Unfähigkeit zu handeln, die existenzbedrohend war. Was ich damit sagen will: Manchmal sind gewinnbringende Trades (oder solche mit leichteren Verlusten, wie in diesem Fall) schlechte Geschäfte. Gleichermaßen gilt: Verlustbringende Trade können gute Geschäfte sein, wenn sich der Trader an eine Methode gehalten hat, die per saldo und bei angemessener Risikosteuerung rentabel ist.

24. Das Risiko-Ertrag-Verhältnis eines Trades ist dynamisch

Dhaliwal behauptet, dass Trades dynamisch sind und Trader ihre Ausstiegsstrategie entsprechend anpassen müssen. Legt ein Trader sowohl ein Gewinnziel als auch einen Stop fest, wenn er eine Position eröffnet, und der Trade hat das Ziel schon zu 80 Prozent erreicht, dann stellt sich das Risiko-Ertrag-Verhältnis zu diesem Zeitpunkt ganz anders dar als beim Eingehen der Position. In einer solchen Situation ist der ursprüngliche Ausstiegsplan nicht mehr sinnvoll. Entwickelt sich ein Trade für Sie klar positiv, sollten Sie darüber nachdenken, Ihren Stop nachzuziehen, einen Teil des Gewinns zu realisieren oder beides.
Brandt bezeichnet Positionen, die aus der Gewinnzone wieder bis auf den Einstiegskurs zurückfallen, als »Popcorn-Trades«. Diese meidet er durch eine Kombination aus Gewinnmitnahmen und nachgezogenen Stops – ein Ansatz, der der Dynamik von Trades Rechnung trägt und darauf reagiert.

25. Gefühle sind für Trader schädlich

Menschliche Regungen und Impulse veranlassen Trader oft zu Fehlentscheidungen. Wie Brandt es formulierte: »Mein größter Feind bin ich selbst.« Die drei folgenden Abschnitte beschreiben verschiedene Kategorien emotionsbedingter Handlungen, die sich negativ auf den Börsenerfolg auswirken.

26. Hüten Sie sich vor impulsiven Trades

Impulsive Trades sind per definitionem solche, bei denen Sie Ihren Gefühlen nachgeben – und sie bringen in aller Regel Verluste. Vermeiden Sie es, sich in einen ungeplanten Trade zu vergucken. Neumanns (prozentual) größter Verlust trat zu Anfang seiner Karriere ein, als er von einer Strategie abwich, die beständige Erträge abwarf, um aus einem Impuls heraus eine Aktie zu kaufen, die aufgrund einer optimistischen Geschichte kräftig zulegte. Diese eine Position brachte ihm in einem Tag 30 Prozent Verlust.

27. Durch Gier motivierte Trades enden gewöhnlich böse

Gier bringt Trader dazu, grenzwertige Transaktionen zu tätigen oder zu große Positionen zu platzieren – oder beides. Bargh verdankte der Gier seinen größten Trading-Verlust überhaupt. In diesem speziellen Fall eröffnete er aufgrund der

Äußerungen von Mario Draghi auf einer Pressekonferenz zunächst eine große Short-Position im Euro. Diese ursprüngliche Position stand vollkommen in Einklang mit Barghs Methode. Doch dann ging Bargh eine umfangreiche Long-Position in Bund-Futures ein – eine Position, die stark mit seinem ursprünglichen Trade korrelierte, sich aber nicht rechtfertigen ließ, da sich Draghis Kommentare ausschließlich auf den Euro bezogen hatten. Bargh gibt zu, dass die Verdoppelung seines Engagements durch den Kauf von Bund-Futures ganz und gar auf Gier beruhte. Beide Positionen entwickelten sich gegen Bargh. Als er sie aufgelöst hatte, stand mit einem Tagesverlust von 12 Prozent da – der höchste in seiner Trading-Geschichte. Dieser entfiel größtenteils auf die impulsive zusätzliche Long-Position in Bunds.

Trader müssen merken, wenn sie eine Position eingehen wollen, die nicht auf der Anwendung ihrer Strategie beruht, sondern auf Gier. Solche Trades gehen gewöhnlich nicht gut aus.

28. Hüten Sie sich vor dem Gedanken, dass Sie Ihr Geld auf demselben Markt zurückgewinnen müssen

Wenn Trader – vor allem Neulinge – auf einem Markt Geld verlieren, versuchen sie oft reflexartig, es sich auf demselben Markt wiederzuholen. Dieser Impuls, der womöglich auf dem Wunsch beruht, sich »zu revanchieren« oder den vorausgegangenen Verlust zu sühnen, führt zu emotionsbedingtem Trading, und solche Trades bringen oft schlechte Ergebnisse.

John Nettos Erlebnis am 17. März 2003, als Präsident Bush Saddam Hussein ein Ultimatum stellte, den Irak zu verlassen, ist ein klassisches Beispiel für die Gefahr, die der Versuch birgt, sein Geld auf demselben Markt wiederbeschaffen zu wollen. Ursprünglich ging Netto eine Short-Position im S&P 500 ein, als dieser am betreffenden Tag niedriger eröffnete, weil er mit einem weiteren Abwärtstrend rechnete. Doch der Markt drehte unvermittelt, sodass Netto mit einem heftigen Verlust ausgestoppt wurde. Hätte er es dabei bewenden lassen, wäre es nur ein ganz normaler schlechter Tag gewesen. Doch wie ein Hund, der seinen Knochen verteidigt, ging Netto wieder und wieder short. Am Ende des Tages war er mit fünf Short-Positionen in Folge ausgestoppt worden und hatte seinen ursprünglichen Verlust dadurch beinahe verfünffacht. Damit war sein gesamter Jahresgewinn dahin.

29. Der eigentliche Schaden, den ein schlechter Trade anrichtet

Vielen Tradern ist nicht bewusst, dass der größte Schaden durch einen missglückten Trade nicht im Verlust aus der eigentlichen Transaktion besteht, sondern vielmehr im entgangenen Gewinn nachfolgender gewinnbringender Positionen, auf die sie verzichten, weil sie sich durch das schlechte Geschäft aus dem Gleichgewicht bringen lassen. Am Tag, nachdem Bargh durch den auf Gier beruhenden Trade seinen schlimmsten Verlust erlitten hatte – siehe Punkt 27 –, schwenkte die Bank of England auf Zinserhöhungskurs um. Genau solche Ereignisse waren es, die Bargh die besten Gewinnchancen boten. Doch weil er wegen der 12 Prozent Verlust vom Vortag noch unter Schock stand, ließ er diese Gelegenheit ungenutzt verstreichen. Der Markt schlug kräftig in die von Bargh erwartete Richtung aus – doch er war nicht engagiert. Daraus lässt sich lernen, dass die Kosten eines Trading-Fehlers häufig weitaus höher sind als der direkte Verlust aus der eingegangenen Position. Umso mehr ein Grund, solche Fehler zu vermeiden (nämlich Verluste, die dadurch entstehen, dass ein Trader seine eigenen Regeln bricht).

30. Steigen Sie beim Erreichen Ihres Gewinnziels nicht komplett aus

Häufig setzen sich Kursbewegungen noch über das Gewinnziel eines Traders hinaus fort. Statt gleich die gesamte Position aufzulösen, wenn ein Gewinnziel erreicht ist, sollte der Trader in Erwägung ziehen, noch einen kleineren Teil der Position weiterzuführen – abgesichert durch nachgezogene Stops. Auf diese Weise hält er sich die Chance offen, noch weitere größere Gewinne mitzunehmen, wenn sich der Markt längere Zeit in die Richtung des Trades entwickelt. Dreht der Markt, riskiert der Trader dabei nur einen kleinen entgangenen Gewinn.

So nimmt Bargh Gewinne mit, wenn der Markt sein Kursziel erreicht. Doch nachdem er sich den Gewinn für seinen Trade gesichert hat, behält er regelmäßig noch 5 bis 10 Prozent der Position für den Fall eines längerfristigen Kurstrends. Auf diese Weise kann er mit einem Trade noch ein paar Prozent mehr Gewinn erzielen – und das bei minimalen Risiken.

31. Arbeiten Euphorie oder Panik für Sie, sollten Sie Ihre Position auflösen oder verkleinern

Parabolische Kursbewegungen in die eine oder andere Richtung enden gewöhnlich abrupt und drastisch. Läuft ein solcher Trade für Sie gut, sollten Sie daran denken, sich zumindest einen Teil Ihrer Gewinne zu sichern, wenn sich der Markt fast senkrecht zu Ihren Gunsten entwickelt. Neumanns Ausstieg aus Spongetech liefert ein hervorragendes Beispiel für diesen Grundsatz.

32. Nehmen Sie sich nach größeren Gewinnsträhnen vor Überheblichkeit und Leichtsinn in Acht

Die größten Schlappen kassieren Trader oft nach Phasen mit besonders guten Ergebnissen. Warum ist das so? Weil Gewinnsträhnen zu Selbstgefälligkeit führen, und Selbstgefälligkeit zu Nachlässigkeit. Erklimmt ein Depot praktisch täglich neue Höchststände und laufen so gut wie alle Trades hervorragend, führen viele Trader ihre Methode nicht mehr so sorgfältig aus und lassen ihr Risikomanagement schleifen. Gleich mehrere der von mir interviewten Trader erlebten ihre größten Pleiten direkt nach ihren stärksten Phasen:

- Brandts erstes Verlustjahr als hauptberuflicher Trader schloss sich unmittelbar an sein bislang erfolgreichstes Jahr an.
- Sall wog sich nach sechs ausgesprochen erfolgreichen Tradingmonaten ebenfalls in trügerischer Sicherheit. Er formulierte das so: »Ich schlug über die Stränge und wurde undiszipliniert.« In dieser Phase platzierte er in einer grenzwertigen Transaktion Limit-Positionen auf drei stark korrelierenden Märkten. Das hätte ihm einen gewaltigen Verlust eintragen können, wenn der Risikomanager seiner Firma nicht rasch eingegriffen hätte.
- Als ich Bargh auf seinen Rückstand im ersten Halbjahr 2018 ansprach, sagte er dazu: »2017 war für mich ausgesprochen gut gelaufen, und in das Jahr 2018 trat ich mit dem Gefühl ein, ich müsse noch eins draufsetzen. Ich ging zu hohe Risiken ein.«

Was Ihnen das sagen sollte? Augen auf, wenn alles glattläuft!

33. Die Flexibilität, seine Meinung zu ändern, ist kein Charakterfehler – ganz im Gegenteil

Ich finde es abwegig, dass Brandt von manchen seiner Twitter-Follower dafür kritisiert wird, wenn er seine Ansicht über den Markt ändert – was bei ihm häufig vorkommt. Diese Sichtweise ist vollkommen falsch. Es ist sogar eine Grundvoraussetzung für den Trading-Erfolg, die nötige Flexibilität mitzubringen, um seine Meinung über den Markt zu ändern. Wer stur auf seiner Marktwahrnehmung beharrt, muss nur ein einziges Mal falsch liegen, um sein Depot empfindlich zu dezimieren. Brandts Motto lautet: »Überzeugt, aber nicht stur.« Will heißen, dass Sie von einer Position sehr wohl fest überzeugt sein sollten, bevor Sie sie eingehen – aber eben auch in der Lage, diese Haltung rasch wieder aufzugeben, wenn sich der Trade gegen Sie entwickelt.

34. Verpasste Chancen können schmerzhafter – und teurer – sein als Trading-Verluste

Lassen Sie die Chance auf einen satten Gewinn ungenutzt verstreichen, kann das die Rentabilität Ihrer Trading-Aktivitäten ebenso beeinträchtigen wie viele verlustbringende Trades. Solche verpassten Gelegenheiten tun mitunter weher als ein Verlust. Bargh ging einmal eine gewaltige Gewinnchance durch die Lappen, weil er während der Handelszeit Bankgeschäfte erledigte. Ein Hauptgrund für verpasste Trades ist die destabilisierende Wirkung von Misserfolgen (siehe Punkt 29).

35. Was tun, wenn Sie aus dem Marktrhythmus geraten sind?

In einer Verluststrähne, wenn Ihnen scheinbar gar nichts mehr gelingen will, sollten Sie am besten eine Pause einlegen. Verluste bringen neue Verluste hervor. Eine Auszeit kann den Teufelskreis durchbrechen. Bargh erklärt, wenn ihn ein Trading-Erlebnis aus der Bahn geworfen hat: »[Dann] nehme [ich] mir frei, treibe Sport, gehe hinaus in die Natur und tue, was mir Spaß macht.«

Brandt hat noch einen anderen Tipp für alle, die aus dem Rhythmus gekommen sind: Er verringert die Größe seiner Positionen – eine Maßnahme, die Verluste in einer schlechten Phase begrenzt.

Dhaliwals Methode zum Umgang mit Verluststrähnen kombiniert die beiden erwähnten Ansätze. Hat er mehr als 5 Prozent verloren, halbiert er seine Positionen. Erreichen die Verluste 8 Prozent, halbiert er sie erneut. Bei 15 Prozent setzt er eine Runde aus.

Allen vorstehenden Ansätzen liegt das Konzept zugrunde, dass man in einer Verlustphase Risiken eindämmen muss – entweder, indem man den Handel komplett einstellt, oder aber durch Verkleinerung der Positionen.

36. Wenn der Markt auf Nachrichten anders reagiert als erwartet

Eine Marktreaktion auf Meldungen, die den Erwartungen zuwiderläuft, kann für einen Trader ein ausgesprochen wertvolles Signal sein. Dieses Konzept wurde in den Interviews mit den Tradern immer wieder angesprochen. Hier ein paar Beispiele dafür:

- Dhaliwal erzählte von einer Short-Position im australischen Dollar, bei der seine fundamentalen Einschätzungen mit einem Abwärtsausbruch auf dem Chart zusammenfielen. Am selben Tag wurde ein Arbeitsmarktbericht veröffentlicht, dessen Daten allesamt äußerst zuversichtlich stimmten. Zunächst zog der Markt erwartungsgemäß kräftig an. Doch dann lief sich die Rally tot, und die Kurse fielen unter den Tiefpunkt einer langfristigen Handelsspanne. Der ausgesprochen optimistische Bericht im Zusammenspiel mit der sehr pessimistischen Reaktion des Marktes brachte Dhaliwal zu der Überzeugung, dass der Markt noch drastisch einbrechen würde – und so kam es auch.

- Brandts schlimmster Verlust war ein Extrembeispiel für eine Marktreaktion, die ganz anders ausfiel als erwartet. Brandt hielt bei Ausbruch des ersten Golfkriegs eine Long-Position in Rohöl. Die Nachricht vom Beginn des Krieges ging nach Marktschluss ein. In der folgenden Nacht legte Rohöl im Londoner Kerbhandel (nachbörslich) um 2 bis 3 Dollar zu. Am Morgen darauf eröffnete Rohöl aber um 7 Dollar unter dem New Yorker Schlusspreis – mit 10 Dollar Differenz zu dem über Nacht verzeichneten Niveau. Diese extrem pessimistische Reaktion auf optimistische Nachrichten war ein längerfristiges bearishes Signal.
- Nettos wiederholte Verluste beim Verkauf des S&P 500 an dem Tag, als Präsident Bush Saddam Hussein das Rücktrittsultimatum stellte (unter Punkt 28 genauer beschrieben), waren dem Umstand geschuldet, dass er die Bedeutung der unerwarteten Marktreaktion auf diese Meldung nicht erkannte.
- Kean ignorierte ein klassisches, den Erwartungen zuwiderlaufendes Kursverhalten bei seiner größten Position in JD.com. Nach Ankündigung eines Deals mit Google legte JD.com zunächst kräftig zu, drehte dann aber und schloss deutlich tiefer. Kean hielt seine Position trotz dieses ominösen Kursverhaltens weiter, und der Titel büßte in den Folgemonaten mehr als die Hälfte seines Wertes ein. Zu dieser Erfahrung sagte Kean: »[D]er schlimmste Fehler war, die Kursentwicklung dieses Tages zu ignorieren. Als professioneller Trader hätte ich es besser wissen müssen.«
- Am Wahlabend 2016 setzte bei Aktienindizes ein Ausverkauf ein, als die ausgezählten Stimmen auf einen überraschenden Sieg Trumps hinwiesen – genau wie für diesen Fall zu erwarten. Doch obwohl der Erfolg Trumps immer wahrscheinlicher wurde, drehte der Markt kräftig nach oben. Dieses Kursverhalten, das allen Erwartungen widersprach, markierte das Einsetzen eines 14-monatigen stetigen Aufwärtstrends der Aktienkurse.

37. Was ist wichtiger: Gewinne machen oder recht behalten?

Das eigene Ego und die Neigung zur Rechthaberei können effektivem Trading im Wege stehen. Viele Trader legen mehr Wert drauf, dass ihre Markttheorien und Prognosen stimmen, als auf ihr Endergebnis, auf das es eigentlich ankommt.

Wie Dhaliwal so trefflich formulierte, geht es »an der Börse nicht darum […], recht zu behalten, sondern darum, Geld zu verdienen«.

38. Beständig Gewinne erzielen zu wollen, kann kontraproduktiv sein

Es hört sich nach einem sinnvollen Ziel an, stetig Gewinn zu erwirtschaften – doch das kann nach hinten losgehen. Es ergeben sich nicht immer Trading-Chancen, und wer in chancenarmen Phasen auf beständige Rentabilität aus ist, geht manchmal grenzwertige Positionen ein, die ihm per saldo Verluste bringen. Obwohl Bargh von seinen Vorgesetzten gedrängt wurde, nach Beständigkeit zu streben, wies er diesen Rat zurück, weil er spürte, dass er mit seiner Trading-Methode unvereinbar war. »Ich war von Anfang an der Ansicht, dass Trading so nicht funktionierte«, erklärte er. »Es ist vielmehr so, dass man eine Weile gar nichts verdient und dann einen Lauf hat.« In einer höchst ironischen Feststellung merkte Sall an, dass er bei vielen erfolglosen Tradern die Tendenz beobachtet habe, jeden Monat mit Gewinn abschließen zu wollen.

39. Achten Sie stets auf neue Verhaltensmuster und stellen Sie sich darauf ein

Neue Trends zu erkennen – sowohl im Alltag als auch auf sozialen Medien –, kann Sie auf Trading-Chancen hinweisen. Trends in Konsum und Kultur früh auf die Spur zu kommen, ist bei zwei Tradern aus diesem Buch eine entscheidende Komponente ihrer Strategie: Camillo und Neumann. So ließ sich beispielsweise Camillo von der Reaktion der geografischen Mitte Amerikas auf Cheesecake Factory und P.F. Chang zum Engagement in diesen Ketten inspirieren – wohl wissend, dass die Wall Street diese Entwicklung übersehen würde. Viele von Neumanns erfolgreichsten Trades setzten frühzeitig auf Trends wie 3-D-Druck und CBD-Produkte.

40. Es kommt vor, dass Trading-Systeme plötzlich nicht mehr funktionieren

Wie Parker im Zuge seiner Karriere gleich mehrfach erlebte, können Systeme eine ganze Zeit gut funktionieren, um dann plötzlich ihre Wirkung zu verlieren oder sogar beständig Nettoverluste zu produzieren. Dieser missliebige Umstand lässt vermuten, dass die Fähigkeit, Systeme aufzugeben oder radikal zu verändern, auf längere Sicht für den Erfolg systematischer Trader von wesentlicher Bedeutung ist. Parker arbeitet inzwischen mit einem System-Stop. Er setzt bei der Kapitalkurve eines Systems einen Trendfolgemechanismus ein, der signalisiert, wann ein System deaktiviert werden sollte. Konkret setzt Parker ein System dann aus, wenn die Kapitalkurve unter ihren gleitenden 200-Tage-Durchschnitt fällt.

41. Es ist schwer, von Trading zu leben

Wie Brandt feststellt: »Die Märkte zahlen keine Rente.« Ein Beleg dafür, wie schwer es ist, sich mit Trading seinen Lebensunterhalt zu verdienen: Parker stieg Anfang 2016 beinahe endgültig aus – nur acht Monate, nachdem er beim Gesamtgewinn neue Rekorde geknackt hatte und obwohl er noch mit 5 Millionen Dollar im Plus lag. Wer vom Trading leben will, dem muss klar sein, dass es nicht ausreicht, wenn der Gesamtgewinn kontinuierlich steigt. Er muss nämlich laufend so stark zunehmen, dass Steuern und alle Entnahmen für die Lebenskosten gedeckt sind – und mehr. Ein weiterer komplizierender Faktor: Trading rentiert sich von Haus aus nicht immer, die Lebenshaltungskosten fallen aber trotzdem an. Angesichts dieser realweltlichen Überlegungen rät Parker jedem, der vom Trading leben möchte, so lange wie möglich nebenher weiterzuarbeiten.

42. Hohes zeitliches Engagement

Viele Menschen würden gerne vom Trading leben, weil sie glauben, das sei leicht verdientes Geld. Ironischerweise arbeiten richtig gute Trader enorm viel. Krejčí ist ein gutes Beispiel für eine hohe Arbeitsmoral. Bis er seine Trading-Methode entwickelt hatte, arbeitete er 16 Stunden am Tag – erst in seinem normalen Beruf, dann an seinen Marktanalysen. Krejčís Methode liefert in fünf Monaten des Jahres praktisch keine Trading-Gelegenheiten. Doch er nimmt sich diese fünf Monate nicht etwa frei, sondern arbeitet trotzdem Vollzeit. Er nutzt diese Phasen, um seine Marktanalysen voranzutreiben. Noch ein Beispiel dafür (und beileibe nicht das einzige) ist Sall, der seine Arbeitsmoral als Grundlage für seinen Erfolg bezeichnet. Er weiß noch, dass er in seinen Anfangsjahren 15- bis 18-Stunden-Tage ableistete. »Ich bin bereit, mehr zu arbeiten als jeder andere«, erklärt er.

43. Verantwortung für die eigenen Ergebnisse übernehmen

Krejčí ist Trader von Beruf, weil er allein für seinen Erfolg (oder Misserfolg) verantwortlich sein wollte. Diese Einstellung ist für erfolgreiche Trader charakteristisch. Sie übernehmen die Verantwortung für ihre Fehler und Verluste. Erfolglose Trader suchen dagegen die Schuld für ihre Fehlschläge unweigerlich bei anderen oder in den Umständen.

44. Geduld hat zwei Seiten

Die Märkte belohnen in aller Regel genau die Wesenszüge, die uns auf Dauer schwerfallen. Es ist nicht leicht, Geduld zu bewahren. Dazu müssen wir unsere ureigenen Instinkte und Wünsche überwinden. Doch genau diese Eigenschaft habe ich bei herausragenden Tradern immer wieder festgestellt. Geduld hat zwei Aspekte, die für den Börsenerfolg entscheidend sind:

- **Die Geduld, auf die richtige Gelegenheit zu warten:** Handelschancen ergeben sich nur sporadisch. Die meisten Trader finden es schwierig, auf Trades zu warten, die ihren Kriterien für interessante Chancen entsprechen, und erliegen der Versuchung, zwischendurch grenzwertige Positionen einzugehen. Solche suboptimalen Engagements haben gleich zwei negative Effekte. Erstens führen sie per saldo meist zu Verlusten. Zweitens lenken sie von echten Trading-Chancen ab. Schlimmer noch, die destabilisierenden Folgen suboptimaler Geschäfte, die zu großen Verlusten führen, könnten der Grund sein, aus dem ein Trader eine maßgebliche Gewinnchance verspielt. Denken Sie zum Beispiel an Barghs verpassten Trade aus Punkt 29.

Sall ist der Inbegriff des Traders mit der nötigen Geduld, auf die richtige Gelegenheit zu warten, wie aus seiner Selbstbeschreibung klar hervorgeht: »Mein Stil wurde oft als der eines Snipers bezeichnet, eines Scharfschützen. Ich befinde mich in ständiger Bereitschaft und warte auf den perfekten Schuss.« Sall behauptet, die Ausführung seiner lukrativsten Trades sei der einfache Teil gewesen. Viel schwieriger sei es gewesen, auf optimale Gewinnchancen zu warten und grenzwertige Trades zu meiden – wie er es formuliert, eine Verschwendung von geistigem und finanziellem Kapital.

- **Die Geduld, bei der Stange zu bleiben, wenn ein Trade gut läuft:** Es erfordert auch Geduld, gute Trades laufen zu lassen. Bringt ein Trade Gewinne, ist die Versuchung groß, zu früh auszusteigen aus Angst, der Markt könne die Gewinne wieder einkassieren. Shapiro lernte, was Geduld bringt, wenn man dadurch eine vielversprechende Position länger hält, als ihn die Umstände dazu zwangen. Er plante damals eine mehrwöchige Afrikareise und wusste, dass er ohne die nötigen Kommunikationsmittel weder Positionen überprüfen noch Trades vornehmen konnte. Deshalb hinterließ er seinem Broker Stop-Loss-Anweisungen und schaute erst nach seiner Rückkehr wieder auf sein Konto. Dabei stellte er fest, dass er im Urlaub weit mehr verdient hatte als je zuvor durch aktives Trading. Das hinterließ bei ihm einen bleibenden Eindruck, denn die Methode, die er letztlich entwickelte, erlaubte ihm, Positionen monatelang zu halten, wenn die richtigen Rahmenbedingungen vorlagen.

45. Die richtige Mentalität

Sall meint: »Die psychische Verfassung ist nach Etablierung der eigenen Methode vermutlich der wichtigste Faktor für den Börsenerfolg.« Für Sall heißt das, ruhig und konzentriert zu bleiben. Er bereitet sich durch Atemübungen und Meditation mental auf erwartete Trading-Ereignisse vor, um einen Zustand zu erreichen, den er als »tiefes Jetzt« bezeichnet. Indem er Buch führte und den Zusammenhang zwischen Gefühlen und Verlusten nachzeichnete, lernte Sall, wie wichtig es ist, negative Einstellungen zu überwinden und die Emotionen zu erkennen, die ihn dazu bringen könnten, sich beim Trading selbst zu sabotieren. Bargh verdankt diese Erkenntnis nach eigenen Worten Sall, der ihm beibrachte, wie wichtig die richtige Einstellung für einen Trader ist. Ähnlich wie Sall versucht auch Bargh, aus einem Zustand der inneren Ruhe heraus zu agieren – unbelastet durch Konflikte. Er führt eine tägliche Tabelle, um neben den eigentlichen Trading-Aktionen auch verschiedene emotionale Faktoren zu überwachen (wie Ego, die Angst, etwas zu verpassen, das jeweilige Glücksgefühl et cetera). Bargh nutzt seinen Gefühlszustand beim Trading als Input-Faktor. Hat er den Eindruck, dass er emotional gerade nicht in der Lage ist, erfolgreich zu traden, legt er eine Pause ein, bis er sich wieder besser im Griff hat. Bargh selbst sagt dazu: »Das psychische Kapital ist der entscheidendste Aspekt eines Börsengeschäfts. Es spielt eine große Rolle, wie Sie reagieren, wenn Sie einen Fehler machen, eine Chance verpassen oder einen herben Verlust erleiden. Reagieren Sie falsch, machen Sie noch mehr Fehler.«

46. Erfolgreiche Trader lieben ihren Job

Beim Lesen der Interviews ist Ihnen bestimmt aufgefallen, wie viele der Trader von ihrer Liebe zum Trading sprechen. Zum Beispiel:

- Dhaliwal vergleicht Trading mit einem Spiel: »Für mich ist Trading wie eine endlose Schachpartie. Es ist das aufregendste Spiel überhaupt.«
- Camillo beschreibt die Freude, die es ihm bereitet, wenn er auf Trading-Ideen stößt: »Die vier Stunden, die ich jeden Abend mit meinen Analysen zubringe, genieße ich sehr. Ich weiß nie, wann ich auf etwas stoße, das mich zu meiner nächsten großen Transaktion führt. Dasselbe Gefühl hatte ich, wenn ich in meiner Jugend Flohmärkte abklapperte.«
- Netto erklärte seinen Erfolg so: »Weil Montag mein Lieblingstag ist. Wer seine Arbeit gern tut, der wird auch Erfolg haben.«
- Shapiro erlebte eine depressive Phase, als er das Trading einstellte, obwohl in seinem Privatleben alles in bester Ordnung schien. Auf die Frage, was ihn in

die Depression gestürzt hatte, entgegnete Shapiro: »Das war ziemlich offensichtlich. Ich liebte das Trading.«

- Sall erinnert sich, wie seine Trading-Leidenschaft entstand: »[An der University of Reading gab es einen] Simulationsraum für Börsengeschäfte«. Dort »kam ich erstmals mit den Märkten und dem Trading in Berührung und fing Feuer«.
- Kean erklärte, warum die Liebe zur Sache für einen Trader so wichtig ist: »Man muss mit dem Herzen dabei sein – sonst übersteht man die Durststrecken nicht.«
- Brandts Reaktion, als er zum ersten Mal Parketthändler in Aktion sah: »Das will ich machen.« Brandts Begeisterung fürs Trading spricht aber auch aus der Schilderung seiner Anfangszeit, als er praktisch zwanghaft tradete – ein Enthusiasmus, der weit über zehn Jahre anhielt. Dann verblasste seine Liebe zur Börse, und nach 14 Jahren verabschiedete er sich aus dem Geschäft. Über diese Zeit sagt er: »Ich hatte damals den Spaß an der Sache verloren. Trading war für mich zur Last geworden.« Nach elf Jahren Pause kehrte der Trading-Drang aber zurück, was zu einer zweiten erfolgreichen Trading-Karriere führte, die nun schon 13 Jahre andauert.

Wenn Sie Trader werden möchten, dann stehen Ihre Erfolgschancen deutlich besser, wenn Sie mit ganzem Herzen dabei sind.

EPILOG

Es gibt da einen alten Witz von zwei Gläubigen, die sich in der Synagoge treffen. Zwischen ihnen schwelt seit Jahren ein Streit. Dave behauptet, die Märkte seien effizient, und es sei nicht möglich, sie zu schlagen – es sei denn, durch einen glücklichen Zufall. Sam glaubt dagegen, dass es Trading-Chancen gebe und man durchaus besser abschneiden könne als der Markt. Nach jahrelangem fruchtlosem Hickhack wollen sie den Rabbi entscheiden lassen, wer recht hat. Sie verabreden sich mit dem Rabbi, der den Streit schlichten soll. Als sie bei ihm eintreffen, erklärt er, er wolle sie einzeln in seinem Arbeitszimmer sprechen. Dave ist zuerst an der Reihe.

»Ich hoffe, es stört Sie nicht, dass meine Frau dabei ist«, sagt der Rabbi. »Sie macht für mich Notizen.«

Dave versichert dem Rabbi, das sei kein Problem, und erläutert ihm seine Sicht der Dinge. »Ich halte die Märkte für effizient – was von Tausenden wissenschaftlicher Studien untermauert wird. Und das ist nicht nur eine theoretische Streitfrage. Empirische Untersuchungen haben wiederholt belegt, dass Einzelanleger, die Timing-Entscheidungen treffen, deutlich schlechter abschneiden als passive Indexfonds. Selbst professionelle Manager erzielen im Schnitt schlechtere Ergebnisse als der Markt. Angesichts all dieser Indizien ist Trading nur etwas für Narren. Jeder, der sein Geld einfach in Indexfonds investiert, ist besser dran.«

Der Rabbi hat aufmerksam zugehört und sagt nur: »Da haben Sie recht.«

Dave grinst zufrieden und geht. Das Gespräch ist ganz nach seinen Wünschen verlaufen.

Sam ist der Nächste. Nachdem die nötigen Höflichkeiten ausgetauscht sind, legt er seine Ansicht dar. Er erklärt lang und breit, wie viele Fehler die Hypothese von den effizienten Märkten habe.* Dann sagt er: »Also, Rabbi, Sie wissen ja, dass ich vom Trading lebe. Ich habe ein schönes Haus, meine Familie ist gut versorgt. Mein großzügiger Jahresbeitrag für die Synagoge stammt aus meinen Trading-Gewinnen. Es ist also ganz eindeutig möglich, mit Trading gutes Geld zu verdienen.«

Wieder hat der Rabbi genau zugehört und sagt: »Da haben Sie recht.«

Zufrieden lächelnd verlässt Sam das Arbeitszimmer.

Als sie allein sind, sagt die Frau des Rabbis: »Mein Lieber, ich weiß, du bist ein weiser Mann – aber wie können denn beide recht haben?«

»Da hast du ganz recht«, sagte der Rabbi.

Hat sie aber nicht. Dave und Sam haben nämlich tatsächlich beide recht – nur in einem anderen Kontext. Die Welt der Trader (oder Investoren) lässt sich in zwei Kategorien einteilen: solche, die über eine überlegene Methode verfügen, und alle anderen. Die zweite Kategorie ist weit größer als die erste. Marktteilnehmer ohne besondere Trading- oder Investmentkompetenz – eine Gruppe, der die meisten Menschen angehören – sollten besser in Indexfonds investieren, als eigene Marktentscheidungen zu treffen. Ironischerweise glaube ich zwar nicht an die Hypothese vom effizienten Markt, bin aber trotzdem der Ansicht, dass die meisten Leute besser bedient wären, wenn sie so täten, als träfe sie zu – ein Fazit, das eigentlich für das Konzept des Index-Investing spricht. Zumindest in dem Kontext, in dem Dave recht hat.

Doch zwischen »schwierig« und »unmöglich« besteht ein gewaltiger Unterschied. Wie viel besser die Trader aus diesem Buch über längere Zeiträume (in aller Regel mehr als zehn Jahre) abgeschnitten haben als der Markt, lässt sich nicht einfach durch »Glück« erklären. Und in diesem Kontext hat Sam recht.

Wenn dieses Buch überhaupt irgendetwas darüber aussagt, ob Trading-Erfolg möglich ist, dann eindeutig: Er ist möglich! Die allermeisten Menschen können dieses Ziel jedoch nicht erreichen. Erfolgreiches Trading setzt eine Kombination aus harter Arbeit, Begabung und günstigen psychologischen Merkmalen (wie Geduld, Disziplin und mehr) voraus. Für die wenigen Marktteilnehmer, die es schaffen, eine Methode zu entwickeln, die ihnen einen nachweislichen Vorsprung verschafft, und diese mit stringentem Risikomanagement zu verbinden, ist erfolgreiches Trading zwar ein erreichbares Ziel, aber kein einfaches.

* Die Unzulänglichkeiten der Hypothese von der Markteffizienz in aller Ausführlichkeit zu schildern, würde den Rahmen diese Buches sprengen. Interessierte Leser verweise ich auf das zweite Kapitel meines Buches *Sinn und Unsinn an der Börse*, Börsenbuchverlag, Kulmbach, 2014.

ANHANG 1

Was Sie über die Futures-Märkte wissen müssen*

Was die Futures-Märkte sind, verrät schon ihr Name: Es geht dabei um Rohstoff- oder Finanzinstrumente mit einem in der Zukunft – nicht in der Gegenwart – liegenden Liefertermin. Ein Baumwollfarmer, der seine Baumwolle jetzt verkaufen will, würde das auf dem lokalen Kassamarkt tun. Möchte sich derselbe Farmer aber für einen erwarteten Verkauf in der Zukunft einen Preis sichern (indem er beispielsweise noch gar nicht geerntete Baumwolle verkauft), hätte er zwei Möglichkeiten: Er könnte einen interessierten Käufer ausfindig machen und einen Vertrag aushandeln, aus dem der Preis und andere Einzelheiten hervorgehen (Menge, Qualität, Liefertermin, Ort etc.). Alternativ könnte er Futures verkaufen, die mit vielen verschiedenen Attributen aufwarten.

Die Vorteile von Futures

Für Hedger haben die Futures-Märkte verschiedene maßgebliche Vorteile, zum Beispiel:

1. Futures-Kontrakte sind standardisiert – der Farmer muss also keinen spezifischen Käufer ausfindig machen.
2. Die Transaktionen lassen sich online praktisch unverzüglich ausführen.
3. Die Kosten (Provisionen) sind im Vergleich zu einem individualisierten Terminkontrakt minimal.

* Passagen dieses Anhangs wurden aus Jack D. Schwager, *A Complete Guide to the Futures Market* (New Jersey, John Wiley and Sons, Inc., 2017) und Jack D. Schwager, *Magier der Märkte* (München, FBV, 2019) übernommen.

4. Der Farmer kann seine Verkaufsposition zwischen dem ursprünglichen Transaktionsdatum und dem letzten Handelstag des Kontrakts jederzeit ausgleichen.
5. Der Futures-Kontrakt wird von der Börse garantiert.

Während Hedger wie der besagte Baumwollfarmer an den Futures-Märkten aktiv sind, um die Risiken ungünstiger Preisentwicklungen zu verringern, wollen Trader von erwarteten Preisbewegungen profitieren. Tatsächlich sind die Futures-Märkte den meisten Tradern sympathischer als die Kassamärkte. Dafür gibt es verschiedene Gründe (von denen manche den gerade für die Hedger aufgeführten Vorteilen entsprechen):

1. **Standardisierte Kontrakte:** Futures-Kontrakte sind in Bezug auf Quantität und Qualität fest definiert. Daher muss sich der Trader keinen bestimmten Käufer oder Verkäufer suchen, um eine Position einzugehen oder aufzulösen.
2. **Liquidität:** Alle maßgeblichen Futures-Märkte bieten eine ausgezeichnete Liquidität.
3. **Ein einfacher Weg, um short zu gehen:** Die Futures-Märkte bieten die Möglichkeit, ebenso einfach short zu gehen wie long. So muss sich der Leerverkäufer am Aktienmarkt die Aktie zunächst borgen, was nicht immer möglich ist, und dann auf einen Uptick warten, bevor er eine Position eröffnen kann. Am Futures-Markt gibt es solche Einschränkungen nicht.
4. **Hebelwirkung:** Die Futures-Märkte bieten enorme Hebeleffekte. Grob gesprochen betragen die anfänglichen Deckungserfordernisse gewöhnlich 5 bis 10 Prozent des Kontraktwerts. (Der Ausdruck »Deckung« für die Futures-Märkte ist schlecht gewählt, weil er enorme Verwirrung stiftet in Bezug auf das Konzept der Deckung bei Aktien. Auf den Futures-Märkten bedeutet Deckung nicht die Leistung eines Teils der Zahlung, da bis zum Verfallstermin keine physische Lieferung stattfindet, sondern sie stellt im Grunde nur eine Anzahlung dar.) Die hohe Hebelwirkung ist für Trader zwar einer der Hauptanreize der Futures-Märkte, doch wohlgemerkt ein zweischneidiges Schwert. Bei den meisten Tradern liegt es vor allem am undisziplinierten Einsatz von Hebelwirkung, wenn sie auf den Futures-Märkten Verluste erleiden. Generell schwanken Futures-Preise nicht stärker als die zugrunde liegenden Preise am Kassamarkt beziehungsweise als die meisten Aktienkurse. Dass Futures in dem Ruf stehen, hochriskant zu sein, ist größtenteils auf den Hebeleffekt zurückzuführen.

5. **Niedrige Transaktionskosten:** Auf den Futures-Märkten sind die Transaktionskosten ausgesprochen niedrig. So ist es für den Manager eines Aktienportfolios zum Beispiel sehr viel billiger, sein Marktengagement zu reduzieren, indem er anstelle einzelner Aktien den entsprechenden Gegenwert in Futures-Kontrakten auf Aktienindizes verkauft.
6. **Leichter Ausgleich:** Eine Futures-Position kann während der Öffnungszeit der Märkte jederzeit ausgeglichen werden, sofern die Preise nicht beim Limit-up oder Limit-down festliegen. (Für bestimmte Futures-Märkte werden tägliche maximale Preisschwankungen festgelegt. Normalerweise würden die Kräfte des freien Marktes einen Gleichgewichtspreis außerhalb der Spanne ansteuern, die von den Preislimits vorgegeben wird, doch in solchen Fällen bewegt sich der Markt schlicht bis zum Limit und dann setzt der Handel praktisch aus.)
7. **Börsengarantie:** Der Futures-Trader muss sich keine Gedanken um die Finanzkraft der anderen Partei seines Trades machen. Alle Futures-Transaktionen werden vom Clearinghaus der Börse garantiert.

Futures-Trading

Der Trader profitiert nach Kräften von erwarteten Preisänderungen. Liegt der Goldpreis im Dezember beispielsweise bei 1500 Dollar pro Unze, geht ein Trader, der mit einem Preisanstieg auf 1650 Dollar pro Unze rechnet, in Long-Position. Der Trader hat nicht die Absicht, sich das Gold im Dezember physisch liefern zu lassen. Wie es auch ausgeht, er gleicht die Position aus, bevor sie verfällt. Klettert der Preis zum Beispiel auf 1675 Dollar, und der Trader beschließt, Gewinne mitzunehmen, verdient er an dem Trade 12 500 Dollar pro Kontrakt (100 Unzen x 125 Dollar pro Unze). Liegt der Trader mit seiner Prognose falsch, und der Preis fällt auf 1475 Dollar pro Unze, hat er kaum eine andere Wahl, als seine Position aufzulösen, wenn der Verfallstermin näher rückt. In diesem Fall würde er pro Kontrakt 7500 Dollar verlieren. Zu beachten ist dabei, dass der Trader auch dann keine Lieferung in Betracht ziehen würde, wenn er die Long-Position in Gold weiterführen möchte. Stattdessen würde er den Dezemberkontrakt liquidieren und gleichzeitig in einem Kontrakt mit einem späteren Termin long gehen. (Ein solches Geschäft wird als *Rollover* bezeichnet und würde mit einer *Spread*-Order umgesetzt.) Eine Lieferung sollten Trader tunlichst vermeiden, da sie mit erheblichen Mehrkosten verbunden sein kann, denen kein entsprechender Nutzen gegenübersteht.

Neulinge sollten sich vor der wertpapierbasierten Tendenz hüten, nur von Long-Seite zu traden. Im Futures-Trading gibt es keinen Unterschied zwischen

Short- und Long-Engagement.* Da die Preise steigen und fallen können, verzichtet der Trader, der nur Long-Positionen eingeht, etwa auf die Hälfte aller potenziellen Trading-Gelegenheiten. Zu beachten ist ferner, dass für Futures oft ein Aufschlag auf den aktuellen Preis verlangt wird. Das Inflationsargument für die Tendenz zur Long-Seite hinkt daher häufig.

Ein erfolgreicher Trader muss eine Methode einsetzen, um die Preise zu prognostizieren. Die beiden grundlegenden Analyseansätze sind:

1. **Technische Analyse:** Bei der technischen Analyse stützen sich die Prognosen nicht auf Wirtschaftsdaten. Der mit Abstand wichtigste – und oft der einzige – Parameter für die technische Analyse sind Preisdaten. Die technische Analyse beruht auf der grundlegenden Annahme, dass die Preise Muster aufweisen, die sich wiederholen, und dass die Erkennung derartiger Formationen verwendet werden kann, um Trading-Chancen ausfindig zu machen. In die technische Analyse können auch andere Daten einfließen wie Umsatz, die Summe der offenen Positionen oder Stimmungskennzahlen.
2. **Fundamentale Analyse:** Die fundamentale Analyse zieht Wirtschaftsdaten (wie Produktions-, Konsum- oder Exportzahlen) heran, um die Preise zu prognostizieren. Im Grunde versucht der fundamentale Analyst, Trading-Chancen aufzuspüren, indem er potenzielle Umstellungen auf ein deutlich höheres oder knapperes Verhältnis zwischen Angebot und Nachfrage ermittelt. Bei Finanz-Futures gehören zu den fundamentalen Parametern Posten wie die Zentralbankpolitik, die Inflationsstatistik, die Arbeitsmarktdaten und dergleichen.

Der technische und der fundamentale Analyseansatz schließen sich gegenseitig nicht aus. Viele Trader verwenden im Entscheidungsprozess oder als Komponenten für automatisierte Trading-Systeme beide Varianten.

* So mancher Anfänger findet es verwirrend, dass ein Trader einen Rohstoff verkaufen kann, den er gar nicht besitzt. Der Schlüssel zum Verständnis liegt in dem Umstand, dass der Trader ja einen *Futures*-Kontrakt verkauft, und nicht den Kassa-Rohstoff. Selbst wenn der Trader, der bis über den letzten Handelstag hinaus in Short-Position bleibt, den eigentlichen Rohstoff kaufen muss, um seine vertraglichen Pflichten zu erfüllen, muss er ihn zuvor nicht besessen haben. Der Leerverkauf ist schlicht eine Wette darauf, dass die Preise vor dem letzten Handelstag steigen werden. So oder so, der Trader gleicht seine Short-Position vor dem letzten Handelstag aus. Daher besteht für ihn nicht die Notwendigkeit, den Rohstoff tatsächlich zu besitzen.

Lieferung

Trader in Short-Position, die ihre Position in lieferbaren Futures-Kontrakten über den letzten Handelstag hinaus halten, sind verpflichtet, den betreffenden Rohstoff oder das Finanzinstrument aus dem Kontrakt zu liefern. Ebenso gilt für Trader in Long-Position: Wenn sie ihre Positionen über den letzten Handelstag hinaus halten, müssen sie die Lieferung annehmen. Auf den Futures-Märkten entspricht die Anzahl der offenen Long-Kontrakte stets der Anzahl der offenen Short-Kontrakte. Die meisten Trader haben nicht die Absicht, eine Lieferung vor- oder entgegenzunehmen und gleichen ihre Positionen daher vor dem letzten Handelstag aus. Schätzungsweise führen nicht einmal 3 Prozent der offenen Kontrakte tatsächlich zu einer Lieferung. Manche Futures-Kontrakte (zum Beispiel auf Aktienindizes oder Eurodollar) werden bar abgewickelt. Dabei werden ausstehende Long- und Short-Positionen zum geltenden Preisniveau bei Verfall ausgeglichen, ohne dass eine physische Lieferung stattfindet.

Was auf den Futures-Märkten gehandelt wird

Bis Anfang der 1970er-Jahre beschränkten sich die Futures-Märkte auf Rohstoffe (zum Beispiel Weizen, Zucker, Kupfer, Rinder). Seither hat sich das Futures-Universum auf andere Marktsektoren ausgeweitet, insbesondere auf Aktienindizes, Zinsen und Währungen (Devisen). Für diese Finanz-Futures-Märkte gelten dieselben Grundprinzipien. Die Trading-Notierungen stellen die Preise zum künftigen Verfallstermin dar, nicht die aktuellen Marktpreise. So geht aus der Notierung für zehnjährige Dezember T-Notes ein bestimmter Preis für eine zehnjährige US-Staatsanleihe über 100 000 Dollar mit Lieferung im Dezember hervor. Seit ihrer Einführung sind die Märkte für Finanz-Futures enorm gewachsen und stellen die Umsätze von Rohstoff-Futures inzwischen deutlich in den Schatten. Dennoch werden die Futures-Märkte immer noch gern, wenn auch fälschlicherweise, als Rohstoffmärkte bezeichnet und die beiden Begriffe bedeutungsgleich verwendet.

Da Futures strukturbedingt sehr eng mit ihren Basismärkten verbunden sind (die Arbitrageure sorgen schon dafür, dass Abweichungen eher unerheblich und kurzlebig sind), vollziehen die Futures-Preise die Schwankungen auf den entsprechenden Kassamärkten sehr genau nach. Da sich das Futures-Trading mehrheitlich auf Finanzinstrumente konzentriert, handeln viele Futures-Trader in Wirklichkeit mit Aktien, Anleihen und Währungen. Insofern sind die Aussagen der in diesem Buch interviewten Futures-Trader auch für solche Anleger von unmittelbarem Interesse, die sich nie über Aktien und Anleihen hinausgewagt haben.

ANHANG 2

Kennzahlen zur Wertentwicklung

Viele Trader und Anleger machen den Fehler, sich fast ausschließlich auf die Rendite zu konzentrieren. Ein Fehler ist das deshalb, weil das Renditeniveau nur im Zusammenhang mit den Risiken aussagekräftig ist, die zur Erzielung dieser Renditen eingegangen wurden. Sie wollen doppelt so viel Rendite erzielen? Kein Problem – verdoppeln Sie einfach das Volumen all Ihrer Trades. Werden Sie dadurch zu einem besseren Trader? Natürlich nicht – denn Sie verdoppeln damit gleichzeitig das Risiko. Sich ganz auf die Rendite zu fokussieren, ist ebenso absurd wie die Annahme, dass eine höhere Rendite, die ausschließlich auf die Vergrößerung Ihrer Positionen zurückzuführen ist, für eine bessere Wertentwicklung spricht. Aus diesem Grund achte ich mehr auf das Risiko-Rendite-Profil als auf die Rendite als solche, wenn ich Trader und Manager bewerte und vergleiche. Das Renditeniveau ist aber dennoch von Bedeutung, denn eine schwache Erfolgsbilanz ist selbst dann nicht begründet als überdurchschnittlich zu erachten, wenn ihr Risiko-Rendite-Verhältnis ausgesprochen hoch ist.

Auf die folgenden Kennzahlen wird in den Trader-Kapiteln dieses Buches Bezug genommen.

Durchschnittliche jährliche Gesamtrendite

Darunter ist das Renditeniveau zu verstehen, das aufs Jahr gerechnet die Gesamtrendite ergibt. Zwar achte ich mehr auf die Risiko-Rendite-Kennzahlen als auf die Rendite allein, doch eine Erfolgsbilanz kann überdurchschnittliche Risiko-Rendite-Werte aufweisen und dennoch ein inakzeptabel niedriges Renditeniveau. Aus diesem Grund muss die Rendite als solche trotzdem berücksichtig werden.

Sharpe Ratio

Die Sharpe Ratio ist das am häufigsten eingesetzte Maß für die risikobereinigte Rendite. Die Sharpe Ratio ist definiert als durchschnittliche Überrendite, geteilt durch die Standardabweichung. Die Überrendite ist die Mehrrendite gegenüber der risikolosen Rendite (zum Beispiel dem T-Bill-Satz). Beläuft sich die durchschnittliche Rendite beispielsweise auf 8 Prozent pro Jahr und der T-Bill-Satz liegt bei 3 Prozent, dann betrüge die Überrendite 5 Prozent. Die Standardabweichung ist ein Maßstab für die Variabilität der Erträge. Im Grunde ist die Sharpe Ratio die durch die Ertragsvolatilität normalisierte durchschnittliche Überrendite.

Die Sharpe Ratio bring zwei grundlegende Probleme mit sich:

1. **Es wird nicht die Gesamtrendite, sondern die durchschnittliche Rendite gemessen.** Die Rendite, die ein Anleger letztlich realisiert, ist die Gesamtrendite, nicht die Durchschnittsrendite. Je volatiler die Ertragsreihe, desto stärker weicht die durchschnittliche Rendite von der tatsächlichen (also insgesamt erzielten) Rendite ab. So würde sich beispielsweise aus einem zweijährigen Zeitraum mit 50 Prozent Gewinn in einem und 50 Prozent Verlust im anderen Jahr eine Durchschnittsrendite von 0 Prozent ergeben. Dabei hätte der Anleger eigentlich 25 Prozent Verlust erlitten (150 % × 50 % = 75 %). Der Realität entspräche dagegen eine durchschnittliche jährliche Gesamtrendite von minus 13,4 Prozent (86,6 % × 86,6 % = 75 %).
2. **Die Sharpe Ratio unterscheidet nicht zwischen Abwärts- und Aufwärtsvolatilität.** Das in die Sharpe Ratio eingebettete Risikomaß – die Standardabweichung – entspricht nicht der Art und Weise, wie die meisten Anleger Risiken wahrnehmen. Tradern und Investoren geht es um Verlust, nicht um Volatilität. Sie scheuen Abwärtsvolatilität, doch Aufwärtsvolatilität begrüßen sie. Ich kenne keinen Investor, der sich beschwert, weil sein Manager in einem Monat zu viel Gewinn erzielt. Die Standardabweichung und damit die Sharpe Ratio differenzieren aber nicht zwischen Aufwärts- und Abwärtsvolatilität. Dieses Merkmal der Sharpe Ratio kann zu Rankings führen, die den Wahrnehmungen und Präferenzen der meisten Menschen zuwiderlaufen.*

Sortino Ratio

Die Sortino Ratio löst die beiden für die Sharpe Ratio angeführten Probleme. Erstens zieht sie die Gesamtrendite heran, die der tatsächlich über einen bestimmten Zeitraum realisierten Rendite entspricht, nicht der rechnerischen

* In manchen Fällen kann eine hohe Aufwärtsvolatilität ein größeres Potenzial für Abwärtsvolatilität anzeigen. Dann ist die Sharpe Ratio eine geeignete Kennzahl. Besonders irreführend ist sie dagegen bei der Bewertung von Strategien, die sporadisch hohe Gewinne erzielen, dabei aber die Abwärtsrisiken rigoros steuern sollen (also rechtslastige Strategien).

Rendite. Zweitens und am wichtigsten: Die Sortino Ratio definiert Risiken in erster Linie als Abweichungen in Abwärtsrichtung, die lediglich anhand der Erträge berechnet werden, die unter einer vorgegebenen akzeptablen Mindestrendite (Minimum Acceptable Return, MAR) liegen. Die von der Sharpe Ratio herangezogene Standardabweichung berücksichtigt sämtliche Abweichungen – nach oben wie nach unten. Die Sortino Ratio ist definiert als die Gesamtrendite, die die MAR übersteigt, dividiert durch die Abwärtsabweichung. Die MAR für die Sortino Ratio kann beliebig festgelegt werden, doch in der Regel wird dafür eine der folgenden drei Definition verwendet:

1. **Null:** Abweichungen werden für alle negativen Erträge berechnet (die in diesem Buch zugrunde gelegte Definition).
2. **Risikolose Rendite:** Abweichungen werden für alle Erträge berechnet, die unter der risikolosen Rendite liegen.
3. **Durchschnittsrendite:** Abweichungen werden für alle Erträge berechnet, die unter dem Durchschnitt der analysierten Reihe liegen. Diese Formel entspricht am ehesten der Standardabweichung, berücksichtigt aber nur Abweichungen für die untere Hälfte der Erträge.

Weil die Sortino Ratio zwischen Auf- und Abwärtsabweichungen unterscheidet, entspricht sie eher den gängigen Performance-Präferenzen als die Sharpe Ratio und ist unter diesem Aspekt zu Vergleichszwecken das bessere Werkzeug für Trader. Die Sortino Ratio lässt sich aber nicht direkt mit der Sharpe Ratio vergleichen. Die Gründe dafür erfahren Sie im folgenden Abschnitt.

Angepasste Sortino Ratio

Fällt die Sortino Ratio eines Managers höher aus als seine Sharpe Ratio, wird das häufig als Indiz dafür gewertet, dass seine Renditen positiv verzerrt sind – also tendenziell eher nach oben als nach unten abweichen. Ein derartiger Vergleich und die daraus gezogene Schlussfolgerung sind aber unzutreffend. Sortino und Sharpe Ratio lassen sich nicht direkt vergleichen. Wie ausgeführt, wird die Sortino Ratio fast unweigerlich höher liegen als die Sharpe Ratio, *selbst bei Managern, deren schlimmste Verluste größer sind als ihre höchsten Gewinne.* Der Grund für die Aufwärtstendenz der Sortino Ratio (im Vergleich zur Sharpe Ratio): Sie berechnet Abweichungen nur für einen Teil der Erträge – nämlich solche, die unter der MAR liegen –, während der Teiler zur Berechnung der Abwärtsabweichung auf *allen* Erträgen beruht.

Die *angepasste* Sortino Ratio entspricht der Sortino Ratio/√2. Warum durch √2 geteilt wird, ist nachstehend in der technischen Anmerkung erklärt. Mir ist die angepasste Sortino Ratio deutlich lieber als die Sharpe Ratio, weil sie nur Abwärtsvolatilität abstraft. Das Risikomaß der Sharpe Ratio dagegen unterscheidet nicht zwischen Aufwärts- und Abwärtsvolatilität.

Technische Anmerkung: Da der Verlustmaßstab der Sortino Ratio auf der Aufsummierung einer geringeren Anzahl von Abweichungen basiert (nämlich nur den Abweichungen durch Verluste), fällt die Sortino Ratio von Haus aus höher aus als die Sharpe Ratio. Um Sortino Ratio und Sharpe Ratio zu vergleichen, multiplizieren wir das Risikomaß der Sortino Ratio mit der Quadratwurzel von 2 (was der Division der Sortino Ratio durch die Quadratwurzel von 2 entspricht). Die Multiplikation des Risikomaßes der Sortino Ratio mit der Quadratwurzel von 2 harmonisiert die Risikomaße von Sharpe und Sortino Ratio für den Fall, dass Aufwärts- und Abwärtsabweichungen gleich sind, denn das erscheint angemessen. Die angepasste Version der Sortino Ratio ermöglicht direkte Vergleiche zwischen Sharpe und Sortino Ratio. Pauschal drückt eine höhere angepasste Sortino Ratio aus, dass die Ertragsverteilung rechtsschief ist (also eine stärkere Tendenz zu hohen Gewinnen statt zu hohen Verlusten aufweist). Ebenso deutet eine niedrigere angepasste Sortino Ratio auf linksschiefe Erträge hin (mit einer stärkeren Neigung zu großen Verlusten statt zu großen Gewinnen).

Gain to Pain Ratio

Die Gain to Pain Ratio (GPR) ist die Summe sämtlicher monatlichen Erträge, geteilt durch den absoluten Wert der Summe sämtlicher monatlichen Verluste.* Dieses Performance-Maß gibt das Verhältnis des gesamten *Nettogewinns* zu den Verlusten wieder, die insgesamt realisiert wurden, um diesen Gewinn zu erzielen. Eine GPR von 1,0 würde daher bedeuten, dass ein Anleger im Schnitt

* Die Gain to Pain Ratio (GPR) ist ein statistischer Wertentwicklungswert, den ich seit vielen Jahren heranziehe. Mir wäre nicht bekannt, dass er vorher schon verwendet wurde, wenngleich der Terminus mitunter als Oberbegriff für Risiko-Rendite-Maße oder Rendite-Drawdown-Maße genutzt wird. Die GPR gleicht dem »Gewinnfaktor«, einem häufig gebrauchten statistischen Wert zur Bewertung von Trading-Systemen. Der Gewinnfaktor ist definiert als die Summe aller gewinnbringenden Trades, geteilt durch den absoluten Wert der Summe aller verlustbringenden Trades. Der Gewinnfaktor wird auf Trades angewendet, die GPR auf die Rendite in einem bestimmten Zeitintervall (zum Beispiel einem Monat). Algebraisch lässt sich unschwer nachweisen, dass der Gewinnfaktor der GPR +1 entspricht, wenn man ihn auf die Monatsrendite anwendet, und daher dieselbe Wertentwicklungsreihenfolge liefert wie die GPR. Quantitativ orientierte Leser, die mit der Omega-Funktion vertraut sind, sollten wissen, dass die nullbewertete Omega-Funktion ebenfalls mit der GPR +1 gleichzusetzen ist.

pro Monat Verluste in gleicher Höhe wie der erzielte Nettobetrag erleiden muss. Liegt die durchschnittliche Rendite pro Jahr bei 12 Prozent (arithmetisch, nicht kumuliert), so betrüge der durchschnittliche Monatsverlust pro Jahr ebenfalls 12 Prozent. Die GPR straft sämtliche Verluste in Relation zu ihrer Höhe ab. Aufwärtsvolatilität ist ein positiver Faktor, da sie sich nur auf den Ertragsanteil der Kennzahl auswirkt.

Ein maßgeblicher Unterschied zwischen der GPR und Kennzahlen wie der Sharpe Ratio und der Sortino Ratio: Die GPR differenziert nicht zwischen fünf Verlusten in Höhe von 2 Prozent und einem Verlust in Höhe von 10 Prozent, während alle übrigen bisher diskutierten Kennzahlen von einem höheren Verlust ungleich stärker beeinflusst werden. Dieser Unterschied ergibt sich daraus, dass die für andere Kennzahlen herangezogenen Berechnungen der Standardabweichung und der Abwärtsabweichung die Abweichung zwischen dem Referenzrenditeniveau (durchschnittlich, null, risikolos) und dem Verlust quadriert wird. Bei einer Referenzrendite von 0 Prozent wäre die quadrierte Abweichung für einen einzigen Verlust von 10 Prozent fünfmal so hoch wie die quadrierte Abweichung für fünf Verluste von je 2 Prozent ($10^2 = 100$; $5 \times 2^2 = 20$). Bei der Berechnung der GPR dagegen würde sich der Nenner jeweils um 10 Prozent erhöhen. In meinen Augen sind sowohl die angepasste Sortino Ratio als auch die GPR nützliche Instrumente zur Performance-Bewertung.

Die GPR wird zwar gewöhnlich auf Monatsdaten angewendet, kann aber auch für andere Zeiträume berechnet werden. Stehen tägliche Daten zur Verfügung, kann die GPR aufgrund der großen Menge an Musterdaten ein statistisch äußerst signifikantes Maß darstellen. Je länger der Zeitraum, desto höher die GPR, weil sich viele der in kürzeren Zeiträumen sichtbaren Verluste über längere Zeit glätten. Meiner Erfahrung nach fallen die monatlichen GPR-Werte für einen Trader im Schnitt sechs bis sieben Mal so hoch aus wie seine täglichen GPR-Werte, wenngleich diese Kennzahl zwischen verschiedenen Tradern stark abweichen kann. Für monatliche Daten sind GPRs über 1,0 pauschal gesagt ausgesprochen gut, Werte über 2,0 hervorragend. Bei Tagesdaten lägen die entsprechenden Zahlen etwa bei 0,15 beziehungsweise 0,30.